Michael Voß Gesamtschuldnerische Organhaftung

Abhandlungen
zum deutschen und europäischen
Handels- und Wirtschaftsrecht

Herausgegeben von
Götz Hueck   Marcus Lutter   Wolfgang Zöllner

in Gemeinschaft mit
Lorenz Fastrich   Peter Hommelhoff   Ulrich Noack

174

Carl Heymanns Verlag 2008

Michael Voß

Gesamtschuldnerische Organhaftung

Die gesamtschuldnerische Haftung von Geschäftsleitern und Aufsichtsratsmitgliedern für Pflichtverletzungen und deren interne Haftungsanteile

Carl Heymanns Verlag 2008

Bibliografische Information der Deutschen Bibliothek

Die Deutsche Bibliothek verzeichnet diese Publikation in der Deutschen Nationalbibliografie; detaillierte bibliografische Daten sind im Internet über http://dnb.ddb.de abrufbar.

Das Werk ist urheberrechtlich geschützt. Die dadurch begründeten Rechte, insbesondere die der Übersetzung, des Nachdrucks, der Entnahme von Abbildungen, der Funksendung, der Wiedergabe auf fotomechanischem oder ähnlichem Wege und der Speicherung in Datenverarbeitungsanlagen, bleiben vorbehalten.
Verlag, Herausgeber und Autor übernehmen keine Haftung für inhaltliche oder drucktechnische Fehler.

© Carl Heymanns Verlag GmbH · Köln · München 2008
Ein Unternehmen von Wolters Kluwer Deutschland

E-Mail: info@wolterskluwer.de
www.wolterskluwer.de

ISBN 978-3-452-27029-0

Satz: John + John, Köln
Druck: MVR Druck, Brühl

Gedruckt auf säurefreiem und alterungsbeständigem Papier

Meinen Eltern

Vorwort

Die vorliegende Arbeit wurde von der Rechts- und Staatswissenschaftlichen Fakultät der Rheinischen Friedrich-Wilhelms-Universität Bonn im Wintersemester 2007/2008 als Dissertation angenommen. Rechtsprechung und Literatur sind bis August 2008 berücksichtigt.

Mein besonderer Dank gilt meinem Doktorvater Professor Dr. Dr. h.c. mult. *Marcus Lutter* – für die Betreuung dieser Arbeit, die überaus zügige Erstattung des Erstgutachtens und v. a. für vielerlei Zuspruch in den vergangenen Jahren. Weiterhin danke ich Herrn Professor Dr. *Walter Gerhardt* für die ebenso rasche Erstellung des Zweitgutachtens sowie den Herausgebern für die Aufnahme in diese Schriftenreihe.

Dank gebührt zudem all' jenen, die mich bei der Anfertigung der Arbeit in technischer Hinsicht vielfältig unterstützt haben. Besonders hervorheben möchte ich hierbei die Mitarbeiter des Instituts für Handels- und Wirtschaftsrecht der Universität Bonn sowie Frau Rechtsreferendarin *Imke Ilse Drews* und Herrn Rechtsanwalt *Ralf E. Schubert* M.B.A.

Vor allem aber danke ich meinen lieben Eltern *Ines-Renate* und *Helmut Voß* dafür, dass Sie mir meine Ausbildung ermöglicht und mich hierbei stets vorbehaltlos unterstützt haben. Meinem Vater gebührt zudem Dank für die Durchsicht des Manuskripts.

Bonn, im Oktober 2008   *Michael Voß*

Inhalt

Vorwort VII

Einleitung; Gang der Untersuchung 1

1. Teil: **Fallgruppen der gesamtschuldnerischen Haftung von Geschäftsleitern und Aufsichtsräten** 3

§ 1 *Gesamtschuldnerische Haftung von Geschäftsleitern* 4
    A. Gesamtschuldnerische Geschäftsleiterhaftung gegenüber der Gesellschaft 4
        I. Geschäftsleiterhaftung gegenüber der Gesellschaft 4
           1. Haftungsvoraussetzungen im Überblick 4
                a) Allgemeine gesellschaftsrechtliche Haftungstatbestände, § 93 Abs. 2 AktG, § 43 Abs. 2 GmbHG 4
                b) Besondere gesellschaftsrechtliche Haftungstatbestände . 8
                c) Sonstige Haftungstatbestände 11
           2. Geschäftsleiterpflichten und -haftung bei Arbeitsteilung 12
                a) Gesamtverantwortung der Geschäftsleiter 13
                b) Gesamtverantwortung und horizontale Arbeitsteilung... 15
                    aa) Ausprägungen und Zulässigkeit der horizontalen Arbeitsteilung 15
                    bb) Folgen für die Geschäftsleiterpflichten bei horizontaler Arbeitsteilung 17
                        aaa) Allgemeine Grundsätze 18
                        bbb) Pflichten des zuständigen Geschäftsleiters ... 20
                        ccc) Pflichten der übrigen Geschäftsleiter 21
                    cc) Verschulden 27
                c) Gesamtverantwortung und vertikale Arbeitsteilung 27
                d) Gesamtverantwortung und Delegation an Dritte....... 29
                e) Gesamtverantwortung im Konzernverbund 29
                    aa) Arbeitsteilung auf der Ebene der herrschenden Gesellschaft 29
                    bb) Arbeitsteilung auf der Ebene der abhängigen Gesellschaft 31
           3. Haftungsausschluss/-beschränkung; Verzicht/Vergleich..... 31
           4. Verjährung 33
           5. Anspruchsdurchsetzung............................ 34
        II. Gesamtschuldnerische Haftung mehrerer Geschäftsleiter........ 35
    B. Gesamtschuldnerische Geschäftsleiterhaftung gegenüber Dritten 37
    C. Gesamtschuldnerische Geschäftsleiterhaftung gegenüber Gesellschaftern 41

D. Gesamtschuldnerische Geschäftsleiterhaftung gegenüber abhängigen
Gesellschaften, deren Gläubigern und Gesellschaftern 42

§ 2 Gesamtschuldnerische Haftung von Aufsichtsräten 43
A. Gesamtschuldnerische Aufsichtsratshaftung gegenüber der
Gesellschaft. 43
    I. Aufsichtsratshaftung gegenüber der Gesellschaft. 43
       1. Haftungsvoraussetzungen im Überblick 43
         a) Allgemeiner gesellschaftsrechtlicher Haftungs-
tatbestand, § 116 AktG i.V.m. § 93 Abs. 2 AktG 43
         b) Besondere gesellschaftsrechtliche Haftungstatbestände .. 50
         c) Sonstige Haftungstatbestände 51
       2. Aufsichtsratspflichten und -haftung bei Arbeitsteilung 52
         a) Horizontale Arbeitsteilung durch Ausschüsse 52
           aa) Ausprägungen und Zulässigkeit 52
           bb) Folgen für die Pflichten der Aufsichtsrats-
mitglieder 55
              aaa) Allgemeine Grundsätze 55
              bbb) Pflichten der Ausschussmitglieder 57
              ccc) Pflichten der übrigen Aufsichtsrats-
mitglieder. 58
           cc) Verschulden. 61
         b) Vertikale Delegation. 61
         c) Delegation an Dritte 62
       3. Haftungsausschluss/-beschränkung; Verzicht/Vergleich 62
       4. Verjährung. 63
       5. Anspruchsdurchsetzung 64
    II. Gesamtschuldnerische Haftung mehrerer Aufsichtsratsmitglieder .. 65
B. Gesamtschuldnerische Aufsichtsratshaftung gegenüber Dritten. 67
C. Gesamtschuldnerische Aufsichtsratshaftung gegenüber Gesellschaftern. . 68
D. Gesamtschuldnerische Aufsichtsratshaftung gegenüber abhängigen
Gesellschaften 69

§ 3 Gesamtschuldnerische Haftung von Geschäftsleitern und Aufsichtsräten. 72

§ 4 Gesamtschuldnerische Haftung von Geschäftsleitern und/oder
Aufsichtsräten und der Gesellschaft 75
A. Haftung der Gesellschaft 75
B. Gesamtschuldnerische Haftung von Geschäftsleitern und/oder
Aufsichtsräten und der Gesellschaft gegenüber Dritten 77
C. Gesamtschuldnerische Haftung von Geschäftsleitern und/oder
Aufsichtsräten und der Gesellschaft gegenüber Gesellschaftern 79
D. Gesamtschuldnerische Haftung von Geschäftsleitern und/oder
Aufsichtsräten und der Gesellschaft gegenüber abhängigen
Unternehmen, deren Gläubigern und Gesellschaftern 79
    I. Gesamtschuldnerische Haftung gegenüber abhängigen
Unternehmen 79

II.	Gesamtschuldnerische Haftung gegenüber Gläubigern abhängiger Unternehmen	81
III.	Gesamtschuldnerische Haftung gegenüber Gesellschaftern abhängiger Unternehmen	82

§ 5 Gesamtschuldnerische Haftung von Geschäftsleitern und/oder Aufsichtsräten und Dritten ... 83

A. Gesamtschuldnerische Haftung von Geschäftsleitern und/oder Aufsichtsräten und Dritten gegenüber der Gesellschaft ... 83
 I. Gesamtschuldnerische Haftung mit Arbeitnehmern ... 83
  1. Haftung von Arbeitnehmern gegenüber der Gesellschaft ... 83
  2. Gesamtschuldnerische Haftung mit Geschäftsleitern und/oder Aufsichtsräten ... 84
 II. Gesamtschuldnerische Haftung mit dem Abschlussprüfer ... 86
  1. Haftung des Abschlussprüfers gegenüber der Gesellschaft ... 86
   a) Haftungsvoraussetzungen im Überblick ... 86
    aa) Sonderprivatrechtlicher Haftungstatbestand des § 323 Abs. 1 Satz 3 HGB ... 86
    bb) Sonstige Haftungstatbestände ... 87
   b) Haftungsausschluss/-beschränkung; Verzicht/ Vergleich ... 88
   c) Verjährung ... 89
  2. Gesamtschuldnerische Haftung mit Geschäftsleitern und/oder Aufsichtsräten ... 90
 III. Gesamtschuldnerische Haftung mit sonstigen Berufsträgern ... 92
  1. Haftung von sonstigen Berufsträgern gegenüber der Gesellschaft ... 92
  2. Gesamtschuldnerische Haftung mit Geschäftsleitern und/oder Aufsichtsräten ... 93
 IV. Gesamtschuldnerische Haftung mit Finanzdienstleistern ... 94
  1. Haftung von Finanzdienstleistern gegenüber der Gesellschaft ... 94
   a) Haftungsvoraussetzungen im Überblick ... 94
   b) Haftungsausschluss/-beschränkung; Verzicht/ Vergleich; Verjährung ... 95
  2. Gesamtschuldnerische Haftung mit Geschäftsleitern und/oder Aufsichtsräten ... 95
 V. Gesamtschuldnerische Haftung mit Lieferanten und sonstigen Dritten ... 96
B. Gesamtschuldnerische Haftung von Geschäftsleitern und/oder Aufsichtsräten und Dritten gegenüber Dritten ... 97
 I. Gesamtschuldnerische Haftung mit Arbeitnehmern ... 97
 II. Gesamtschuldnerische Haftung mit dem Abschlussprüfer ... 99
  1. Haftung des Abschlussprüfers gegenüber Dritten ... 99
   a) Haftungsvoraussetzungen im Überblick ... 99
    aa) Rechtsgeschäftliche Haftung ... 99
    bb) Deliktische Haftung ... 101

        b) Haftungsausschluss/-beschränkung; Verzicht/
Vergleich; Verjährung 102
      2. Gesamtschuldnerische Haftung mit Geschäftsleitern
und/oder Aufsichtsräten 103
  III. Gesamtschuldnerische Haftung mit sonstigen Berufsträgern 104
  IV. Gesamtschuldnerische Haftung mit Finanzdienstleistern 105
  V. Gesamtschuldnerische Haftung mit Lieferanten und sonstigen
Dritten. 107
C. Gesamtschuldnerische Haftung von Geschäftsleitern und/oder
Aufsichtsräten und Dritten gegenüber Gesellschaftern 108
  I. Gesamtschuldnerische Haftung mit Arbeitnehmern, dem
Abschlussprüfer, sonstigen Berufsträgern oder Lieferanten und
sonstigen Dritten gegenüber Gesellschaftern. 108
  II. Gesamtschuldnerische Haftung mit Finanzdienstleistern
gegenüber Gesellschaftern 108
D. Gesamtschuldnerische Haftung von Geschäftsleitern und/oder
Aufsichtsräten und Dritten gegenüber abhängigen Gesellschaften,
deren Gläubigern und Gesellschaftern 109
  I. Gesamtschuldnerische Haftung mit Arbeitnehmern gegenüber
abhängigen Gesellschaften, deren Gläubigern und Gesellschaftern . 109
  II. Gesamtschuldnerische Haftung mit dem Abschlussprüfer
gegenüber abhängigen Gesellschaften, deren Gläubigern
und Gesellschaftern. 110
  III. Gesamtschuldnerische Haftung mit sonstigen Berufsträgern
gegenüber abhängigen Gesellschaften, deren Gläubigern und
Gesellschaftern. 111
  IV. Gesamtschuldnerische Haftung mit Finanzdienstleistern
gegenüber abhängigen Gesellschaften, deren Gläubigern
und Gesellschaftern. 111
  V. Gesamtschuldnerische Haftung mit Lieferanten und sonstigen
Dritten gegenüber abhängigen Gesellschaften, deren Gläubigern
und Gesellschaftern. 111

§ 6 *Gesamtschuldnerische Haftung von Geschäftsleitern und/oder
Aufsichtsräten und Gesellschaftern* 112
  A. Gesamtschuldnerische Haftung von Geschäftsleitern und/oder
Aufsichtsräten und Gesellschaftern gegenüber der Gesellschaft 112
    I. Gesellschafterhaftung gegenüber der Gesellschaft 112
      1. Haftungsvoraussetzungen im Überblick 112
      2. Haftungsausschluss/-beschränkung; Verzicht/Vergleich 114
      3. Verjährung 114
    II. Gesamtschuldnerische Haftung mit Geschäftsleitern und/oder
Aufsichtsräten 115
  B. Gesamtschuldnerische Haftung von Geschäftsleitern und/oder
Aufsichtsräten und Gesellschaftern gegenüber Dritten 116
  C. Gesamtschuldnerische Haftung von Geschäftsleitern und/oder
Aufsichtsräten und Gesellschaftern gegenüber Gesellschaftern 118

Inhalt

2. Teil: Gesamtschuldnerische Haftung und Außenverhältnis: Gesamt- und Einzelwirkungen 121

§ 7 Der Grundsatz der Einheit der Gesamtschuld, §§ 422-424 BGB 121
- A. Die Wirkung von Erfüllung und erfüllungsähnlichen Vorgängen; Gläubigerverzug, §§ 422, 424 BGB 122
- B. Die Wirkung von Erlass- und Vergleichsvereinbarungen, § 423 BGB... 123
  - I. Ausgangsüberlegungen 123
    1. Wirkungen von Erlassvereinbarungen mit sämtlichen Schuldnern 123
    2. Wirkungen von Erlassvereinbarungen mit einzelnen Schuldnern 124
  - II. Besonderheiten bei Erlassbeschränkungen 126
    1. Auswirkungen von Erlassbeschränkungen auf Erlassvereinbarungen von Gesamtschuldnern im Allgemeinen 127
    2. Auswirkungen von Erlassbeschränkungen auf Erlassvereinbarungen mit sämtlichen Gesamtschuldnern 130
    3. Auswirkungen von Erlassbeschränkungen auf Erlassvereinbarungen mit einzelnen Gesamtschuldnern 131
  - III. Sonderfall Zwangserlass 132

§ 8 Die Wirkung anderer Tatsachen als Erfüllung und erfüllungsähnliche Vorgänge, § 425 BGB 133
- A. Haftungsausschluss/-beschränkung 133
- B. Verjährung 137
- C. Sonstiges 138

3. Teil: Gesamtschuldnerische Haftung und Innenverhältnis: Interne Haftungsanteile und Gesamtschuldnerausgleich 139

§ 9 Der Ausgleichsanspruch 139
- A. Ausgleich nach der Leistung durch einen Gesamtschuldner 139
- B. Ausgleich vor der Leistung durch einen Gesamtschuldner; Freistellungsanspruch 141
- C. Konkurrenzen; Verjährung 141

§ 10 Interne Haftungsanteile und Umfang des Ausgleichsanspruchs 145
- A. Interne Haftungsanteile und Umfang des Ausgleichsanspruchs im Allgemeinen 145
  - I. Grundsatz 145
  - II. Haftungsteilung aufgrund besonderer Rechtsbeziehung der Gesamtschuldner 145
  - III. Haftungsteilung kraft Natur der Sache 146
  - IV. Haftungsteilung aufgrund gesetzlicher Anordnung 147
    1. Gesetzliche Sonderregelungen zur alleinigen und anteilmäßigen Haftung 147

XIII

		2.	Unterschiedliche Verantwortlichkeiten der Gesamtschuldner bei Schadensersatz entsprechend § 254 BGB.............	148
	V.	Umfang des Ausgleichsanspruchs gegenüber mehreren weiteren Gesamtschuldnern....................................		152
	VI.	Haftungseinheit mehrerer Gesamtschuldner..................		153
	VII.	Gesamtschuldnerausgleich und Mitverschulden des Geschädigten..		155
	VIII.	Gesamtschuldnerausgleich bei gestörter Gesamtschuld..........		156
B.	Interne Haftungsanteile und Umfang des Ausgleichsanspruchs bei gesamtschuldnerischer Haftung von Geschäftsleitern und/oder Aufsichtsräten..			157
	I.	Interne Haftungsanteile und Umfang des Ausgleichsanspruchs bei gesamtschuldnerischer Haftung von Geschäftsleitern............		157
		1.	Ausgangsüberlegungen	158
		2.	Interne Haftungsanteile nach dem Maß der Verursachung....	161
			a) Grundsätzliches.............................	161
			b) Ausschließliche Verletzung von Handlungs-/Primärpflichten.............................	163
			c) Ausschließliche Verletzung von Überwachungs-/Sekundärpflichten...........................	163
			d) Verletzung von Handlungs-/Primärpflichten einerseits und Überwachungs-/Sekundärpflichten andererseits....	164
		3.	Interne Haftungsanteile nach dem Maß des Verschuldens....	166
			a) Grundsätzliches.............................	166
			b) Gleiches Maß der Verursachung	167
			c) Unterschiedliches Maß der Verursachung...........	168
		4.	Sonstiges	171
	II.	Interne Haftungsanteile und Umfang des Ausgleichsanspruchs bei gesamtschuldnerischer Haftung von Aufsichtsräten.............		173
		1.	Ausgangsüberlegungen	174
		2.	Interne Haftungsanteile nach dem Maß der Verursachung....	175
			a) Grundsätzliches.............................	175
			b) Ausschließliche Verletzung von Handlungs-/Primärpflichten.................................	176
			c) Ausschließliche Verletzung von Überwachungs-/Sekundärpflichten	177
			d) Verletzung von Handlungs-/Primärpflichten einerseits und Überwachungs-/Sekundärpflichten andererseits....	177
		3.	Interne Haftungsanteile nach dem Maß des Verschuldens....	178
			a) Grundsätzliches.............................	178
			b) Gleiches Maß der Verursachung	178
			c) Unterschiedliches Maß der Verursachung...........	179
		4.	Sonstiges	181
	III.	Interne Haftungsanteile und Umfang des Ausgleichsanspruchs bei gesamtschuldnerischer Haftung von Geschäftsleitern und Aufsichtsräten		182
		1.	Ausgangsüberlegungen	182
		2.	Interne Haftungsanteile nach dem Maß der Verursachung....	183

		a)	Grundsätzliches	183
		b)	Verursachungsbeiträge bei Überwachungs-/Beratungspflichtverletzungen auf Aufsichtsratsebene	185
		c)	Verursachungsbeiträge bei Pflichtverletzungen der Aufsichtsratsmitglieder hinsichtlich eigener unternehmerischer Entscheidungen	188
		d)	Verursachungsbeiträge bei Pflichtverletzungen der Aufsichtsratsmitglieder hinsichtlich der Mitwirkung an unternehmerischen Entscheidungen der Geschäftsleitung	188
		e)	Zwischenergebnis	190
	3.		Interne Haftungsanteile nach dem Maß des Verschuldens	191
		a)	Grundsätzliches	191
		b)	Interne Haftungsanteile bei allgemeinen Überwachungs-/Beratungspflichtverletzungen des Aufsichtsrats	192
		c)	Interne Haftungsanteile bei Pflichtverletzungen des Aufsichtsrats bei eigenen unternehmerischen Entscheidungen	194
		d)	Interne Haftungsanteile bei Pflichtverletzungen des Aufsichtsrats bei unternehmerischen Mitentscheidungen	195
	4.		Sonstiges	197
IV.			Interne Haftungsanteile und Umfang des Ausgleichsanspruchs bei gesamtschuldnerischer Haftung von Geschäftsleitern und/oder Aufsichtsräten und der Gesellschaft	198
V.			Interne Haftungsanteile und Umfang des Ausgleichsanspruchs bei gesamtschuldnerischer Haftung von Geschäftsleitern und/oder Aufsichtsräten und Dritten	200
	1.		Ausgangsüberlegungen	200
	2.		Haftung gegenüber der Gesellschaft	201
		a)	Grundsätzliches	201
		b)	Haftung von Geschäftsleitern und/oder Aufsichtsräten und Arbeitnehmern	202
		c)	Haftung von Geschäftsleitern und/oder Aufsichtsräten und sonstigen Dritten	204
	3.		Haftung gegenüber Dritten, Gesellschaftern oder von der Gesellschaft abhängigen Gesellschaften, deren Gläubigern oder Gesellschaftern	208
		a)	Grundsätzliches	208
		b)	Haftung von Geschäftsleitern und/oder Aufsichtsräten, der Gesellschaft und Arbeitnehmern	209
		c)	Haftung von Geschäftsleitern und/oder Aufsichtsräten, der Gesellschaft und sonstigen Dritten	210
VI.			Interne Haftungsanteile und Umfang des Ausgleichsanspruchs bei gesamtschuldnerischer Haftung von Geschäftsleitern und/oder Aufsichtsräten und Gesellschaftern	211

	1.	Interne Haftungsanteile nach dem Maß der Verursachung....	212
	2.	Interne Haftungsanteile nach dem Maß des Verschuldens....	212
		a) Gleiches Maß der Verursachung	212
		b) Unterschiedliches Maß der Verursachung	214

4. Teil: Sonstiges 217

§ 11 Gesamtschuldnerische Organhaftung und Haftpflicht-/D & O-Versicherung .. 217
    A. Wesen der Organhaftungs-/D & O-Versicherung 217
    B. Auswirkungen der Haftpflicht-/D & O-Versicherung auf die gesamtschuldnerische Haftung im Außenverhältnis................ 219
    C. Auswirkungen der Haftpflicht-/D & O-Versicherung auf den Gesamtschuldnerausgleich im Innenverhältnis 219
        I. Haftpflicht-/D & O-Versicherung und Gesamtschuldnerausgleich zwischen Organmitgliedern 220
        II. Haftpflicht-/D & O-Versicherung und Gesamtschuldnerausgleich zwischen Organmitgliedern und Gesellschaft 221
        III. Haftpflicht-/D & O-Versicherung und Gesamtschuldnerausgleich zwischen Organmitgliedern und Dritten..................... 221
        IV. Haftpflicht-/D & O-Versicherung und Gesamtschuldnerausgleich zwischen Organmitgliedern und Gesellschaftern 221

§ 12 Prozessuale Überlegungen 222
    A. Prozessuale Überlegungen auf Seiten des Gläubigers 222
    B. Prozessuale Überlegungen auf Seiten der Schuldner 223

Zusammenfassung der wesentlichen Ergebnisse 225

Literatur 233

Sachregister 245

Einleitung; Gang der Untersuchung

Die Bedeutung der Haftung von Vorstandsmitgliedern und Geschäftsführern (im Folgenden zusammenfassend bezeichnet als Geschäftsleiter) sowie Aufsichtsratsmitgliedern für Pflichtverletzungen hat spätestens im Nachgang zur ARAG/Garmenbeck-Entscheidung des Bundesgerichtshofs vom 21.04.1997[1] sowie im Zuge der allgemeinen Corporate Governance-Diskussion in den letzten Jahren zugenommen. Dies betrifft zunächst einmal die Haftung gegenüber der Gesellschaft, nicht zuletzt durch das Aufkommen neuer kapitalmarktrechtlicher Vorschriften vermehrt aber auch Fragen der Haftung gegenüber Dritten.

Soweit die Haftung gegenüber der Gesellschaft in Rede steht, ordnen § 93 Abs. 2 Satz 1 AktG für Vorstandsmitglieder, § 43 Abs. 2 GmbHG für Geschäftsführer und § 116 Satz 1 i.V.m. § 93 Abs. 2 Satz 1 AktG für Aufsichtsratsmitglieder bei Haftung mehrerer Organmitglieder deren gesamtschuldnerische Haftung an. Auch aus anderen Vorschriften des Gesellschaftsrechts und des bürgerlichen Rechts, ferner aus den allgemeinen Grundsätzen des § 421 BGB lassen sich verschiedene Konstellationen gesamtschuldnerischer Haftung von Organmitgliedern, teils auch zusammen mit Dritten entnehmen, gegenüber der Gesellschaft ebenso wie wiederum auch gegenüber Dritten.

Nimmt die Haftung, genauer: die Inanspruchnahme wegen Pflichtverletzung von Geschäftsleitern und Aufsichtsratsmitgliedern zu, führt dies zu praktischen Folgefragen, die mit dem Gesamtschuldcharakter bei der Haftung mehrerer Schuldner in Zusammenhang stehen. Der Gläubiger muss entscheiden, gegen welche Schuldner er vorgeht: lediglich gegen einzelne von ihnen wegen der Haftung eines jeden Schuldners »aufs Ganze«, § 421 BGB, oder doch besser gegen mehrere oder gar alle von ihnen? Und für den in Anspruch genommenen Schuldner ist von Interesse, wie er sich vor dem Hintergrund der gesamtschuldnerischen (Mit-)Haftung auch anderer Personen verteidigen kann, ferner, wie und in welcher Höhe er von seinen Mitschuldnern Regress verlangen kann.

Gegenstand dieser Arbeit ist es, das Zusammenspiel von gesellschaftsrechtlichen und gesellschaftsrechtlich beeinflussten Haftungstatbeständen einerseits und der allgemeinen schuldrechtlichen Rechtsfigur der Gesamtschuld andererseits zu untersuchen. Dies betrifft zum einen das Außenverhältnis der Gesamtschuldner, d. h. die Frage der Einzel- und Gesamtwirkung von im Verhältnis zwischen Gläubiger und einzelnen Schuldnern eintretenden Umständen auf sämtliche Gesamtschuldner. Und zum anderen wird das Innenverhältnis der Gesamtschuldner, deren interne Haftungsteilung und hierauf aufbauend dann der

---

1 BGH, Urteil vom 21.04.1997, BGHZ 135, 244 – ARAG/Garmenbeck.

Ausgleich der Gesamtschuldner untereinander in den Blick genommen. Hierbei werden zunächst die einzelnen in Betracht kommenden Fallgruppen der gesamtschuldnerischen Haftung unter Beteiligung von Geschäftsleitungs- und/oder Aufsichtsratsmitgliedern zusammengestellt[2]. Anschließend werden das Verhältnis zwischen Gesamtschuldnern und Gläubiger, mithin die gesamtschuldnerische Haftung im Außenverhältnis[3], und sodann das Innenverhältnis der Gesamtschuldner, d. h. die interne Haftungsteilung nebst entsprechendem Ausgleich der Gesamtschuldner[4] untersucht. Erörterungen von Besonderheiten bei Bestehen einer Haftpflicht-/D & O-Versicherung sowie Überlegungen zur praktischen Rechtsdurchsetzung und -verteidigung[5] bilden den Abschluss der Arbeit.

---

2 Hierzu sogleich im 1. Teil.
3 Hierzu im 2. Teil.
4 Hierzu im 3. Teil.
5 Hierzu im 4. Teil.

1. Teil: Fallgruppen der gesamtschuldnerischen Haftung von Geschäftsleitern und Aufsichtsräten

Die gesamtschuldnerische Haftung unter Beteiligung von Geschäftsleitern und Aufsichtsräten ist in verschiedenen Konstellationen denkbar:

Gesamtschuldnerisch passivlegitimiert sein können mehrere Geschäftsleiter und/oder Aufsichtsratsmitglieder, zudem neben diesen die Gesellschaft selbst, externe Dritte oder Gesellschafter. Aktivlegitimiert sein kann die Gesellschaft, denkbar ist aber auch die Haftung gegenüber Dritten, Gesellschaftern oder mit der Gesellschaft verbundenen Unternehmen, deren Gläubigern und Gesellschaftern. Der Gesamtschuldcharakter dieser Haftung »mehrerer« beruht zum Teil auf expliziter oder entsprechender gesetzlicher Anordnung, muss zum Teil aber auch erst aus den allgemeinen Kriterien des § 421 BGB hergeleitet werden.

In diesem ersten Teil werden die verschiedenen Fallgruppen der gesamtschuldnerischen Haftung unter Beteiligung von Geschäftsleitern und/oder Aufsichtsratsmitgliedern aufgezeigt. Einzelheiten der Haftungsvoraussetzungen werden hierbei jedoch, von deren grober Skizzierung abgesehen, nur dargestellt, sofern und soweit diese für die im weiteren Verlauf dieser Arbeit zu untersuchenden Besonderheiten der gesamtschuldnerischen Haftung im Außenverhältnis[6] und für das Innenverhältnis der Gesamtschuldner[7] von Bedeutung sind.

---

6 Siehe hierzu im 2. Teil.
7 Siehe hierzu im 3. Teil.

§ 1 Gesamtschuldnerische Haftung von Geschäftsleitern

Die gesamtschuldnerische Haftung von Geschäftsleitern kann, wie eingangs bereits erwähnt, gegenüber der Gesellschaft bestehen[8], aber auch gegenüber Dritten, d. h. Gläubigern der Gesellschaft[9], Gesellschaftern[10] oder von der Gesellschaft abhängigen Gesellschaften, deren Gläubigern und Gesellschaftern[11].

A. Gesamtschuldnerische Geschäftsleiterhaftung gegenüber der Gesellschaft

I. Geschäftsleiterhaftung gegenüber der Gesellschaft

1. Haftungsvoraussetzungen im Überblick

a) Allgemeine gesellschaftsrechtliche Haftungstatbestände, § 93 Abs. 2 AktG, § 43 Abs. 2 GmbHG

§ 93 Abs. 2 AktG sowie § 43 Abs. 2 GmbHG ordnen für den Fall der – schuldhaften, also vorsätzlichen oder fahrlässigen[12] – Pflichtverletzung an, dass die betreffenden Geschäftsleiter der Gesellschaft den hierdurch entstandenen Schaden zu ersetzen haben. Ist die Sorgfaltspflichtverletzung streitig, trifft die Geschäftsleiter die Beweislast. Dies ist für die Aktiengesellschaft explizit in § 93 Abs. 2 Satz 2 AktG geregelt und gilt ebenso auch für die GmbH[13].

Für die Bestimmung der den Geschäftsleitern obliegenden Pflichten fällt der Blick auf § 93 Abs. 1 Satz 1 AktG sowie § 43 Abs. 1 GmbHG, die ihnen die Sorgfalt eines ordentlichen und gewissenhaften Geschäftsleiters auferlegen. Unstreitig handelt es sich hierbei jedenfalls um die Festlegung eines Sorgfaltsmaßstabs, als leges speciales zu § 276 BGB und § 347 HGB, um einen Verschuldens-

---

8 Sogleich unter A.
9 Unter B.
10 Unter C.
11 Unter D.
12 Siehe nur Hüffer, § 93 AktG Rz. 14 und Hommelhoff/Kleindiek, in: Lutter/Hommelhoff, § 43 GmbHG Rz. 20.
13 BGH, Urteil vom 04.11.2002, BGHZ 152, 280, 284; Paefgen, in: Großkomm., § 43 GmbHG Rz. 107.

maßstab also, der bei der Haftung gemäß § 93 Abs. 2 und 3 AktG sowie § 43 Abs. 2 und 3 GmbHG anzulegen ist[14]. Der herrschenden Meinung zufolge sind § 93 Abs. 1 Satz 1 AktG und § 43 Abs. 1 GmbHG hierüber hinaus aber auch Pflichtenquelle, enthalten eine generalklauselartige Umschreibung der unternehmerischen Verhaltenspflichten, aus der Rechtsprechung und Rechtslehre sodann situationsbezogene Einzelpflichten ableiten können[15]. Sofern dies vereinzelt – mit durchaus guten Gründen – abgelehnt wird und die den Geschäftsleitern obliegenden Pflichten statt dessen allgemein aus der Geschäftsführungs- und Leitungsaufgabe, der organschaftlichen Treupflicht und aus Sonderregeln hergeleitet werden[16], ergeben sich hieraus für den Inhalt der von den Geschäftsleitern im Einzelnen zu beachtenden Pflichten und hierauf aufbauend für die Haftung bei deren Verletzung keine Unterschiede, der Streit ist rein dogmatisch[17] und kann hier daher vernachlässigt werden.

So besteht denn auch Einigkeit darüber, dass die Geschäftsleiter zunächst einmal zu gesetzestreuem Verhalten verpflichtet sind (so genannte *Legalitätspflicht*)[18]. Dies umfasst die Beachtung *gesellschaftsinterner* Ge- und Verbote durch Aktien- bzw. GmbH-Gesetz, Satzung und Geschäftsordnung sowie *externer*, die Gesellschaft als Rechtssubjekt treffende Rechtsvorschriften[19].

Die hierüber hinausreichenden weitergehenden *Sorgfaltspflichten*[20] orientieren sich an dem professionellen und hauptamtlichen Geschäftsleiter, der die zur Ausübung seines Amtes erforderlichen Fähigkeiten und Kenntnisse besitzt, und von dieser Idealfigur ausgehend dann daran, wie dieser sich – ex ante – in einem Unternehmen vergleichbarer Art und Größe in der konkreten Situation ver-

---

14 Siehe nur Hüffer, § 93 AktG Rz. 4 und Zöllner/Noack, in: Baumbach/Hueck, § 43 GmbHG Rz. 8.
15 Siehe etwa Fleischer, in: Fleischer, Vorstandsrecht, § 7 Rz. 1; Hachenburg/Mertens, § 43 GmbHG Rz. 15, 55; Hommelhoff/Kleindiek, in: Lutter/Hommelhoff, § 43 GmbHG Rz. 7; Mertens, Kölner Komm., § 93 AktG Rz. 7.
16 Hüffer, § 93 AktG Rz. 3a; Ders., FS Th. Raiser, S. 163, 165 ff; Koppensteiner, in: Rowedder/Schmidt-Leithoff, § 43 GmbHG Rz. 8; Zöllner/Noack, in: Baumbach/Hueck, § 43 GmbHG Rz. 8.
17 Siehe nur Hüffer, § 93 AktG Rz. 3a; Zöllner/Noack, in: Baumbach/Hueck, § 43 GmbHG Rz. 8.
18 BGH, Urteil vom 15.10.1996, BGHZ 133, 370, 377; Fleischer, in: Fleischer, Vorstandsrecht, § 7 Rz. 4; Hachenburg/Mertens, § 43 GmbHG Rz. 20 ff; Hommelhoff/Kleindiek, in: Lutter/Hommelhoff, § 43 GmbHG Rz. 8 f; Hopt, in: Großkomm., § 93 AktG Rz. 98; Mertens, Kölner Komm., § 93 AktG Rz. 30, 34 ff.
19 Fleischer, in: Fleischer, Vorstandsrecht, § 7 Rz. 13; Hachenburg/Mertens, § 43 GmbHG Rz. 20 f; Hommelhoff/Kleindiek, in: Lutter/Hommelhoff, § 43 GmbHG Rz. 9; Hopt, in: Großkomm., § 93 AktG Rz. 98; Mertens, Kölner Komm., § 93 AktG Rz. 30, 34.
20 Raiser/Veil, Kapitalgesellschaften, § 14 Rz. 62, 70 ff.

halten hätte[21]. Den verschiedenen Ansätzen von juristischer und betriebswirtschaftlicher Seite, dies durch Aufstellung von »Grundsätzen ordnungsgemäßer Unternehmensleitung« über vertragliche Regelungen, Richtlinien und Empfehlungen zu konkretisieren, soll an dieser Stelle nicht weiter nachgegangen werden[22]. Bei allen Besonderheiten im jeweiligen Fall wird eine ordnungsgemäße Unternehmensleitung aber jedenfalls anzusetzen haben bei der Pflicht (und unternehmerischen Notwendigkeit), hinsichtlich der Gesellschaft – und gegebenenfalls über diese hinaus hinsichtlich des Konzerns[23] – für eine ordnungsgemäße Unternehmensplanung[24], eine umfassende Unternehmenssteuerung und -überwachung[25], die ordnungsgemäße Finanzierung[26], die Einrichtung einer gesetzes- und satzungskonformen Organisationsstruktur[27] und die Sicherung des unternehmerischen Informationsflusses[28], jeweils unter besonderer Beachtung der *Pflicht zur kollegialen Zusammenarbeit*[29], Sorge zu tragen. Und dies umfasst auch die Zusammenarbeit mit einem etwaigen Aufsichtsrat: Bei aller gebotenen Vorsicht und der grundsätzlichen Trennung zwischen Leitung und Überwachung im dualistischen System obliegt die *Verwaltung* der Gesellschaft im Ergebnis Geschäftsleitung und Aufsichtsrat gemeinsam[30]. Besonders gelagerte Sorgfaltspflichten bestehen schließlich bei arbeitsteiliger Organisation des Kollegialorgans[31].

Sorgfaltspflichten sind Verhaltenspflichten, abgestellt wird somit nicht auf den Erfolg, sondern das pflichtgemäße Verhalten[32]. Solange sich die unternehmerischen Entscheidungen in den vorgenannten Grenzen bewegen, insbesondere die Entscheidungsfindung ausschließlich am Wohl des Unternehmens, im Konzern auf Ebene der Konzernobergesellschaft am Konzerninteresse[33] orientiert auf Grundlage angemessener Informationen und in gutem Glauben erfolgt, wird den Geschäftsleitern ein weiter Beurteilungsspielraum eingeräumt (so ge-

---

21 Fleischer, in: Fleischer, Vorstandsrecht, § 7 Rz. 27; Hefermehl/Spindler, Münchener Komm., § 93 AktG Rz. 22.
22 Siehe hierzu etwa den Überblick bei Fleischer, in: Fleischer, Vorstandsrecht, § 7 Rz. 29 ff.
23 So genannte Pflicht der herrschenden Gesellschaft zur Konzernleitung, siehe hierzu noch ausführlicher unter 2.e)aa).
24 Siehe nur Fleischer, in: Fleischer, Vorstandsrecht, § 7 Rz. 38 f m.w.N.
25 Siehe nur Fleischer, in: Fleischer, Vorstandsrecht, § 7 Rz. 40 f m.w.N.
26 Siehe nur Fleischer, in: Fleischer, Vorstandsrecht, § 7 Rz. 43 m.w.N.
27 Siehe nur Fleischer, in: Fleischer, Vorstandsrecht, § 7 Rz. 42 m.w.N.
28 Siehe nur Fleischer, in: Fleischer, Vorstandsrecht, § 7 Rz. 44 m.w.N.
29 Raiser/Veil, Kapitalgesellschaften, § 14 Rz. 68.
30 Hopt/Roth, in: Großkomm., § 111 AktG Rz. 79; siehe auch Lutter/Krieger, Rechte und Pflichten des Aufsichtsrats, Rz. 94.
31 Hierzu noch ausführlich unter 2.
32 So explizit Fleischer, in: Fleischer, Vorstandsrecht, § 7 Rz. 46.
33 Siehe hierzu Semler, Leitung und Überwachung, Rz. 355 ff.

nannte *Business Judgment Rule*[34]. Dies ist spätestens seit der ARAG/Garmenbeck-Entscheidung des Bundesgerichtshofs[35] allgemein anerkannt und für die Aktiengesellschaft durch das Gesetz zur Unternehmensintegrität und Modernisierung des Anfechtungsrechts (UMAG)[36] mit Wirkung zum 01.11.2005 nunmehr zudem auch explizit in § 93 Abs. 1 Satz 2 AktG geregelt[37].

Zu den Legalitäts- und Sorgfaltspflichten tritt die *Treue- und Loyalitätspflicht*. Die Geschäftsleiter haben den Unternehmensinteressen gegenüber ihren privaten Interessen den Vorrang einzuräumen[38], etwa Geschäftschancen zugunsten der Gesellschaft und nicht auf eigene Rechnung zu nutzen, Wettbewerb zur Gesellschaft zu unterlassen, vgl. § 112 HGB, § 88 AktG, Insiderhandel zu unterlassen, vgl. § 14 WpHG, bei feindlichen Übernahmen die Neutralität zu wahren, vgl. §§ 2 Abs. 3, 33 WpÜG[39], hinsichtlich vertraulicher Angaben und Geheimnisse der Gesellschaft unterliegen sie der Schweigepflicht, vgl. § 93 Abs. 1 Satz 3 AktG.

Die vorgenannten Pflichten treffen jedes Geschäftsleitungsmitglied entsprechend seiner jeweiligen Position. So wird etwa das überstimmte oder bei der Abstimmung abwesende Geschäftsleitungsmitglied hinsichtlich einer rechtswidrigen Entscheidung zwar von der Haftung frei; reine Stimmenthaltung genügt hierfür allerdings nicht[40]. Dies befreit jedoch nicht auch von jeglicher Verantwortung in der Folge. Bei aller grundsätzlich bestehenden Loyalitätspflicht auch innerhalb des Kollegialorgans[41], unter dem Gesichtspunkt der Schadensvermeidung und Haftungsabwendung aber gerade auch deswegen ist es bei rechtswidrigen Beschlüssen vielmehr gehalten, deren Umsetzung durch geeignete und zumutbare Maßnahmen zu verhindern[42]. Dies kann zunächst durch (gegebenen-

---

34 Ausführlich Fleischer, in: Fleischer, Vorstandsrecht, § 7 Rz. 45 ff; siehe ferner Hefermehl/Spindler, Münchener Komm., § 93 AktG Rz. 24 ff; Hommelhoff/Kleindiek, in: Lutter/Hommelhoff, § 43 GmbHG Rz. 14; Hopt, in: Großkomm., § 93 AktG Rz. 81 ff; Hüffer, § 93 AktG Rz. 4a ff; Scholz/U.H. Schneider, § 43 GmbHG Rz. 44 ff; Ziemons, in: Oppenländer/Trölitzsch, GmbH-Geschäftsführung, § 22 Rz. 38 ff.
35 BGH, Urteil vom 21.04.1997, BGHZ 135, 244, 253 f.
36 Gesetz vom 22.09.2005, BGBl. I/2005, S. 2802.
37 Zur Business Judgment Rule nach Maßgabe des § 93 Abs. 1 Satz 2 AktG siehe etwa Koch, ZGR 2006, 769, 782 ff.
38 Hachenburg/Mertens, § 43 GmbHG Rz. 35 ff; Hopt, in: Großkomm., § 93 AktG Rz. 144 ff; Raiser/Veil, Kapitalgesellschaften, § 14 Rz. 62, 80 ff.
39 Raiser/Veil, Kapitalgesellschaften, § 14 Rz. 80 ff.
40 Fleischer, BB 2004, 2645, 2648, 2651; ebenso für den Aufsichtsrat Lutter/Krieger, Rechte und Pflichten des Aufsichtsrats, Rz. 835.
41 Siehe hierzu etwa Mertens, Kölner Komm., § 77 AktG Rz. 38; Wiesner, in: Münchener Handbuch AG, § 22 Rz. 8.
42 OLG Hamm, Urteil vom 10.05.1995, ZIP 1995, 1263, 1268; Fleischer, NZG 2003, 449, 457; Ders., BB 2004, 2645, 2649; Lutter/Hommelhoff, in: Lutter/Hommelhoff,

falls erneuten) Vortrag von Bedenken gegenüber den Kollegen geschehen[43], zudem durch Vortrag gegenüber dem Aufsichtsrat, bei der nicht mitbestimmten GmbH den Gesellschaftern[44]. Ob weiterhin auch die Pflicht zur Amtsniederlegung bzw. der vorherigen Drohung hiermit besteht, ist umstritten[45]; jedenfalls aber dürfte eine unterbliebene Amtsniederlegung in aller Regel für den entstandenen Schaden dann nicht kausal geworden sein[46]. Allenfalls subsidiär zu den gesellschaftsinternen Maßnahmen und vor dem Hintergrund des Grundsatzes der organschaftlichen Verschwiegenheitspflicht unter äußerster Zurückhaltung kann in besonders schwerwiegenden Fällen zudem auch die Einschaltung Dritter, etwa qua Strafanzeige oder zivilrechtlicher Feststellungsklage, geboten sein[47].

b) Besondere gesellschaftsrechtliche Haftungstatbestände

Zur Gewährleistung der *Kapitalaufbringung* in der *Aktiengesellschaft* ordnet § 48 AktG an, dass Mitglieder des Vorstandes, die bei der Gründung ihre Pflichten verletzen, der Gesellschaft zum Schadensersatz verpflichtet sind[48]; Vergleichbares gilt gemäß § 53 AktG für Pflichtverletzungen bei der Nachgründung. Eine ähnliche Haftung normiert für die *GmbH* § 9a Abs. 1 GmbHG bei Schäden aufgrund falscher Angaben im Zusammenhang mit der Gründung. Gleiches gilt bei Erhöhung des Stammkapitals der *GmbH* gemäß § 57 Abs. 4 i.V.m. § 9a Abs. 1 GmbHG, bei der *Aktiengesellschaft* ergibt sich hier die Haftung unmittelbar aus § 93 Abs. 2 AktG[49]. Und bei Neugründungen im Rahmen

---

§ 37 GmbHG Rz. 30; Koppensteiner, in: Rowedder/Schmidt-Leithoff, § 43 GmbHG Rz. 13; Kust, WM 1980, 758, 761; Wiesner, in: Münchener Handbuch AG, § 22 Rz. 8; Mertens, Kölner Komm., § 77 AktG Rz. 38.

43 Fleischer, BB 2004, 2645, 2649; Hefermehl/Spindler, Münchener Komm., § 93 AktG Rz. 77; Mertens, Kölner Komm., § 77 AktG Rz. 38; Michalski/Haas, § 43 GmbHG Rz. 164; Koppensteiner, in: Rowedder/Schmidt-Leithoff, § 43 GmbHG Rz. 13; Kust, WM 1980, 758, 761; Spieker, DB 1962, 927, 929.

44 Fleischer, BB 2004, 2645, 2649; Hefermehl/Spindler, Münchener Komm., § 93 AktG Rz. 77; Koppensteiner, in: Rowedder/Schmidt-Leithoff, § 43 GmbHG Rz. 13; Kust, WM 1980, 758, 761; Spieker, DB 1962, 957, 929.

45 Befürwortend etwa der BFH in ständiger Rechtsprechung, siehe etwa Beschluss vom 12.10.1999, GmbHR 2000, 395, 398; ferner Lutter/Hommelhoff, in: Lutter/Hommelhoff, § 37 GmbHG Rz. 30; Michalski/Haas, § 43 GmbHG Rz. 164. Ablehnend hingegen etwa Fleischer, BB 2004, 2645, 2649; Ders., in: Fleischer, Vorstandsrecht, § 8 Rz. 25; Hopt, in: Großkomm., § 93 AktG Rz. 54; Mertens, Kölner Komm., § 77 AktG Rz. 38.

46 Fleischer, BB 2004, 2645, 2649.

47 Fleischer, BB 2004, 2645, 2649 f.

48 Siehe nur Hüffer, § 48 AktG Rz. 1.

49 Hüffer, § 188 AktG Rz. 3.

von *Umwandlungen* ergibt sich die Anwendbarkeit der §§ 48, 53 AktG, 9a Abs. 1 GmbHG aus den §§ 36 Abs. 2 Satz 1, 135 Abs. 2 Satz 1, 197 Satz 1 UmwG.

Zum Schutz vor *Schmälerungen der Kapitalgrundlage* in der *Aktiengesellschaft* sieht § 93 Abs. 3 AktG für die dort aufgeführten »neun Todsünden«[50] einen eigenständigen Schadensersatzanspruch der Gesellschaft gegen die Vorstandsmitglieder als lex specialis zu § 93 Abs. 2 AktG vor[51]. Hierbei handelt es sich um Fälle, in denen entgegen dem Gesetz Einlagen an die Aktionäre zurückgewährt werden (Ziff. 1), den Aktionären Zinsen oder Gewinnanteile gezahlt werden (Ziff. 2), eigene Aktien der Gesellschaft oder einer anderen Gesellschaft gezeichnet, erworben, als Pfand genommen oder eingezogen werden (Ziff. 3), Aktien vor der Leistung des Ausgabebetrages ausgegeben werden (Ziff. 4), Gesellschaftsvermögen verteilt wird (Ziff. 5), Zahlungen nach Eintritt der Zahlungsunfähigkeit oder Überschuldung geleistet werden (Ziff. 6), Vergütungen an Aufsichtsratsmitglieder gewährt werden (Ziff. 7), Kredit gewährt wird (Ziff. 8) oder bei der bedingten Kapitalerhöhung außerhalb des festgesetzten oder vor der vollen Leistung des Gegenwertes Bezugsaktien ausgegeben werden (Ziff. 9). Für die *GmbH* wird in diesem Zusammenhang, den dortigen Besonderheiten angepasst, in § 43 Abs. 3 GmbHG gesondert die Haftung bei entgegen den Bestimmungen des § 30 GmbHG geleisteten Zahlungen oder bei entgegen den Bestimmungen des § 33 GmbHG erworbenen eigenen Geschäftsanteilen angeordnet[52], ferner in § 64 Abs. 2 GmbHG bei Zahlungen nach Eintritt der Überschuldung oder Zahlungsunfähigkeit.

Im Rahmen der *Verschmelzung* ordnet § 25 Abs. 1 Satz 1 UmwG, als »Gegenstück« zu § 48 AktG[53], die persönliche Haftung der Mitglieder des Vertretungsorgans eines übertragenden Rechtsträgers für Schäden an, die dieser Rechtsträger durch die Verschmelzung erleidet[54], es sei denn, sie haben bei der Prüfung der Vermögenslage der Rechtsträger und beim Abschluss des Verschmelzungsvertrages ihre Sorgfaltspflicht beobachtet, § 25 Abs. 1 Satz 2 UmwG[55]. Hierfür wie auch für andere entsprechende Schadensersatzansprüche wird gemäß § 25 Abs. 2 UmwG der Fortbestand der betreffenden Rechtsträger

---

50 Fleischer, in: Fleischer, Vorstandsrecht, § 11 Rz. 78.
51 Siehe hierzu vorerst nur Fleischer, in: Fleischer, Vorstandsrecht, § 11 Rz. 74; Hüffer, § 93 AktG Rz. 22.
52 Siehe hierzu vorerst nur Hommelhoff/Kleindiek, in: Lutter/Hommelhoff, § 43 GmbHG Rz. 34 ff.
53 Schnorbus, ZHR 167 (2003), 666, 671, Fn. 17.
54 Zur Haftung gegenüber den Gesellschaftern des übertragenden Rechtsträgers siehe unten unter C., zur Haftung gegenüber den Gläubigern dieses Rechtsträgers siehe unten unter B.
55 Siehe hierzu nur Grunewald, in: Lutter, § 25 UmwG Rz. 4, 9 ff; Schnorbus, ZHR 167 (2003), 666, 670 ff, 677 ff.

fingiert. Gleiches gilt aufgrund der Verweisungstechnik des UmwG[56] gemäß § 125 Satz 1 UmwG für die verschiedenen Varianten der *Spaltung*, für den *Formwechsel* ist eine § 25 UmwG entsprechende Haftung in § 205 UmwG geregelt.

Im *Konzernrecht* ordnet § 310 AktG bei Bestehen eines *Beherrschungsvertrages* die Haftung der Mitglieder des Vorstands der abhängigen *Aktiengesellschaft* bei Pflichtverletzung an. Aufgrund der Verknüpfung des § 310 AktG mit § 309 AktG handelt es sich hierbei um die spezifischen Pflichtverletzungen, die bei der Entgegennahme und Ausführung von entgegen den Anforderungen des § 308 AktG erteilten Weisungen des herrschenden Unternehmens begangen wurden[57]; für Pflichtverletzungen im Übrigen bleibt es bei der allgemeinen Haftung gemäß § 93 AktG[58]. Auf die Geschäftsführer der abhängigen *GmbH* ist § 310 AktG entsprechend anzuwenden[59].

Beim *faktischen Konzern* ordnet § 318 Abs. 1 AktG die Haftung der Mitglieder des Vorstandes der abhängigen *Aktiengesellschaft* bei für diese nachteiligen Weisungen ohne entsprechenden Nachteilsausgleich[60] an, wenn sie es pflichtwidrig unterlassen haben, das nachteilige Rechtsgeschäft oder die nachteilige Weisung im Abhängigkeitsbericht im Sinne von § 312 AktG aufzuführen und gegebenenfalls anzugeben, dass der entsprechende Nachteil nicht ausgeglichen wurde. Daneben tritt die allgemeine Haftung gemäß § 93 Abs. 2 AktG für die ordnungsgemäße Erfüllung der Pflichten, die die Vorstandsmitglieder im Zusammenhang mit nachteiligen Weisungen treffen[61] und die sich auch im faktischen Konzern aus deren fortbestehender Weisungsfreiheit und Eigenverantwortlichkeit ergeben[62]. Bei der in einen faktischen Konzern eingegliederten *GmbH* hingegen sind die §§ 311 ff AktG und somit auch die Berichtspflicht gemäß § 312 AktG und der hierauf aufbauende besondere Haftungstatbestand des § 318 Abs. 1 AktG nicht, auch nicht analog, anzuwenden[63]. Die Schranken des Weisungsrechts des herrschenden Unternehmens, somit das grundsätzliche Verbot, nachteilige Weisungen zu erteilen, und eine entsprechende Haftung ergeben sich aus der Treupflicht[64]. Hier kommt dann wiederum die Haftung des

---

56 Zur Verweisungstechnik des UmwG siehe K. Schmidt, ZGR 1990, 580, 581 ff.
57 Hüffer, § 310 AktG Rz. 3.
58 Hüffer, § 310 AktG Rz. 1.
59 Emmerich, in: Emmerich/Habersack, § 310 AktG Rz. 5.
60 Hüffer, § 318 AktG Rz. 3.
61 Krieger, in: Münchener Handbuch AG, § 69 Rz. 132.
62 Siehe hierzu im Einzelnen Krieger, Münchener Handbuch AG, § 69 Rz. 28.
63 Seit BGH, Urteil vom 16.09.1985, BGHZ 95, 330, 340 (Autokran) ständige Rechtsprechung; siehe etwa Lutter/Hommelhoff, in: Lutter/Hommelhoff, Anh. § 13 GmbHG Rz. 16; Raiser/Veil, Kapitalgesellschaften, § 53 Rz. 7.
64 Siehe nur Lutter/Hommelhoff, in: Lutter/Hommelhoff, Anh. § 13 GmbHG Rz. 17, 19.

Geschäftsführers gegenüber der Gesellschaft wegen Pflichtverletzung gemäß § 43 Abs. 2 GmbHG für Schäden in Betracht, die auf von ihm exekutierte (oder im Rahmen seiner Möglichkeiten nicht verhinderte) existenzgefährdende Eingriffe[65] oder auf Fehler bei der Dokumentation der Konzernbeziehung[66] zurückzuführen sind.

Bei der *Eingliederung* ordnet § 323 Abs. 1 Satz 2 i.V.m. § 310 AktG bei der pflichtwidrigen Befolgung rechtswidriger – und wegen § 310 Abs. 3 AktG zudem unverbindlicher[67] – Weisungen[68] die Haftung der Mitglieder des Vorstands der eingegliederten Gesellschaft an. Auch dies betrifft jedoch lediglich die spezifischen Pflichtverletzungen bei Weisungen im Sinne von § 323 Abs. 1 AktG, lag keine (unverbindliche) Weisung vor, bleibt es bei der allgemeinen Haftung gemäß § 93 AktG[69].

Eine Sonderregelung für die *Aktiengesellschaft* enthält § 117 Abs. 1 AktG, der zufolge haftet, wer die Gesellschaft unter Benutzung seines Einflusses zu einer für die Gesellschaft oder ihre Aktionäre schädlichen Handlung veranlasst. Dies kann auch ein Vorstandsmitglied sein[70]. Und gemäß § 117 Abs. 2 AktG haften Vorstandsmitglieder, die sich zu einer solchen Handlung haben bestimmen lassen, für den hierdurch entstandenen Schaden. Daneben kommt insoweit wiederum die allgemeine Haftung gemäß § 93 AktG in Betracht[71].

c) Sonstige Haftungstatbestände

Neben der organschaftlichen Haftung der Geschäftsleiter kommt zunächst deren – mit der organschaftlichen Haftung identische – rechtsgeschäftliche Haftung aus dem Anstellungsverhältnis in Betracht[72].

Denkbar ist weiterhin je nach Art der Pflichtverletzung auch die konkurrierende deliktische Haftung[73]. Dies gilt unzweifelhaft für § 823 Abs. 1 BGB und

---

65   Lutter/Banerjea, ZIP 2003, 2177, 2179 f; Drygala, in: Oppenländer/Trölitzsch, GmbH-Geschäftsführung, § 41 Rz. 58 f.
66   Drygala, in: Oppenländer/Trölitzsch, GmbH-Geschäftsführung, § 41 Rz. 58.
67   Hüffer, § 323 AktG Rz. 6.
68   Somit nicht bereits bei (lediglich) nachteiligen Weisungen, siehe Hüffer, § 323 AktG Rz. 3.
69   Hüffer, § 323 AktG Rz. 6.
70   Kropff, Münchener Komm., § 117 AktG Rz. 12.
71   Hüffer, § 117 AktG Rz. 10.
72   BGH, Urteil vom 12.11.1979, BGHZ 75, 321, 322; K. Schmidt, Gesellschaftsrecht, § 36 II.4.a); Scholz/U.H. Schneider, § 43 GmbHG Rz. 13; str., ablehnend etwa BGH, Urteil vom 12.06.1989, GmbHR 1989, 365, 366; Hopt, in: Großkomm., § 93 AktG Rz. 226 f; Zöllner/Noack, in: Baumbach/Hueck, § 43 GmbHG Rz. 4.
73   Hopt, in: Großkomm., § 93 AktG Rz. 467; Scholz/U.H. Schneider, § 43 GmbHG Rz. 13a.

§ 826 BGB. Für die Haftung wegen Verletzung eines Schutzgesetzes im Sinne von § 823 Abs. 2 BGB ist hingegen einschränkend darauf hinzuweisen, dass zwecks Vermeidung von Wertungswidersprüchen die organschaftlichen Pflichten im Sinne der §§ 93 AktG, 43 GmbHG sowie die gesellschaftsrechtlichen Sondertatbestände keine Schutzgesetze im Sinne von § 823 Abs. 2 BGB sind[74]. Hinsichtlich der Haftung gegenüber der Gesellschaft sind Schutzgesetze im Sinne von § 823 Abs. 2 BGB vielmehr nur diejenigen Pflichten, die als Straf- oder Bußgeldtatbestände ausgestaltet sind[75]. Praktisch bedeutsam sind hier dann insbesondere die Untreue gemäß § 266 StGB, die die Verletzung der Verlustanzeigepflicht, §§ 92 Abs. 1 AktG, 49 Abs. 3 GmbHG, und der Insolvenzantragspflicht, §§ 92 Abs. 2 AktG, 64 Abs. 1 GmbHG, sanktionierenden Vorschriften der §§ 401 AktG, 84 GmbHG sowie die die Verletzung der Geheimhaltungspflicht, § 93 Abs.1 Satz 3 AktG, sanktionierenden Vorschriften der §§ 404 AktG, 85 GmbHG.

2. Geschäftsleiterpflichten und -haftung bei Arbeitsteilung

In der Praxis regelmäßig anzutreffen ist die Arbeits- und Aufgabenteilung zwischen mehreren Geschäftsleitern. Dies kann zu unterschiedlichen Pflichten der einzelnen Geschäftsleiter und hierauf aufbauend zu jeweils unterschiedlichen Haftungsvoraussetzungen führen. Und sofern und soweit die Pflichten und die Haftungsvoraussetzungen in einem solchen Fall unterschiedlich zu bewerten sind, ist dies zudem, wenn (gleichwohl) mehrere Geschäftsleiter haften, für deren gesamtschuldnerische Haftung und hier insbesondere die internen Haftungsanteile der Gesamtschuldner und den Gesamtschuldnerausgleich von Bedeutung. Die Geschäftsleiterpflichten und Haftung bei Arbeitsteilung im Geschäftsleitungsorgan soll daher nachfolgend ausführlicher dargestellt werden[76], zuvor jedoch ist auf den auch (und gerade) bei Arbeitsteilung stets zu beachtenden Grundsatz der Gesamtverantwortung sämtlicher Geschäftsleiter einzugehen[77].

Arbeitsteilung ist jedoch nicht nur innerhalb des Geschäftsleitungsorgans, also horizontal, denkbar. Sie ist vielmehr regelmäßig auch vertikal, zwischen Geschäftsleitung und den nachgeordneten Ebenen anzutreffen. Im Sachzusammenhang hiermit steht zudem auch die Delegation von Aufgaben an Dritte. Und schließlich ist, unter bestimmten Voraussetzungen und in bestimmten Grenzen, Arbeitsteilung auch im Konzernverbund zu beobachten. Diese Fallgruppen der

---

74 So aber Stein, Das faktische Organ, S. 157 ff.
75 Hopt, in: Großkomm., § 93 AktG Rz. 467; Mertens, Kölner Komm., § 93 AktG Rz. 3.
76 Unter b).
77 Sogleich unter a).

Arbeitsteilung haben durchaus Auswirkungen auch auf die Pflichten der Geschäftsleiter und sind zudem teilweise auch im vorliegenden Zusammenhang der gesamtschuldnerischen Haftung von Bedeutung. Sie werden daher anschließend ebenfalls kurz skizziert[78].

a) Gesamtverantwortung der Geschäftsleiter

Gemäß § 76 Abs. 1 AktG leitet der Vorstand die *Aktiengesellschaft* in eigener Verantwortung[79]. Für die *GmbH* fehlt eine dem entsprechende Regelung; es ist aber auch dort jedenfalls im Grundsatz allgemein anerkannt, dass die Leitung der Gesellschaft dem zur Geschäftsführung und Vertretung befugten Organ obliegt, wenn auch in einem tendenziell geringeren Umfang und gestaltungsoffener als bei der Aktiengesellschaft, gegebenenfalls zudem unter Beachtung nicht nur der Vorgaben der Satzung, sondern auch der Weisungen der Gesellschafterversammlung, § 37 Abs. 1 GmbHG[80].

An dieser Verantwortung des Geschäftsleitungsorgans für die Leitung der Gesellschaft ändert sich auch dann nichts, wenn das Geschäftsleitungsorgan aus mehreren Mitgliedern besteht. Die Geschäftsleitungsverantwortung liegt beim Organ als solchem, die jeweilige Verantwortung der einzelnen Geschäftsleitungsmitglieder leitet sich hieraus ab. Entsprechend obliegt die Geschäftsleitungsverantwortung jedem Geschäftsleitungsmitglied jeweils zur Gänze, im Kollegialorgan gilt der Grundsatz der Gesamtleitungsverantwortung[81]. Diese Gesamtleitungsverantwortung ist – jedenfalls im Kern – nicht disponibel[82].

---

78 Unter c) bis e).
79 Bei Schlegelberger/Quassowski, § 70 AktG 1937 Rz. 1 findet sich die ursprüngliche (offizielle) dogmatische Begründung dieser erstmals durch das AktG 1937 eingeführten herausgehobenen verfassungsrechtlichen Stellung des Vorstands: »Damit hat auch auf dem Gebiet der kapitalistischen Unternehmensformen ein Grundsatz seine Verwirklichung gefunden, in dem der nationalsozialistische Staat seine Grundlage hat, nämlich der Grundsatz des Führertums, der in scharfem Gegensatz zu dem demokratischen Masse- und Mehrheitsprinzip steht.« Und weiter heißt es dann zur Begründung der vom Führerprinzip in Reinform abweichenden Gesamtverantwortung aller Vorstandsmitglieder aaO: »Das sog. 'Generaldirektorenprinzip' hat, wie die Vergangenheit gelehrt hat, oftmals durch Größenwahn und Verantwortungslosigkeit eines Wirtschaftsdiktators (sic!) zu schweren Mißbräuchen und zu Zusammenbrüchen von Gesellschaften geführt [...].«
80 Hachenburg/Mertens, § 37 GmbHG Rz. 3; Lutter/Hommelhoff, in: Lutter/Hommelhoff, § 37 GmbHG Rz. 3; Scholz/U.H. Schneider, § 35 GmbHG Rz. 11; Zöllner/Noack, in: Baumbach/Hueck, § 37 GmbHG Rz. 2.
81 Allgemeine Meinung, siehe etwa RG, Urteil vom 3.02.1920, RGZ 98, 98, 100; BGH, Urteil vom 15.10.1996, BGHZ 133, 370, 376 f; Boesebeck, JW 1938, 2525, 2527; Dose, Rechtsstellung der Vorstandsmitglieder, S. 32 ff; Fleischer, in: Fleischer, Vorstandsrecht, § 1 Rz. 5, § 8 Rz. 5; Ders., NZG 2003, 449, 459; Ders., ZIP

Leitung in diesem Sinne, andere sprechen von »Geschäftsführung im weiteren Sinne«[83], ist dabei mehr – und auch etwas anderes – als Geschäftsführung (im engeren Sinne) und Vertretung. Leitung ist vielmehr die der Geschäftsführung (im engeren Sinne) und Vertretung gedanklich vor- und übergeordnete unternehmerische Tätigkeit innerhalb der Gesellschaft in den Grenzen des Unternehmensgegenstandes und Gesellschaftszwecks[84], Geschäftsführung (im engeren Sinne) und Vertretung sind dann »nur« noch die exekutiven Maßnahmen der Leitung, dienen deren Umsetzung im Einzelfall[85]. Den verschiedenen, insbesondere auch von Seiten der Betriebswirtschaftslehre unternommenen Versuchen, dies noch näher zu konkretisieren, muss an dieser Stelle nicht weiter nachgegangen werden[86]. Vielmehr soll hier stellvertretend die jüngst von *Fleischer* herausgearbeitete Systematisierung genügen, der zufolge die originär unternehmerische Tätigkeit der Geschäftsleitung erstens die *Planungs- und Steuerungsverantwortung*, zweitens die *Organisationsverantwortung*, drittens die *Finanzverantwortung* und viertens die *Informationsverantwortung* umfasst[87]. Dies betrifft das eigene Unternehmen, bei der Konzernobergesellschaft zudem die Konzernleitung[88].

In diesem Sinne sind durch das Gesetz dann einzelne Aufgaben explizit der Geschäftsleitung zur nicht disponiblen Verantwortung zugewiesen, ohne dass dem abschließende Bedeutung zukommt. Zu nennen ist hier etwa die Pflicht zur Aufstellung von Jahresabschluss, Anhang und Lagebericht gemäß § 264 Abs. 1 HGB oder die Erfüllung der steuerlichen Pflichten der Gesellschaft gemäß § 34 Abs. 1 AO. Speziell für die *Aktiengesellschaft* geregelt ist ferner die Vorbereitung und Ausführung von Hauptversammlungsbeschlüssen, § 83 AktG, die Berichterstattung an den Aufsichtsrat, § 90 AktG, die Buchführung, § 91 Abs. 1 AktG, die Einrichtung eines Früherkennungssystems, § 91 Abs. 2 AktG, Verlustanzeige und Insolvenzantrag, § 92 AktG, die Sorge für die gesetzmäßige Zusammensetzung des Aufsichtsrats, §§ 97, 98, 104 AktG, die Einberufung der

---

2003, 1, 2; Hüffer, § 77 AktG Rz. 18; Martens, FS Fleck, S. 191, 193 ff; Schlegelberger/Quassowski, § 70 AktG 1937, Rz. 10 f; U.H. Schneider, FS 100 Jahre GmbHG, S. 473, 478 f.

82 Fleischer, in: Fleischer, Vorstandsrecht, § 1 Rz. 54; Ders., NZG 2003, 449, 450; Hüffer, § 77 AktG Rz. 14.
83 Scholz/U.H. Schneider, § 37 GmbHG Rz. 2.
84 Dose, Rechtsstellung der Vorstandsmitglieder, S. 35 ff, 40 ff; Fleischer, ZIP 2003, 1, 3; Hüffer, § 76 AktG Rz. 7; Mertens, Kölner Komm., § 76 AktG Rz. 4.
85 Dose, Rechtsstellung der Vorstandsmitglieder, S. 40.
86 Ein Überblick hierzu findet sich etwa bei Heller, Unternehmensführung und -kontrolle, S. 26 ff sowie Wettich, Vorstandsorganisation, S. 51 ff.
87 Fleischer, ZIP 2003, 1, 5 f.
88 Siehe hierzu noch unten unter e)aa).

Hauptversammlung, § 121 Abs. 2 AktG, und Vorlage an diese, § 119 Abs. 2 AktG, die Vorschlagspflicht zu den einzelnen Punkten der Tagesordnung in der Bekanntmachung der Tagesordnung der Hauptversammlung, § 124 Abs. 3 AktG, die Vorlage von Jahresabschluss und Lagebericht an den Aufsichtsrat, § 170 AktG, die Entscheidung über die Anfechtung eines Hauptversammlungsbeschlusses, § 245 Ziff. 4 AktG[89], und die Stellungnahme zu einem Übernahmeangebot, § 27 WpÜG[90].

Vorstehendes gilt grundsätzlich ebenso für die *GmbH*, auch bei ihr sind viele der vorgenannten Aufgaben an sich der Geschäftsführung als Kollegialorgan zugewiesen. Der Kernbereich der zwingenden Gesamtzuständigkeit ist bei der GmbH aufgrund der dort bestehenden Gestaltungsfreiheit aber erheblich kleiner. Zudem sind hier, abgesehen von Krisen- und Ausnahmesituationen, in denen aus besonderem Anlass das Unternehmen als Ganzes betroffen ist[91], bestimmten öffentlich-rechtlichen Pflichten, etwa den bereits erwähnten §§ 264 Abs. 1 HGB, 34 Abs. 1 AO und der Insolvenzantragspflicht gemäß § 64 GmbHG, sowie zwingenden mitbestimmungsrechtlichen Verweisen auf das Aktienrecht, § 1 Abs. 1 Ziff. 3 DrittelbG, § 25 Abs. 1 Ziff. 2 MitbestG, § 3 Abs. 1 Montan-MitbestG, Abweichungen durch die Satzung möglich[92].

b) Gesamtverantwortung und horizontale Arbeitsteilung

Vor diesem Hintergrund der grundsätzlichen Gesamtverantwortung sämtlicher Geschäftsleitungsmitglieder gilt für die horizontale Arbeitsteilung innerhalb des Geschäftsleitungsorgans sodann Folgendes:

aa) Ausprägungen und Zulässigkeit der horizontalen Arbeitsteilung

Arbeitsteilung innerhalb des Geschäftsleitungsorgans ist üblich und, jedenfalls ab einem bestimmten, nicht nur marginalen Geschäftsumfang regelmäßig auch unternehmerisch geboten. Entsprechend ist in § 77 Abs. 1 Satz 2 AktG für die Geschäftsführung und in §§ 78 Abs. 3 AktG, 35 Abs. 2 Satz 2 GmbHG für die Vertretungsmacht vorgesehen, dass abweichend vom Regelfall der Gesamtgeschäftsführungs- und -vertretungsbefugnis Einzelbefugnisse für einzelne oder alle Geschäftsleiter durch Satzung eingeräumt werden können.

Die hierin zum Ausdruck kommende Arbeitsteilung kann über einzelne Geschäftsführungs- und/oder Vertretungsmaßnahmen hinaus auch Teile der Unter-

---

89 Heller, Unternehmensführung und -kontrolle, S. 25; Fleischer, NZG 2003, 449, 450.
90 Harbarth, in: Baums/Thoma, § 27 WpÜG Rz. 22; Krause/Pötzsch, in: Assmann/Pötzsch/U.H. Schneider, § 27 WpÜG Rz. 35.
91 BGH, Urteil vom 06.07.1990, NJW 1990, 2560, 2565 – Lederspray.
92 Scholz/U.H. Schneider, § 43 GmbHG Rz. 39 i.V.m. § 37 GmbHG Rz. 37.

nehmensleitung im soeben[93] genannten Sinne betreffen. Dies kann als Übertragung einzelner Aufgaben an ein Geschäftsführungsmitglied geschehen, bis hin zur *funktionalen Aufteilung* nach bestimmten Ressorts, etwa für Einkauf, Produktion, Marketing und Vertrieb, Personal, Finanzen[94]. Möglich ist auch die *divisionale Aufteilung* nach einzelnen Geschäftsbereichen oder Sparten des Unternehmens, bis hin zur Fortentwicklung zur virtuellen Holding mit gesonderten »Bereichsgeschäftsleitern« für jeden Unternehmensbereich[95]. Und schließlich möglich ist die Kombination funktionaler und divisionaler Strukturelemente im Rahmen einer so genannten Matrixorganisation[96].

Arbeitsteilung in diesem Sinne geschieht wohlgemerkt unternehmensintern, die einzelnen Ressorts oder Geschäftsbereiche sind unselbständige Einheiten des von der Gesellschaft geführten Unternehmens. Hiervon zu unterscheiden ist die (insbesondere divisionale) Aufgabenverteilung auf selbständige Unternehmensträger, etwa durch Ausgliederung im Sinne von § 123 Abs. 3 UmwG, unter Umständen mit dem übertragenden Rechtsträger als Holdinggesellschaft[97]. Die Aufgabenverteilung innerhalb des hierdurch geschaffenen Konzernverbundes ist keine Frage der Arbeitsteilung im Kollegialorgan mehr, auf die spezifischen Pflichten der Geschäftsleiter der abhängigen Gesellschaften und der herrschenden (Holding-)Gesellschaft wird jedoch weiter unten[98] noch einzugehen sein.

Die – funktionale und/oder divisionale – Arbeitsteilung ändert jedoch nichts daran, dass die eigentliche Unternehmensleitung auch weiterhin in der Gesamtverantwortung sämtlicher Geschäftsleitungsmitglieder liegt. Durch die Verteilung einzelner Aufgaben, ganzer Ressorts oder Geschäftsbereiche bleibt der Grundsatz der Gesamtleitung unberührt. So wie der Grundsatz der Gesamtverantwortung nicht disponibel ist, mit gewissen Ausnahmen bei der GmbH[99], so können sich die einzelnen Geschäftsleitungsmitglieder ihrer (Mit-) Verantwortung für einzelne Leitungsmaßnahmen auch nicht per se durch Arbeitsteilung

---

93 Unter a).
94 Siehe etwa Macharzina, Unternehmensführung, S. 393 sowie Fleischer, in: Fleischer, Vorstandsrecht, § 1 Rz. 55; Raiser/Veil, Kapitalgesellschaften, § 14 Rz. 24; Vetter, in: Krieger/U.H Schneider, Handbuch Managerhaftung, § 17 Rz. 15.
95 Siehe etwa Macharzina, Unternehmensführung, S. 393; Fleischer, in: Fleischer, Vorstandsrecht, § 1 Rz. 55; Raiser/Veil, Kapitalgesellschaften, § 14 Rz. 24, 26 sowie Vetter, in: Krieger/U.H Schneider, Handbuch Managerhaftung, § 17 Rz. 15.
96 Raiser/Veil, Kapitalgesellschaften, § 14 Rz. 24; Schiessl, ZGR 1992, 64, 65; Vetter, in: Krieger/U.H Schneider, Handbuch Managerhaftung, § 17 Rz. 15
97 Siehe etwa Lutter, in: Lutter, Holding-Handbuch, § 1 Rz. 4 f; Raiser/Veil, Kapitalgesellschaften, § 14 Rz. 25.
98 Unter e).
99 Hierzu unter a).

entziehen[100]. Umgekehrt korrespondiert mit dieser Gesamt*verantwortung* dann aber auch das *Recht* eines jeden Geschäftsleitungsmitglieds zur Gesamtleitung[101].

Vor diesem Hintergrund stellt sich die Frage, ob und inwieweit die Arbeitsteilung dann überhaupt zulässig sein kann. Für die funktionale Arbeitsteilung wird dies als unproblematisch angesehen[102], für die divisionale Arbeitsteilung, die Aufteilung nach Geschäftsbereichen also, ist dies in der Vergangenheit hingegen durchaus mit der Begründung bezweifelt worden, die einzelnen Geschäftsbereiche verfügten hier häufig über hohe Selbständigkeit und Marktnähe, den übrigen Geschäftsleitern hingegen verblieben somit faktisch nur geringe Einflussmöglichkeiten[103]. Inzwischen ist aber weitgehend Einigkeit dahingehend erzielt worden, dass dies der Zulässigkeit auch der divisionalen Arbeitsteilung nicht per se entgegensteht. Sofern organisatorisch und tatsächlich gewährleistet ist, dass die Gesamtleitung beim Gesamtorgan verbleibt und echte Führungsentscheidungen nicht von einzelnen Geschäftsleitern allein getroffen werden, wird heute auch die divisionale Arbeitsteilung für zulässig gehalten[104].

bb) Folgen für die Geschäftsleiterpflichten bei horizontaler Arbeitsteilung

Für die Geschäftsleiterpflichten bei – funktionaler und/oder divisionaler – horizontaler Arbeitsteilung im Leitungsgremium bedeutet dies Folgendes:

---

100 Fleischer, in: Fleischer, Vorstandsrecht, § 1 Rz. 54; Ders., NZG 2003, 449, 450; Hüffer, § 77 AktG Rz. 14.
101 Fleischer, in: Fleischer, Vorstandsrecht, § 8 Rz. 5.
102 Siehe nur Fleischer, in: Fleischer, Vorstandsrecht, § 1 Rz. 55.
103 Schwark, ZHR 142 (1978), 203, 214 ff; in jüngerer Zeit zum Modell der virtuellen Holding der Deutsche Bank AG deren ehemaliges Vorstandsmitglied Endres, ZHR 163 (1999), 441, 446 f; siehe auch Raiser/Veil, Kapitalgesellschaften, § 14 Rz. 27.
104 Fleischer, in: Fleischer, Vorstandsrecht, § 1 Rz. 55; Kort, in: Großkomm., § 76 AktG Rz. 156; Mertens, Kölner Komm., § 76 AktG Rz. 49; Schiessl, ZGR 1992, 64, 67; U.H. Schneider, FS 100 Jahre GmbH-Gesetz, S. 473, 481; Wettich, Vorstandsorganisation, S. 86 ff. Sofern in jüngerer Zeit hier von Endres, ZHR 163 (1999), 441, 446 f und Raiser/Veil, Kapitalgesellschaften, § 13 Rz. 27 Zweifel angemeldet wurden, betrifft dies nicht die Frage der Zulässigkeit als solche, sondern ob bei bestimmten Organisationsstrukturen die Gesamtleitung im o.g. Sinne tatsächlich noch gewährleistet ist.

aaa) Allgemeine Grundsätze

Zunächst ist in organisatorischer Hinsicht dafür Sorge zu tragen, dass für Leitungsmaßnahmen im oben[105] genannten Sinne die Entscheidungszuständigkeit beim Gesamtorgan verbleibt, Leitungsentscheidungen somit nicht von einzelnen Geschäftsleitern allein getroffen werden können[106]. Um dies bei praktizierter Arbeitsteilung und der auch bei Leitungsmaßnahmen unterschiedlichen Ausgestaltung der Pflichten der jeweils primär zuständigen und der jeweils übrigen Organmitglieder zu gewährleisten, ist ein reibungsloser Informationsfluss zu institutionalisieren. Hierfür ist dann insbesondere ein an den Besonderheiten der Art, Größe und Organisation des Unternehmens orientiertes Berichtssystem aufzubauen[107]. Für Einzelheiten wird der Geschäftsleitung hierbei ein weiter Ermessensspielraum einzuräumen sein, es muss aber jedenfalls jedem Organmitglied möglich sein, sich jederzeit über die wirtschaftliche und finanzielle Situation der Gesellschaft zu unterrichten[108]. Ist dies nicht gewährleistet, liegt eine eigene Pflichtverletzung sämtlicher Geschäftsleitungsmitglieder bereits anlässlich der Geschäftsverteilung vor[109].

Zudem ist in organisatorischer Hinsicht bei der Auswahl der für die jeweiligen Aufgaben zuständigen Geschäftsleitungsmitglieder durch das Gesamtorgan zu beachten, dass Aufgaben nicht für diese erkennbar persönlich und/oder fachlich nicht geeigneten Kollegen überantwortet werden[110]. Anderenfalls liegt insoweit ebenfalls eine eigene Pflichtverletzung sämtlicher Geschäftsleitungsmitglieder vor[111].

Schließlich ist zu beachten, dass auch bei Verbleib der Gesamtleitung beim Gesamtorgan die Arbeitsteilung im Geschäftsleitungsorgan, wie sogleich[112] noch näher aufgezeigt wird, zu unterschiedlichen Pflichten der jeweils zuständigen und übrigen Geschäftsleiter führt. Hierfür aber müssen die Zuständigkeiten sicher- und die Verantwortlichkeiten klargestellt werden, was durch eine lediglich formlose oder gar rein faktische Aufgabenverteilung nicht gewährleistet

---

105 Unter a).
106 Fleischer, NZG 2003, 449, 453; U.H. Schneider, FS 100 Jahre GmbHG, S. 473, 484.
107 Fleischer, in: Fleischer, Vorstandsrecht, § 8 Rz. 21; Hoffmann-Becking, ZGR 1998, 497, 513; Kort, in: Großkomm., § 77 AktG Rz. 40; Lutter/Hommelhoff, in: Lutter/Hommelhoff, § 37 GmbHG Rz. 32; Schiessl, ZGR 1992, 64, 69.
108 BGH, Urteil vom 20.02.1995, GmbHR 1995, 299, 300; Fleischer, in: Fleischer, Vorstandsrecht, § 8 Rz. 21; Zöllner/Noack, in: Baumbach/Hueck, § 35 GmbHG Rz. 33.
109 Siehe nur Fleischer, NZG 2003, 449, 453.
110 Fleischer, NZG 2003, 449, 453; U.H. Schneider, FS 100 Jahre GmbHG, S. 473, 484.
111 Siehe wiederum nur Fleischer, NZG 2003, 449, 453.
112 Unter bbb) und ccc).

ist[113]. Erforderlich ist vielmehr, orientiert an den die Zuweisung von Einzelgeschäftsführungsbefugnis und -vertretungsmacht betreffenden §§ 77 Abs. 1 Satz 2, 78 Abs. 3 Satz 1 AktG, eine eindeutige und schriftliche Klarstellung der Zuständigkeiten durch Satzung, Gesellschafterbeschluss oder Geschäftsordnung[114], die Aufgabenverteilung muss für ihre Beachtlichkeit also gewissen formalen Anforderungen genügen. Ob insoweit dann auch bereits die Aufgabenverteilung durch die Anstellungsverträge ausreicht, wird nicht eindeutig beantwortet[115]. Sind im jeweiligen Einzelfall die Zuständigkeiten sicher- und die Verantwortlichkeiten klargestellt, ist jedoch nicht ersichtlich, warum dann nicht auch die Fixierung der Aufgabenverteilung in den Anstellungsverträgen ausreichen soll[116], solange nur die Schriftlichkeit gewahrt ist[117]. Werden die vorgenannten formalen Anforderungen nicht beachtet, ist die Aufgabenverteilung, jedenfalls soweit es die Entlastung im Haftungsfall im Außenverhältnis betrifft[118], als nicht existent zu bewerten[119]. Sämtliche Geschäftsleiter sind dann gleichermaßen für sämtliche Aufgaben primär zuständig, alle trifft hier gleichermaßen die volle Handlungsverantwortung[120].

---

113   So bereits RG, Urteil vom 03.02.1920, RGZ 98, 98, 100.
114   BFH, Urteil vom 26.04.1984, BStBl II 1984, 776, 778; Urteil vom 04.03.1986, BStBl II 1986, 384, 385; Urteil vom 23.06.1998, BStBl II 1998, 761, 763; OLG Koblenz, Urteil vom 09.06.1998, NZG 1998, 953, 954; Fleischer, NZG 2003, 449, 453 f; Hachenburg/Mertens, § 43 GmbHG Rz. 33; Hefermehl/Spindler, Münchener Komm., § 93 AktG Rz. 71; Hopt, in: Großkomm., § 93 AktG Rz. 65; Koppensteiner, in: Rowedder/Schmidt-Leithoff, § 43 GmbHG Rz. 12; U.H. Schneider, FS 100 Jahre GmbHG, S. 473, 484 f.
115   Dafür etwa Fleischer, NZG 2003, 449, 453; Hefermehl/Spindler, Münchener Komm., § 93 AktG Rz. 71; dagegen etwa Hopt, in: Großkomm., § 93 AktG Rz. 65; Vetter, in: Krieger/U.H Schneider, Handbuch Managerhaftung, § 17 Rz. 39.
116   Ähnlich die Argumentation bei Dreher, ZGR 1992, 22, 58 f.
117   Das Schriftformerfordernis (für die Geschäftsordnung) wurde auch im Bericht des Rechtsausschusses zu § 77 AktG hervorgehoben, siehe Kropff, Aktiengesetz, S. 100.
118   Zur unter Umständen hiervon abweichenden Behandlung unwirksamer Aufgabenverteilung im Rahmen des Gesamtschuldnerausgleichs siehe § 10, unter B.I.2.a).
119   Siehe nur Fleischer, NZG 2003, 449, 453.
120   Hierzu sogleich unter bbb).

bbb) Pflichten des zuständigen Geschäftsleiters

Das für ein Ressort und/oder einen Geschäftsbereich zuständige Geschäftsleitungsmitglied trägt für dieses die *Handlungsverantwortung*[121]. Dies umfasst auch die Verantwortung für die diesem Ressort und/oder Geschäftsbereich zugewiesenen nachgeordneten Mitarbeiter sowie die dort eingesetzten externen Dritten. Für deren rechtmäßiges Verhalten muss der verantwortliche Geschäftsleiter durch geeignete organisatorische Maßnahmen Sorge tragen[122].

Im Übrigen hat er die anderen Geschäftsleiter im erforderlichen Maße und auf geeignete Weise regelmäßig über sein Ressort zu informieren[123]. Leitungsentscheidungen im oben[124] genannten Sinne, die sein Ressort und/oder seinen Geschäftsbereich betreffen, hat er vorzubereiten und gegebenenfalls später zu exekutieren. Da hier jedoch die Entscheidungszuständigkeit beim Gesamtorgan verbleibt, die Leitungsentscheidungen selbst somit nicht von einzelnen Geschäftsleitern allein getroffen werden dürfen[125], hat er diese dem Gesamtorgan zur Entscheidung vorzulegen[126]; Gleiches gilt für die Entscheidungen, die der Aufgabenverteilung zufolge durch das Gesamtorgan zu entscheiden sind[127]. Hierfür die organisatorischen Voraussetzungen zu schaffen ist hingegen, wie bereits erwähnt[128], Aufgabe des Gesamtorgans.

---

121 OLG Hamm, Urteil vom 24.04.1991, GmbHR 1992, 375, 376; Ebenroth/Lange, GmbHR 1992, 69, 74; Fleischer, NZG 2003, 448, 452; Hopt, in: Großkomm., § 93 AktG Rz. 61; U.H. Schneider, FS 100 Jahre GmbHG, S. 473, 481.
122 OLG Köln, Urteil vom 31.08.2000, NZG 2001, 135, 136; Fleischer, AG 2003, 291, 293 ff; Götz, AG 1995, 337, 338; zu den Pflichten und zur Haftung der Geschäftsleiter bei Delegation an Mitarbeiter des Unternehmens und an externe Dritte siehe noch unten unter c) und d).
123 Fleischer, in: Fleischer, Vorstandsrecht, § 8 Rz. 10; Martens, FS Fleck, S. 191, 196 f; Schiessl, ZGR 1992, 64, 69; Schwark, ZHR 142 (1978), 203, 216 f; Wiesner, in: Münchener Handbuch AG, § 22 Rz. 16; zum Umfang der Berichtspflicht und dem hiermit korrespondierenden Umfang der Informationsansprüche der jeweils übrigen Geschäftsleiter siehe sogleich unter ccc).
124 Unter a).
125 Hierzu oben unter aa).
126 Hoffmann-Becking, ZGR 1998, 497, 507; Lutter/Hommelhoff, in: Lutter/Hommelhoff, § 37 GmbHG Rz. 32; Martens, FS Fleck, S. 191, 197 f; Mertens, Kölner Komm., § 77 AktG Rz. 18 f; Raiser/Veil, Kapitalgesellschaften, § 14 Rz. 27; Scholz/U.H. Schneider, § 43 GmbHG Rz. 39 f; Wiesner, Münchener Handbuch AG, § 22 Rz. 16.
127 Dose, Rechtsstellung der Vorstandsmitglieder, S. 52 f; Mertens, Kölner Komm., § 77 AktG Rz. 18.
128 Soeben unter aaa).

ccc) Pflichten der übrigen Geschäftsleiter

Die jeweils übrigen Geschäftsleiter sind hinsichtlich des auf einen anderen Geschäftsleiter übertragenen Ressorts und/oder Geschäftsbereichs vor dem Hintergrund des Grundsatzes der Gesamtverantwortung und den hieraus folgenden Anforderungen bei horizontaler Arbeitsteilung[129] nicht von jeglicher Verantwortung entbunden. Arbeitsteilung im Geschäftsleitungsorgan hat eben nicht zur Folge, dass die jeweiligen Geschäftsleiter nur noch ihre eigenen Aufgabenbereiche betreuen müssen und dürfen[130].

Dies bedeutet zunächst, dass Leitungsentscheidungen im oben[131] genannten Sinne durch das Gesamtorgan zu treffen sind[132]. Mit dieser Pflicht zur Gesamtleitung korrespondiert, worauf bereits hingewiesen wurde[133], das Recht eines jeden Geschäftsleitungsmitglieds zur Gesamtleitung.

Im Übrigen folgt aus der Gesamtverantwortung sodann die Pflicht zur Überwachung der Ressorts und/oder Geschäftsbereiche der anderen Geschäftsleiter[134]. Um dieser Pflicht entsprechen zu können, haben die Geschäftsleiter untereinander, d. h. gegenüber den jeweils zuständigen Kollegen, einen mit deren Informationspflichten[135] korrespondierenden Anspruch auf entsprechende Informationserteilung[136].

Gegenstand der Überwachungspflicht sind hier dann zunächst wiederum die mit den oben[137] skizzierten Leitungsmaßnahmen im Zusammenhang stehenden Pflichten zur Entscheidungsvorlage und gegebenenfalls -exekution. Überwacht wird weiterhin aber auch die Wahrnehmung der sonstigen zur eigenständigen Verantwortung zugewiesenen Aufgaben durch den zuständigen Kollegen.

Hinsichtlich des *Umfangs* der Überwachungspflicht im Kollegialorgan – sowie der hiermit korrespondierenden Informationsansprüche und -pflichten – ist zunächst festzuhalten, dass dieser nicht identisch ist mit dem bei der laufen-

---

129 Hierzu oben unter aa).
130 VG Frankfurt a.M., Urteil vom 08.07.2004, WM 2004, 2157, 2160.
131 Unter a).
132 Siehe hier nur noch einmal Hoffmann-Becking, ZGR 1998, 497, 508.
133 Oben unter aa).
134 Allgemeine Meinung, siehe etwa BGH, Urteil vom 08.07.1985, GmbHR 1986, 19, 29; Urteil vom 20.03.1986, GmbHR 1986, 302, 303; OLG Hamm, Urteil vom 24.04.1991, GmbHR 1992, 375, 376; Dose, Rechtsstellung der Vorstandsmitglieder, S. 75 f; Fleischer, in: Fleischer, Vorstandsrecht, § 8 Rz. 10; Hüffer, § 77 AktG Rz. 15; U.H. Schneider, FS 100 Jahre GmbHG, S. 473, 481.
135 Hierzu soeben unter bbb).
136 Fleischer, in: Fleischer, Vorstandsrecht, § 8 Rz. 10; Hoffmann-Becking, ZGR 1998, 497, 512 f; Wiesner, in: Münchener Handbuch AG, § 22 Rz. 16.
137 Unter a).

den Kontrolle der Geschäftsleitung durch den Aufsichtsrat[138]. Ebenso besteht hier nicht die Kontrolldichte, wie sie die Pflicht zur Überwachung nachgeordneter Mitarbeiter verlangt[139]. Hiervon abgesehen ist der Umfang der Überwachungspflicht letztlich von den Umständen des Einzelfalles abhängig[140]. Insoweit sind insbesondere unternehmens-, aber gegebenenfalls auch aufgaben-, personen- und situationsbezogene Kriterien heranzuziehen: In erster Linie maßgeblich ist die Art, Größe und Organisation des *Unternehmens*[141]; so wird etwa bei einer Spartenorganisation mit ihrer stärkeren Tendenz zur Verselbständigung der einzelnen Geschäftsbereiche Umfang und Intensität der gebotenen Überwachung im Regelfall größer sein als bei einer Aufteilung nach Ressorts[142]. Weiterhin kann der Grad der erforderlichen Überwachung von der Bedeutung der übertragenen *Aufgabe* abhängen, bei für das Unternehmen wichtigen Aufgaben kann eine gesteigerte Überwachungssorgfalt geboten sein[143]. Auch können Umstände in der *Person* des zuständigen Geschäftsleitungsmitglieds eine gesteigerte Überwachungssorgfalt verlangen: Je kürzer dieses im Amt ist, desto intensiver sollte zunächst die Überwachung ausfallen; bei erfahrenen Kollegen besteht eine derart gesteigerte Überwachungspflicht dann nicht mehr[144], ohne dass dies freilich in blindes Vertrauen ohne jegliche Überwachung umschlagen darf[145]. Und schließlich können in bestimmten *Situationen* besonders intensive Aufsichtsmaßnahmen geboten sein, in denen es etwa nicht mehr ausreichen kann ohne entsprechende Belege und Nachweise auf Angaben von Geschäftsleitungskollegen zu vertrauen. Dies gilt zunächst einmal hinsichtlich sämtlicher

---

138 Fleischer, in: Fleischer, Vorstandsrecht, § 8 Rz. 10; Hefermehl/Spindler, Münchener Komm., § 77 AktG Rz. 28; Michalski/Haas, § 43 GmbHG Rz. 161. Zum Umfang der Überwachungspflicht des Aufsichtsrats siehe noch ausführlicher in § 2, unter A.I.1.a).

139 OLG Hamm, Urteil vom 24.04.1991, GmbHR 1992, 375, 377; Fleischer, in: Fleischer, Vorstandsrecht, § 8 Rz. 10. Zum Umfang der Überwachung bei vertikaler Arbeitsteilung siehe noch ausführlicher unter c).

140 Dose, Rechtsstellung der Vorstandsmitglieder, S. 122; Fleischer, in: Fleischer, Vorstandsrecht, § 8 Rz. 17; Hefermehl/Spindler, Münchener Komm., § 77 AktG Rz. 28; Hopt, in: Großkomm., § 93 AktG Rz. 63; Hüffer, § 93 AktG Rz. 13a.

141 So bereits Boesebeck, JW 1938, 2525, 2527; siehe im Übrigen etwa Fleischer, in: Fleischer, Vorstandsrecht, § 8 Rz. 17; Hefermehl/Spindler, Münchener Komm., § 77 AktG Rz. 28.

142 Fleischer, in: Fleischer, Vorstandsrecht, § 8 Rz. 17.

143 Boesebeck, JW 1938, 2525, 2527; Dose, Rechtsstellung der Vorstandsmitglieder, S. 122; Fleischer, in: Fleischer, Vorstandsrecht, § 8 Rz. 17; Hefermehl/Spindler, Münchener Komm., § 77 AktG Rz. 28.

144 Dose, Rechtsstellung der Vorstandsmitglieder, S. 122; Fleischer, in: Fleischer, Vorstandsrecht, § 8 Rz. 17; dies andeutend auch LG Düsseldorf, Urteil vom 15.09.1995, ZIP 1995, 1985, 1993.

145 Fleischer, in: Fleischer, Vorstandsrecht, § 8 Rz. 17.

Leitungsmaßnahmen und -entscheidungen im oben[146] genannten Sinne, die einem Kollegen zur Vorbereitung übertragen wurden, wie etwa die Buchführung und die Insolvenzantragspflicht[147], sowie bei wichtigen Einzelentscheidungen der einzelnen Ressorts und/oder Geschäftsbereiche[148]. Aber auch bei Gefahren von Interessenkollisionen und verdeckten Gewinnverlagerungen[149] sowie insbesondere in der finanziellen Krise der Gesellschaft[150], einschließlich der Abführung von Sozialversicherungsbeiträgen[151], der Abgabe der Steuererklärung und der Erfüllung von Steuerverbindlichkeiten[152], können situationsbedingt gesteigerte Überwachungspflichten bestehen.

Besteht ein funktionierendes Berichtssystem, dessen Implementierung, worauf bereits hingewiesen wurde[153], dem Gesamtorgan obliegt, dürfen die Anforderungen an den Umfang der Überwachungspflichten allerdings nicht zu hoch angesetzt werden. Liegen keine konkreten, ein Einschreiten und/oder Infragestellen der Berichte nahelegenden Anhaltspunkte vor, ist nach überwiegender Ansicht das kontinuierliche Verfolgen der Aktivitäten und Vorkommnisse in den Sitzungen des Geschäftsleitungsorgans ausreichend[154]. Hierbei wird allerdings wiederum verschiedentlich betont, dass auch bei Arbeitsteilung stets ein eigenes Urteil aller Geschäftsleitungsmitglieder erforderlich sei, wofür diese sich nicht nur auf den Bericht des Zuständigen verlassen dürften, sondern sich aus allen ihnen zugänglichen Quellen informieren und sich dann gegebenenfalls ergebende Lücken durch Nachfragen schließen müssten[155]. Gölte dies uneinge-

---

146 Unter a).
147 BGH, Urteil vom 08.07.1985, NJW 1986, 54, 55; Urteil vom 01.03.1993, NJW 1994, 2149, 2150; Urteil vom 26.06.1995, NJW 1995, 2850, 2851; Fleischer, in: Fleischer, Vorstandsrecht, § 8 Rz. 20; Scholz/U.H. Schneider, § 43 GmbHG Rz. 39.
148 Fleischer, in: Fleischer, Vorstandsrecht, § 8 Rz. 20.
149 Fleischer, in: Fleischer, Vorstandsrecht, § 8 Rz. 20.
150 BGH, Urteil vom 15.10.1996, BGHZ 133, 370, 379; OLG Bremen, Urteil vom 18.05.1999, ZIP 1999, 1671, 1678; Fleischer, in: Fleischer, Vorstandsrecht, § 8 Rz. 20; Lutter/Hommelhoff, in: Lutter/Hommelhoff, § 37 GmbHG Rz. 32; Scholz/ U.H. Schneider, § 43 GmbHG Rz. 37b.
151 BGH, Urteil vom 15.10.1996, BGHZ 133, 370, 379; OLG Düsseldorf, Urteil vom 12.11.1993, GmbHR 1994, 403; Urteil vom 27.10.1995, GmbHR 1996, 368; Fleischer, in: Fleischer, Vorstandsrecht, § 8 Rz. 20.
152 BFH, Urteil vom 17.05.1988, GmbHR 1989, 170, 172; Fleischer, in: Fleischer, Vorstandsrecht, § 8 Rz. 20.
153 Oben unter aaa).
154 Hefermehl/Spindler, Münchener Komm., § 77 AktG Rz. 28; Hopt, in: Großkomm., § 93 AktG Rz. 62; Hüffer, § 77 AktG Rz. 15; Kort, in: Großkomm., § 77 AktG Rz. 40; U.H. Schneider, FS 100 Jahre GmbHG, S. 473, 482; ; Wiesner, in: Münchener Handbuch AG, § 22 Rz. 15.
155 Mertens, Kölner Komm., § 93 AktG Rz. 54; Rieger, FS Peltzer, S. 339, 347.

schränkt, ginge dies jedoch wohl zu weit. Jeder (zulässigen!) Arbeitsteilung wohnt auch ein gewisses Vertrauenselement inne, jede Vorlage auch ohne Anlass umfassend überprüfen zu müssen wäre zudem unpraktikabel und würde dem Sinn und Zweck der Arbeitsteilung widersprechen[156]. Dies entbindet jedoch nicht von der Verpflichtung, sich stets eine eigene Meinung zu bilden, insbesondere hinsichtlich der im Kollegium zur Abstimmung gestellten Leitungsmaßnahmen. Hierbei können dann im Regelfall die vorgelegten Berichte als – gegebenenfalls einzige – Entscheidungsgrundlage herangezogen werden, diese sind allerdings zumindest einer Plausibilitäts- und Vollständigkeitskontrolle zu unterziehen[157]. Bestehen hingegen Anhaltspunkten für Fehlentwicklungen und Unregelmäßigkeiten in einem von Kollegen betreuten Aufgabenbereich, ist diesen sodann nachzugehen[158].

Besondere Überwachungspflichten werden zum Teil für jene Geschäftsleitungsmitglieder angenommen, deren Aufgabe zu dem betreffenden Ressort und/oder Geschäftsbereich eine besondere *Sachnähe* aufweist. Für die anderen – sachfernen – Geschäftsleiter genüge eine sorgfältige Plausibilitätskontrolle; das sachnahe Geschäftsleitungsmitglied müsse hingegen immer wieder aktiv prüfen, ob der betreffende Kollege seinen Pflichten gewissenhaft nachkommt, eine Plausibilitätskontrolle alleine genüge nicht[159]. Praktisch zur Anwendung kommen würde dies wohl vor allem für das Controlling-Ressort[160], denkbar erscheinen aber auch Fälle der sachlichen und/oder organisatorischen Verzahnung verschiedener Ressorts und/oder Geschäftsbereiche. Gegen eine solche Differenzierung hinsichtlich der Überwachungspflichten nach Sachnähe und Sachferne wird vorgebracht, hierdurch würde das Ressortprinzip und damit die Zulässigkeit arbeitsteiligen Zusammenwirkens im Kern in Frage gestellt[161]. Berücksichtigt man jedoch, dass die Aufgaben eines Geschäftsleitungsmitglieds qua interner Zuweisung auch die – mehr oder weniger intensive – Überwachung und Kontrolle einzelner oder sämtlicher anderen Geschäftsleitungskollegen umfassen kann, sei es als Controller über das Gesamtunternehmen, sei es aufgrund der Verzahnung verschiedener Ressorts und/oder Geschäftsbereiche, lässt sich dies auflösen. Derart erhöhte Überwachungs- und Kontrollpflichten sind dann

---

156 Fleischer, in: Fleischer, Vorstandsrecht, § 8 Rz. 22; vgl. auch U.H. Schneider, FS 100 Jahre GmbHG, S. 473, 482.
157 Fleischer, in: Fleischer, Vorstandsrecht, § 8 Rz. 22; Götz, AG 1995, 337, 339.
158 BGH, Urteil vom 08.07.1985, NJW 1986, 54, 55; Urteil vom 20.03.1986, WM 1986, 789; Urteil vom 15.10.1996, BGHZ 133, 370, 377 f; OLG Koblenz, Urteil vom 10.06.1991, ZIP 1991, 870, 871; Fleischer, in: Fleischer, Vorstandsrecht, § 8 Rz. 19; Hopt, in: Großkomm., § 93 AktG Rz. 62, 74; Hüffer, § 93 AktG Rz. 13b; U.H. Schneider, FS 100 Jahre GmbHG, S. 473, 483.
159 VG Frankfurt a.M., Urteil vom 08.07.2004, WM 2004, 2157, 2161.
160 So der Hinweis von Habersack, WM 2005, 2360, 2363 f.
161 Habersack, WM 2005, 2360, 2363 f; M. Wolf, VersR 2005, 1042, 1045 f.

Primärpflicht, ungeachtet der Frage, wie weit diese aufgrund eines etwaigen Kernbereichs der jeweiligen Eigenverantwortung[162] reicht. Für besondere Akzentuierung und Differenzierung der Überwachungspflichten als Sekundärpflichten besteht hier kein Bedürfnis. Sofern und soweit es jedoch an einer solchen Primärpflicht fehlt, bleibt es bei der allgemeinen Überwachungspflicht, für Sonderpflichten besteht dann kein Anlass. Ob bei Annahme der Überwachungspflicht als Primärpflicht ein solches Geschäftsleitungsmitglied die Überwachung der Kollegen dann ausschließlich als Primärpflicht oder aber teils als Primär- und teils als Sekundärpflicht schuldet, dürfte in erster Linie von der konkreten Aufgabenzuweisung abhängen. Dem weiter nachzugehen ist jedoch nicht Gegenstand dieser Arbeit.

Ähnlich gelagert ist die Frage, ob dem *Vorsitzenden der Geschäftsleitung* besondere Überwachungs- und Kontrollpflichten obliegen. Überwiegend wird dies, und zwar explizit als Primärpflicht, bejaht[163], zudem unabhängig davon, ob dies in der Geschäftsordnung eine besondere Erwähnung gefunden hat oder nicht, abgeleitet aus der dem Vorsitzenden von Amts wegen obliegenden Koordinierungsaufgabe[164]. Dem wird vereinzelt entgegnet, von Rechts wegen beschränke sich die Koordinierungsfunktion des Vorsitzenden auf die eines Mediators. Weitergehende Rechte, etwa in Form einer Richtlinienkompetenz, stünden ihm hingegen nicht zu. Entsprechend bestünden dann auch keine weitergehenden Sonderpflichten, etwa in Form besonderer Überwachungs- und Kontrollpflichten[165], jedenfalls aber gelte dies, wenn dem Vorsitzenden nicht im Wege der Aufgabenverteilung derlei Rechte und Pflichten übertragen worden sind[166]. Selbst wenn man annimmt, dass jedem Mitglied der Geschäftsleitung, dem bestimmte Aufgaben (bis hin zu ganzen Ressorts und/oder Geschäftsbereichen) zugewiesen wurden, zumindest ein gewisser Kernbereich der Eigenverantwortung verbleibt, in den andere Kollegen nicht eingreifen dürfen, die Koordinierung einzelner Ressorts jedenfalls diesbezüglich somit nur im Einver-

---

162 Hierzu Fleischer, in: Fleischer, Vorstandsrecht, § 8 Rz. 9.
163 Bezzenberger, ZGR 1996, 661, 672; Dose, Rechtsstellung der Vorstandsmitglieder, S. 122; Hefermehl/Spindler, Münchener Komm., § 93 AktG Rz. 73; Hoffmann-Becking, ZGR 1998, 497, 516; Hopt, in: Großkomm., § 93 AktG Rz. 62; Krieger, Personalentscheidungen des Aufsichtsrats, S. 249 f; Ders., in: Gesellschaftsrecht 1995, S. 149, 156; Lutter/Krieger, Rechte und Pflichten des Aufsichtsrats, Rz. 439; Schilling, in: Großkomm., 3. Aufl., § 93 AktG Rz. 23; Wiesner, in: Münchener Handbuch AG, § 24 Rz. 3.
164 Krieger, in: Gesellschaftsrecht 1995, S. 149, 156; Lutter/Krieger, Rechte und Pflichten des Aufsichtsrats, Rz. 439.
165 Fleischer, in: Fleischer, Vorstandsrecht, § 8 Rz. 23; von Hein, ZHR 166 (2002), 464, 487 ff; Wettich, Vorstandsorganisation, S. 263 ff.
166 Mertens, Kölner Komm., § 84 AktG Rz. 90.

ständnis erfolgen darf[167], steht dies einer besonderen Pflicht des Vorsitzenden zur Überwachung jedoch nicht per se entgegen. Dessen Aufgabe ist gerade, dies ist unstreitig, die Koordinierung der Arbeit im Gesamtorgan. Eine Koordinierung aber, die Prüfungen und Überwachungen nicht über das jedem einfachen Mitglied als Sekundärpflicht ohnehin obliegende Maß hinaus zum Inhalt hat, bei der nicht auch außerplanmäßig, etwa im Rahmen der Sitzungsvorbereitung, Berichte etc. angefordert werden können und sollen, dürfte ihren Zweck verfehlen, unabhängig davon, wie weit man die Befugnisse des Vorsitzenden im Einzelnen fasst. Bei einem solchen Verständnis von Koordinierung würde das arbeitsteilige Agieren dann letztlich in unkoordinierte Einzeltätigkeiten zerfallen[168]. Besonderen Überwachungs- und Kontrollpflichten des Vorsitzenden – als Primärpflichten – bestehen somit. Entscheidend ist dann vielmehr, in welchem Umfang dies der Fall ist, ferner, ob die Überwachung der Kollegen stets Primärpflicht des Vorsitzenden ist oder aber teils Primär- und teils Sekundärpflicht. Dem ist im Rahmen dieser Arbeit aber wiederum nicht weiter nachzugehen.

Bei Zweifeln hinsichtlich der Geschäftsführung durch einen Kollegen besteht die Pflicht, diese dem Gesamtorgan vorzutragen. Hier verdichtet sich die Überwachungspflicht zur Interventionspflicht[169]. Reagiert das Gesamtorgan nicht, so ist jedenfalls bei schwerwiegenden Vorgängen trotz der auch organintern bestehenden Treue- und Loyalitätspflicht[170], ja unter dem Gesichtspunkt der Schadensvermeidung und Haftungsabwendung gerade auch deswegen der Aufsichtsrat zu informieren[171], bei der nicht mitbestimmten GmbH die Gesellschafterversammlung[172]. Wird ein Geschäftsleitungsmitglied hingegen im Gesamtorgan überstimmt, gelten wiederum die oben[173] skizzierten Grundsätze: Das überstimmte (oder bei Beschlussfassung abwesende) Geschäftsleitungsmitglied haftet nicht für den rechtswidrigen Beschluss als solchen, wohl aber ist es ver-

---

167 So Fleischer, in: Fleischer, Vorstandsrecht, § 8 Rz. 9; von Hein, ZHR 166 (2002), 464, 488 ff; Mertens, Kölner Komm., § 77 AktG Rz. 17.
168 Krieger, Personalentscheidungen des Aufsichtsrats, S. 248.
169 BGH, Urteil vom 20.10.1954, BGHZ 15, 71, 78; siehe im Übrigen etwa Fleischer, in: Fleischer, Vorstandsrecht, § 8 Rz. 24 sowie Lutter/Hommelhoff, in: Lutter/Hommelhoff, § 37 GmbHG Rz. 32.
170 Siehe hierzu etwa Mertens, Kölner Komm., § 77 AktG Rz. 38; Wiesner, Münchener Handbuch AG, § 22 Rz. 8.
171 Fleischer, in: Fleischer, Vorstandsrecht, § 8 Rz. 25; Ders., BB 2004, 2645, 2649; Hefermehl/Spindler, Münchener Komm., § 93 AktG Rz. 77; Hopt, in: Großkomm., § 93 AktG Rz. 52 f.
172 Lutter/Hommelhoff, in: Lutter/Hommelhoff, § 37 GmbHG Rz. 30; Koppensteiner, in: Rowedder/Schmidt-Leithoff, § 43 GmbHG Rz. 13.
173 Unter 1.a).

pflichtet, dessen Umsetzung mit allen geeigneten, zulässigen und ihm zumutbaren Mitteln, soweit möglich, zu verhindern.

cc) Verschulden

Die Haftung eines jeden Geschäftsleitungsmitglieds setzt eigenes Verschulden hinsichtlich der Verletzung der ihm individuell obliegenden, aufgrund der Arbeitsteilung unter Umständen sehr unterschiedlich gelagerten Pflichten voraus[174]. Eine Zurechnung des Verschuldens eines Kollegen gemäß § 278 BGB ist nicht möglich, da Geschäftsleiter untereinander nicht Erfüllungsgehilfen sind, sondern ihre eigenen organschaftlichen Pflichten jeweils ausschließlich gegenüber der Gesellschaft erfüllen[175]. Und eine Haftung gemäß § 831 BGB scheitert daran, dass es zwischen Geschäftsleitungskollegen an der für Verrichtungsgehilfen notwendigen Subordination fehlt[176].

c) Gesamtverantwortung und vertikale Arbeitsteilung

Sofern und soweit nicht die unentziehbaren und nicht disponierbaren Leitungsaufgaben[177] betroffen sind, ist die Delegation an nachgeordnete Unternehmensangehörige zulässig[178], ja für die Erfüllung der den Geschäftsleitern obliegenden Aufgaben regelmäßig unerlässlich. Die betreffenden Geschäftsleiter, im Regelfall bei entsprechender Arbeitsteilung im Geschäftsleitungsorgan der für das betreffende Ressort und/oder den betreffenden Geschäftsbereich zuständige Geschäftsleiter, haften hier aber nur für eigenes Verschulden[179]. Einer Zurechnung des Verschuldens der Mitarbeiter gemäß § 278 BGB steht entgegen, dass diese nicht Erfüllungsgehilfen der Geschäftsleiter, sondern der Gesellschaft

---

174 Fleischer, in: Fleischer, Vorstandsrecht, § 8 Rz. 14; Hüffer, § 93 AktG Rz. 14; Lohr, NZG 2000, 1204, 1210; Michalski/Haas, § 43 GmbHG Rz. 174; Scholz/U.H. Scheider, § 43 GmbHG Rz. 22.
175 Fleischer, in: Fleischer, Vorstandsrecht, § 8 Rz. 14; Hommelhoff/Kleindiek, in: Lutter/Hommelhoff, § 43 GmbHG Rz. 17; Lohr, NZG 2000, 1204, 1210; Michalski/Haas, § 43 GmbHG Rz. 176.
176 Fleischer, in: Fleischer, Vorstandsrecht, § 8 Rz. 14; Hommelhoff/Kleindiek, in: Lutter/Hommelhoff, § 43 GmbHG Rz. 17; Lohr, NZG 2000, 1204, 1210; Michalski/Haas, § 43 GmbHG Rz. 176.
177 Hierzu oben unter a).
178 Fleischer, in: Fleischer, Vorstandsrecht, § 8 Rz. 27; Ders., ZIP 2003, 1, 8; Kort, in: Großkomm., § 76 AktG Rz. 49 f; Schiessl, ZGR 1992, 64, 67 f; Zöllner/Noack, in: Baumbach/Hueck, § 35 GmbHG Rz. 28 ff.
179 Fleck, GmbHR 1974, 224, 225; Fleischer, in: Fleischer, Vorstandsrecht, § 8 Rz. 26; Hommelhoff/Kleindiek, in: Lutter/Hommelhoff, § 43 GmbHG Rz. 18; Mertens, Kölner Komm., § 93 AktG Rz. 18; Michalski/Haas, § 43 GmbHG Rz. 174.

sind[180]. Und eine Haftung gemäß § 831 BGB scheitert daran, dass wiederum nicht die Geschäftsleiter Geschäftsherr sind, sondern die Gesellschaft[181]. Vor diesem Hintergrund unterliegt der Geschäftsleiter dann aber bestimmten Sorgfaltspflichten. Diese haben zum einen die *Auswahl* und *Einweisung* der Mitarbeiter zum Inhalt und zum anderen deren *Überwachung* bei der Aufgabenerfüllung[182]. Der Umfang der Überwachungspflicht hängt auch hier grundsätzlich wieder von den Umständen des Einzelfalles ab[183]. Hierbei kann dann auch eine nicht nur rückwärtsgewandte, gelegentlich begleitende Einzelüberwachung der Aufgabenerfüllung geboten sein, sondern weitergehend die Implementierung einer vorbeugenden Compliance-Organisation[184]. Diesbezügliche spezielle Pflichten gibt es im Bank- und Kapitalmarktrecht[185] sowie im Kartellrecht[186]. Generell für *Aktiengesellschaften* ist zudem durch das Gesetz zur Kontrolle und Transparenz im Unternehmensbereich (KonTraG)[187] mit Wirkung zum 27.04.1998 § 91 Abs. 2 AktG hinzugekommen, der dem Vorstand die Pflicht zur Errichtung eines Überwachungssystems für die frühzeitige Erkennung von den Fortbestand der Gesellschaft gefährdenden Entwicklungen auferlegt. Für die *GmbH* wird man eine solche Pflicht jedenfalls bei großen Gesellschaften im Sinne von § 267 Abs. 3 HGB grundsätzlich wohl entsprechend annehmen können[188]. Zudem wird bei entsprechendem Gefährdungspotential die Pflicht zur Errichtung einer auf Schadensprävention und Risikokontrolle

---

180 Fleck, GmbHR 1974, 224, 225; Fleischer, in: Fleischer, Vorstandsrecht, § 8 Rz. 26; Hommelhoff/Kleindiek, in: Lutter/Hommelhoff, § 43 GmbHG Rz. 18; Mertens, Kölner Komm., § 93 AktG Rz. 18; Michalski/Haas, § 43 GmbHG Rz. 175.

181 Fleischer, in: Fleischer, Vorstandsrecht, § 8 Rz. 26; Hommelhoff/Kleindiek, in: Lutter/Hommelhoff, § 43 GmbHG Rz. 18; Mertens, Kölner Komm., § 93 AktG Rz. 18; Michalski/Haas, § 43 GmbHG Rz. 175.

182 Siehe im Einzelnen nur Fleischer, in: Fleischer, Vorstandsrecht, § 8 Rz. 28 ff.

183 Einzelheiten bei Fleischer, in: Fleischer, Vorstandsrecht, § 8 Rz. 32 ff.

184 Fleischer, Vorstandsrecht, § 8 Rz. 40; Ders., AG 2003, 291, 298 ff; U.H. Schneider, ZIP 2003, 645, 648 ff. Zur Compliance-Organisation umfassend Hauschka, Corporate Compliance, passim.

185 Überblick bei Fleischer, in: Fleischer, Vorstandsrecht, § 8 Rz. 41; ausführlich etwa Eisele, in: Schimansky/Bunte/Lwowski, Bankrechts-Handbuch, § 109; Gebauer, in: Hauschka, Corporate Compliance, § 31.

186 Überblick bei Fleischer, in: Fleischer, Vorstandsrecht, § 8 Rz. 42; siehe etwa BGH, Beschluss vom 24.03.1981, WuW/E BGH 1799 (»Revisionsabteilung«) und umfassend Wirtz, WuW 2001, 342 ff.

187 Gesetz vom 27.04.1998, BGBl. I/1998, S. 786.

188 Drygala/Drygala, ZIP 2000, 297, 300 ff.

angelegten Compliance-Organisation aus dem allgemeinen Sorgfalts- und Pflichtenmaßstab des § 43 Abs. 1 GmbHG herzuleiten sein[189].

d) Gesamtverantwortung und Delegation an Dritte

Für die Zulässigkeit und Folgen der Delegation von Hilfsfunktionen an unternehmensfremde Dritte (so genanntes Outsourcing) gelten die Ausführungen zur vertikalen Arbeitsteilung[190] grundsätzlich entsprechend[191]. Als Besonderheit ist hier zum einen zu beachten, dass die Möglichkeit zur Überwachung und Steuerung der Auftragnehmer durch entsprechende Gestaltung der mit diesen getroffenen schuldrechtlichen Vereinbarungen sichergestellt werden muss[192]. Und zum anderen bestehen mit § 25a Abs. 2 KWG, § 5 Abs. 3 Ziff. 4 VAG und § 1 Abs. 3 BörsG wirtschaftsaufsichtsrechtliche Sondernormen, die die beim Outsourcing zu beachtenden Regeln dahingehend konkretisieren und erweitern, dass hierdurch die Ordnungsmäßigkeit der Geschäfte, die Steuerungs- und Kontrollmöglichkeiten der Geschäftsleitung und die Prüfungsrechte der Aufsichtsbehörden nicht beeinträchtigt werden dürfen sowie die erforderlichen Leitungsbefugnisse vertraglich gesichert werden müssen[193].

e) Gesamtverantwortung im Konzernverbund

Die unternehmensinterne Arbeitsteilung ist, worauf bereits hingewiesen wurde[194], zu unterscheiden von der Aufgabenverteilung auf jeweils selbständige Unternehmensträger im Konzernverbund. Hier ist die Frage der Zulässigkeit der Arbeitsteilung zweidimensional zu betrachten, auf der Ebene der herrschenden Gesellschaft[195] und auf der Ebene der abhängigen Gesellschaft[196].

aa) Arbeitsteilung auf der Ebene der herrschenden Gesellschaft

Auf der Ebene der herrschenden Gesellschaft gelten die vorstehend[197] erörterten Grundsätze uneingeschränkt entsprechend. Die Leitungsaufgaben im

---

189 Fleischer, in: Fleischer, Vorstandsrecht, § 8 Rz. 43 ff; Ders., AG 2003, 291, 299; U.H. Schneider, ZIP 2003, 645, 648 f.
190 Soeben unter c).
191 Siehe nur Fleischer, in: Fleischer, Vorstandsrecht, § 1 Rz. 57.
192 Fleischer, in: Fleischer, Vorstandsrecht, § 1 Rz. 57; Ders., ZIP 2003, 1, 10; Stein, ZGR 1988, 163, 173 f; Turiaux/Knigge, DB 2004, 2199, 2206.
193 Siehe hierzu nur Fleischer, in: Fleischer, Vorstandsrecht, § 1 Rz. 58 m.w.N.
194 Unter b)aa).
195 Hierzu sogleich unter aa).
196 Hierzu sodann unter bb).
197 Unter a) bis d).

oben[198] genannten Sinne verbleiben beim Gesamtorgan der herrschenden Gesellschaft, weder können sie zur Gänze innerhalb des Leitungsorgans verteilt noch vertikal oder an unternehmensexterne Dritte delegiert werden[199]. Speziell die Konzernleitung betreffen hierbei insbesondere die Festlegung der Konzernstruktur und -organisation, die Festlegung der Konzernziele und -strategien, die Zuteilung von Ressourcen an die einzelnen Konzernunternehmen unter Berücksichtigung des Konzerninteresses, die konzernweite Koordinierung der Finanz-, Investitions- und Bilanzpolitik, die Bestimmung der Diversifikationspolitik, insbesondere den Kauf- und Verkauf von Beteiligungen, das Konzern-Controlling sowie die Besetzung wichtiger Führungspositionen im Konzern[200].

Vereinzelt wird vertreten, dass über diese grundsätzlichen Leitungsaufgaben hinaus die Geschäftsleitung der herrschenden Gesellschaft generell und auch ohne eine entsprechende Ermächtigung durch Satzung oder Gesellschafterbeschluss verpflichtet sei, den »Verbund als Konzern bis in alle Einzelheiten des Tochtergeschehens hinein zu leiten und zum Eingriff bereit zu lenken.«[201] Dies stünde dann allerdings in Widerspruch zu der bislang[202] eingenommenen Haltung, unverzichtbare Leitungsaufgaben der Geschäftsleitung umfassten nur die originäre unternehmerische Tätigkeit, also die wesentlichen Fragen der Unternehmens- und Geschäftspolitik. So wird denn auch heute ganz überwiegend der Geschäftsleitung der Holding ein weites Ermessen eingeräumt, wie sie den Konzern führt. Dies muss dann eben nicht auch in alle Verästelungen des Konzerns hineinreichen, selbst stark dezentralisierte Konzernstrukturen werden für zulässig gehalten[203].

Jedenfalls aber obliegt der Holding-Geschäftsleitung die Pflicht zur laufenden Überwachung des Konzerns[204], was insbesondere auch die Einrichtung einer

---

198 Unter a).
199 Mertens, Kölner Komm., § 76 AktG Rz. 54; Scheffler, FS Goerdeler, S. 469, 473 ff; Schiessl, ZGR 1992, 64, 83.
200 Schiessl, ZGR 1992, 64, 83; ähnlich Scheffler, FS Goerdeler, S. 469, 473 ff.
201 Hommelhoff, Konzernleitungspflicht, S. 424.
202 Insbesondere oben unter a).
203 Götz, ZGR 1998, 524, 525 ff; Hoffmann-Becking, ZHR 159 (1995), 325, 332; Koppensteiner, Kölner Komm., vor § 291 AktG Rz. 71; Krieger, in: Münchener Handbuch AG, § 69 Rz. 24; Kropff, ZGR 1984, 112, 116; Martens, FS Heinsius, S. 523, 530 ff; Mertens, Kölner Komm., § 76 AktG Rz. 54 f; Schiessl, ZGR 1992, 64, 83; Semler, Leitung und Überwachung, Rz. 280.
204 Krieger, in: Münchener Handbuch AG, § 69 Rz. 24; umfassend Semler, in: Lutter, Holding-Handbuch, § 5.

sachgerechten Konzernorganisation[205] und eines konzernweiten Controlling-Systems[206] umfasst.

bb) Arbeitsteilung auf der Ebene der abhängigen Gesellschaft

Auch auf der Ebene der abhängigen Gesellschaft gelten für die Zulässigkeit der Arbeitsteilung im Grundsatz die vorstehend[207] skizzierten allgemeinen Regeln. Dies gilt ohne Einschränkung im faktischen Konzern. Dort ist insbesondere auch die Einflussnahme des herrschenden Unternehmens auf die Unternehmensleitung der abhängigen Gesellschaft nicht zulässig. Hier verbleibt lediglich die Möglichkeit der Einflussnahme über die Gesellschafterebene, bei der *Aktiengesellschaft* mittelbar insbesondere über die Personalhoheit, bei der *GmbH* unmittelbar über das Weisungsrecht, § 37 Abs. 1 GmbHG[208].

Im Vertragskonzern sowie bei der Eingliederung hingegen sind gemäß §§ 308, 323 AktG Weisungen des herrschenden Unternehmens/der Hauptgesellschaft zulässig und vom Leitungsorgan der abhängigen Gesellschaft zu befolgen. Und diese Weisungen können dann eben auch Leitungsmaßnahmen im oben[209] genannten Sinne betreffen[210].

3. Haftungsausschluss/-beschränkung; Verzicht/Vergleich

In der *Aktiengesellschaft* können der oben[211] skizzierte Sorgfalts- und Verschuldensmaßstab des § 93 Abs. 1 AktG sowie der Haftungsumfang *vorab* durch Satzung oder Vertrag *nicht modifiziert* werden, § 23 Abs. 5 AktG[212]. Eine Sonderregelung insoweit enthalten die §§ 37b Abs. 6, 37c Abs. 6 WpHG, denen zufolge bei der Emittentenhaftung der Gesellschaft wegen unterlassener oder unwahrer Insiderinformation im Voraus geschlossene Vereinbarungen über die Ermäßigung oder den Erlass von Regressansprüchen gegen die Vorstandsmit-

---

205 Krieger, in: Münchener Handbuch AG, § 69 Rz. 24; Lutter/Krieger, Rechte und Pflichten des Aufsichtsrats, Rz. 140.
206 Krieger, in: Münchener Handbuch AG, § 69 Rz. 24; Semler, in: Lutter, Holding-Handbuch, § 5 Rz. 93 ff.
207 Unter a) bis d).
208 Siehe etwa Raiser/Veil, Kapitalgesellschaften, § 53 Rz. 8.
209 Unter a).
210 Siehe etwa Hüffer, § 308 AktG Rz. 12; Raiser/Veil, Kapitalgesellschaften, § 54 Rz. 35.
211 Unter 1.a).
212 Hopt, in: Großkomm., § 93 AktG Rz. 23 ff; Hüffer, § 93 AktG Rz. 1 m.w.N.

glieder unwirksam sind. Auch für die *GmbH* wird dies zum Teil vertreten[213]. Richtiger dürfte es aber sein, dort angesichts der Satzungsautonomie die Möglichkeit der Haftungsmilderung jedenfalls bei leichter Fahrlässigkeit[214], mit Blick auf die im Gegensatz zur Aktiengesellschaft bestehende Möglichkeit des nachträglichen Verzichts[215] sogar bei grober Fahrlässigkeit[216] zuzulassen. Die Haftungsmilderung unter Zuhilfenahme der arbeitsrechtlichen Grundsätze der betrieblich veranlassten Tätigkeit[217] hingegen scheitert daran, dass dem Geschäftsleiter als Organ kein Arbeitnehmer- und in aller Regel auch kein arbeitnehmerähnlicher Status zukommt und die arbeitsrechtliche Haftungsprivilegierung zudem Wortlaut und Funktion der §§ 93 AktG, 43 GmbHG widerspräche[218].

Die Haftung entfällt aber grundsätzlich, wenn die Geschäftsleiter auf Grundlage eines wirksamen und rechtmäßigen Gesellschafterbeschlusses gehandelt haben; dies ist für die *Aktiengesellschaft* in § 93 Abs. 4 Satz 1 AktG geregelt und auch für die *GmbH* allgemein anerkannt[219]. Die alleinige Billigung des Aufsichtsrats hingegen ist für den Haftungsausschluss nicht ausreichend, § 93 Abs. 4 Satz 2 AktG.

Ein *nachheriger Verzicht oder Vergleich* hinsichtlich des Schadensersatzanspruchs der Gesellschaft ist in der *Aktiengesellschaft* mit Ausnahme von Insolvenzfällen erst drei Jahre nach Entstehung des Anspruchs und auch dann nur unter engen Voraussetzungen auf Grundlage eines Hauptversammlungsbeschlusses möglich, §§ 50, 93 Abs. 4 Satz 3 u. 4, 117 Abs. 4, 309 Abs. 3, 310 Abs. 4, 318 Abs. 4 AktG. Bei der *GmbH* hingegen werden Verzicht und Ver-

---

213 Bastuck, Enthaftung des Managements, S. 92; Ebenroth/Lange, GmbHR 1992, 69, 76; Haas, Geschäftsführerhaftung und Gläubigerschutz, S. 295 ff; Immenga, GmbHR 1973, 5, 7; Michalski/Haas, § 43 GmbHG Rz. 14.
214 Konzen, NJW 1989, 2977, 2984; Lohr, NZG 2000, 1204, 1209; Marsch-Barner/ Diekmann, in: Münchener Handbuch GmbH, § 46 Rz. 4; Zöllner/Noack, in: Baumbach/Hueck, § 43 GmbHG Rz. 46.
215 Hierzu sogleich.
216 Fleck, GmbHR 1974, 224, 229; Hommelhoff/Kleindiek, in: Lutter/Hommelhoff, § 43 GmbHG Rz. 41; Krieger, in: Gesellschaftsrecht 1995, S. 149, 163; Scholz/ U.H. Schneider, § 43 GmbHG Rz. 185a.
217 Siehe hierzu noch unten § 5, unter A.I.1.
218 BGH, Urteil vom 27.02.1975, WM 1975, 467, 469; Urteil vom 25.06.2001, BGHZ 148, 167, 172; Hommelhoff/Kleindiek, in: Lutter/Hommelhoff, § 43 GmbHG Rz. 21; Krieger, in: Gesellschaftsrecht 1995, S. 149, 163 f; Zöllner/ Noack, in: Baumbach/Hueck, § 43 GmbHG Rz. 6.
219 Ständige Rspr., siehe etwa BGH, Urteil vom 14.12.1959, BGHZ 31, 258, 278 f; Urteil vom 10.05.1993, BGHZ 122, 333, 336; Urteil vom 21.06.1999, BGHZ 142, 92, 95. Siehe ferner etwa Hommelhoff/Kleindiek, in: Lutter/Hommelhoff, § 43 GmbHG Rz. 22; Zöllner/Noack, in: Baumbach/Hueck, § 43 GmbHG Rz. 33.

gleich mangels einer § 93 Abs. 4 Satz 3 AktG entsprechenden Regelung generell für zulässig gehalten, sofern nicht abweichende Vorschriften, vgl. §§ 9b, 43 Abs. 3 Satz 2, 64 Abs. 2 Satz 3 GmbHG, dies untersagen[220]. Gleiches gilt für die umwandlungsrechtliche Schadensersatzhaftung. Hier kann dann also die Gesellschaft durch isolierten Erlassvertrag oder im Rahmen eines das Anstellungsverhältnis betreffenden Aufhebungsvertrages auf Ersatzansprüche verzichten, § 397 Abs. 1 BGB, oder sich hierüber vergleichen, § 779 BGB[221].

4. Verjährung

Die Ansprüche der Gesellschaft *verjähren* in fünf Jahren. Für die Haftung gemäß § 93 Abs. 2 u. 3 AktG, § 43 Abs. 2 u. 3 GmbHG ergibt sich dies unmittelbar aus §§ 93 Abs. 6 AktG, 43 Abs. 4 GmbHG. § 64 Abs. 2 Satz 3 GmbHG verweist auf § 43 Abs. 4 GmbHG, im Übrigen ist die fünfjährige Verjährungsfrist noch einmal gesondert geregelt in §§ 51, 53, 117 Abs. 6, 309 Abs. 5, 310 Abs. 4, 318 Abs. 4, 323 Abs. 2 AktG, § 9b Abs. 2 Satz 1 GmbHG, §§ 25 Abs. 3, 205 Abs. 2 UmwG. Fristbeginn ist grundsätzlich mit Entstehung des Anspruchs, § 200 Satz 1 BGB[222]; abweichend hiervon beginnt für die Gründungshaftung gemäß §§ 51 AktG, 9b Abs. 2 GmbHG die Verjährungsfrist im Regelfall mit der Eintragung der Gesellschaft, für die Nachgründungshaftung gemäß §§ 53, § 51 AktG grundsätzlich mit der Eintragung des Nachgründungsvertrages und im Umwandlungsrecht gemäß §§ 25 Abs. 3, 205 Abs. 2 UmwG mit der Bekanntmachung der Eintragung des Umwandlungsvorgangs.

Vorstehendes gilt auch für etwaige schuldrechtliche Ansprüche[223]. Die konkurrierenden deliktischen Ansprüche hingegen unterliegen der regelmäßigen Verjährung von drei Jahren, § 195 BGB[224]. Der Fristbeginn bestimmt sich hier gemäß § 199 BGB mit der Folge, dass sich je nach dem Zeitpunkt der Erlangung oder grob-fahrlässiger Nichterlangung der Kenntnis von den anspruchsbegründenden Umständen, § 199 Abs. 1 Ziff. 2 BGB, die Verjährung bei einzelnen Pflichtverletzungen faktisch auf bis zu zehn Jahren verlängern kann, § 199 Abs. 3 Ziff. 1 BGB.

---

220 Siehe nur Hachenburg/Mertens, § 43 GmbHG Rz. 86; Scholz/U.H. Schneider, § 43 GmbHG Rz. 187.
221 Scholz/U.H. Schneider, § 43 GmbHG Rz. 187.
222 Siehe nur Hommelhoff/Kleindiek, in: Lutter/Hommelhoff, § 43 GmbHG Rz. 44; Hüffer, § 93 AktG Rz. 37.
223 Scholz/U.H. Schneider, § 43 GmbHG Rz. 201.
224 BGH, Urteil vom 17.03.1987, BGHZ 100, 190, 199 ff; Scholz/U.H. Schneider, § 43 GmbHG Rz. 202.

5. Anspruchsdurchsetzung

Zur *Durchsetzung* der Ansprüche der *Aktiengesellschaft* befugt ist der Aufsichtsrat als Kollegialorgan, § 112 AktG. Dieser ist zur Verfolgung durchsetzbarer Ansprüche bereits für den Regelfall aufgrund der ihm obliegenden allgemeinen Pflichten gehalten[225], ferner bei entsprechendem Beschluss der Hauptversammlung, § 147 Abs. 1 AktG. Die Hauptversammlung kann aber auch die Geltendmachung durch besondere Vertreter beschließen, § 147 Abs. 2 Satz 1 AktG. Zudem ist durch das Gesetz zur Unternehmensintegrität und Modernisierung des Anfechtungsrechts (UMAG)[226] mit Wirkung zum 01.11.2005 die Möglichkeit geschaffen worden, dass Minderheitsaktionäre unter bestimmten Voraussetzungen nach entsprechender gerichtlicher Zulassung die Ansprüche der Gesellschaft im eigenen Namen geltend machen können, § 148 AktG. Gläubiger schließlich sind zur Geltendmachung des Anspruchs *der Gesellschaft* (in Form des Verlangens der Leistung *an sich selbst*[227]) berechtigt, wenn sie von der Gesellschaft keine Befriedigung erlangen können und die Vorstandsmitglieder grob pflichtwidrig gehandelt haben, § 93 Abs. 5 AktG.

In der *GmbH* erfolgt die Durchsetzung der Ansprüche, sofern nicht abweichend in der Satzung geregelt, § 45 Abs. 2 GmbHG, auf entsprechenden Beschluss der Gesellschafter durch von diesen bestimmte Vertreter, § 46 Ziff. 8 GmbHG. Als ein solcher Vertreter ist mangels abweichender Bestimmung in Satzung oder Gesellschafterbeschluss dann gegebenenfalls der *fakultative* Aufsichtsrat anzusehen[228]. Beim *obligatorischen*, mitbestimmungsrechtlich gebotenen Aufsichtsrat wird weitergehend überwiegend angenommen, dass diesem stets und ausschließlich die Vertretungskompetenz zufällt[229]; Hinweisen auf § 147 Abs. 2 Satz 1 AktG, der auch für die Aktiengesellschaft explizit die Möglichkeit vorsieht, durch Hauptversammlungsbeschluss einen besonderen Vertreter zu bestellen[230], wird entgegnet, dass § 25 Abs. 1 Ziff. 2 MitbestG nicht auf § 147 AktG verweise und § 147 Abs. 2 Satz 1 AktG ohnehin nicht durch den mitbestimmten Aufsichtsrat geprägt sei[231]. Einzelne Gesellschafter hingegen können die Ansprüche der Gesellschaft im eigenen Namen nur ausnahmsweise

---

225 BGH, Urteil vom 21.04.1997, BGHZ 135, 244 – ARAG/Garmenbeck; siehe hierzu auch noch unten § 2 unter A.I.1.a).
226 Gesetz vom 22.09.2005, BGBl. I/2005, S. 2802.
227 Dies jedenfalls ist unstreitig, siehe nur Hüffer, § 93 AktG Rz. 31 f mit Nachw.
228 Hachenburg/Hüffer, § 46 GmbHG Rz. 100; Scholz/K. Schmidt, § 46 GmbHG Rz. 165.
229 Hachenburg/Hüffer, § 46 GmbHG Rz. 100; Koppensteiner, in: Rowedder/Schmidt-Leithoff, § 46 GmbHG Rz. 46; Lutter/Hommelhoff, in: Lutter/Hommelhoff, § 46 GmbHG Rz. 26; Scholz/K. Schmidt, § 46 GmbHG Rz. 165.
230 Zöllner, in: Baumbach/Hueck, § 46 GmbHG Rz. 66.
231 Koppensteiner, in: Rowedder/Schmidt-Leithoff, § 46 GmbHG Rz. 46.

unter den engen Voraussetzungen der Gesellschafterklage geltend machen[232], Gläubigern der Gesellschaft ist die Geltendmachung im eigenen Namen, anders als gemäß § 93 Abs. 5 AktG bei der Aktiengesellschaft, ohne entsprechende Ermächtigung gar gänzlich verwehrt[233].

II. Gesamtschuldnerische Haftung mehrerer Geschäftsleiter

Mehrere Geschäftsleiter haften der Gesellschaft gegenüber als Gesamtschuldner. Dies beruht für nahezu sämtliche der in Betracht kommenden Anspruchsgrundlagen auf gesetzlicher Anordnung, § 93 Abs. 2 Satz 1 sowie §§ 48 Satz 1, 53 i.V.m. 46 Abs. 2, 117 Abs. 2 Satz 1, 310 Abs. 1 Satz 1, 318 Abs. 1 Satz 1 AktG, § 43 Abs. 2 sowie § 9a GmbHG, §§ 25 Abs. 1 Satz 1, 205 Abs. 1 Satz 1 UmwG, § 840 Abs. 1 BGB, und ist letztlich Ausdruck der Gesamtverantwortung der Geschäftsleiter. So ist auch bei § 64 Abs. 2 GmbHG sowie für die zusätzliche Haftung aus dem Anstellungsvertrag, wo die Gesamtschuld nicht explizit angeordnet wird, gleichwohl vom Gesamtschuldcharakter bei der Haftung mehrerer Geschäftsleiter auszugehen[234]. Dies ergibt sich in Rechtsanalogie zu den vorgenannten, ebenfalls die gemeinsame Haftung von Geschäftsleitern gegenüber der Gesellschaft betreffenden Vorschriften[235].

Wie oben[236] ausgeführt wurde, muss für die Haftung eines jeden Geschäftsleitungsmitglieds dieses schuldhaft die von ihm individuell zu beachtenden Sorgfaltspflichten verletzt haben; insbesondere kommt es auch nicht zur Zurechnung des Verschuldens anderer Kollegen. Diese Sorgfaltspflichten und somit die jeweiligen Haftungsvoraussetzungen können für die einzelnen Gesamtschuldner dabei durchaus sehr unterschiedlich sein. Auf Grundlage der soeben[237] unternommenen Skizzierung der unterschiedlichen Pflichten der Geschäftsleiter bleibt hier dann Folgendes festzuhalten: Die Geschäftsleitungshaftung kommt sowohl als Handlungsverantwortlicher wegen der Verletzung von Primärpflichten als auch als »lediglich« Überwachungsverantwortlicher wegen der Verletzung von Sekundärpflichten in Betracht.

---

232 Siehe etwa Hueck/Fastrich, in: Baumbach/Hueck, § 13 GmbHG Rz. 39 f; Raiser/Veil, Kapitalgesellschaften, § 27 Rz. 24 ff; Zöllner/Noack, in: Baumbach/Hueck, § 43 GmbHG Rz. 32.
233 Raiser/Veil, Kapitalgesellschaften, § 32 Rz. 98.
234 So zur Haftung gemäß § 64 Abs. 2 GmbHG explizit Hachenburg/Ulmer, § 64 GmbHG Rz. 38.
235 Siehe hierzu Selb, Mehrheiten von Gläubigern und Schuldnern, S. 56 ff; siehe auch Staudinger/Noack, § 421 BGB Rz. 48 ff.
236 Unter I.2.b)cc).
237 Unter I.

Primärpflichten sind sämtliche Geschäftsleitungspflichten, sofern und soweit im Organ keine diese aufteilende Arbeitsteilung vereinbart wurde; dem steht die unwirksam vereinbarte, weil nicht eindeutige und/oder nicht schriftlich fixierte Arbeitsteilung gleich[238]. Bei wirksam vereinbarter Arbeitsteilung hingegen treffen Primärpflichten, d. h. die Handlungsverantwortung nur den oder die für ein Ressort und/oder einen Geschäftsbereich zuständigen Geschäftsleiter[239]. Dies kann, etwa im Rahmen des Controlling-Ressorts oder für den Vorsitzenden der Geschäftsleitung, auch die Überwachung anderer Ressorts und/oder Geschäftsbereiche zum Inhalt haben[240]. Primärpflichtverletzungen können aber auch die an sich für das betreffende Ressort und/oder den betreffenden Geschäftsbereich nicht zuständigen Geschäftsleitungsmitglieder begehen, sei es im Rahmen der Beschlussfassung über Leitungsmaßnahmen im oben[241] genannten Sinn oder bei sonstigen dem Plenum vorbehaltenen Entscheidungen[242], sei es, weil der der Gesellschaft entstandene Schaden (mit)verursacht wurde durch ein unzureichendes Berichtssystem des Gesamtorgans oder dadurch, dass ein Ressort und/oder ein Geschäftsbereich durch das Kollegium einem hierfür erkennbar ungeeigneten Kollegen überantwortet wurde[243]. Zudem liegt eine Primärpflichtverletzung auch dann vor, wenn das bei Beschlussfassung überstimmte oder abwesende Organmitglied in der Folge eines rechtswidrigen Beschlusses dessen Umsetzung nicht mit allen geeigneten, zulässigen und ihm zumutbaren Mitteln zu verhindern versucht hat[244].

Sekundärpflichten sind hingegen die mit der Überwachung der bei wirksamer Arbeitsteilung für ein Ressort und/oder einen Geschäftsbereich zuständigen Geschäftsleitungsmitglieder im Zusammenhang stehenden Pflichten der übrigen Geschäftsleiter[245]. Dies umfasst die Überwachungssorgfalt hinsichtlich zum einen der Vorbereitung und Ausführung von durch das Plenum zu fassenden Leitungsentscheidungen sowie zum anderen sonstiger vom zuständigen Geschäftsleiter wahrgenommener Aufgaben, einschließlich der Pflicht, bei erkannten Missständen hiergegen vorzugehen.

Die gesamtschuldnerische Haftung mehrerer Geschäftsleiter kann vor diesem Hintergrund dann zunächst dadurch entstehen, dass sämtliche Gesamtschuldner jeweils eine ihnen obliegende Primärpflicht verletzt haben. Dies kann durchaus

---

238 Hierzu oben unter I.2.b)bb)aaa); zur unter Umständen abweichenden Behandlung unwirksam vereinbarter Arbeitsteilung im Rahmen des Gesamtschuldnerausgleichs siehe unten § 10, unter B.I.2.a).
239 Hierzu oben unter I.2.b)bb)bbb).
240 Hierzu oben unter I.2.b)bb)ccc).
241 Unter I.2.a).
242 Hierzu oben unter I.2.b)aa).
243 Hierzu oben unter I.2.b)bb)aaa).
244 Hierzu oben unter I.1.a).
245 Hierzu oben unter I.2.b)bb)ccc).

auf unterschiedliche Weise geschehen sein, etwa durch pflichtwidrige Vorbereitung einer Leitungsentscheidung durch den für das betreffende Ressort oder den betreffenden Geschäftsbereich zuständigen Geschäftsleiter einerseits und rechtswidrige Beschlussfassung über diese Leitungsentscheidung (auch) der anderen Geschäftsleitungsmitglieder andererseits; oder durch Pflichtverletzung des zuständigen Geschäftsleiters einerseits und Haftung der übrigen Geschäftsleiter wegen der Implementierung eines unzureichenden Berichtssystems oder der Berufung eines erkennbar nicht geeigneten Kollegen andererseits.

Weiterhin denkbar ist die Entstehung der gesamtschuldnerischen Haftung mehrerer Geschäftsleiter aber auch in Kombination der Primärpflichtverletzung eines – des für ein Ressort und/oder einen Geschäftsbereich zuständigen – Geschäftsleiters und der Verletzung der Überwachungspflichten eines oder mehrerer der übrigen Geschäftsleiter. Eine Abwandlung dieser Fallgruppe stellt die Haftung des für das Ressort und/oder den Geschäftsbereich zuständigen Geschäftsleiters, die Verletzung der als Primärpflicht ausgestalteten Überwachungspflicht des (sachnahen) Controllers und/oder des Vorsitzenden der Geschäftsleitung und die Verletzung der als Sekundärpflicht ausgestalteten Überwachungspflichten der übrigen Geschäftsleiter dar.

Und – jedenfalls theoretisch – denkbar ist auch der Fall, dass lediglich Sekundärpflichtverletzungen mehrerer Geschäftsleiter im Rahmen der ihnen obliegenden Überwachung vorliegen, wohingegen der zuständige Geschäftsleiter, etwa aufgrund von Geschäftsunfähigkeit im Sinne von § 104 Ziff. 2 BGB, schuldlos gehandelt hat und daher nicht haftet.

B. Gesamtschuldnerische Geschäftsleiterhaftung gegenüber Dritten

Die allgemeinen gesellschaftsrechtlichen Haftungstatbestände der §§ 93 AktG, 43 GmbHG regeln nur die organschaftliche Haftung gegenüber der Gesellschaft, Dritten gegenüber gelten sie nach allgemeiner Auffassung nicht[246]. Auch sind die §§ 93 AktG, 43 GmbHG, da sie derart umfassend nur Pflichten gegenüber der Gesellschaft betreffen, nicht Schutzgesetze im Sinne von § 823 Abs. 2 BGB[247].

Für die Haftung der Geschäftsleiter unmittelbar gegenüber Dritten existieren einige wenige spezielle Haftungstatbestände. Namentlich handelt es sich hierbei

---

246 Siehe nur Hachenburg/Mertens, § 43 GmbHG Rz. 110; Hopt, in: Großkomm., § 93 AktG Rz. 492.
247 RG, Urteil vom 30.11.1938, RGZ 159, 211, 223 f; BGH, Urteil vom 09.07.1979, WM 1979, 853, 854; Urteil vom 13.04.1994, BGHZ 125, 366, 375; Hachenburg/Mertens, § 43 GmbHG Rz. 110; Hopt, in: Großkomm., § 93 AktG Rz. 492.

um die Haftung in der Vorgesellschaft gemäß §§ 41 Abs. 1 Satz 2 AktG, 11 Abs. 2 UmwG, die umwandlungsrechtliche Haftung gemäß §§ 25, 125 Satz 1, 205 UmwG, die kapitalmarktrechtliche Haftung als Prospektveranlasser gemäß § 44 Abs. 1 Satz 1 Ziff. 2 BörsG, gegebenenfalls i.V.m. § 55 BörsG bzw. § 13 VerkProspG[248], den Spezialfall der Haftung des Insolvenzverwalters gemäß § 26 Abs. 3 InsO[249] sowie die persönliche Haftung der Geschäftsleiter für Steuerverbindlichkeiten der Gesellschaft gemäß §§ 34 Abs. 1, 69 AO.

Im Übrigen ist auf die allgemeinen Haftungsnormen des bürgerlichen Rechts zurückzugreifen. Hier kommt zum einen die rechtsgeschäftliche Haftung der Geschäftsleiter in Betracht, wegen unmittelbarer vertraglicher Verpflichtung oder Haftung wegen Verschuldens bei Vertragsverhandlungen, §§ 311 Abs. 2 und 3, 241 Abs. 2, 280 Abs. 1 BGB. Für Letzteres einen Sonderfall bildet die Haftung der Geschäftsleiter der Komplementär-GmbH bei Publikumskommanditgesellschaften wegen Inanspruchnahme typisierten Vertrauens nach den Grundsätzen der bürgerlich-rechtlichen Prospekthaftung[250]. Deren Anwendungsbereich ist nach Einführung der §§ 8f, 13, 13a VerkProspG durch das Gesetz zur Verbesserung des Anlegerschutzes (Anlegerschutzverbesserungsgesetz – AnSVG)[251] mit Wirkung zum 01.07.2005 allerdings weitgehend eingeschränkt. Insbesondere wird im Übrigen ein solcher persönlicher Vertrauenstatbestand gegenüber Dritten auch nicht durch (fehlerhafte) Entsprechenserklärungen zu den Empfehlungen der Regierungskommission Deutscher Corporate Governance Kodex im Sinne von § 161 AktG begründet[252]; Gleiches dürfte nunmehr auch für den »Bilanzeid« nach § 264 Abs. 2 Satz 3 HGB gelten[253]. Ob sich der Versuch, auch hier weitergehend eine Haftung für typisiertes Vertrauen entsprechend den Grundsätzen zur bürgerlich-rechtlichen Prospekthaftung zu begründen[254], angesichts der Schwierigkeiten, einen dem Prospekt entsprechen-

---

248 Fleischer, BKR 2003, 608, 609; Hamann, in: Schäfer/Hamann, Kapitalmarktgesetze, §§ 44, 45 BörsG Rz. 92; Schwark, in: Schwark, Kapitalmarktrechts-Komm., §§ 44, 45 BörsG Rz. 9.
249 Paefgen, in: Großkomm., § 43 GmbHG Rz. 190.
250 BGH, Urteil vom 24.04.1978, BGHZ 71, 284; Urteil vom 22.03.1982, BGHZ 83, 222; zur Haftung der Vorstandsmitglieder einer Aktiengesellschaft für unrichtige Prospektangaben bei Aktienemissionen am nicht geregelten Markt vor Einführung des § 13 VerkProspG siehe zudem BGH, Urteil vom 05.07.1993, BGHZ 123, 106.
251 BGBl. I/2004, S. 2630 ff.
252 So schon Lutter, FS Druey, S. 463, 472; siehe ferner Berg/Stöcker, WM 2002, 1569, 1580; Kort, FS Raiser, S. 203, 218 ff.
253 Zum Bilanzeid nach § 264 Abs. 2 Satz 3 HGB siehe etwa Fleischer, ZIP 2006, 97 ff.
254 So für die Entsprechenserklärung nach § 161 AktG Lutter, FS Druey, S. 463, 473 ff; Lutter/Krieger, Rechte und Pflichten des Aufsichtsrats, Rz. 864; Ulmer, ZHR 166 (2002), 150, 168 f.

den Anknüpfungspunkt für einen solchen typisierten Vertrauenstatbestand herzuleiten[255], durchsetzen wird, bleibt abzuwarten.
Zum anderen kann sich die allgemeine Haftung aus dem Deliktsrecht ergeben. So können die Geschäftsleiter unmittelbar in die Rechtsgüter des § 823 Abs. 1 BGB sowie die durch die sonderdeliktischen Haftungstatbeständer der §§ 33 Abs. 3 GWB, 97 Abs. 1 UrhG, 14 Abs. 6, 15 Abs. 5 MarkenG und 139 Abs. 2 PatG geschützten Rechtsgüter eingreifen, unter engen und im Einzelnen umstrittenen Voraussetzungen aber auch mittelbar über Rechtsgutsverletzungen der Gesellschaft im Wege der Verletzung ihrer gegenüber der Gesellschaft bestehenden Organisationspflichten[256]. Einzelnen der den Geschäftsleitern obliegenden Pflichten kommt zudem Schutzgesetzcharakter gegenüber den Gläubigern im Sinne von § 823 Abs. 2 BGB zu, namentlich den falsche Angaben in verschiedenen Situationen sanktionierenden Strafvorschriften der §§ 399 Abs. 1 Ziff. 1 bis 5 AktG, 82 Abs. 1 Ziff. 1 bis 4, Abs. 2 Ziff. 1 GmbHG[257], den unrichtige Darstellungen der Geschäftslage sanktionierenden Strafvorschriften der §§ 331 HGB, 400 Abs. 1 AktG, 82 Abs. 2 Ziff. 2 GmbHG, 313 UmwG[258], den Regelungen zur Insolvenzantragspflicht gemäß §§ 92 Abs. 2, 401 Abs. 1 Ziff. 2 AktG, 64 Abs. 1, 84 Abs. 1 Ziff. 2 GmbHG[259] sowie den Strafvorschriften in

---

255 Berg/Stöcker, WM 2002, 1569, 1580 f; Hüffer, § 161 AktG Rz. 30; Kiethe, NZG 2003, 559, 565; bereits die Inanspruchnahme des Vertrauens ablehnend Kersting, Dritthaftung für Informationen, S. 536 ff.

256 Vgl. hierzu BGH, Urteil vom 05.12.1989, BGHZ 109, 298, 302 ff – Baustoff; bestätigt in Urteil vom 12.03.1996, ZIP 1996, 786, 788 – Lamborghini Nachbau; zurückhaltend hingegen der II. Zivilsenat des BGH, Urteil vom 13.04.1994, BGHZ 125, 366, 375 f; OLG Stuttgart, Beschluss vom 29.04.2008, NJW 2008, 2514; Überblick über den Streitstand in der Literatur etwa bei Hopt, in: Großkomm., § 93 AktG Rz. 503 ff.

257 Siehe nur Hüffer, § 93 AktG Rz. 19; Schulze-Osterloh, in: Baumbach/Hueck, § 82 GmbHG Rz. 9, 26, 35, 49, 70, je m.w.N.

258 BGH, Urteil vom 17.09.2001, BGHZ 149, 10, 20 – Bremer Vulkan; Urteil vom 19.07.2004, ZIP 2004, 1593, 1596 – Infomatec; Hüffer, § 93 AktG Rz. 19; Lutter/Kleindiek, in: Lutter/Hommelhoff, § 82 GmbHG Rz. 27; Otto, in: Großkomm., § 400 AktG Rz. 4; Schulze-Osterloh/Servatius, in: Baumbach/Hueck, § 82 GmbHG Rz. 81.

259 Erstmals für die *GmbH* RG, Urteil vom 04.02.1910, RGZ 73, 30 und für die *Aktiengesellschaft* RG, Urteil vom 05.06.1935, JW 1935, 3301, 3302; seither ständige Rechtsprechung, siehe etwa BGH, Urteil vom 16.12.1958, BGHZ 29, 100, 103; Urteil vom 09.07.1979, BGHZ 75, 96, 106; Urteil vom 03. 02.1987, BGHZ 100, 19, 21; Urteil vom 06.06.1994, BGHZ 126, 181, 190; die Differenzierung nach Alt- und Neugläubigern, bezogen auf den Zeitpunkt der Insolvenzreife, betrifft nur den Umfang des zu ersetzenden Schadens.

1. Teil: Fallgruppen der gesamtschuldnerischen Haftung

§ 246 (Unterschlagung)[260], § 263 (Betrug)[261], § 264a (Kapitalanlagebetrug)[262], § 265b (Kreditbetrug)[263], § 266 (Untreue)[264], § 266a (Vorenthaltung und Veruntreuung von Arbeitnehmerbeiträgen zur Sozialversicherung)[265] und §§ 283 ff (Bankrottstraftaten)[266] StGB. In Betracht kommt schließlich die Haftung der Geschäftsleiter gegenüber Gesellschaftsgläubigern aus vorsätzlicher sittenwidriger Schädigung, § 826 BGB[267], welche allerdings neben dem bloßen Umstand der Pflichtverletzung stets auch eine besondere Verwerflichkeit des Verhaltens sowie zumindest das Bewusstsein verlangt, dass den Gläubigern hierdurch ein Schaden entstehen wird[268].

Haften in den vorgenannten Fällen jeweils mehrere Geschäftsleiter den Gläubigern für den entstandenen Schaden, so ergibt sich der Gesamtschuldcharakter in der Vorgesellschaft aus §§ 41 Abs. 1 Satz 2 AktG, 11 Abs. 2 GmbHG, bei Umwandlungsschäden aus §§ 25 Abs. 1 Satz 1, 125 Satz 1, 205 Abs. 1 Satz 1 UmwG, für die kapitalmarktrechtliche Prospekthaftung aus § 44 Abs. 1 Satz 1 BörsG, für die Haftung für Steuerschulden der Gesellschaft aus § 44 AO und für die allgemeine sowie sonderdeliktische Haftung aus § 840 Abs. 1 BGB. Und für die rechtsgeschäftlich begründete Haftung sowie die Haftung für verlorene Zuschüsse in der Insolvenz gemäß § 26 Abs. 3 InsO ergibt sich dass Gesamtschuldverhältnis dann in Rechtsanalogie zu den vorgenannten, ebenfalls die gemeinsame Haftung von Geschäftsleitern gegenüber Dritten betreffenden Vorschriften[269].

---

260 BGH, Urteil vom 12.03.1996, ZIP 1996, 786, 787 – Lamborghini Nachbau; Hopt, in: Großkomm., § 93 AktG Rz. 501.
261 Siehe hierzu etwa OLG Zweibrücken, Urteil vom 10.06.1992, WM 1992, 1604, 1608; Hopt, in: Großkomm., § 93 AktG Rz. 501.
262 Hopt, in: Großkomm., § 93 AktG Rz. 501.
263 Siehe hierzu etwa OLG Zweibrücken, Urteil vom 10.06.1992, WM 1992, 1604, 1608; Hopt, in: Großkomm., § 93 AktG Rz. 501.
264 BGH, Urteil vom 12.03.1996, ZIP 1996, 786, 787 – Lamborghini Nachbau; Hopt, in: Großkomm., § 93 AktG Rz. 501.
265 BGH, Urteil vom 15.10.1996, BGHZ 133, 370, 374; Urteil vom 21.01.1997, BGHZ 134, 304, 407; Hopt, in: Großkomm., § 93 AktG Rz. 501; siehe hierzu umfassend U.H. Schneider/Brouwer, ZIP 2007, 1033 ff, insbesondere S. 1035 f.
266 Hopt, in: Großkomm., § 93 AktG Rz. 501.
267 Hopt, in: Großkomm., § 93 AktG Rz. 500; Mertens, Kölner Komm., § 93 AktG Rz. 184; Scholz/U.H. Schneider, § 43 GmbHG Rz. 238a f; Spindler, in: Fleischer, Vorstandsrecht, § 13 Rz. 58 ff.
268 Siehe nur Palandt/Sprau, § 826 BGB Rz. 3 ff, 9 ff.
269 Siehe hierzu Selb, Mehrheiten von Gläubigern und Schuldnern, S. 56 ff; siehe auch Staudinger/Noack, § 421 BGB Rz. 48 ff; für die Haftung gemäß § 26 Abs. 3 InsO siehe auch Schmahl, Münchener Komm., § 26 InsO Rz. 57.

C. Gesamtschuldnerische Geschäftsleiterhaftung gegenüber Gesellschaftern

Hinsichtlich der Anwendung der allgemeinen Haftungstatbestände der §§ 93 AktG, 43 GmbH gegenüber den Gesellschaftern gilt Gleiches wie gegenüber den Gläubigern der Gesellschaft[270]: Sie betreffen nur das Innenverhältnis zur Gesellschaft, nicht aber auch das Außenverhältnis, ebenso sind sie kein Schutzgesetz zugunsten der Gesellschafter im Sinne von § 823 Abs. 2 BGB[271]. Für die Haftung der Geschäftsleiter unmittelbar gegenüber den Gesellschaftern sehen das Gesellschafts- und das Kapitalmarktrecht wiederum einige spezielle Haftungstatbestände vor. Namentlich handelt es sich hierbei um die Haftung im faktischen Aktienkonzern gemäß § 318 Abs. 1 i.V.m. § 317 Abs. 1 Satz 2 AktG, die Haftung gemäß § 117 Abs. 1 Satz 2, Abs. 2 AktG, die umwandlungsrechtliche Haftung gemäß §§ 25, 125 Satz 1, 205 UmwG, die Haftung als Prospektveranlasser gemäß § 44 Abs. 1 Satz 1 Ziff. 2 BörsG, gegebenenfalls i.V.m. § 55 BörsG bzw. § 13 VerkProspG, sowie als Veranlasser des Übernahmeangebots gemäß § 12 Abs. 1 Ziff. 2, Abs. 2 WpÜG[272]. Im Übrigen ist auch hier wieder auf die allgemeinen Haftungsnormen des bürgerlichen Rechts zurückzugreifen, d. h. auf Fälle, in denen eine Haftung rechtsgeschäftlich oder deliktisch begründet ist.

Haften mehrere Geschäftsleiter gegenüber den Gesellschaftern für den diesen entstandenen Schaden, so haften sie als Gesamtschuldner. Dies ergibt sich zum Teil wiederum unmittelbar aus dem Gesetz, §§ 117 Abs. 2 i.V.m. Abs. 1 Satz 2, 318 Abs. 1 i.V.m. 317 Abs. 1 Satz 2 AktG, 31 Abs. 6 GmbHG, 25 Abs. 1 Satz 1, 125 Satz 1, 205 Abs. 1 Satz 1 UmwG, 44 Abs. 1 Satz 1 BörsG, 840 Abs. 1 BGB, für die rechtsgeschäftliche Haftung folgt dies in Rechtsanalogie zu den vorgenannten, ebenfalls die gemeinsame Haftung von Geschäftsleitern gegenüber Gesellschaftern betreffenden Vorschriften[273].

---

270 Siehe hierzu oben unter B.I.1.
271 Allgemeine Meinung, so bereits RG, Urteil vom 10.11.1926, RGZ 115, 289, 295 f; siehe im Übrigen etwa Hachenburg/Mertens, § 43 GmbHG Rz. 102; Hopt, in: Großkomm., § 93 AktG Rz. 469.
272 Oechsler, in: Ehricke/Ekkenga/Oechsler, § 12 WpÜG Rz. 9.
273 Siehe hierzu Selb, Mehrheiten von Gläubigern und Schuldnern, S. 56 ff; siehe auch Staudinger/Noack, § 421 BGB Rz. 48 ff.

D. Gesamtschuldnerische Geschäftsleiterhaftung gegenüber abhängigen Gesellschaften, deren Gläubigern und Gesellschaftern

Neben der allgemeinen rechtsgeschäftlichen und deliktischen Haftung gegenüber abhängigen Gesellschaften, deren Gläubigern und Gesellschaftern bestehen einzelne spezielle konzernrechtliche Haftungsnormen. Gegenüber der abhängigen Gesellschaft sieht § 309 Abs. 2 Satz 1 AktG im Aktien-Vertragskonzern die Haftung der ihre Sorgfaltspflichten bei Ausübung ihres Weisungsrechts verletzenden Geschäftsleiter der herrschenden Gesellschaft vor; im GmbH-Vertragskonzern gilt diese Regelung entsprechend[274]. Im faktischen Konzern ergibt sich die Haftung der Geschäftsleiter der herrschenden Gesellschaft gegenüber der abhängigen Aktiengesellschaft unter engen Voraussetzungen aus § 317 Abs. 3 AktG, eine spezifische Geschäftsleiterhaftung gegenüber der abhängigen GmbH existiert hier hingegen nicht[275]. Im Aktien-Vertragskonzern wie auch im faktischen Aktienkonzern kann sich die Haftung gegebenenfalls zudem aus § 117 Abs. 1 Satz 1 AktG ergeben. Bei der Eingliederung schließlich sie § 323 Abs. 1 Satz 2 i.V.m. § 309 Abs. 2 AktG eine Haftung der Vorstandsmitglieder der Hauptgesellschaft vor. Gegenüber den Aktionären der abhängigen Aktiengesellschaft im faktischen Aktienkonzern kommt eine Haftung für den diesen über den Schaden der Gesellschaft hinaus entstandenen Schaden gemäß § 317 Abs. 3 i.V.m. Abs. 2 Satz 2 AktG in Betracht. Zudem kann sich die Haftung gegenüber den Aktionären der abhängigen Aktiengesellschaft gegebenenfalls auch aus § 117 Abs. 1 Satz 2 AktG, mit gleicher umfangmäßiger Beschränkung, ergeben.

Mehrere Geschäftsleiter der herrschenden Gesellschaft haften der abhängigen Gesellschaft, deren Gläubigern und Gesellschaftern gegenüber als Gesamtschuldner, hinzu tritt gegebenenfalls die Haftung der Geschäftsleiter und/oder Aufsichtsratsmitglieder der abhängigen Gesellschaft[276]. Hinsichtlich der spezifisch konzernrechtlichen Haftungstatbestände ergibt sich dies aus dem Gesetz, §§ 309 Abs. 2 Satz 1, 317 Abs. 3, 323 Abs. 1 Satz 2 i.V.m. § 309 Abs. 2 Satz 1 AktG, ebenso bei etwaiger deliktischer Haftung, § 840 Abs. 1 BGB. Tritt eine rechtsgeschäftliche Haftung einzelner Geschäftsleiter hinzu, ergibt sich hier der Gesamtschuldcharakter der Haftung der Geschäftsleiter in Rechtsanalogie zu den vorgenannten, die gesamtschuldnerische Geschäftsleiterhaftung in dieser Konstellation betreffenden Vorschriften[277].

---

274 Emmerich, in: Emmerich/Habersack, § 309 AktG Rz. 7; Scholz/Emmerich, Anhang Konzernrecht Rz. 189; Hachenburg/Ulmer, Anh. § 77 GmbHG Rz. 220.
275 Drygala, in: Oppenländer/Trölitzsch, GmbH-Geschäftsführung, § 41 Rz. 86 ff.
276 Siehe hierzu oben unter A.I.1.b) und unten § 2, unter A.I.1.b).
277 Siehe hierzu Selb, Mehrheiten von Gläubigern und Schuldnern, S. 56 ff.

§ 2 Gesamtschuldnerische Haftung von Aufsichtsräten

Auch die gesamtschuldnerische Haftung von Aufsichtsratsmitgliedern kann zunächst einmal gegenüber der Gesellschaft bestehen[278], aber auch gegenüber Dritten[279], Gesellschaftern[280] oder von der Gesellschaft abhängigen Gesellschaften[281].

A. Gesamtschuldnerische Aufsichtsratshaftung gegenüber der Gesellschaft

I. Aufsichtsratshaftung gegenüber der Gesellschaft

1. Haftungsvoraussetzungen im Überblick

a) Allgemeiner gesellschaftsrechtlicher Haftungstatbestand, § 116 AktG i.V.m. § 93 Abs. 2 AktG

Gemäß § 116 Satz 1 AktG ist hinsichtlich der Sorgfaltspflicht und Verantwortlichkeit der Aufsichtsratsmitglieder § 93 AktG und somit auch § 93 Abs. 2 AktG entsprechend anzuwenden. Dies gilt ebenfalls im mitbestimmten Aufsichtsrat, § 25 Abs. 1 Ziff. 2 MitbestG, § 3 Abs. 2 MontanmitbestG, § 1 Abs. 1 Ziff. 3 DrittelbG, sowie in der mitbestimmungsfreien GmbH, wenn die Satzung einen Aufsichtsrat vorsieht, sofern keine abweichende Regelung getroffen wurde, § 52 Abs. 1 GmbHG. Bei – schuldhafter – Verletzung der den Aufsichtsratsmitgliedern obliegenden Pflichten haben diese somit den der Gesellschaft hierdurch entstandenen Schaden zu ersetzen. Ist die Pflichtverletzung streitig, obliegt die Beweislast den Aufsichtsratsmitgliedern, § 116 Satz 1 i.V.m. § 93 Abs. 2 Satz 2 AktG.

Die den Aufsichtsratsmitgliedern obliegenden Pflichten bestimmen sich dabei, wie für die Geschäftsleiter[282], anhand von § 116 Satz 1 AktG i.V.m. § 93 Abs. 1 AktG. Diese Normen umschreiben somit dann nicht nur den Sorgfalts-

---

278 Sogleich unter A.
279 Unter B.
280 Unter C.
281 Unter D.
282 Hierzu oben § 1, unter A.I.1.a).

maßstab, sondern sind zugleich auch Pflichtenquelle, eine generalklauselartige Umschreibung der die Aufsichtsratsmitglieder treffenden Verhaltenspflichten.

Auch Aufsichtsratsmitglieder sind daher zunächst einmal zu gesetzestreuem Verhalten verpflichtet (*Legalitätspflicht*). Sie haben die *gesellschaftsinternen* Vorgaben durch Aktiengesetz bzw. GmbH-Gesetz und gegebenenfalls Mitbestimmungsgesetze, Satzung und Geschäftsordnung ebenso zu beachten wie *externe*, die Gesellschaft als Rechtssubjekt treffende Rechtsvorschriften[283].

Hinsichtlich der hierüber hinausgehenden *Sorgfaltspflichten* hilft der Verweis in § 116 Satz 1 AktG auf die Sorgfaltspflicht und Verantwortlichkeit der Geschäftsleiter nur bedingt: Die Funktion der Geschäftsleiter ist eine andere als die der Aufsichtsratsmitglieder[284]. Auch sind die Aufsichtsratsmitglieder nur im Nebenamt tätig, wie § 110 Abs. 3 AktG, der für den Regelfall von lediglich vier Aufsichtsratssitzungen im Jahr ausgeht, zu entnehmen ist und was auch dem Deutschen Corporate Governance Kodex (DCGK)[285], dort insbesondere der Höchstmandatsklausel in Ziff. 5.4.5, zugrunde liegt. Dies steht der Gleichstellung mit den hauptamtlichen Geschäftsleitern ebenfalls entgegen[286].

Entsprechend ordnet § 116 Satz 1 AktG auch nur die sinngemäße Anwendung des § 93 AktG an. Vor diesem Hintergrund orientieren sich die Sorgfaltspflichten dann an dem nebenamtlichen Aufsichtsratsmitglied, welches die zur Ausübung seines Amtes erforderlichen, für alle Mitglieder (und somit auch für etwaige Arbeitnehmervertreter!) einheitlichen *Mindest*kenntnisse und -fähigkeiten[287] sowie die von ihm gegebenenfalls erwarteten zusätzlichen besonderen Qualifikationen, insbesondere berufstypische Kenntnisse und Fähigkeiten[288], besitzt. Ausgehend von dieser Idealfigur ist dann maßgeblich, wie diese sich – ex ante – in der konkreten Situation verhalten hätte[289]. Dabei wird dann nicht auf den tatsächlichen Erfolg der Maßnahme der Aufsichtsratsmitglieder abge-

---

283 Raiser/Veil, Kapitalgesellschaften, § 15 Rz. 102.
284 Doralt, in: Semler/v. Schenck, Arbeitshandbuch für Aufsichtsratsmitglieder, § 13 Rz. 6.
285 Deutscher Corporate Governance Kodex in der Fassung vom 06.06.2008, http://www.corporate-governance-code.de/ger/download/D_Kodex%202008_final.pdf.
286 Doralt, in: Semler/v. Schenck, Arbeitshandbuch für Aufsichtsratsmitglieder, § 13 Rz. 11.
287 Doralt, in: Semler/v. Schenck, Arbeitshandbuch für Aufsichtsratsmitglieder, § 13 Rz. 19; Hopt/Roth, in: Großkomm., § 116 AktG Rz. 43; Hüffer, § 116 AktG Rz. 2; Lutter/Krieger, Rechte und Pflichten des Aufsichtsrats, Rz. 846.
288 Doralt, in: Semler/v. Schenck, Arbeitshandbuch für Aufsichtsratsmitglieder, § 13 Rz. 24 ff; Hopt/Roth, in: Großkomm., § 116 AktG Rz. 47 ff; Hüffer, § 116 AktG Rz. 2; Lutter/Krieger, Rechte und Pflichten des Aufsichtsrats, Rz. 849.
289 Doralt, in: Semler/v. Schenck, Arbeitshandbuch für Aufsichtsratsmitglieder, § 13 Rz. 6; Hopt/Roth, in: Großkomm., § 116 AktG Rz. 66; Hüffer, § 116 AktG Rz. 2; Lutter/Krieger, Rechte und Pflichten des Aufsichtsrats, Rz. 846.

stellt, sondern auf das pflichtgemäße Verhalten. Und insoweit besteht ein weiter Beurteilungsspielraum: Solange das Aufsichtsratsmitglied vernünftigerweise annehmen durfte, auf der Grundlage angemessener Information zum Wohle der Gesellschaft gehandelt zu haben, handelt es pflichtgemäß, § 116 Satz 1 i.V.m. § 93 Abs. 1 Satz 2 AktG (so genannte *Business Judgment Rule*).[290] Im Konzernverbund hat sich der Aufsichtsrat der Obergesellschaft dabei über das Gesellschaftsinteresse hinaus am Konzerninteresse zu orientieren[291], wobei bezweifelt werden darf, ob dieses sich dann überhaupt vom Interesse der Obergesellschaft unterscheidet oder aber mit diesem denklogisch identisch ist[292]. Der Aufsichtsrat der abhängigen Gesellschaft hingegen hat sich allein am Interesse der abhängigen Gesellschaft zu orientieren, nicht auch am Interesse der Konzernobergesellschaft[293].

Im Übrigen ist hinsichtlich der Sorgfaltspflichten der Aufsichtsratsmitglieder zu differenzieren zwischen *erstens* den allgemeinen, die Arbeit des Gremiums als Ganzes betreffenden Pflichten, *zweitens* den spezifisch mit der Überwachung der Geschäftsleitung in Zusammenhang stehenden Pflichten, *drittens* den Pflichten bei der Mitwirkung an unternehmerischen Entscheidungen der Geschäftsleitung und *viertens* den Pflichten bei eigenen unternehmerischen Entscheidungen des Aufsichtsrats:

Zu den *allgemeinen Pflichten* gehören insbesondere die Pflicht eines jeden Aufsichtsratsmitglieds zur Mitarbeit im Gesamtorgan[294], zur Urteilsbildung über die Verhandlungsgegenstände des Aufsichtsrats[295], für die Implementierung einer funktionsgerechten, eine effiziente Arbeitsweise und einen reibungslosen Informationsfluss sicherstellenden Organisation Sorge zu tragen[296] und sich über alle für die Tätigkeiten des Aufsichtsrats erforderlichen Angelegenheiten zu informieren[297]. Dies umfasst auch die Zusammenarbeit mit der Geschäftsleitung; bei aller gebotenen Vorsicht und der grundsätzlichen Trennung zwischen

---

290 Hierzu ausführlich Hopt/Roth, in: Großkomm., § 116 AktG Rz. 72 ff.
291 Semler, Leitung und Überwachung, Rz. 355 ff.
292 In letzterem Sinne Hoffmann-Becking, ZHR 159 (1995), 325, 329 ff; Krieger, in: Münchener Handbuch AG, § 69 Rz. 31.
293 Hoffmann-Becking, ZHR 159 (1995), 325, 344.
294 Hopt/Roth, in: Großkomm., § 116 AktG Rz. 115; Lutter/Krieger, Rechte und Pflichten des Aufsichtsrats, Rz. 758; Mertens, Kölner Komm., § 116 AktG Rz. 10.
295 Lutter/Krieger, Rechte und Pflichten des Aufsichtsrats, Rz. 759.
296 Hopt/Roth, in: Großkomm., § 116 AktG Rz. 120 ff, 126 ff; Lutter/Krieger, Rechte und Pflichten des Aufsichtsrats, Rz. 761; Mertens, Kölner Komm., § 116 AktG Rz. 11.
297 Lutter/Krieger, Rechte und Pflichten des Aufsichtsrats, Rz. 762.

Leitung und Überwachung im dualistischen System obliegt die *Verwaltung* der Gesellschaft im Ergebnis Geschäftsleitung und Aufsichtsrat gemeinsam[298].
Die *Überwachung der Geschäftsleitung*, § 111 Abs. 1 AktG, bezieht sich nicht auf jegliche Aktivitäten der Geschäftsleitungsmitglieder, sondern lediglich auf Geschäftsleitungsmaßnahmen im oben[299] genannten Sinne[300]. Sie umfasst insoweit dann gegebenenfalls auch die Konzerngeschäftsleitung, insbesondere bei Eingliederung und im Vertragskonzern, weniger im faktischen Konzern[301], jeweils jedoch beschränkt auf Leitungsmaßnahmen der eigenen Geschäftsleiter[302]. In der abhängigen Gesellschaft im faktischen Aktienkonzern kommen Prüfungs- und Berichtspflichten hinsichtlich des Abhängigkeitsberichts des Vorstands, § 314 Abs. 2 AktG, hinzu[303]. Für die vertraglich beherrschte Gesellschaft ist insbesondere auf die Überwachung der Einhaltung der Grenzen der Weisungsbefolgungspflicht[304] hinzuweisen. In der eingegliederten Gesellschaft beschränkt sich die Überwachung auf die Fälle, in denen die Weisungen rechtswidrig und – wegen der grundsätzlich bestehenden Pflicht zur Befolgung auch rechtswidriger Weisungen, §§ 308 Abs. 2, 310 Abs. 3 AktG – zudem unverbindlich sind[305]. Die Überwachung beschränkt sich dabei auf Rechtmäßigkeit, Ordnungsmäßigkeit, Zweckmäßigkeit und Wirtschaftlichkeit[306]; ergänzt wird dies durch eine laufende *Beratung* mit der Geschäftsleitung im Sinne einer begleitenden, vorbeugenden, vorausschauenden Kontrolle[307]. Hinsichtlich der *Überwachungs- und Beratungsdichte* ist zu differenzieren: *Zu Normalzeiten* kann sich die Überwachung grundsätzlich auf eine die Geschäftsleitung begleitende Überwachung der Vertretbarkeit der Leitungsmaßnahmen beschränken,

---

298 Hopt/Roth, in: Großkomm., § 111 AktG Rz. 79; siehe auch Lutter/Krieger, Rechte und Pflichten des Aufsichtsrats, Rz. 94.
299 § 1 unter A.I.2.a).
300 Hüffer, § 111 AktG Rz. 3; Lutter/Krieger, Rechte und Pflichten des Aufsichtsrats, Rz. 63 f.
301 Lutter/Krieger, Rechte und Pflichten des Aufsichtsrats, Rz. 136.
302 Hoffmann-Becking, ZHR 159 (1995), 325, 329 ff; Krieger, in: Münchener Handbuch AG, § 69 Rz. 30.
303 Lutter/Krieger, Rechte und Pflichten des Aufsichtsrats, Rz. 153.
304 Hommelhoff, ZGR 1996, 144, 146 f; Lutter/Krieger, Rechte und Pflichten des Aufsichtsrats, Rz. 156.
305 Hommelhoff, ZGR 1996, 144, 148; Lutter/Krieger, Rechte und Pflichten des Aufsichtsrats, Rz. 157.
306 BGH, Urteil vom 25.03.1991, BGHZ 114, 127, 129 f; Lutter/Krieger, Rechte und Pflichten des Aufsichtsrats, Rz. 71 ff.
307 BGH, Urteil vom 25.03.1991, BGHZ 114, 127, 130; Lutter/Krieger, Rechte und Pflichten des Aufsichtsrats, Rz. 94 ff; Semler, Leitung und Überwachung, Rz. 249 ff.

die Geschäftsleitung, nicht der Aufsichtsrat leitet das Unternehmen[308]. In der *Unternehmenskrise* hingegen verdichten sich diese Pflichten zu einer die Geschäftsleitung nicht nur begleitenden, sondern unterstützenden Überwachung: Auch wenn der Aufsichtsrat weiterhin grundsätzlich nicht unmittelbar in die Geschäftsleitung eingreifen darf, muss er nunmehr verstärkt Einfluss nehmen, namentlich die Einhaltung einer etwaigen Insolvenzantragspflicht überwachen, unter Umständen von seiner Personalkompetenz Gebrauch machen und Geschäftsleitungsmitglieder ersetzen, auf die Erarbeitung und Umsetzung eines Sanierungskonzepts hinwirken und gegebenenfalls zudem zwingend erforderliche Geschäftsleitungsmaßnahmen selbst veranlassen, insbesondere durch Delegation eines seiner Mitglieder in den Vorstand, § 105 Abs. 2 AktG[309]. Dies ist allerdings, worauf sogleich noch näher eingegangen wird, unter Umständen nicht mehr nur der allgemeinen Überwachung und Beratung zuzurechnen, sondern verdichtet sich dann, bei aller insoweit gebotenen Zurückhaltung, zur eigenen unternehmerischen Aufgabe des Aufsichtsrats. Bemerkt ein Aufsichtsratsmitglied Fehlverhalten oder gar Pflichtverletzungen der Geschäftsleitung, ist es in Normalzeiten wie in der Krise verpflichtet, dies im Gesamtorgan bekanntzumachen[310]. Das Gesamtorgan selbst ist dann verpflichtet, hiergegen mit den ihm zur Verfügung stehenden Mitteln vorzugehen[311].

Zu einer Annäherung an den für die Geschäftsleitung geltenden Haftungsmaßstab kommt es bei der *Mitwirkung des Aufsichtsrats an unternehmerischen Entscheidungen der Geschäftsleitung*. Namentlich sind dies die Fälle der gemäß § 111 Abs. 4 Satz 2 AktG zustimmungspflichtigen Geschäfte, diese können sich im Konzern gegebenenfalls auch auf Entscheidungen der abhängigen Gesellschaft beziehen[312]. Hierunter fallen ferner die Mitwirkung an den Gewinnausschüttungs- und Bilanzentscheidungen, §§ 58 Abs. 2, 59 Abs. 3, 171 f AktG,

---

308 Hüffer, § 111 AktG Rz. 7; Lutter/Krieger, Rechte und Pflichten des Aufsichtsrats, Rz. 86.
309 Lutter/Krieger, Rechte und Pflichten des Aufsichtsrats, Rz. 87 ff; Semler, Leitung und Überwachung, Rz. 233 f.
310 Lutter/Krieger, Rechte und Pflichten des Aufsichtsrats, Rz. 764.
311 Die Einwirkungsmöglichkeiten des Aufsichtsrats sind dann freilich begrenzt und beschränken sich, sofern und soweit nicht Zustimmungsvorbehalte für bestimmte Arten von Geschäften bestehen, § 111 Abs. 4 Satz 2 AktG, im Wesentlichen auf Stellungnahmen und Beanstandungen, den Erlass einer Geschäftsordnung für den Vorstand, die Abberufung von Vorstandsmitgliedern, die Verweigerung der Zustimmung zu Jahresabschluss oder Konzernabschluss, §§ 172, 173 Abs. 1 AktG, und Beanstandungen im Pflichtbericht an die Hauptversammlung, §§ 171 Abs. 2, 314 Abs. 2 AktG, die Einberufung einer außerordentlichen Hauptversammlung, § 111 Abs. 3 AktG, sowie Klagen gegen die Geschäftsführung; siehe Lutter/Krieger, Rechte und Pflichten des Aufsichtsrats, Rz. 100 ff.
312 Hoffmann-Becking, ZHR 159 (1995), 325, 339 ff; Lutter, FS Fischer, S. 419 ff.

und beim genehmigten Kapital, § 204 AktG[313], die Mitwirkung bei der Erklärung zum Corporate Governance Kodex, § 161 AktG[314], bei der Ausübung von Beteiligungsrechten im mitbestimmten Konzern, § 32 MitbestG[315], bei der Stellungnahme der Zielgesellschaft und deren Verteidigung im Übernahmeverfahren, §§ 27, 33 WpÜG[316], sowie Rechte und Pflichten im Zusammenhang mit der Einberufung der Hauptversammlung, §§ 111 Abs. 3, 124 Abs. 3 AktG[317]. Aber auch hier ist der nebenamtliche Charakter des Aufsichtsratsamtes zu berücksichtigen. Solange die mit der Aufsichtsratstätigkeit verbundenen allgemeinen Sorgfaltspflichten beachtet werden, kann der Aufsichtsrat sich daher auch hier grundsätzlich auf eine Plausibilitätsprüfung beschränken[318].

Ein unternehmerischer Haftungsmaßstab für den Aufsichtsrat selbst gilt hingegen bei der Wahrnehmung von Aufgaben, die dem Aufsichtsrat *eigene unternehmerische Entscheidungen* auferlegen und so selbst Leitungsmaßnahmen darstellen[319]. Dies gilt etwa für die Be- und Anstellung der Vorstandsmitglieder, § 84 AktG; Gleiches gilt im Anwendungsbereich des MitbestG sowie des MontanmitbestG auch für die Bestellung und Anstellung der GmbH-Geschäftsführer, §§ 31 MitbestG, 12 MontanmitbestG[320]. Hierbei sind gesetzliche Eignungsvoraussetzungen zu beachten, vgl. § 76 Abs. 3 AktG, ferner gegebenenfalls Vorgaben der Satzung, sowie die fachliche und persönliche Eignung der Geschäftsleitungsmitglieder[321]. Hierunter fallen weiterhin Beschlüsse des Aufsichtsrats zur Kreditgewährung an Vorstandsmitglieder, Prokuristen, Generalhandlungsbevollmächtigte, Aufsichtsratsmitglieder und deren jeweilige Angehörige, §§ 89, 115 AktG, die Beauftragung von Sachverständigen, § 111 Abs. 2 Satz 2 AktG, und des Abschlussprüfers, § 111 Abs. 2 Satz 3 AktG, die Genehmigung von Dienstverträgen mit Aufsichtsratsmitgliedern, § 114 Abs. 1 AktG, sowie

---

313 Doralt, in: Semler/v. Schenck, Arbeitshandbuch für Aufsichtsratsmitglieder, § 13 Rz. 8; Lutter/Krieger, Rechte und Pflichten des Aufsichtsrats, Rz. 481, 484 ff, 500 ff.
314 Lutter/Krieger, Rechte und Pflichten des Aufsichtsrats, Rz. 491 ff.
315 Lutter/Krieger, Rechte und Pflichten des Aufsichtsrats, Rz. 501 ff.
316 Lutter/Krieger, Rechte und Pflichten des Aufsichtsrats, Rz. 517 f.
317 Lutter/Krieger, Rechte und Pflichten des Aufsichtsrats, Rz. 506 ff.
318 Doralt, in: Semler/v. Schenck, Arbeitshandbuch für Aufsichtsratsmitglieder, § 13 Rz. 9; Mertens, Kölner Komm., § 111 AktG Rz. 85.
319 Doralt, in: Semler/v. Schenck, Arbeitshandbuch für Aufsichtsratsmitglieder, § 13 Rz. 10.
320 Anders hingegen beim fakultativen GmbH-Aufsichtsrat sowie im Anwendungsbereich des DrittelbG: §§ 52 Abs. 1 GmbHG, 1 Abs. 1 Ziff. 3 DrittelbG verweisen nicht auf § 84 AktG. Zuständig ist hier vielmehr die Gesellschafterversammlung, § 46 Ziff. 5 GmbHG, sofern nicht in der Satzung etwas Abweichendes geregelt ist, siehe Zöllner/Noack, in: Baumbach/Hueck, § 52 GmbHG Rz. 112, 229.
321 Lutter/Krieger, Rechte und Pflichten des Aufsichtsrats, Rz. 339 f.

die Vertretung der Gesellschaft bei Verfahren zur Anfechtung oder Nichtigkeitsfeststellung von Hauptversammlungsbeschlüssen, §§ 246 Abs. 2, 249 Abs. 1 AktG[322]. Besondere Bedeutung kommt zudem der Vertretung der Gesellschaft gegenüber dem Vorstand zu, § 112 AktG, und hier insbesondere der Geltendmachung von Schadensersatzansprüchen der Gesellschaft: Der Aufsichtsrat ist zur Geltendmachung dieser Schadensersatzansprüche verpflichtet, sofern und soweit diese seiner Überzeugung nach bestehen und durchsetzbar sind, wenn nicht ausnahmsweise gewichtige Gründe des Gesellschaftswohls dem entgegenstehen[323]. Ebenfalls den unternehmerischen Entscheidungen – und nicht mehr nur der allgemeinen Überwachung und Beratung – zuzurechnen sein dürfte schließlich die Pflicht, bei erkannten grundlegenden, gegebenenfalls sogar existenzgefährdenden Missständen in der gebotenen Form einzuschreiten, d. h. die Geschäftsleitung zur Einleitung geeigneter Maßnahmen anzuhalten und dies auch entsprechend überwachend zu begleiten.

Zu den Legalitäts- und Sorgfaltspflichten tritt schließlich die *Treue- und Loyalitätspflicht*. Die Aufsichtsratsmitglieder sind alleine dem Unternehmensinteresse verpflichtet[324]. Dem entgegenstehende Interessen der einzelnen Aufsichtsratsmitglieder, wie etwa Treuebindungen aus anderen Aufsichtsratsmandaten oder Arbeitnehmerinteressen, denen sich die Arbeitnehmervertreter im Aufsichtsrat verpflichtet fühlen mögen, haben demgegenüber zurückzustehen und entlasten ein Aufsichtsratsmitglied nicht[325]. Bei Interessenkollisionen hat das betreffende Aufsichtsratsmitglied sich der Stimme zu enthalten, unter Umständen bereits der Beratung und Information fernzubleiben, gegebenenfalls sogar eines der kollidierenden Ämter niederzulegen[326].

Bei Pflichtverletzungen des Gesamtorgans, sei es im Rahmen der Überwachung der Geschäftsleitung, bei unternehmerischen Entscheidungen zusammen mit der Geschäftsleitung oder bei eigenen Leitungsmaßnahmen, gelten für die Haftung der einzelnen Organmitglieder dann die oben[327] für die Überwachung im Geschäftsleitungsorgan dargestellten Grundsätze entsprechend: Die vorge-

---

322 Doralt, in: Semler/v. Schenck, Arbeitshandbuch für Aufsichtsratsmitglieder, § 13 Rz. 10.

323 BGH, Urteil vom 21.04.1997, BGHZ 135, 244 – ARAG/Garmenbeck; Semler, Münchener Komm., § 116 AktG Rz. 16 ff.

324 Doralt, in: Semler/v. Schenck, Arbeitshandbuch für Aufsichtsratsmitglieder, § 13 Rz. 47; Hüffer, § 116 AktG Rz. 5; Lutter/Krieger, Rechte und Pflichten des Aufsichtsrats, Rz. 765.

325 Doralt, in: Semler/v. Schenck, Arbeitshandbuch für Aufsichtsratsmitglieder, § 13 Rz. 49.

326 Doralt, in: Semler/v. Schenck, Arbeitshandbuch für Aufsichtsratsmitglieder, § 13 Rz. 50; Hüffer, § 116 AktG Rz. 5; Lutter/Krieger, Rechte und Pflichten des Aufsichtsrats, Rz. 769 ff.

327 Siehe hierzu § 1, unter A.I.2.b)bb)ccc).

nannten Pflichten treffen jedes Aufsichtsratsmitglied entsprechend seiner jeweiligen Position. So wird etwa das überstimmte oder bei der Beschlussfassung abwesende Aufsichtsratsmitglied von der Haftung frei, nicht hingegen das sich lediglich der Stimme enthaltende. Auch das überstimmte oder abwesende Aufsichtsratsmitglied ist in der Folge dann aber gehalten, die Umsetzung des Beschlusses durch geeignete und ihm zumutbare Maßnahmen zu verhindern, insbesondere durch den Vortrag von Bedenken gegenüber den Kollegen sowie – bei aller gebotenen organinternen Loyalität – gegebenenfalls auch gegenüber den Geschäftsleitern. Eine Pflicht zur Amtsniederlegung oder Drohung hiermit dürfte hingegen nicht bestehen. In extrem gelagerten Fällen und angesichts der Verschwiegenheits- und Loyalitätspflicht ohnehin nur subsidiär zu den gesellschaftsinternen Maßnahmen kann zudem die Einschaltung Dritter, etwa durch Strafanzeige oder zivilrechtliche Feststellungsklage, geboten sein[328].

b) Besondere gesellschaftsrechtliche Haftungstatbestände

Die Ausführungen oben[329] zu den besonderen den Vorstand treffenden Haftungstatbeständen des Gesellschaftsrechts gelten für den Aufsichtsrat in weiten Teilen entsprechend. So ordnet zur Gewährleistung der *Kapitalaufbringung* in der *Aktiengesellschaft* § 48 AktG für Pflichtverletzungen bei der Gründung und § 53 AktG für Pflichtverletzungen bei der Nachgründung die Haftung auch der Mitglieder des Aufsichtsrates an. Bei Neugründungen im Rahmen von *Umwandlungen* ergibt sich die Anwendbarkeit der §§ 48, 53 AktG aus den §§ 36 Abs. 2 Satz 1, 135 Abs. 2 Satz 1, 197 Satz 1 UmwG. Bei der Kapitalerhöhung hingegen ergibt sich diese Haftung unmittelbar aus § 116 Satz 1 i.V.m. § 93 Abs. 2 AktG[330]. Und zum Schutz vor *Schmälerungen der Kapitalgrundlage* ordnet wiederum § 116 Satz 1 AktG die Haftung auch der Aufsichtsratsmitglieder gemäß § 93 Abs. 3 AktG an.

Für *Umwandlungsschäden* haften ebenfalls auch die Aufsichtsratsmitglieder, §§ 25 Abs. 1 Satz 1, 125 Satz 1, 205 Abs. 1 Satz 1 UmwG. Gleiches gilt bei Bestehen eines *Beherrschungsvertrages* gemäß § 310 Abs. 1 AktG für Schäden, die infolge der Entgegennahme und Ausführung von entgegen den Anforderungen des § 308 AktG erteilten Weisungen des herrschenden Unternehmens entstanden sind. Im *faktischen Aktienkonzern* ordnet § 318 Abs. 2 AktG die Haftung der Mitglieder des Aufsichtsrats der abhängigen Gesellschaft bei für diese nachteiligen Weisungen ohne entsprechenden Nachteilsausgleich an, wenn sie ihre Pflicht zur Prüfung des Berichts über die Beziehungen zu verbundenen Un-

---

328 Vgl. hierzu auch Doralt, in: Semler/v. Schenck, Arbeitshandbuch für Aufsichtsratsmitglieder, § 13 Rz. 38 ff; Lutter/Krieger, Rechte und Pflichten des Aufsichtsrats, Rz. 835 ff.
329 Oben § 1 unter A.I.1.b).
330 Hüffer, § 188 AktG Rz. 3.

ternehmen und zum Bericht an die Hauptversammlung im Sinne von § 314 AktG verletzt haben. Und bei der *Eingliederung* gilt die Haftung gemäß § 310 AktG im Zusammenhang mit der Befolgung rechtswidriger und wegen § 310 Abs. 3 AktG zudem unverbindlicher Weisungen durch die eingegliederte Gesellschaft entsprechend, § 323 Abs. 2 Satz 2 AktG.

Und schließlich haftet gemäß § 117 Abs. 1 AktG, wer die Gesellschaft unter Benutzung seines Einflusses zu einer für die Gesellschaft oder ihre Aktionäre schädlichen Handlung veranlasst; dies kann auch ein Aufsichtsratsmitglied sein[331]. Und gemäß § 117 Abs. 2 AktG haften Aufsichtsratsmitglieder, wenn sie derlei Einflussnahme pflichtwidrig zugelassen haben.

c) Sonstige Haftungstatbestände

Neben der organschaftlichen Haftung kommt, wie bei der Geschäftsleiterhaftung[332], die konkurrierende deliktische Haftung der Aufsichtsratsmitglieder in Betracht[333]. Dies ist unproblematisch bei Rechtsgutsverletzungen im Sinne von § 823 Abs. 1 BGB sowie bei vorsätzlicher sittenwidriger Schädigung, § 826 BGB.

Die Haftung wegen Schutzgesetzverletzung im Sinne von § 823 Abs. 2 BGB kommt zur Vermeidung von Wertungswidersprüchen hingegen nicht bereits bei jeder Verletzung der organschaftlichen Pflichten des § 116 Satz 1 i.V.m. § 93 AktG sowie der gesellschaftsrechtlichen Sondertatbestände in Betracht, sondern nur bei der Verletzung von Pflichten, die als Straf- oder Bußgeldtatbestand ausgestaltet sind[334]. Insoweit sind für Aufsichtsratsmitglieder dann insbesondere die Straftatbestände der Untreue, § 266 StGB, sowie der Verletzung der Geheimhaltungspflicht, § 404 Abs. 1 Ziff. 1 i.V.m. § 116 Satz 2 AktG einschlägig. In Betracht kommen ferner die die Verletzung der Verlustanzeigepflicht, §§ 92 Abs. 1 AktG, 49 Abs. 3 GmbHG, und der Insolvenzantragspflicht, §§ 92 Abs. 2 AktG, 64 Abs. 1 GmbHG, sanktionierenden Vorschriften der §§ 401 AktG, 84 GmbHG; hier ist die Haftung der Aufsichtsratsmitglieder insbesondere als Gehilfe, § 830 Abs. 2 BGB, wegen Verletzung von Überwachungspflichten möglich.

---

331 Kropff, Münchener Komm., § 117 AktG Rz. 12.
332 Oben § 1, unter A.I.1.c).
333 Hopt/Roth, in: Großkomm., § 116 AktG Rz. 308; Semler, Münchener Komm., § 116 AktG Rz. 699.
334 Semler, Münchener Komm., § 116 AktG Rz. 699.

2. Aufsichtsratspflichten und -haftung bei Arbeitsteilung

Auch beim Aufsichtsrat ist, wie innerhalb der Geschäftsleitung[335], regelmäßig eine arbeitsteilige Organisation anzutreffen. Hierunter fällt zunächst die horizontale Arbeitsteilung innerhalb des Aufsichtsrats durch die Einrichtung verschiedener, zum Teil sogar gesetzlich vorgeschriebener Ausschüsse[336], aber auch die Delegation an den Aufsichtsratsmitgliedern nachgeordnete Mitarbeiter[337] sowie an externe Dritte[338].

a) Horizontale Arbeitsteilung durch Ausschüsse

aa) Ausprägungen und Zulässigkeit

Die Arbeitsteilung im Aufsichtsrat durch Einrichtung verschiedener Ausschüsse ist üblich und regelmäßig zur Gewährleistung einer sachgerechten Arbeit des mit Nebenamtlern besetzten Organs auch geboten[339]. Für mitbestimmte Gesellschaften gemäß § 27 Abs. 3 MitbestG gar zwingend vorgeschrieben ist die Einrichtung eines *Vermittlungsausschusses* für den Fall von Meinungsverschiedenheiten bei Bestellung und Widerruf der Bestellung von Geschäftsleitungsmitgliedern, siehe § 31 Abs. 3 MitbestG. Für *börsennotierte Gesellschaften empfiehlt* Ziff. 5.3.1 des Deutschen Corporate Governance Kodex (DCGK)[340] die Bildung fachlich qualifizierter Ausschüsse abhängig von den spezifischen Gegebenheiten des Unternehmens und der Anzahl seiner Mitglieder. Ziff. 5.3.2 DCGK *empfiehlt* die Einrichtung eines *Prüfungsausschusses* (Audit Committee), der sich insbesondere mit Fragen der Rechnungslegung, des Risikomanagements und der Compliance, der erforderlichen Unabhängigkeit des Abschlussprüfers, der Erteilung des Prüfungsauftrags an den Abschlussprüfer, der Bestimmung von Prüfungsschwerpunkten und der Honorarvereinbarung befasst[341]. Und Ziff. 5.3.3 DCGK *empfiehlt* die Bildung eines *Nominierungsausschusses*, der ausschließlich mit Anteilseignervertretern besetzt ist und dem Aufsichtsrat für dessen Wahlvorschläge an die Hauptversammlung geeignete Kandidaten vorschlägt. In Ziff. 5.3.4 DCGK schließlich wird die Errichtung weiterer Ausschüsse *angeregt*, namentlich für *Unternehmensstrategie, Vergütung* der Vorstandsmitglieder, *Investition und Finanzierung*. Ungeachtet dessen üblich ist etwa die Errichtung von *Personalausschüssen*, die die Bestellung von

---

335 Hierzu oben § 1, unter A.I.2.
336 Hierzu sogleich unter a).
337 Hierzu unter b).
338 Hierzu unter c).
339 Rellermeyer, Aufsichtsratsausschüsse, S. 14 f.
340 Deutscher Corporate Governance Kodex in der Fassung vom 06.06.2008, *http://www.corporate-governance-code.de/ger/download/D_Kodex%202008_final.pdf*.
341 Siehe hierzu etwa Altmeppen, ZGR 2004, 390; A. Schäfer, ZGR 2004, 416.

Vorstandsmitgliedern vorbereiten und die Anstellungsbedingungen mit diesen regeln, *Finanzierungs-, Investitions- und technische Ausschüsse* sowie bei Banken *Kreditausschüsse*[342], schließlich zur Entlastung und Unterstützung des Aufsichtsratsvorsitzenden die Einrichtung eines *Aufsichtsratspräsidiums*[343].

Prinzipiell bestehen gegen die *Zulässigkeit* einer solchen Arbeitsteilung im Aufsichtsrat, zumal im Gesetz in § 107 Abs. 3 AktG sowie in § 27 Abs. 3 MitbestG explizit vorgesehen, keine Bedenken, ja dürfte der Aufsichtsrat jedenfalls ab einer gewissen Unternehmensgröße als Ausfluss seiner Selbstorganisationspflicht[344] zur Ausschussbildung sogar verpflichtet sein, um eine sachgerechte Organisation seiner Tätigkeit gewährleisten zu können[345]. Unproblematisch ist hierbei dann zunächst die Delegation der *Vorbereitung* der Verhandlungen und Beschlüsse sowie der *Überwachung* der Ausführung der Beschlüsse des Plenums, § 107 Abs. 3 Satz 1 AktG.

Aber auch weitergehende Aufgaben bis hin zu echten *Entscheidungszuständigkeiten* können grundsätzlich, dies ergibt der Umkehrschluss aus § 107 Abs. 3 Satz 2 AktG, an Ausschüsse delegiert werden. Nur die Entscheidung über bestimmte wichtige Angelegenheiten ist zwingend dem Plenum vorbehalten. Namentlich sind dies zunächst die in § 107 Abs. 3 Satz 2 AktG aufgeführten Fälle, somit die Wahl von Aufsichtsratsvorsitzendem und dessen Stellvertreter im Sinne von § 107 Abs. 1 Satz 1 AktG, die Zustimmung zur Zahlung eines Abschlags auf den Bilanzgewinn im Sinne von § 59 Abs. 3 AktG, der Erlass einer Geschäftsordnung für die Geschäftsleitung im Sinne von § 77 Abs. 2 Satz 1 AktG, die Bestellung der Geschäftsleiter und deren Widerruf einschließlich der Ernennung eines Vorsitzenden der Geschäftsleitung im Sinne von § 84 Abs. 1 Satz 1 und 3, Abs. 2, Abs. 3 Satz 1 AktG, die Prüfung von und der Bericht über Jahresabschluss, Lagebericht und Gewinnverwendungsbeschluss im Sinne von § 171 AktG, die Prüfung und der Bericht über den Abhängigkeitsbericht, § 314 Abs. 2 und 3 AktG, sowie Beschlüsse, dass bestimmte Arten von Geschäften nur mit Zustimmung des Aufsichtsrats vorgenommen werden dürfen, § 111 Abs. 4 Satz 2 2. Fall AktG.

Ergänzt wird dies zum eine um die (sonstigen) mit der Selbstorganisation in Zusammenhang stehenden Entscheidungen, etwa die Abberufung der Aufsichtsratsmitglieder einschließlich der gerichtlichen Abberufung auf Antrag des Aufsichtsrats im Sinne von § 103 Abs. 3 Satz 2 AktG[346], den Erlass einer Ge-

---

342 Lutter/Krieger, Rechte und Pflichten des Aufsichtsrats, Rz. 621; Raiser/Veil, Kapitalgesellschaften, § 15 Rz. 82.
343 Krieger, ZGR 1985, 338, 362; Lutter/Krieger, Rechte und Pflichten des Aufsichtsrats, Rz. 621.
344 Siehe hierzu oben unter 1.a).
345 Krieger, ZGR 1985, 338, 361 f; Lutter/Krieger, Rechte und Pflichten des Aufsichtsrats, Rz. 620; Rellermeyer, Aufsichtsratsausschüsse, S. 14 f.
346 Semler, Münchener Komm., § 107 AktG Rz. 358 f.

schäftsordnung für den Aufsichtsrat oder eben auch die Bildung von Aufsichtsratsausschüssen[347]. Und zum anderen nicht möglich ist die Übertragung der *allgemeinen Überwachungs- und Beratungspflicht* auf einen Ausschuss. Dies widerspräche dem eigentlichen Wesensmerkmal des Aufsichtsrates. Es können aber an Ausschüsse aus der allgemeinen Überwachungspflicht abgeleitete konkrete Pflichten, d. h. *einzelne* Überwachungsaufgaben übertragen werden[348]. Vor diesem Hintergrund umstritten ist dann die Frage, ob auch die Beauftragung des Abschlussprüfers gemäß § 111 Abs. 2 Satz 3 AktG, obgleich nicht explizit im Katalog des § 107 Abs. 3 Satz 2 AktG aufgeführt, dem Delegationsverbot unterliegt. Hier spricht vieles dafür, die Beauftragung des Abschlussprüfers mit den hiermit einhergehenden Möglichkeiten oder gar Pflichten zur Festlegung besonderer Prüfungsschwerpunkte[349] nicht nur als delegierbare, weil isolier- und konkretisierbare Überwachungsaufgabe anzusehen, sondern als Ausdruck der weitgehenden allgemeinen Überwachungspflicht, die der Delegation nicht zugänglich ist[350].

Ein allgemeines Delegationsverbot für alle wichtigen Entscheidungen über die genannten Fälle hinaus gibt es hingegen nicht, ungeschriebene Delegationsverbote sind demnach nur im Bereich der Selbstorganisationsentscheidungen anerkannt[351].

Diese geschriebenen und ungeschriebenen Delegationsverbote für vom Aufsichtsrat zu treffende Entscheidungen haben zudem gegebenenfalls auch Ausstrahlungswirkung auf die diese lediglich *vorbereitenden Tätigkeiten* der Aus-

---

347 Krieger, ZGR 1985, 338, 361 f; Lutter/Krieger, Rechte und Pflichten des Aufsichtsrats, Rz. 623; Rellermeyer, Aufsichtsratsausschüsse, S. 22 f; Semler, Münchener Komm., § 107 AktG Rz 360.
348 Begr. RegE zu § 107 AktG, siehe Hopt/Roth, in: Großkomm., § 107 AktG Rz. 370 ff; Kropff, Aktiengesetz, S. 149 f; Lutter/Krieger, Rechte und Pflichten des Aufsichtsrats, Rz. 625; Mertens, Kölner Komm., § 107 AktG Rz. 130; anders zur Beratungspflicht Semler, Münchener Komm., § 107 AktG Rz. 283.
349 Siehe hierzu Kropff, in: Semler/v. Schenck, Arbeitshandbuch für Aufsichtsratsmitglieder, § 8 Rz. 157; Lutter/Krieger, Rechte und Pflichten des Aufsichtsrats, Rz. 173.
350 So Forster, Wpg 1998, 41, 42; Hommelhoff, BB 1998, 2567, 2570; Hommelhoff/Mattheus, AG 1998, 249, 257; Lutter/Krieger, Rechte und Pflichten des Aufsichtsrats, Rz. 174; Mattheus, ZGR 1999, 682, 708; Schindler/Rabenhorst, BB 1998, S. 1886; Theisen, BB 1999, 341, 344 f; Ziemons, DB 2000, 77; a. A. Hüffer, § 111 AktG Rz. 12c, der auf den (insoweit schweigenden) Wortlaut des § 107 Abs 3 Satz 2 AktG und hierauf aufbauend das praktische Bedürfnis nach Rechtssicherheit abstellt.
351 Lutter/Krieger, Rechte und Pflichten des Aufsichtsrats, Rz. 623; Mertens, Kölner Komm., § 107 AktG Rz. 152; Rellermeyer, Aufsichtsratsausschüsse, S. 23 ff; Semler, Münchener Komm., § 107 AktG Rz. 232; a. A. Dose, ZGR 1973, 300, 312 f.

schüsse, die vom Wortlaut des § 107 Abs. 3 Satz 1 AktG an sich nicht eingeschränkt werden. Soweit derlei nicht delegierbare Entscheidungen betroffen sind, muss, da hier eine selbständige Wertung durch sämtliche Aufsichtsratsmitglieder erforderlich ist, ein ausreichender Informationsfluss zwischen Ausschuss und Plenum gewährleistet sein, der über die »normale«, lediglich die allgemeine Überwachung sicherstellende Berichterstattung der Ausschüsse an das Plenum[352] hinausreichend eine eigene Meinungsbildung und eigenverantwortliche Entscheidungsfindung der Plenumsmitglieder ermöglicht[353].

Letztlich ist auch bei aller zulässigen und gebotenen Arbeitsteilung darauf hinzuweisen, dass die *Gesamtverantwortung* für die Aufsichtsratstätigkeit, ähnlich wie dies für die Geschäftsleitung der Fall ist[354], beim Gesamtorgan liegt und verbleibt. Dies kommt, wie bereits angesprochen, bei den Organisationsrechten und –pflichten zum Ausdruck, ferner bei der Berichtspflicht der Ausschüsse gegenüber dem Plenum, § 107 Abs. 3 Satz 3 AktG, wie im Gegenzug bei der Pflicht des Plenums, sich über die Aufsichtsratsarbeit zu informieren[355]. Der Gesamtaufsichtsrat bleibt stets Herr des Verfahrens[356].

bb) Folgen für die Pflichten der Aufsichtsratsmitglieder

Aus Vorstehendem ergibt sich für die Pflichten der einzelnen Aufsichtsratsmitglieder bei Ausschussbildung Folgendes:

aaa) Allgemeine Grundsätze

Die organisatorische Verantwortung für die Ausschussbildung und –besetzung liegt, wie soeben[357] bereits ausgeführt, beim Gesamtorgan. Für die sich hieraus ergebenden allgemeinen organisatorischen Pflichten gelten dann die oben[358] zur horizontalen Arbeitsteilung der Geschäftsleiter dargestellten Grundsätze im Wesentlichen entsprechend:
Zunächst ist dafür Sorge zu tragen, dass für nicht delegierbare Aufgaben, d. h. die nicht delegierbaren Entscheidungen sowie die Überwachung und Beratung

---

352 Hierzu unter bb)aaa).
353 Lutter/Krieger, Rechte und Pflichten des Aufsichtsrats, Rz. 626; Rellermeyer, Aufsichtsratsausschüsse, S. 48 f, 54 f.
354 Siehe hierzu § 1, unter A.I.2.a).
355 Zu den Pflichten der jeweiligen Ausschussmitglieder einerseits und insbesondere den übrigen Aufsichtsratsmitgliedern siehe sogleich unter bb).
356 Lutter/Krieger, Rechte und Pflichten des Aufsichtsrats, Rz. 627 f; Mertens, Kölner Komm., § 107 AktG Rz. 128; Raiser/Veil, Kapitalgesellschaften, § 15 Rz. 81.
357 Unter aa).
358 Siehe hierzu § 1, unter A.I.2.b)bb)aaa).

als Ganzes[359] die Entscheidungszuständigkeit auch tatsächlich beim Gesamtorgan verbleibt. Sofern und soweit einzelnen Ausschüsse hier dann die Entscheidungen sowie gegebenenfalls die allgemeine Überwachung und Beratung vorbereitende Arbeiten verrichten, ist ein ausreichender Informationsfluss zu institutionalisieren, der den einzelnen Aufsichtsratsmitgliedern eine fundierte eigenverantwortliche Entscheidung ermöglicht[360] und somit über die allgemeine Berichterstattung der Ausschüsse an das Plenum hinausreicht. Hierfür ist ein an den Besonderheiten der Art, Größe und Organisation des Unternehmens orientiertes Berichtssystem aufzubauen. Für Einzelheiten wird dem Aufsichtsrat ein weiter Ermessensspielraum einzuräumen sein[361], ist aber ein ausreichender Informationsfluss aufgrund organisatorischer Defizite generell nicht gewährleistet, liegt eine originäre Pflichtverletzung sämtlicher Aufsichtsratsmitglieder anlässlich der Organisation der Aufsichtsratsarbeit vor[362].

Weiterhin ist bei der Auswahl der jeweiligen Ausschussmitglieder durch das Gesamtorgan zu beachten, dass nicht für die Arbeit des betreffenden Ausschusses persönlich und/oder fachlich erkennbar ungeeignete Kollegen berufen werden[363]. Hierbei wird hinsichtlich der (Mindest-)Qualifikationsanforderungen zwischen den einzelnen Ausschüssen zu differenzieren sein, weniger danach, ob diese lediglich vorbereitend oder (zumindest auch) beschließend tätig sind, sondern vielmehr nach Sachgebieten und hier dann danach, ob allgemeine, bereits durch die Mindestqualifikationen aller Aufsichtsratsmitglieder[364] abgedeckte Aufgaben wahrgenommen werden oder spezielle Sachaufgaben, die spezielle Kenntnisse und Fähigkeiten voraussetzen[365]. Dies gilt dann auch für die Arbeitnehmervertreter im Aufsichtsrat, lediglich sachwidrige Differenzierungen und somit insbesondere die Diskriminierung der Arbeitnehmervertreter haben zu unterbleiben[366]. Wird gegen dieses Eignungsgebot bei der Besetzung der Aus-

---

359 Hierzu soeben unter aa).
360 Hierzu bereits soeben unter aa).
361 Siehe hierzu Hopt/Roth, in: Großkomm., § 116 AktG Rz. 120 ff.
362 Hopt/Roth, in: Großkomm., § 107 AktG Rz. 408, § 111 AktG Rz. 141, 143; Mertens, Kölner Komm., § 107 AktG Rz. 161; Rellermeyer, Aufsichtsratsausschüsse, S. 14 f.
363 Dreher, FS Boujong, S. 71, 87 ff; Hopt/Roth, in: Großkomm., § 107 AktG Rz. 274; Lutter/Krieger, Rechte und Pflichten des Aufsichtsrats, Rz. 634; Paefgen, Aufsichtsratsverfassung, S. 332.
364 Hierzu oben unter 1.a).
365 Dreher, FS Boujong, S. 71, 89 ff in Anlehnung an und Fortentwicklung von BGH, Urteil vom 17.05.1993, BGHZ 122, 342, 361 f.
366 Dreher, FS Boujong, S. 71, 91 ff; Hopt/Roth, in: Großkomm., § 107 AktG Rz. 277; Lutter/Krieger, Rechte und Pflichten des Aufsichtsrats, Rz. 634, Paefgen, Aufsichtsratsverfassung, S. 333 ff.

schüsse schuldhaft verstoßen, liegt insoweit ebenfalls eine eigene Pflichtverletzung sämtlicher Aufsichtsratsmitglieder vor[367].
Und schließlich ist für eine eindeutige Aufgabenverteilung Sorge zu tragen. Hintergrund ist der Umstand, dass auch bei Verbleib der Gesamtverantwortung beim Gesamtorgan die horizontale Arbeitsteilung, wie sogleich[368] noch ausgeführt wird, zu unterschiedlichen Pflichten der jeweils zuständigen und der jeweils übrigen Aufsichtsratsmitglieder führt. Die hieraus folgende Haftungsentlastung für die jeweils nicht dem betreffenden Ausschuss angehörigen Aufsichtsratsmitglieder verlangt nach einer eindeutigen Klarstellung der Zuständigkeiten durch Beschluss oder Geschäftsordnung[369]. Wird dem nicht genügt, ist die Aufgabenverteilung nicht eindeutig, sind sämtliche Aufsichtsratsmitglieder dann gleichermaßen für die betreffenden Aufgaben primär zuständig, alle trifft dann gleichermaßen die volle Handlungsverantwortung[370].

bbb) Pflichten der Ausschussmitglieder

Die jeweiligen Ausschussmitglieder tragen für ihren Bereich die *Handlungsverantwortung*[371]. Was dies im Einzelnen bedeutet, hängt zum einen davon ab, ob dem Ausschuss lediglich die Vorbereitung der Entscheidungen des Plenums, die Übernahme einzelner Überwachungs- und Beratungsaufgaben oder die Entscheidungsgewalt obliegt[372]. Und zum anderen ist hierbei dann zwischen den mit der Überwachung und Beratung der Geschäftsleitung, der Mitwirkung bei unternehmerischen Entscheidungen der Geschäftsleitung und eigenen unternehmerischen Entscheidungen des Aufsichtsrats in Zusammenhang stehenden Pflichten zu differenzieren[373]. Die Handlungsverantwortung umfasst dabei auch die Verantwortung für das Hilfspersonal des Aufsichtsrats (Aufsichtsratsbüro) gemäß § 278 BGB und gegebenenfalls auch gemäß § 831 BGB[374], wobei deren

---

367 Hopt/Roth, in: Großkomm., § 107 AktG Rz. 274, 408.
368 Unter bbb) und ccc).
369 Hopt/Roth, in: Großkomm., § 107 AktG Rz. 244, 264 f; Lutter/Krieger, Rechte und Pflichten des Aufsichtsrats, Rz. 630.
370 Hierzu sogleich unter bbb).
371 Doralt, in: Semler/v. Schenck, Arbeitshandbuch für Aufsichtsratsmitglieder, § 13 Rz. 32; Hopt/Roth, in: Großkomm., § 116 AktG Rz. 116; Lutter/Krieger, Rechte und Pflichten des Aufsichtsrats, Rz. 839 ff; Semler, Münchener Komm., § 107 AktG Rz. 401.
372 Vgl. Lutter/Krieger, Rechte und Pflichten des Aufsichtsrats, Rz. 839 ff.
373 Siehe hierzu oben unter 1.a).
374 Hopt/Roth, in: Großkomm., § 111 AktG Rz. 748; Lutter/Krieger, DB 1995, 257, 260.

Hinzuziehung aufgrund des Grundsatzes der eigenverantwortlichen Amtsausübung, § 111 Abs. 5 AktG, ohnehin nur in engen Grenzen zulässig ist[375].

Im Übrigen haben die Ausschüsse dem Plenum im erforderlichen Maße und auf geeignete Weise regelmäßig über ihre Arbeit zu berichten[376].

Handelt der Ausschuss pflichtwidrig, gelten für die Haftung der einzelnen Ausschussmitglieder dann wiederum die bereits oben für die Überwachung innerhalb des Geschäftsleitungsorgans[377] und innerhalb des Gesamt-Aufsichtsrates[378] dargestellten Grundsätze entsprechend: Die hieran beteiligten Ausschussmitglieder haften, nicht aber das bei Beschlussfassung überstimmte oder abwesende, wohl aber das sich lediglich der Stimme enthaltende Mitglied. In jedem Fall ist jedes Ausschussmitglied gehalten, auch noch anschließend die Umsetzung des Beschlusses mit geeigneten, zulässigen und zumutbaren Maßnahmen zu verhindern, d. h. insbesondere auch die Angelegenheit dem Aufsichtsratsvorsitzenden und gegebenenfalls dem Plenum vorzutragen[379].

ccc) Pflichten der übrigen Aufsichtsratsmitglieder

Die jeweils übrigen Aufsichtsratsmitglieder sind hinsichtlich der durch die Ausschüsse übernommenen Aufgaben nicht von jeglicher Verantwortung entbunden. Es bleibt beim Grundsatz der *Gesamtverantwortung* im Aufsichtsrat[380], entsprechend hat die Ausschussbildung keine Befreiung der übrigen Aufsichtsratsmitglieder von der allgemeinen Pflicht zur Überwachung der Geschäftsleitung und in diesem Zusammenhang auch des Aufsichtsrats zur Folge[381].

Dies gilt ohne weiteres in jenen Fällen, in denen die Ausschüsse nur *vorbereitend* tätig sind, sei es, weil nicht disponible Entscheidungen betroffen sind, sei es, weil das Plenum ihnen keine weiterreichenden Kompetenzen eingeräumt hat. Hier obliegt dem Plenum und somit jedem einzelnen Aufsichtsratsmitglied die eigenverantwortliche Entscheidung auf möglichst umfassender Tatsachengrundlage. Die die Entscheidung vorbereitenden Ausschussmitglieder haben die

---

375 Hopt/Roth, in: Großkomm., § 111 AktG Rz. 755 f; siehe hierzu auch noch unter b) und c).
376 Siehe hierzu im Einzelnen etwa Hopt/Roth, in: Großkomm., § 107 AktG Rz. 435 ff.
377 Siehe hierzu § 1, unter A.I.2.b)bb)ccc).
378 Hierzu unter 1.a).
379 Lutter/Krieger, Rechte und Pflichten des Aufsichtsrats, Rz. 839.
380 Hierzu oben unter aa).
381 Doralt, in: Semler/v. Schenck, Arbeitshandbuch für Aufsichtratsmitglieder, § 13 Rz. 34; Hopt/Roth, in: Großkomm., § 107 AktG Rz. 449; Lutter/Krieger, Rechte und Pflichten des Aufsichtsrats, Rz. 841; Rellermeyer, Aufsichtsratsausschüsse, S. 33 ff; Semler, Münchener Komm., § 107 AktG Rz. 398; Siebel, in: Semler/v. Schenck, Arbeitshandbuch für Aufsichtratsmitglieder, § 6 Rz. 121.

entsprechende Beschlussvorlage sorgfältig zu erstellen und tragen insoweit die Handlungsverantwortung[382]. Die übrigen Plenumsmitglieder dürfen sich hierauf aber nicht per se verlassen, sondern müssen die Vorlage daraufhin untersuchen, ob der Ausschuss seine Ergebnisse prima facie in einem ordnungsgemäßen Verfahren erlangt hat und ob seine Feststellungen und Empfehlungen, gemessen am Wohl des Unternehmens, plausibel sind; gegebenenfalls sind hier dann zunächst noch eigene weitere Untersuchungen anzustellen[383].

Im Übrigen hat das Aufsichtsratsplenum und somit jedes Aufsichtsratsmitglied die Arbeit der Ausschüsse zu *überwachen*[384]. Im Zuge dessen hat sich das Plenum – als Korrelat zur Berichtspflicht der Ausschüsse, § 107 Abs. 3 Satz 3 AktG – regelmäßig über die Arbeit der Ausschüsse zu informieren[385]. Der Umfang dieser Pflicht darf aber nicht überspannt werden. Sicherlich ist die bloße Entgegen- und Kenntnisnahme der Ausschussbericht nicht ausreichend[386], vielmehr müssen sich die Plenumsmitglieder davon überzeugen, dass der Ausschuss sachgerecht arbeitet und sich im Rahmen dessen mit den Berichten intellektuell auseinandersetzen[387]. Für den Normalfall kann es hiermit aber sein Bewenden haben. Die Plenumsmitglieder können hier auf die Richtigkeit und Vollständigkeit der Bericht vertrauen und sind daher dann auch nicht gehalten, die Überwachung zu intensivieren[388].

Zeigen sich hingegen Unzulänglichkeiten der Ausschussarbeit, ist erhöhte Vorsicht geboten. Hier sind dann die Berichte einer genaueren Prüfung zu unterziehen und gegebenenfalls auch zusätzliche Berichte anzufordern[389]. Unter Umständen sind auch einzelne Ausschussmitglieder zu ersetzen oder ist der

---

382 Hierzu soeben unter bbb).
383 Doralt, in: Semler/v. Schenck, Arbeitshandbuch für Aufsichtratsmitglieder, § 13 Rz. 36; Lutter/Krieger, Rechte und Pflichten des Aufsichtsrats, Rz. 840; Rellermeyer, Aufsichtsratsausschüsse, S. 64; Semler, Münchener Komm., § 107 AktG Rz. 399.
384 Doralt, in: Semler/v. Schenck, Arbeitshandbuch für Aufsichtratsmitglieder, § 13 Rz. 34; Lutter/Krieger, Rechte und Pflichten des Aufsichtsrats, Rz. 841.
385 Lutter/Krieger, Rechte und Pflichten des Aufsichtsrats, Rz. 841.
386 Doralt, in: Semler/v. Schenck, Arbeitshandbuch für Aufsichtratsmitglieder, § 13 Rz. 35; Hüffer, § 116 AktG Rz. 9.
387 RG, Urteil vom 04.10.1918, RGZ 93, 338, 340; Doralt, in: Semler/v. Schenck, Arbeitshandbuch für Aufsichtratsmitglieder, § 13 Rz. 35.
388 OLG Hamburg, Urteil vom 29.09.1995, AG 1996, 84, 85; Doralt, in: Semler/ v. Schenck, Arbeitshandbuch für Aufsichtratsmitglieder, § 13 Rz. 36; Hopt/Roth, in: Großkomm., § 107 AktG Rz. 450; Lutter/Krieger, Rechte und Pflichten des Aufsichtsrats, Rz. 841.
389 OLG Hamburg, Urteil vom 29.09.1995, AG 1996, 84, 85; Doralt, in: Semler/ v. Schenck, Arbeitshandbuch für Aufsichtratsmitglieder, § 13 Rz. 36; Hopt/Roth, in: Großkomm., § 107 AktG Rz. 450; Lutter/Krieger, Rechte und Pflichten des Aufsichtsrats, Rz. 841.

Ausschuss gar ganz aufzulösen und sind dessen Aufgaben dem Plenum oder einem anderen Ausschuss zu überantworten[390]. Erhöhte Sorgfalt kann zudem unter Umständen geboten sein bei wichtigen Entscheidungen, die der Ausschuss zu überwachen, an denen er mitzuwirken oder die er gar alleine zu treffen hat, ferner in der Anfangsphase bei neu eingerichteten oder neu besetzten Ausschüssen, bei möglichen Interessenkollisionen von Aufsichtsratsmitgliedern und im Fall der Krise des Unternehmens[391].

Der Frage, ob über diese Grundsätze hinaus besondere Überwachungspflichten bestehen für den *Aufsichtsratsvorsitzenden* (und gegebenenfalls auch dessen Stellvertreter) aufgrund der diesem obliegenden Koordinierungspflichten[392] oder für Plenumsmitglieder, die zugleich Mitglied eines Ausschusses sind, dessen Aufgaben zu dem betreffenden Ausschuss eine gewisse *Sachnähe* aufweisen[393], soll im Rahmen der vorliegenden Arbeit nicht weiter nachgegangen werden. Wie bei der gleichgelagerten Frage im Geschäftsleitungsorgan[394] dürften derlei erhöhte Überwachungspflichten aber Ausfluss einer den betreffenden Plenumsmitgliedern aufgrund ihrer Ausschusszugehörigkeit bzw. Vorsitzendenfunktion gegebenenfalls obliegenden *Primärpflicht* sein. Sofern und soweit es an einer solchen Primärpflicht hingegen fehlt, bleibt es bei der allgemeinen Überwachungspflicht, für Sonderpflichten besteht dann kein Anlass.

Hat ein Plenumsmitglied hinsichtlich der Recht- oder Zweckmäßigkeit der Ausschussarbeit Bedenken, hat es diese dem Aufsichtsratsvorsitzenden mitzuteilen, gegebenenfalls sogar dem Plenum vorzutragen[395]. Hinsichtlich der Pflichten des Plenums wie auch der einzelnen Plenumsmitglieder und deren Verantwortlichkeit und gegebenenfalls Haftung in diesem Fall gelten dann wiederum die allgemeinen Grundsätze[396].

---

390   Hopt/Roth, in: Großkomm., § 107 AktG Rz. 450; Lutter/Krieger, Rechte und Pflichten des Aufsichtsrats, Rz. 841.
391   Zur Parallelfrage der Überwachungsintensität beim arbeitsteilig organisierten Geschäftsleitungsorgan in diesen Fällen siehe oben § 1, unter A.I.2.b)bb)ccc).
392   Zur Koordinierungspflicht des Aufsichtsratsvorsitzenden siehe etwa Hopt/Roth, in: Großkomm., § 107 AktG Rz. 67 ff; Lutter/Krieger, Rechte und Pflichten des Aufsichtsrats, Rz. 553 f.
393   Hier ist dann etwa auch an das Aufsichtsratspräsidium zu denken, jedenfalls sofern und soweit diesem ebenfalls Koordinierungsaufgaben zufallen. Siehe hierzu Krieger, ZGR 1985, 339, 359 ff.
394   Siehe hierzu § 1, unter A.I.2.b)bb)ccc).
395   Doralt, in: Semler/v. Schenck, Arbeitshandbuch für Aufsichtsratsmitglieder, § 13 Rz. 36; Lutter/Krieger, Rechte und Pflichten des Aufsichtsrats, Rz. 841.
396   Hierzu unter 1.a).

cc) Verschulden

Die Haftung eines jeden Aufsichtsratsmitglieds setzt Verschulden hinsichtlich der Verletzung der diesem individuell obliegenden Pflichten voraus. Diese können aufgrund der Arbeitsteilung einerseits und etwaiger besonderer, über die Mindestqualifikation und -sorgfaltspflicht hinausreichender Kenntnisse und Fähigkeiten[397] andererseits unter Umständen sehr unterschiedlich gelagert sein[398]. Die Aufsichtsratsmitglieder haften dabei jeweils nur für eigenes Verschulden. Sie sind nur der Gesellschaft verpflichtet und untereinander gleichberechtigt, so dass weder die Zurechnung des Verschuldens eines Aufsichtsratskollegen gemäß § 278 BGB noch eine Haftung für diesen gemäß § 831 BGB in Betracht kommt[399].

b) Vertikale Delegation

Die Aufsichtsratsmitglieder können ihre Aufgaben gemäß § 111 Abs. 5 AktG nicht durch andere wahrnehmen lassen, sie müssen ihre Pflichten somit persönlich und eigenverantwortlich erfüllen[400]. Die Hinzuziehung unternehmensinterner Hilfskräfte, insbesondere die Einrichtung eines eigenen Aufsichtsratsbüros nebst Assistenten ist daher nur in engen Grenzen, beschränkt auf Hilfs- und Unterstützungsdienste, zulässig[401].

Insoweit fungieren diese dann, anders als das nachgeordnete Personal gegenüber der Geschäftsleitung[402], aufgrund der Höchstpersönlichkeit und Eigenverantwortlichkeit des Aufsichtsratsmandats als Erfüllungs- und Verrichtungsgehilfen des betreffenden Aufsichtsratsmitglieds und nicht der Gesellschaft. Entsprechend haftet das Aufsichtsratsmitglied für die Hilfskräfte nach Maßgabe der §§ 278, 831 BGB[403].

Beim Verstoß gegen das Delegationsverbot, d. h. bei der Übertragung von Aufgaben auf die unternehmensinternen Hilfskräfte über die Hilfs- und Unterstützungsdienste hinaus, liegt hingegen bereits hierin eine die Schadensersatz-

---

397 Siehe hierzu oben unter 1.a).
398 Hopt/Roth, in: Großkomm., § 116 AktG Rz. 284; Semler, Münchener Komm., § 116 AktG Rz. 502 ff.
399 Semler, Münchener Komm., § 116 AktG Rz. 513.
400 Hopt/Roth, in: Großkomm., § 111 AktG Rz. 743.
401 Hopt/Roth, in: Großkomm., § 111 AktG Rz. 747, 755 f; Lutter/Krieger, DB 1996, 257, 258; Semler, Münchener Komm., § 111 AktG Rz. 456.
402 Siehe hierzu oben § 1, unter A.I.2.c).
403 Hopt/Roth, in: Großkomm., § 111 AktG Rz. 748; Lutter/Krieger, DB 1996, 257, 260.

pflicht begründende Pflichtverletzung des betreffenden Aufsichtsratsmitglieds gemäß § 116 Satz 1 i.V.m. § 93 Abs. 2 AktG[404].

c) Delegation an Dritte

Das Delegationsverbot des § 111 Abs. 5 AktG gilt auch für die Hinzuziehung unternehmensexterner Hilfskräfte. Ein Aufsichtsratsmitglied kann seine Aufgaben somit nicht zur Gänze und auch nicht in wesentlichen Teilen auf einen Dritten übertragen oder auch nur diesen als ständigen Berater hinzuziehen[405]. Auch wenn zu konzedieren ist, dass nicht jedes Aufsichtsratsmitglied auf sämtlichen Gebieten, auf denen der Aufsichtrat tätig ist, umfassende Spezialkenntnisse besitzt[406] (und das gilt nicht zwingend nur für die Arbeitnehmervertreter!), sind diese dann primär auf die im Aufsichtsrat (oder der Gesellschaft im Übrigen) vorhandenen Beratungsmöglichkeiten zu verweisen[407]. Gegebenenfalls ist auch durch das Gesamtorgan externe Unterstützung, etwa nach Maßgabe von § 111 Abs. 2 Satz 2 2. Fall AktG, heranzuziehen; dies unterliegt dann nicht dem Delegationsverbot des § 111 Abs. 5 AktG, wenn hier eine gegenständliche und zeitliche Begrenzung gewährleistet ist[408]. Erst sofern und soweit derlei Expertise durch die Gesellschaft, gegebenenfalls unter Hinzuziehung Dritter, nicht zur Verfügung gestellt wird, kann das einzelne Aufsichtsratsmitglied sich selbst externen Rates bedienen[409].

Für das Verschulden der externen Berater hat das Aufsichtsratsmitglied dann aber wiederum nach Maßgabe von § 278 BGB und gegebenenfalls auch § 831 BGB einzustehen. Und beim Verstoß gegen das Delegationsverbot liegt ebenfalls schon hierin eine Pflichtverletzung[410].

3. Haftungsausschluss/-beschränkung; Verzicht/Vergleich

Der oben[411] skizzierte Sorgfalts- und Verschuldensmaßstab wie auch die Haftungsumfang können in der *Aktiengesellschaft* nicht *vorab* durch Satzung oder

---

404   Hopt/Roth, in: Großkomm., § 111 AktG Rz. 760.
405   BGH, Urteil vom 15.11.1982, BGHZ 85, 293, 295 f – Hertie; Hopt/Roth, in: Großkomm., § 111 AktG Rz. 749.
406   BGH, Urteil vom 15.11.1982, BGHZ 85, 293, 296 – Hertie.
407   BGH, Urteil vom 15.11.1982, BGHZ 85, 293, 300 – Hertie; Hommelhoff, ZGR 1983, 551, 559 ff; Schlitt, DB 2005, 2007, 2009.
408   Hopt/Roth, in: Großkomm., § 111 AktG Rz. 424; Mertens, Kölner Komm., § 111 AktG Rz. 52.
409   Hommelhoff, ZGR 1983, 551, 566 f.
410   Siehe hierzu oben b).
411   Unter 1.a).

Anstellungsvertrag modifiziert werden, § 23 Abs. 5 AktG[412]. In der *GmbH* gilt dies hingegen nur für den obligatorischen, nicht jedoch auch für den fakultativen Aufsichtsrat[413]. Die Haftungsmilderung unter Zuhilfenahme der arbeitsrechtlichen Grundsätze der Haftung bei betrieblich veranlasster Tätigkeit kommt mangels eines arbeitnehmerähnlichen Status der Aufsichtsratsmitglieder nicht in Betracht; dies gilt auch für die Arbeitnehmervertreter, die als Aufsichtsratsmitglieder nicht aufgrund betrieblicher Veranlassung, sondern aufgrund ihrer Organstellung tätig werden und gegebenenfalls haften.[414].

Die Haftung entfällt bei der Ausführung von Gesellschafterbeschlüssen, § 116 Satz 1 i.V.m. § 93 Abs. 4 Satz 1 AktG.

Ein *im Nachhinein* vereinbarter Verzicht oder Vergleich hinsichtlich des Schadensersatzanspruchs der *Aktiengesellschaft* kommt mit Ausnahme von Insolvenzfällen erst drei Jahre nach Anspruchsentstehung und auch dann nur unter engen Voraussetzungen auf Grundlage eines Hauptversammlungsbeschlusses in Betracht, §§ 50, 116 Satz 1 i.V.m. § 93 Abs. 4 Satz 3 u. 4, 117 Abs. 4, 309 Abs. 3, 310 Abs. 4, 318 Abs. 4 AktG. Bei der *GmbH* gilt dies nur für den obligatorischen Aufsichtsrat[415], beim fakultativen Aufsichtsrat hingegen ist der Verzicht oder Vergleich ohne Karenzzeit durch Beschluss der Gesellschafterversammlung möglich[416]. Gleiches gilt für den umwandlungsrechtlichen Schadensersatzanspruch.

4. Verjährung

Für die *Verjährung* gelten die Ausführungen zur Geschäftsleiterhaftung[417] entsprechend: Die organschaftlichen Schadensersatzansprüche sowie etwaige gleichgerichtete schuldrechtliche Ansprüche verjähren in fünf Jahren. Fristbeginn ist grundsätzlich mit Entstehung des Anspruchs, § 200 Satz 1 BGB, bei der Gründungshaftung beginnt die Frist abweichend gemäß § 51 AktG mit der Eintragung der Gesellschaft, bei der Nachgründungshaftung gemäß §§ 53, 51 AktG

---

412   Doralt, in: Semler/v. Schenck, Arbeitshandbuch für Aufsichtsratsmitglieder, § 13 Rz. 112; Hopt/Roth, in: Großkomm., § 116 AktG Rz. 299; Lutter/Krieger, Rechte und Pflichten des Aufsichtsrats, Rz. 853; Semler, Münchener Komm., § 116 AktG Rz. 560.
413   Doralt, in: Semler/v. Schenck, Arbeitshandbuch für Aufsichtsratsmitglieder, § 13 Rz. 113; Großfeld/Brondics, AG 1987, 293, 305; Lutter/Hommelhoff, in: Lutter/Hommelhoff, § 52 GmbHG Rz. 19.
414   Hopt/Roth, in: Großkomm., § 116 AktG Rz. 300; Lutter/Krieger, Rechte und Pflichten des Aufsichtsrats, Rz. 853; Semler, Münchener Komm., § 116 AktG Rz. 562.
415   Zöllner/Noack, in: Baumbach/Hueck, § 52 GmbHG Rz. 188.
416   Zöllner/Noack, in: Baumbach/Hueck, § 52 GmbHG Rz. 74.
417   Oben § 1, unter A.I.4.

mit der Eintragung des Nachgründungsvertrages und bei Umwandlungen gemäß §§ 25 Abs. 3, 205 Abs. 2 UmwG mit der Bekanntmachung der Eintragung des Umwandlungsvorgangs.

Für konkurrierende deliktische Ansprüche hingegen gilt die dreijährige Regelverjährung gemäß §§ 195, 199 BGB.

5. Anspruchsdurchsetzung

Zur Durchsetzung der Ansprüche der *Aktiengesellschaft* befugt ist der Vorstand als Kollegialorgan, § 78 Abs. 1 AktG. Entsprechend den Wertungen des ARAG/Garmenbeck-Urteils des Bundesgerichtshofs[418] ist er hierzu auch grundsätzlich verpflichtet[419]. Eine solche Verpflichtung des Vorstands zur Geltendmachung der Ersatzansprüche besteht ferner bei einem entsprechenden Beschluss der Hauptversammlung, § 147 Abs. 1 AktG, zudem können gemäß § 148 Minderheitsaktionäre unter bestimmten Voraussetzungen nach entsprechender Zulassung die Ansprüche der Gesellschaft im eigenen Namen geltend machen. Gläubiger schließlich sind zur Geltendmachung des Anspruchs der Gesellschaft zur Leitung an sich selbst berechtigt, wenn sie von der Gesellschaft keine Befriedigung erlangen können und die Aufsichtsratsmitglieder grob pflichtwidrig gehandelt haben, § 116 Satz 1 i.V.m. § 93 Abs. 5 AktG.

In der *GmbH* erfolgt die Durchsetzung der Ansprüche, sofern nicht abweichend in der Satzung geregelt, § 45 Abs. 2 GmbHG, auf entsprechenden Beschluss der Gesellschafter. § 46 Ziff. 8 GmbHG, der die Geltendmachung von Ersatzansprüchen gegenüber den Geschäftsführern und Gesellschaftern der Gesellschafterversammlung zuweist, wird für die Geltendmachung von Ansprüchen gegenüber den Aufsichtsratsmitgliedern nach allgemeiner Ansicht entsprechend angewendet[420]. Außerprozessual und gegebenenfalls auch prozessual wird hierbei die Gesellschaft dann durch die Geschäftsführer vertreten; allerdings wird man es der Gesellschafterversammlung gestatten dürfen, entsprechend § 46 Ziff. 8 2. Fall GmbHG hierfür einen besonderen Vertreter zu bestimmen, wenn der oder die Geschäftsführer wegen desselben Sachverhalts ebenfalls wegen Pflichtverletzung haften[421]. Einzelne Gesellschafter sind zur Geltendmachung des Anspruchs der Gesellschaft hingegen nur ausnahmsweise

---

418 BGH, Urteil vom 21.04.1997, BGHZ 135, 244 – ARAG/Garmenbeck.
419 Lutter/Krieger, Rechte und Pflichten des Aufsichtsrats, Rz. 854; noch vorsichtig Doralt, in: Semler/v. Schenck, Arbeitshandbuch für Aufsichtsratsmitglieder, § 13 Rz. 63.
420 Hachenburg/Hüffer, § 52 GmbHG Rz. 90; Scholz/K. Schmidt, § 46 GmbHG Rz. 146.
421 So für die gleichzeitige Haftung von Geschäftsführern und Gesellschaftern BGH, Urteil vom 20.01.1986, BGHZ 97, 28, 35; Hachenburg/Hüffer, § 46 GmbHG Rz. 103.

unter den engen Voraussetzungen der Gesellschafterklage berechtigt[422]. Die Geltendmachung des Anspruchs durch Gesellschaftsgläubiger an sich selbst schließlich kommt nur beim obligatorischen Aufsichtsrat nach Maßgabe des § 93 Abs. 5 AktG in Betracht, nicht hingegen beim fakultativen Aufsichtsrat[423].

II. Gesamtschuldnerische Haftung mehrerer Aufsichtsratsmitglieder

Mehrere Aufsichtsratsmitglieder haften gegenüber der Gesellschaft als Gesamtschuldner. Dies ist für die Mehrzahl der vorgenannten Haftungsnormen explizit gesetzlich geregelt, § 116 Satz 1 i.V.m. § 93 Abs. 2 Satz 1 sowie §§ 48 Satz 1, 53 i.V.m. 46 Abs. 2, 117 Abs. 2 Satz 1, 310 Abs. 1 Satz 1, 318 Abs. 2 AktG, 25 Abs. 1 Satz 1, 125 Satz 1, 205 Abs. 1 Satz 1 UmwG, 840 Abs. 1 BGB. Im Übrigen ergibt sich dies aus der analogen Anwendung der vorgenannten, die gesamtschuldnerische Haftung der Aufsichtsratsmitglieder gegenüber der Gesellschaft betreffenden Vorschriften[424].

Wie oben[425] ausgeführt wurde, muss für die Haftung eines jeden Aufsichtsratsmitglieds dieses die von ihm individuell zu beachtenden Sorgfaltspflichten schuldhaft verletzt haben. Diese Sorgfaltspflichten können sich auf die Überwachung und Beratung der Geschäftsleitung, die Mitwirkung bei unternehmerischen Entscheidungen der Geschäftsleitung oder eigene unternehmerische Entscheidungen beziehen, aber auch allgemein die Organisation der Aufsichtsratsarbeit und die Mitarbeit im Aufsichtsrat betreffen[426]. Die Sorgfaltspflichten und somit die jeweiligen Haftungsvoraussetzungen können für die einzelnen Gesamtschuldner dabei durchaus unterschiedlich sein. Sofern sie nur jeweils erfüllt sind, hat das für die Haftung eines jeden Gesamtschuldners keine weiteren Auswirkungen, unterschiedliche Konsequenzen hieraus können sich dann allerdings im Innenverhältnis im Rahmen des Gesamtschuldnerausgleichs ergeben[427].

---

422 So zur Geschäftsleiterhaftung etwa Hueck/Fastrich, in: Baumbach/Hueck, § 13 GmbHG Rz. 39 f; Raiser/Veil, Kapitalgesellschaften, § 27 Rz. 24 ff; Zöllner/Noack, in: Baumbach/Hueck, § 43 GmbHG Rz. 32.
423 Doralt, in: Semler/v. Schenck, Arbeitshandbuch für Aufsichtsratsmitglieder, § 13 Rz. 86; Zöllner/Noack, in: Baumbach/Hueck, § 52 GmbHG Rz. 72, 188.
424 Vgl. hierzu Selb, Mehrheiten von Gläubigern und Schuldnern, S. 56 ff; Staudinger/Noack, § 421 BGB Rz. 48 ff.
425 Unter I.2.a)cc).
426 Hierzu oben unter I.1.a).
427 Zum Gesamtschuldnerausgleich hinsichtlich der verschiedenen Konstellationen der gesamtschuldnerischen Haftung siehe unten § 10, unter B.II.

Hinsichtlich der soeben[428] skizzierten unterschiedlichen Pflichten der Aufsichtsratsmitglieder ist hier dann Folgendes festzuhalten: Die Haftung der Aufsichtsratsmitglieder kommt sowohl als Handlungsverantwortlicher wegen der Verletzung von Primärpflichten als auch als Überwachungsverantwortlicher wegen der Verletzung von Sekundärpflichten in Betracht:

Primärpflichten sind sämtliche Pflichten der Aufsichtsratsmitglieder, sofern und soweit im Organ keine Arbeitsteilung vereinbart wurde, sei es, weil die betreffenden Aufgaben dem Delegationsverbot unterliegen[429], sei es, weil eine solche Delegation an einzelne Ausschüsse unterblieben ist. Dem steht die unwirksame, weil nicht eindeutige Delegation gleich[430]. Bei wirksamer Delegation hingegen treffen Primärpflichten, d. h. die Handlungsverantwortung, letztlich die jeweils zuständigen Ausschussmitglieder[431]. Diese Handlungsverantwortung kann bei besonderer Sachnähe, z. B. des Aufsichtsratsvorsitzenden, seines Stellvertreters und der Mitglieder des Aufsichtsratspräsidiums, auch Aufsichtsratsmitgliedern obliegen, die keine Mitglieder des unmittelbar zuständigen Ausschusses sind[432]. Primärpflichtverletzungen können weiterhin die für eine bestimmte Aufgabe nicht, jedenfalls nicht federführend zuständigen Aufsichtsratsmitglieder begehen, sei es im Rahmen von Beschlüssen über nicht delegierbare oder nicht delegierte Angelegenheiten[433], sei es, weil der der Gesellschaft entstandene Schaden (mit)verursacht wurde durch organisatorische Mängel, insbesondere ein unzureichendes Informations- und Berichtssystem, oder dadurch, dass für den Ausschuss erkennbar fachlich oder persönlich nicht geeignete Personen berufen wurden[434]. Zudem liegt eine Primärpflichtverletzung auch dann vor, wenn ein bei Beschlussfassung überstimmtes oder abwesendes Plenumsmitglied die Umsetzung eines rechtswidrigen Beschlusses nicht mit allen geeigneten, zulässigen und zumutbaren Mitteln zu verhindern sucht[435].

Sekundärpflichten sind hingegen zum einen die aus dem Grundsatz der Gesamtverantwortung der Aufsichtsratsmitglieder sich ergebenden Pflichten zur Überwachung der übrigen Plenumsmitglieder hinsichtlich der an Ausschüsse zur Entscheidung oder auch nur zur Entscheidungsvorbereitung delegierten Aufgaben. Und zum anderen umfasst dies die Pflicht, bei hierbei erkannten Missständen gegen diese dann auch vorzugehen[436].

---

428 Unter I.
429 Hierzu oben unter I.2.a)aa).
430 Hierzu oben unter I.2.a)bb)aaa).
431 Hierzu oben unter I.2.a)bb)bbb).
432 Hierzu oben unter I.2.a)bb)ccc).
433 Hierzu oben unter I.2.a)aa).
434 Hierzu oben unter I.2.a)bb)aaa).
435 Hierzu oben unter I.1a).
436 Hierzu oben unter I.2.a)bb)ccc).

Für die sich vor diesem Hintergrund ergebenden Varianten der gesamtschuldnerischen Haftung mehrerer Aufsichtsratsmitglieder gelten im Wesentlichen die Ausführungen oben[437] zur gesamtschuldnerischen Geschäftsleiterhaftung entsprechend: Sie kann sich zunächst daraus ergeben, dass alle Gesamtschuldner Primärpflichten verletzt haben. Diese Primärpflichtverletzungen können in einem gemeinsam gefassten rechtswidrigen Beschluss liegen, aber auch in einem rechtswidrigen, durch alle gefassten Beschluss, der durch die zuständigen Ausschussmitglieder pflichtwidrig unzureichend vorbereitet wurde. Denkbar ist auch der Fall einer Pflichtverletzung durch die zuständigen Ausschussmitglieder einerseits und der Besetzung mit fachlich für diesen Ausschuss ungeeigneten Aufsichtsratsmitgliedern oder der pflichtwidrigen Implementierung eines unzureichenden Informations- und Berichtssystems, was in die Verantwortung aller Plenumsmitglieder fällt, andererseits.

In Betracht kommt ferner aber auch die Primärpflichtverletzung der Mitglieder des zuständigen Ausschusses, gegebenenfalls zudem des Aufsichtsratsvorsitzenden sowie der Mitglieder des Aufsichtsratspräsidiums im Rahmen ihrer ihnen als Primärpflicht obliegenden Koordinierungs- und Überwachungspflichten einerseits und die Verletzung der allgemeinen (sekundären) Überwachungspflichten durch die übrigen Organmitglieder andererseits.

Und – jedenfalls theoretisch – denkbar ist schließlich wiederum der Fall, dass die zuständigen Ausschussmitglieder, etwa aufgrund von Geschäftsunfähigkeit (sämtlicher Ausschussmitglieder) im Sinne von § 104 Ziff. 2 BGB, nicht haften, sehr wohl aber die übrigen Plenumsmitglieder wegen der Verletzung ihrer allgemeinen (sekundären) Überwachungspflichten.

B. Gesamtschuldnerische Aufsichtsratshaftung gegenüber Dritten

Der allgemeine gesellschaftsrechtliche Haftungstatbestand des § 116 Satz 1 i.V.m. § 93 AktG gilt weder unmittelbar gegenüber Dritten noch ist er Schutzgesetz zu deren Gunsten im Sinne von § 823 Abs. 2 BGB[438]. Spezialgesetzlich ergibt sich die Haftung der Aufsichtsratsmitglieder ergibt sich im Umwandlungsrecht aus §§ 25, 125 Satz 1, 205 UmwG. Im Kapitalmarktrecht sind Fälle denkbar, in denen ein Aufsichtsratsmitglied als hinter dem Prospekt stehender Urheber bei einem zudem eigenen wirtschaftlichen Interesse als Prospektveranlasser im Sinne der §§ 44 Abs. 1 Satz 1 Ziff. 2 BörsG, gegebenenfalls i.V.m.

---

437 Siehe § 1, unter A.II.
438 Hopt/Roth, in: Großkomm., § 116 AktG Rz. 313; siehe im Übrigen zur gleichgelagerten Frage der Geschäftsleiterhaftung oben § 1, unter B.

§ 55 BörsG bzw. § 13 VerkProspG, angesehen werden kann[439]; hier käme dann eine Haftung des betreffenden Aufsichtsratsmitglieds für Schäden in Betracht, die Anlegern durch unrichtige oder unvollständige Prospektangaben entstanden sind. Im Übrigen wird eine Haftung von Aufsichtsratsmitgliedern nur nach allgemeinen bürgerlich-rechtlichen Grundsätzen begründet, auf rechtsgeschäftlicher Grundlage sowie nach Deliktsrecht, Letzteres allerdings zumeist allenfalls als Anstifter und v. a. als Gehilfe zu entsprechenden Pflichtverletzungen der Geschäftsleiter wegen Verletzung von Überwachungspflichten[440].

Haften mehrere Aufsichtsratsmitglieder gegenüber den Gläubigern der Gesellschaft für den diesen entstandenen Schaden, so haften sie als Gesamtschuldner. Für die Haftung gemäß §§ 25 Abs. 1 Satz 1, 125 Satz 2, 205 Abs. 1 Satz 1 UmwG, 44 Abs. 1 Satz 1 BörsG sowie die deliktische Haftung, § 840 Abs. 1 BGB, ergibt sich dies aus dem Gesetz. Bei einer etwaigen rechtsgeschäftlichen Haftung im Übrigen ergibt sich die gesamtschuldnerische Haftung, das Vorliegen der Haftungsvoraussetzungen für jeden der Gesamtschuldner vorausgesetzt, aus der analogen Anwendung der vorgenannten, die gemeinsame Haftung von Aufsichtsratsmitgliedern gegen über Dritten betreffenden Vorschriften[441].

C. Gesamtschuldnerische Aufsichtsratshaftung gegenüber Gesellschaftern

§ 116 Satz 1 i.V.m. § 93 AktG gilt auch gegenüber den Gesellschaftern weder unmittelbar noch ist diese Regelung Schutzgesetz im Sinne von § 823 Abs. 2 BGB. Für die Haftung der Aufsichtsratsmitglieder unmittelbar gegenüber den Gesellschaftern bestehen einige spezielle gesellschafts- und kapitalmarktrechtliche Haftungstatbestände. Namentlich handelt es sich hierbei um die Haftung gemäß § 117 Abs. 1 Satz 2 AktG bei eigener schädlicher Einflussnahme, gemäß § 117 Abs. 2 AktG bei Zulassen der Einflussnahme Dritter, gemäß § 318 Abs. 2 i.V.m. § 317 Abs. 1 Satz 2 AktG bei Verletzung von Berichtspflichten auf Ebene der abhängigen Gesellschaft im faktischen Aktienkonzern, zudem im Umwandlungsrecht gemäß §§ 25, 125 Satz 1, 205 UmwG, als Prospektveranlasser gemäß § 44 Abs. 1 Satz 1 Ziff. 2 BörsG, gegebenenfalls i.V.m.

---

439 Vgl. zu den Voraussetzungen des § 44 Abs. 1 Satz 1 Ziff. 2 BörsG etwa Hamann, in: Schäfer/Hamann, §§ 44, 45 BörsG Rz. 91 f.

440 Doralt, in: Semler/v. Schenck, Arbeitshandbuch für Aufsichtsratsmitglieder, § 13 Rz. 142 ff; Hopt/Roth, in: Großkomm., § 116 AktG Rz. 313; Lutter/Krieger, Rechte und Pflichten des Aufsichtsrats, Rz. 865.

441 Siehe hierzu Selb, Mehrheiten von Gläubigern und Schuldnern, S. 56 ff; ferner Staudinger/Noack, § 421 BGB Rz. 48 ff.

§ 55 BörsG bzw. § 13 VerkProspG, sowie als Veranlasser des Übernahmeangebots gemäß § 12 Abs. 1 Ziff. 2, Abs. 2 WpÜG[442]. Im Übrigen ist auch hier wieder auf die allgemeinen bürgerlich-rechtlichen Haftungsgrundsätze zurückzugreifen.

Haften mehrere Aufsichtsratsmitglieder gegenüber den Gesellschaftern für den diesen entstandenen Schaden, so haften sie als Gesamtschuldner. Dies ergibt sich für die meisten der vorstehend aufgeführten Tatbestände aus dem Gesetz, §§ 117 Abs. 2, 318 Abs. 2 AktG, 25 Abs. 1 Satz 1, 125 Satz 1, 205 Abs. 1 Satz 1 UmwG, 44 Abs. 1 Satz 1 BörsG, 12 Abs. 1 WpÜG, 840 Abs. 1 BGB. Im Übrigen ergibt sich die gesamtschuldnerische Haftung aus der analogen Anwendung dieser die gesamtschuldnerische Haftung von Aufsichtsratsmitgliedern gegenüber Gesellschaftern betreffenden Normen[443].

D. Gesamtschuldnerische Aufsichtsratshaftung gegenüber abhängigen Gesellschaften

Bei Bestehen eines *Beherrschungsvertrages* ordnet § 309 Abs. 2 Satz 1 AktG bei sorgfaltspflichtwidrigen Weisungen lediglich die Haftung der gesetzlichen Vertreter des herrschenden Unternehmens an[444], nicht aber auch der Aufsichtsratsmitglieder. Zu erwägen ist allerdings, ob dies auch dann gilt, wenn die Erteilung von Weisungen auf der Ebene der herrschenden Gesellschaft im Sinne von § 111 Abs. 4 Satz 2 AktG der Zustimmung des Aufsichtsrats bedarf. Gleiches gilt für den Fall des § 308 Abs. 3 Satz 2 AktG: Dort hatte der Aufsichtsrat der abhängigen Gesellschaft nach Erhalt einer Weisung der herrschenden Gesellschaft die Zustimmung verweigert; diese kann sodann durch die erneute Weisung der herrschenden Gesellschaft ersetzt werden, was jedoch zwingend der Zustimmung des Aufsichtsrats der herrschenden Gesellschaft bedarf (wenn ein solcher existiert). Ansatzpunkt für eine entsprechende Anwendung der Haftungsnorm des § 309 Abs. 2 Satz 1 AktG ist die Überlegung, dass in diesen Fällen eine unternehmerische Entscheidung (auch) des Aufsichtsrates vorliegt[445]. Hier ist jedoch zu differenzieren: In der Tat liegt in den Fällen der obligatorischen Zustimmung des Aufsichtsrats der herrschenden Gesellschaft bei diesem eine unternehmerische Entscheidung vor. Dies hat aber lediglich zur Folge, dass hierbei ein an die Geschäftsleiter angenäherter Sorgfaltsmaßstab zu beachten

---

442 Oechsler, in: Ehricke/Ekkenga/Oechsler, § 12 WpÜG Rz. 9.
443 Siehe hierzu Selb, Mehrheiten von Gläubigern und Schuldnern, S. 56 ff.
444 Siehe hierzu oben § 1, unter D.I.1.
445 Biedenkopf/Koppensteiner, Kölner Komm., 1. Aufl., § 309 AktG Rz. 13; Geßler, in: Geßler/Hefermehl/Eckardt/Kropff, § 309 AktG Rz. 15.

ist[446]. Dieser gilt aber ausschließlich gegenüber der herrschenden Gesellschaft und nicht auch gegenüber der abhängigen Gesellschaft, ist reines Innenrecht und betrifft so letztlich doch nur die Überwachung des eigenen Vorstandes. Für eine Erstreckung der Haftungsnorm des § 309 Abs. 2 Satz 1 AktG auf die Aufsichtsratsmitglieder der herrschenden Gesellschaft fehlt es somit an der unmittelbaren Außenwirkung der Zustimmung[447]. In Betracht kommt daher allenfalls eine Haftung einzelner Aufsichtsratsmitglieder der herrschenden Gesellschaft gemäß § 117 Abs. 1 AktG.

Im *faktischen (Aktien-)Konzern* haften die gesetzlichen Vertreter der herrschenden Gesellschaft gemäß § 317 Abs. 3 AktG, wenn sie die abhängige Gesellschaft zu einem für diese nachteiligen Rechtsgeschäft veranlasst haben, ohne dass die herrschende Gesellschaft den Nachteil zum Ende des Geschäftsjahres ausgeglichen oder der abhängigen Gesellschaft einen Ersatzanspruch gewährt hat. Eine Haftung der Aufsichtsratsmitglieder kommt hierneben, abgesehen wiederum von einer möglichen Haftung einzelner Aufsichtsratsmitglieder gemäß § 117 Abs. 1 AktG, nicht in Betracht[448].

Erfüllen mehrere Aufsichtsratsmitglieder die Haftungsvoraussetzungen des § 117 Abs. 1 AktG, ergibt sich deren gesamtschuldnerische Haftung aus der entsprechenden Anwendung der zahlreichen die Gesamtschuld bei gemeinsamer Haftung von Aufsichtsratsmitgliedern anordnenden Vorschriften[449], jedenfalls aber anhand der allgemeinen Kriterien des § 421 BGB. Letzteres gilt dann unabhängig davon, ob man die Kriterien des § 421 BGB und insbesondere die *Identität des Leistungsinteresses* der abhängigen Gesellschaft für die Annahme der Gesamtschuld ausreichen lässt[450] oder zusätzlich verlangt, dass die Haftungsverbindlichkeiten jeweils *dem selben Zweck zu dienen bestimmt*[451] oder *gleichstufig* sein müssen, somit keiner der Haftenden von vornherein als der

---

446 Siehe hierzu ausführlich oben unter A.I.1.a).
447 Altmeppen, Münchener Komm., § 309 AktG Rz. 19; Doralt, in: Semler/v. Schenck, Arbeitshandbuch für Aufsichtsratsmitglieder, § 13 Rz. 154; Emmerich, in: Emmerich/Habersack, § 309 AktG Rz. 17; Hüffer, § 309 AktG Rz. 4; Koppensteiner, Kölner Komm., § 309 AktG Rz. 23 (3. Auflage); Semler, Leitung und Überwachung, Rz. 440.
448 Doralt, in: Semler/v. Schenck, Arbeitshandbuch für Aufsichtsratsmitglieder, § 13 Rz. 160; Hüffer, § 317 AktG Rz. 13; Kropff, Münchener Komm., § 317 AktG Rz. 94.
449 Siehe hierzu Selb, Mehrheiten von Gläubigern und Schuldnern, S. 56 ff.
450 So Erman/Ehmann, vor § 420 BGB Rz. 30 ff, 44; Soergel/Wolf, § 421 BGB Rz. 10 ff, 18; Staudinger/Noack, § 421 BGB Rz. 19 ff.
451 So die ältere Rechtsprechung: RG, Urteil vom 25.11.1911, RGZ 77, 317, 323; BGH, Urteil vom 27.03.1969, BGHZ 52, 39, 43 f; Urteil vom 29.06.1972, BGHZ 59, 97, 99 ff; vgl. Enneccerus/Lehmann, Recht der Schuldverhältnisse, § 90 II.2.

Leistung näher stehend primär verpflichtet sein darf[452], da jede dieser Voraussetzungen bei der vorliegenden Haftungskonstellation erfüllt wäre. Hinzu tritt gegebenenfalls die Haftung der Geschäftsleiter und/oder Aufsichtsratsmitglieder der abhängigen Gesellschaft[453].

---

[452] So die neuere Rechtsprechung: BGH, Urteil vom 26.01.1989, BGHZ 106, 313, 319; Urteil vom 29.06.1989, BGHZ 108, 179, 183; Urteil vom 24.09.1992, NJW 1992, 3228, 3229; Urteil vom 28.10.1997, NJW 1998, 537, 539; ferner Jauernig/Stürner, § 421 BGB Rz. 2; Larenz, Schuldrecht I, S. 634 ff; Palandt/Grüneberg, § 421 BGB Rz. 6 f; Selb, Mehrheiten von Gläubigern und Schuldnern, S. 40 ff, 137 ff; Steinbach/Lang, WM 1987, 1237, 1240.

[453] Siehe hierzu oben § 1, unter A.I.1.b) sowie oben unter A.I.1.b).

§ 3 Gesamtschuldnerische Haftung von Geschäftsleitern und Aufsichtsräten

Bei Pflichtverletzungen von Geschäftsleitern liegen nicht zwingend zugleich auch Pflichtverletzungen der diese überwachenden Aufsichtsratsmitglieder vor. Dies ist Konsequenz des Umstandes, dass die Pflichten der Aufsichtsratsmitglieder, aber auch die Sorgfaltsanforderungen an die in weiten Teilen »lediglich« die Geschäftsleitung überwachenden und zudem im Nebenamt tätigen Aufsichtsratsmitglieder anders gelagert und tendenziell geringer sind als bei den Geschäftsleitungsmitgliedern[454].

Umgekehrt liegen hingegen in den meisten Fällen der Haftung wegen Pflichtverletzungen der Aufsichtsratsmitglieder zugleich auch Pflichtverletzungen zumindest einzelner Geschäftsleitungsmitglieder vor. Dies ist jedenfalls der Fall, sofern die Pflichtverletzungen der Aufsichtsratsmitglieder im Rahmen der *Überwachung der Geschäftsleitung* sowie bei der *Mitwirkung an unternehmerischen Entscheidungen der Geschäftsleitung* begangen wurden. Ferner gilt dies aber auch bei der Verletzung *allgemeiner (organisatorischer) Pflichten* sowie im Rahmen *eigener unternehmerischer Entscheidungen* im Zusammenhang mit der Be- und Anstellung der Geschäftsleitungsmitglieder, vgl. § 84 AktG, sofern diese Pflichtverletzungen für einen Schaden der Gesellschaft kausal geworden sind, da sich in diesen Fällen die Pflichtverletzungen auf der Aufsichtsratsebene im pflichtwidrigen Verhalten auf der Ebene der Geschäftsleitung manifestiert haben[455].

Bei der Haftung von sowohl Geschäftsleitungs- als auch Aufsichtsratsmitgliedern gegenüber der Gesellschaft, deren Gläubigern, Gesellschaftern und von der Gesellschaft abhängigen Gesellschaften haften diese gesamtschuldnerisch[456]. Bei der Haftung gegenüber von der Gesellschaft abhängigen Gesellschaften kann zudem die Haftung der Geschäftsleiter und/oder Aufsichtsratsmitglieder dieser Gesellschaften hinzutreten[457]. Die gesamtschuldnerische Haftung ergibt sich in weiten Teilen aus dem Gesetz, §§ 48, 53, 310 Abs. 1, 318

---

454 Siehe hierzu oben § 2, unter A.I.1.a).
455 Zur Differenzierung der Sorgfaltspflichten der Aufsichtsratsmitglieder zwischen allgemeinen Pflichten, der Überwachung und Beratung der Geschäftsleitung, der Mitwirkung an unternehmerischen Entscheidungen der Geschäftsleitung und eigenen unternehmerischen Entscheidungen des Aufsichtsrats siehe oben § 2, unter A.I.1.a).
456 Hopt/Roth, in: Großkomm., § 116 AktG Rz. 286; Mertens, Kölner Komm., § 93 AktG Rz. 21.
457 Siehe hierzu oben § 1, unter A.I.1.b) und § 2, unter A.I.1.b).

Abs. 2 AktG, 44 Abs. 1 Satz 1 BörsG, 12 Abs. 1 WpÜG, 840 Abs. 1 BGB. Im Übrigen kann auf die vorgenannten, die gesamtschuldnerische Haftung von Geschäftsleitern und Aufsichtsratsmitgliedern betreffenden Vorschriften im Wege der Rechtsanalogie zurückgegriffen werden[458], jedenfalls aber ergibt sich das Gesamtschuldverhältnis aus den allgemeinen Kriterien des § 421 BGB. Letzteres gilt dann wiederum unabhängig davon, ob man diese Kriterien und insbesondere die *Identität des Leistungsinteresses* des Gläubigers gegenüber den Geschäftsleitungs- und Aufsichtsratsmitgliedern für die Annahme der Gesamtschuld genügen lässt[459] oder aber zusätzlich verlangt, dass die Haftungsverbindlichkeiten jeweils *dem selben Zweck zu dienen bestimmt*[460] oder *gleichstufig* sein müssen, somit weder Geschäftsleitungs- noch Aufsichtsratsmitglieder von vornherein als der Leistung näher stehend primär verpflichtet sind[461], da jede dieser Voraussetzungen bei der vorliegenden Haftungskonstellation erfüllt wäre.

Mehrere Geschäftsleiter können dabei jeweils Primärpflichten, teils Primärpflichten und teils Sekundärpflichten, theoretisch auch jeweils nur Sekundärpflichten verletzt haben[462]. Gleiches gilt für mehrere Aufsichtsratsmitglieder[463]. Entsprechend können bei gesamtschuldnerischer Haftung von sowohl Geschäftsleitungs- als auch Aufsichtsratsmitgliedern jeweils den Geschäftsleitern einerseits und den Aufsichtsratsmitgliedern andererseits obliegende Primärpflichten, jeweils teils Primär- und teils Sekundärpflichten, theoretisch zudem jeweils »lediglich« Sekundärpflichten verletzt worden sein. Als weiteres Differenzierungskriterium, welches nicht bei der Haftung selbst, wohl aber im Rahmen des Gesamtschuldnerausgleichs noch einen Rolle spielen wird[464], ist zudem zu berücksichtigen, ob die (Primär- oder Sekundär-)Pflichtverletzung der Aufsichtsratsmitglieder im Rahmen der Überwachung und Beratung der Geschäfts-

---

458 So offenbar RG, Urteil vom 17.12.1938, RGZ 159, 86, 89; explizit Selb, Mehrheiten von Gläubigern und Schuldnern, S. 58.
459 So Erman/Ehmann, vor § 420 BGB Rz. 30 ff, 44; Soergel/Wolf, § 421 BGB Rz. 10 ff, 18; Staudinger/Noack, § 421 BGB Rz. 19 ff.
460 So die ältere Rechtsprechung: RG, Urteil vom 25.11.1911, RGZ 77, 317, 323; BGH, Urteil vom 27.03.1969, BGHZ 52, 39, 43 f; Urteil vom 29.06.1972, BGHZ 59, 97, 99 ff; vgl. Enneccerus/Lehmann, Recht der Schuldverhältnisse, § 90 II.2.
461 So die neuere Rechtsprechung: BGH, Urteil vom 26.01.1989, BGHZ 106, 313, 319; Urteil vom 29.06.1989, BGHZ 108, 179, 183; Urteil vom 24.09.1992, NJW 1992, 3228, 3229; Urteil vom 28.10.1997, NJW 1998, 537, 539; ferner Jauernig/Stürner, § 421 BGB Rz. 2; Larenz, Schuldrecht I, S. 634 ff; Palandt/Grüneberg, § 421 BGB Rz. 6 f; Selb, Mehrheiten von Gläubigern und Schuldnern, S. 40 ff, 137 ff; Steinbach/Lang, WM 1987, 1237, 1240.
462 Siehe hierzu oben § 1, unter A.II.
463 Siehe hierzu oben § 2, unter A.II.
464 Siehe hierzu unten § 10, unter B.III.

leitung, der Mitwirkung an unternehmerischen Entscheidungen der Geschäftsleitung, bei eigenen unternehmerischen Entscheidungen des Aufsichtsrats oder hinsichtlich allgemeiner (organisatorischer) Pflichten erfolgte.

§ 4 Gesamtschuldnerische Haftung von Geschäftsleitern und/oder Aufsichtsräten und der Gesellschaft

Die gesamtschuldnerische Haftung der Geschäftsleiter und/oder Aufsichtsratsmitglieder kann, gegebenenfalls zusammen mit haftenden Dritten[465] und/oder Gesellschaftern[466], auch mit der Gesellschaft bestehen[467]. Zusammen mit dieser kommt dann die Haftung gegenüber Dritten[468], Gesellschaftern[469] sowie abhängigen Unternehmen, deren Gläubigern und Gesellschaftern[470] in Betracht.

A. Haftung der Gesellschaft

Hinsichtlich der Haftung der Gesellschaft ist zu differenzieren: Die Gesellschaft kann, vertreten durch die Geschäftsleitung, gegebenenfalls den Aufsichtsrat, durch Mitarbeiter oder externe Dritte rechtsgeschäftlich verpflichtet sein. Ebenso kann sich ihre Haftung bzw. Schuldnerstellung aus anderen Umständen ergeben, etwa aus ihrer Stellung als Steuerschuldnerin. Hier mag, etwa in der Vorgesellschaft, §§ 41 Abs. 1 Satz 2 AktG, 11 Abs. 2 GmbHG, bei der Haftung für den Massekostenvorschuss, § 26 Abs. 3 InsO, oder im Steuerrecht, § 69 AO, auch eine Haftung der Geschäftsleiter hinzukommen. Und in diesen Fällen mag zudem zwischen Gesellschaft und Geschäftsleitern ein Gesamtschuldverhältnis bestehen, vgl. § 44 AO, obwohl dies wegen des Akzessorietätscharakters einer solchen (Mit-) Haftung der Geschäftsleiter insbesondere in der Vorgesellschaft durchaus umstritten ist[471]. Dies sind aber nicht die im vorliegenden Zusammen-

---

465 Siehe hierzu § 5.
466 Siehe hierzu § 6.
467 Zur Haftung der Gesellschaft im hier einschlägigen Zusammenhang sogleich unter A.
468 Hierzu unter B.
469 Hierzu unter C.
470 Hierzu unter D.
471 Eine gesamtschuldnerische Haftung von Geschäftsleitern und teilrechtsfähiger Vorgesellschaft aufgrund der Akzessorietät der Haftung der Geschäftsleiter ablehnend Hüffer, § 41 AktG Rz. 26; a. A. Hueck/Fastrich, in: Baumbach/Hueck, § 11 GmbHG Rz. 51; Lutter/Bayer, in: Lutter/Hommelhoff, § 11 GmbHG Rz. 23; zum Ausschluss der Gesamtschuld bei akzessorischer Haftung allgemein etwa Hadding, ZGR 2001, 712, 742; Medicus, Schuldrecht I, Rz. 800; Mickel, Rechts-

hang interessierenden Fälle. Vielmehr soll hier nur auf jene Haftung (auch) der Gesellschaft eingegangen werden, die neben der Haftung von Geschäftsleitern und/oder Aufsichtsratsmitgliedern wegen von diesen begangenen Pflichtverletzungen besteht.

Die insoweit dann einschlägige Haftung der Gesellschaft gründet zum einen auf schuldhaften Pflichtverletzungen der Organmitglieder über die Zurechnungsnorm des § 31 BGB. Dies gilt jedenfalls für die Mitglieder der Geschäftsleitung[472], ferner für die Mitglieder des Aufsichtsrats, sofern diese, die Gesellschaft vertretend, unmittelbar mit Außenwirkung tätig werden[473], also bei eigenen unternehmerischen Maßnahmen des Aufsichtsrats im oben[474] beschriebenen Sinne.

Sofern die Aufsichtsratsmitglieder hingegen unmittelbar nur im Innenverhältnis tätig werden, also im Rahmen der Überwachung und Beratung der Geschäftsleitung sowie der unternehmerischen Mitentscheidungen[475], wird die Haftung der Gesellschaft für deren Tätigkeit aufgrund von § 31 BGB zum Teil bezweifelt, da diese Zurechnungsnorm für ein primär als Innenorgan konzipiertes Kontrollorgan nicht so recht passe[476]. Allerdings wird zum einen der Begriff des »verfassungsmäßig berufenen Vertreters« im Sinne von § 31 BGB, nicht zuletzt, um den Anwendungsbereich des § 831 BGB mit der dort bestehenden Exkulpationsmöglichkeit zurückzudrängen, weit ausgelegt[477]. Und zum anderen haben in den hier einschlägigen Fällen die Aufsichtsratsmitglieder durch ihr Handeln Dritten Schaden zugefügt und haften diesen selbst gegenüber. Vor diesem Hintergrund ist eine Haftungszurechnung zur Gesellschaft nach Maßgabe von § 31 BGB auch in den Fällen geboten, in denen die Aufsichtsratsmitglieder nicht unmittelbar mit Außenwirkung tätig geworden sind, solange dies nur in Ausübung der ihnen zustehenden Verrichtung, d. h. im Rahmen ihrer Amtsausübung geschehen ist[478].

	natur der Haftung gespaltener Rechtsträger nach § 133 Abs. 1 und 2 UmwG, S. 20 ff; Soergel/Wolf, § 421 BGB Rz. 23.
472	BGH, Urteil vom 06.02.1984, BGHZ 90, 92, 95; Urteil vom 10.03.1990, BGHZ 110, 323, 327 f; Hefermehl/Spindler, Münchener Komm., § 78 AktG Rz. 114; Mertens, Kölner Komm., § 76 AktG Rz. 74.
473	Reuter, Münchener Komm., § 31 BGB Rz. 23.
474	Siehe hierzu § 2, unter A.I.1.a).
475	Siehe hierzu § 2, unter A.I.1.a).
476	Hopt/Roth, in: Großkomm., § 116 AktG Rz. 320; Reuter, Münchener Komm., § 31 BGB Rz. 23.
477	Siehe etwa BGH, Urteil vom 30.10.1967, BGHZ 49, 19, 21 f; Urteil vom 21.09.1971, NJW 1972, 334; Urteil vom 05.03.1998, NJW 1998, 1854, 1856; Palandt/Heinrichs, § 31 BGB Rz. 6.
478	So im Ergebnis auch Kau/Kukat, BB 2000, 1045, 1049; Mertens, Kölner Komm., § 116 AktG Rz. 63; Soergel/Hadding, § 31 BGB Rz. 11.

Und zum anderen kommt eine Schadensersatzhaftung der Gesellschaft wegen der Zurechnung von bzw. der Haftung für von Mitarbeitern oder externen Dritten begangenen Verletzungshandlungen gemäß § 278 bzw. § 831 BGB in Betracht.

B. Gesamtschuldnerische Haftung von Geschäftsleitern und/oder Aufsichtsräten und der Gesellschaft gegenüber Dritten

Neben die *umwandlungsrechtliche Haftung* der Geschäftsleiter und/oder Aufsichtsratsmitglieder gemäß §§ 25 Abs. 1 Satz 2, 125 Satz 1, 205 UmwG[479] tritt die Haftung der betreffenden Rechtsträger, d. h. des übernehmenden bzw. des formwechselnden Rechtsträgers, aufgrund der Zurechnung des Fehlverhaltens der Organmitglieder über § 31 BGB[480].

Neben der *kapitalmarktrechtlichen Haftung* einzelner Geschäftsleiter und/oder Aufsichtsratsmitglieder als Prospektveranlasser gemäß § 44 Abs. 1 Satz 1 Ziff. 2 BörsG, gegebenenfalls i.V.m. § 55 BörsG bzw. § 13 VerkProspG[481], kommt die Haftung der Gesellschaft als Emittentin gemäß § 44 Abs. 1 Satz 1 Ziff. 1 BörsG in Betracht. Auch hier beruht die Haftung der Gesellschaft dann unter Umständen gerade auf entsprechenden Pflichtverletzungen der Geschäftsleiter, für die sie dann gemäß § 31 BGB einzustehen hat.

Haften ausnahmsweise Geschäftsleitungs- und gegebenenfalls auch Aufsichtsratsmitglieder für unterlassene oder unwahre Insiderinformationen gemäß § 826 BGB[482], tritt hierneben die Haftung der Gesellschaft gemäß §§ 37b Abs. 1, 37c Abs. 1 WpHG sowie § 826 i.V.m. § 31 BGB.

Haftet ein Geschäftsleiter wegen Verletzung der *steuerlichen Pflicht* gemäß § 69 AO gegenüber der Finanzverwaltung[483], haftet insoweit zudem auch die Gesellschaft als Steuerschuldnerin. Im vorliegenden Zusammenhang interessiert insoweit aber insbesondere die Haftung der Geschäftsleiter für Säumniszuschläge, § 69 Satz 2 AO, da nur hier die Haftung auch der Gesellschaft gerade aufgrund von seitens der Geschäftsleiter begangenen Pflichtverletzungen besteht[484].

Eine *unmittelbare rechtsgeschäftliche Verpflichtung* der Geschäftsleiter und/oder Aufsichtsratsmitglieder[485] kann zudem auch für die Gesellschaft eingegangen worden sein, wobei diese Fälle mangels Pflichtverletzung im vorliegenden

---

479 Siehe hierzu oben § 1, unter B. und § 2, unter B.
480 Lutter/Grunewald, § 25 UmwG Rz. 7.
481 Siehe hierzu oben § 1, unter B. und § 2, unter B.
482 Siehe hierzu oben § 1, unter B.
483 Siehe hierzu § 1, unter B.
484 Siehe hierzu soeben unter A.
485 Siehe hierzu oben § 1, unter B. und § 2, unter B.

Zusammenhang nicht weiter verfolgt werden; nicht einschlägig ist hier ohnehin die Verbürgung eines Geschäftsleiters oder Aufsichtsratsmitglieds für Verbindlichkeiten der Gesellschaft, weil Hauptschuldnerin und Bürge nicht als Gesamtschuldner haften[486]. Sofern eine *rechtsgeschäftliche oder deliktische Haftung* von Geschäftsleitungs- und/oder Aufsichtsratsmitgliedern Dritten gegenüber im Übrigen in Rede steht, wird diese, soweit im Rahmen der Amtsausübung der Organträger entstanden, der Gesellschaft wiederum gemäß § 31 BGB zugerechnet, etwa bei negativen Äußerungen des Vorstandssprechers einer Bank-Aktiengesellschaft über die Kreditwürdigkeit eines Bankkunden im Rahmen eines Fernsehinterviews[487].

Haften in diesen Fällen Geschäftsleiter und/oder Aufsichtsratsmitglieder und die Gesellschaft für denselben Schaden, sind sie Gesamtschuldner[488]. Im Kapitalmarktrecht ergibt sich dies aus § 44 Abs. 1 Satz 1 BörsG, gegebenenfalls i.V.m. § 55 BörsG bzw. § 13 VerkProspG, für die steuerrechtliche Haftung aus § 44 AO[489], im Deliktsrecht aus § 840 Abs. 1 BGB und im Übrigen aus der analogen Anwendung der vorstehenden, die Haftung von Geschäftsleitern und/oder Aufsichtsratsmitgliedern und der Gesellschaft betreffenden Vorschriften[490], jedenfalls aber aus den allgemeinen Kriterien des § 421 BGB. Letzteres gilt wiederum unabhängig davon, ob man diese Kriterien und insbesondere die *Identität des Leistungsinteresses* der Gläubiger für die Annahme der Gesamtschuld ausreichen lässt[491] oder zusätzlich verlangt, dass die Haftungsverbindlichkeiten jeweils *dem selben Zweck zu dienen bestimmt*[492] oder *gleichstufig* sein müssen, somit keines der Aufsichtsratsmitglieder von vornherein als der Leistung näher stehend primär verpflichtet sein darf[493], da jede dieser Voraussetzungen bei der vorliegenden Haftungskonstellation erfüllt wäre.

---

486 BGH, Urteil vom 25.03.1968, WM 1968, 916, 918; Palandt/Sprau, Einf. vor § 765 BGB Rz. 1.

487 Vgl. BGH, Urteil vom 24.01.2006, NJW 2006, 830, 834, 836 – Kirch/Deutsche Bank AG und Breuer; speziell zur gesamtschuldnerischen Haftung von Vorstandssprecher und Bank in diesem Fall siehe Derleder/Fauser, BB 2006, 949 ff.

488 Hefermehl/Spindler, Münchener Komm., § 78 AktG Rz. 120.

489 Klein/Rüsken, § 69 AO Rz. 4.

490 Vgl. hierzu Selb, Mehrheiten von Gläubigern und Schuldnern, S. 56 ff; Staudinger/Noack, § 421 BGB Rz. 48 ff.

491 So Erman/Ehmann, vor § 420 BGB Rz. 30 ff, 44; Soergel/Wolf, § 421 BGB Rz. 10 ff, 18; Staudinger/Noack, § 421 BGB Rz. 19 ff.

492 So die ältere Rechtsprechung: RG, Urteil vom 25.11.1911, RGZ 77, 317, 323; BGH, Urteil vom 27.03.1969, BGHZ 52, 39, 43 f; Urteil vom 29.06.1972, BGHZ 59, 97, 99 ff; vgl. Enneccerus/Lehmann, Recht der Schuldverhältnisse, § 90 II.2.

493 So die neuere Rechtsprechung: BGH, Urteil vom 26.01.1989, BGHZ 106, 313, 319; Urteil vom 29.06.1989, BGHZ 108, 179, 183; Urteil vom 24.09.1992, NJW 1992, 3228, 3229; Urteil vom 28.10.1997, NJW 1998, 537, 539; ferner Jauernig/Stürner, § 421 BGB Rz. 2; Larenz, Schuldrecht I, S. 634 ff; Palandt/Grüne-

C. Gesamtschuldnerische Haftung von Geschäftsleitern und/oder Aufsichtsräten und der Gesellschaft gegenüber Gesellschaftern

Für die *kapitalmarktrechtliche Haftung* gemäß §§ 44 Abs. 1 Satz 1, 55 BörsG, 13 VerkProspG[494], die Haftung für unterbliebene oder unwahre Insiderinformationen der Geschäftsleiter und gegebenenfalls Aufsichtsratsmitglieder gemäß §§ 826, 830 BGB einerseits und der Gesellschaft gemäß §§ 37b Abs. 1, 37c Abs. 1 WpHG, 826, 31 BGB andererseits sowie die *unmittelbare rechtsgeschäftliche Verpflichtung* der Geschäftsleiter und/oder Aufsichtsratsmitglieder und der Gesellschaft gegenüber Gesellschaftern gelten die Ausführungen zur Haftung gegenüber Dritten[495] entsprechend. Wird hier für den gleichen Schaden gehaftet, sind die Geschäftsleiter und/oder Aufsichtsratsmitglieder und die Gesellschaft Gesamtschuldner.

Im Übrigen hingegen kommt eine Haftung der Gesellschaft bei schuldhaften Pflichtverletzungen der Geschäftsleiter und/oder Aufsichtsratsmitglieder gegenüber den Gesellschaftern nicht in Betracht. Mag das Fehlverhalten der Organmitglieder der Gesellschaft auch gemäß § 31 BGB zugerechnet werden, es fehlt hier dann an einer Haftungsbeziehung zwischen Gesellschaft und Gesellschaftern.

D. Gesamtschuldnerische Haftung von Geschäftsleitern und/oder Aufsichtsräten und der Gesellschaft gegenüber abhängigen Unternehmen, deren Gläubigern und Gesellschaftern

I. Gesamtschuldnerische Haftung gegenüber abhängigen Unternehmen

Im *Vertragskonzern* tritt neben die Haftung der Geschäftsleiter der herrschenden Gesellschaft gemäß § 309 Abs. 2 Satz 1 AktG und gegebenenfalls § 117 Abs. 1 AktG[496] und/oder eine etwaige Haftung einzelner Aufsichtsratsmitglieder gemäß § 117 Abs. 1 AktG[497] sowie eine etwaige Haftung von Geschäftsleitungs- und/oder Aufsichtsratsmitgliedern der abhängigen Gesellschaft gemäß

---

berg, § 421 BGB Rz. 6 f; Selb, Mehrheiten von Gläubigern und Schuldnern, S. 40 ff, 137 ff; Steinbach/Lang, WM 1987, 1237, 1240.
494 Siehe hierzu oben § 1, unter C. und § 2, unter C.
495 Soeben unter B.
496 Siehe hierzu oben § 1, unter D.
497 Siehe hierzu oben § 2, unter D.

§ 310 AktG und gegebenenfalls § 117 Abs. 2 i.V.m. Abs. 1 Satz 2 AktG[498] die Haftung der herrschenden Gesellschaft gemäß § 280 Abs. 1 i.V.m. § 31 BGB wegen Verletzung des Beherrschungsvertrages[499]. Vereinzelt wird hier an Stelle der Haftung auf vertraglicher Grundlage auf die entsprechende Anwendung von § 309 Abs. 2 Satz 1 AktG i.V.m. § 31 BGB abgestellt[500], ohne dass dies, weil auch für die vertragliche Haftung die Regelungen zu Verzicht und Vergleich, Aktivlegitimation und Verjährung in § 309 Abs. 3 bis 5 AktG entsprechend angewendet werden[501], zu einem von der vertraglichen Haftung abweichenden Ergebnis führte. Daneben haftet die herrschende Gesellschaft gemäß § 302 AktG auf Verlustausgleich; dass dieser Verlustausgleichsanspruch nach überwiegend vertretener Ansicht aufgrund des Normzwecks des § 309 AktG bei der Ermittlung des von den Geschäftsleitern der herrschenden Gesellschaft gemäß § 309 Abs. 2 Satz 1 AktG zu ersetzenden Schadens keine Berücksichtigung findet[502] – und damit auch nicht bei der Ermittlung des durch die herrschende Gesellschaft gemäß §§ 280 Abs. 1, 31 BGB zu ersetzenden Schadens! –, steht der Haftung der herrschenden Gesellschaft jedenfalls dem Grunde nach auch gemäß § 302 AktG nicht entgegen[503]. Der Gesamtschuldcharakter bei gemeinsamer Haftung von Geschäftsleitern und/oder Aufsichtsratsmitgliedern der herrschenden Gesellschaft, der Geschäftsleiter und/oder Aufsichtsratsmitglieder der abhängigen Gesellschaft und der herrschenden Gesellschaft ergibt sich hier dann aus § 421 BGB.

Im *faktischen Aktienkonzern* haftet neben den gemäß § 317 Abs. 3 AktG und gegebenenfalls gemäß § 117 Abs. 1 AktG haftenden Geschäftsleitern der herrschenden Gesellschaft[504], den unter Umständen gemäß § 117 Abs. 1 AktG haftenden Aufsichtsratsmitgliedern[505] sowie den gegebenenfalls gemäß § 318 Abs. 1 und 2 AktG sowie §§ 93 Abs. 2 AktG, 43 Abs. 2 GmbHG und § 116 Satz 1 i.V.m. § 93 Abs. 2 AktG haftenden Geschäftsleitungs- und/oder Auf-

---

498 Siehe hierzu oben § 1, unter A.I.1.b).
499 Altmeppen, Münchener Komm., § 309 AktG Rz. 137; Emmerich, in: Emmerich/Habersack, § 309 AktG Rz. 21; Hüffer, § 309 AktG Rz. 27; Koppensteiner, Kölner Komm., § 309 AktG Rz. 37.
500 Mertens, AcP 168 (1968), 225, 229; Ulmer, FS Stimpel, S. 705, 712.
501 Emmerich, in: Emmerich/Habersack, § 309 AktG Rz. 21; Koppensteiner, Kölner Komm., § 309 AktG Rz. 37.
502 Altmeppen, Münchener Komm., § 309 AktG Rz. 84 ff; Emmerich, in: Emmerich/Habersack, § 309 AktG Rz. 39 f; Hüffer, § 309 AktG Rz. 17 f; Mertens, AcP 168 (1968), 225, 231 f; a. A. Koppensteiner, Kölner Komm., § 309 AktG Rz. 14.
503 Altmeppen, Münchener Komm., § 309 AktG Rz. 81.
504 Siehe hierzu oben § 1, unter D.
505 Siehe hierzu oben § 2, unter D.

sichtsratsmitgliedern der abhängigen Gesellschaft[506] die herrschende Gesellschaft gesamtschuldnerisch, §§ 317 Abs. 1 und 3 AktG, 421 BGB.
Bei der *Eingliederung* schließlich tritt neben die Haftung der Geschäftsleiter der Hauptgesellschaft gemäß § 323 Abs. 1 Satz 2 i.V.m. § 309 Abs. 2 Satz 1 AktG[507] die Haftung der Hauptgesellschaft wegen Treupflichtverletzung i.V.m. § 31 BGB[508]. Das Gesamtschuldverhältnis ergibt sich wiederum aus § 421 BGB.

II. Gesamtschuldnerische Haftung gegenüber Gläubigern abhängiger Unternehmen

Eine Haftung von Geschäftsleitern der herrschenden Gesellschaft gegenüber Gläubigern abhängiger Gesellschaften kommt wohl allenfalls aufgrund unmittelbarer vertraglicher Verpflichtung, unmittelbarer Rechtsgutsverletzung sowie nach allgemeinen Grundsätzen der persönlichen Haftung aus Vertragsverhandlung in Betracht und dürfte entsprechend selten sein[509].

Auf Seiten der herrschenden Gesellschaft ist ebenfalls zunächst an unmittelbare rechtsgeschäftliche Verpflichtungen und unmittelbare Rechtsgutsverletzungen zu denken, gegebenenfalls unter Zurechnung von Pflichtverletzungen ihrer Geschäftsleiter gemäß § 31 BGB. Daneben ist im vorliegenden Zusammenhang die dogmatisch wohl auf §§ 311 Abs. 2 und 3, 280 Abs. 1 BGB zu stützende Sachwalterhaftung wegen des Erweckens so genannten Konzernvertrauens zu erwägen, mithin der (berechtigten) Erwartung Dritter, dass die herrschende Gesellschaft für Verbindlichkeiten der abhängigen Gesellschaft einstehen werde[510]. Ob sich ein solcher konzernrechtlicher Vertrauenshaftungstatbestand durchsetzen wird, bleibt abzuwarten.

Haftet neben Geschäftsleitern der herrschenden Gesellschaft und insbesondere auch den Geschäftsleitungs- und/oder Aufsichtsratsmitgliedern der abhängigen Gesellschaft[511] auch die herrschende Gesellschaft den Gläubigern der ab-

---

506 Siehe hierzu § 2, unter A.I.1.b).
507 Siehe hierzu oben § 1, unter D.
508 Grunewald, Münchener Komm., § 323 AktG Rz. 16; Habersack, in: Emmerich/Habersack, § 323 AktG Rz. 9; Hüffer, § 323 AktG Rz. 5.
509 Siehe hierzu oben § 1, unter D.
510 Siehe hierzu etwa Emmerich, in: Emmerich/Habersack, § 302 AktG Rz. 15 f; Fleischer, ZHR 163 (1999), 461, 471 ff; Habersack, in: Emmerich/Habersack, § 311 AktG Rz. 91; Lutter, GS Knobbe-Keuk, S. 229, 235 ff, 242 ff; Lutter/Trölitzsch, in: Lutter, Holding-Handbuch, § 7 Rz. 26; siehe auch Schweiz. Bundesgericht, Urteil vom 15.11.1994, AG 1996, 44 – Wibru/Swissair.
511 Siehe hierzu § 1, unter B. und § 2, unter B.

hängigen Gesellschaft für den entstandenen Schaden, so sind diese Gesamtschuldner, §§ 840 Abs. 1, 421 BGB.

III. Gesamtschuldnerische Haftung gegenüber Gesellschaftern abhängiger Unternehmen

Im *faktischen Aktienkonzern* haftet neben den gemäß § 317 Abs. 3 i.V.m Abs. 1 Satz 2 AktG und gegebenenfalls gemäß § 117 Abs. 1 AktG haftenden Geschäftsleitern der herrschenden Gesellschaft[512] die herrschende Gesellschaft gesamtschuldnerisch, §§ 317 Abs. 1 Satz 2, Abs. 3 AktG, 421 BGB. Auch hier ist zudem die Haftung der Geschäftsleitungs- und/oder Aufsichtsratsmitglieder der abhängigen Gesellschaft zu berücksichtigen[513].

---

512 Siehe hierzu oben § 1, unter D.
513 Siehe hierzu oben § 1, unter C. und § 2, unter C.

§ 5 Gesamtschuldnerische Haftung von Geschäftsleitern und/oder Aufsichtsräten und Dritten

Die gesamtschuldnerische Haftung von Geschäftsleitern und/oder Aufsichtsräten einerseits und Dritten andererseits kommt wiederum gegenüber der Gesellschaft[514] in Betracht, ferner – dann in der Regel zudem mit der Gesellschaft[515] – gegenüber gesellschaftsfremden Dritten[516], gegenüber Gesellschaftern[517] sowie gegenüber abhängigen Gesellschaften, deren Gläubigern und Gesellschaftern[518]. Hierbei wird nachfolgend jeweils auf die Haftung mit Arbeitnehmern der Gesellschaft, mit dem Abschlussprüfer der Gesellschaft, mit sonstigen Berufsträgern, mit Finanzdienstleistern sowie Lieferanten und sonstigen Dritten eingegangen.

A. Gesamtschuldnerische Haftung von Geschäftsleitern und/oder Aufsichtsräten und Dritten gegenüber der Gesellschaft

I. Gesamtschuldnerische Haftung mit Arbeitnehmern

1. Haftung von Arbeitnehmern gegenüber der Gesellschaft

Im Ausgangspunkt haften Arbeitnehmer gegenüber der Gesellschaft bei Vorsatz und Fahrlässigkeit nach allgemeinen Regeln aus Vertrag und Delikt[519]. Gesetzlich explizit modifiziert ist durch § 619a BGB lediglich die Verschuldensvermutung des § 280 Abs. 1 Satz 2 BGB.

Allerdings unterliegt die Arbeitnehmerhaftung gegenüber der Gesellschaft teilweise einer *Haftungsfreistellung* nach den Grundsätzen des innerbetrieblichen Schadensausgleichs bei betrieblich veranlasster Tätigkeit[520]. Infolge dessen

---

514 Hierzu sogleich unter A.
515 Siehe hierzu § 4.
516 Hierzu unter B.
517 Hierzu unter C.
518 Hierzu unter D.
519 Henssler, Münchener Komm., § 619a BGB Rz. 5; Palandt/Weidenkaff, § 611 BGB Rz. 152; Staudinger/Richardi, § 611 BGB Rz. 568 ff.
520 Ständige Rechtsprechung seit BAG, Beschluss GS vom 27.09.1994, NJW 1995, 210 im Anschluss an Beschluss GS vom 12.06.1992, NJW 1993, 1732 sowie BGH, Beschluss vom 21.09.1993, NJW 1994, 856.

haftet der Arbeitnehmer im Zusammenhang mit betrieblicher Tätigkeit in vollem Umfang nur bei Vorsatz. Bei Fahrlässigkeit hingegen findet eine umfassende Abwägung der Verantwortungsanteile von Arbeitgeber und Arbeitnehmer statt, wobei auf Seiten des Arbeitgebers insbesondere auch das von ihm zu tragenden Betriebsrisiko, die Schadensgeneigtheit der betreffenden Tätigkeit und die Versicherbarkeit des verwirklichten Risikos Berücksichtigung findet. Bei leichtester Fahrlässigkeit des Arbeitnehmers entfällt hier die Haftung in aller Regel, selbst bei grober Fahrlässigkeit kann diese Abwägung noch zu einer nur teilweisen Haftung führen[521].

Vorherige Haftungsausschluss- und –beschränkungsvereinbarungen sind, soweit sie von diesem Grundsätzen zum Nachteil des Arbeitnehmers abweichen, unzulässig[522], entsprechende Vereinbarungen *im Nachhinein* hingegen sind nach allgemeinen Regeln zulässig. Für die *Verjährung* gelten die allgemeinen Grundsätze, d. h. die Haftungsansprüche der Gesellschaft unterliegen der dreijährigen Regelverjährung gemäß §§ 195, 199 BGB.

2. Gesamtschuldnerische Haftung mit Geschäftsleitern und/oder Aufsichtsräten

Unter der Voraussetzung, dass der Arbeitnehmer nach Maßgabe der soeben[523] skizzierten Voraussetzungen, d. h. insbesondere auch unter Berücksichtigung der Grundsätze über die betrieblich veranlasste Tätigkeit gegenüber der Gesellschaft haftet, hat dies nicht per se auch die Haftung der *Geschäftsleiter* zur Folge. Wie oben[524] ausgeführt wurde, kommt hier weder die Verschuldenszurechnung gemäß § 278 BGB noch die Haftung gemäß § 831 BGB in Betracht, weil der Arbeitnehmer nicht Erfüllungs- bzw. Verrichtungsgehilfe der Geschäftsleitung ist, sondern der Gesellschaft. Vielmehr muss hier eine *eigene* schuldhafte Pflichtverletzung der betreffenden Geschäftsleitungsmitglieder vorliegen, die für den der Gesellschaft entstandenen Schaden in zurechenbarer Weise ursächlich geworden ist. In Betracht kommt eine solche eigene Pflichtverletzung der Geschäftsleiter bei der Auswahl, Einweisung und/oder Überwachung der nachgeordneten Mitarbeiter einschließlich der Implementierung einer geeigneten Organisationsstruktur insoweit, ferner durch Delegation nicht delegierbarer, weil der Geschäftsleitung vorbehaltenen Leitungsmaßnahmen[525].

---

521 BAG, Beschluss GS vom 27.09.1994, NJW 1995, 210, 211; Urteil vom 12.11.1998, NJW 1999, 966, 967; siehe auch den Überblick bei Henssler, Münchener Komm., § 619a BGB Rz. 27 ff; Staudinger/Richardi, § 611 BGB Rz. 605 ff.
522 Henssler, Münchener Komm., § 619a BGB Rz. 12.
523 Unter 1.
524 Siehe § 1, unter A.I.2.c).
525 Siehe hierzu § 1, unter A.I.2.c).

Dies gilt im Wesentlichen ebenso für die Haftung der *Aufsichtsratsmitglieder*, allerdings mit einer Besonderheit: Anders als bei der Geschäftsleiterhaftung kommt hier die Verschuldenszurechnung gemäß § 278 BGB sowie die Haftung der Aufsichtsratsmitglieder bei deliktischen Handlungen eines Mitarbeiters gemäß § 831 BGB in Betracht, sofern dieser als Mitarbeiter des Aufsichtsratsbüros tätig geworden ist[526]. Von diesem Sonderfall der Mitarbeiter des Aufsichtsratsbüros abgesehen muss aber auch für die Haftung von Aufsichtsratsmitgliedern bei schuldhaften Pflichtverletzungen von Arbeitnehmern eine *eigene* schuldhafte Pflichtverletzung der Aufsichtsratsmitglieder vorliegen, die für den der Gesellschaft entstandenen Schaden in zurechenbarer Weise ursächlich geworden ist. Diese kann in Pflichtverletzungen bei der Überwachung der Geschäftsleitung liegen, aber auch in der unzulässigen vertikalen Delegation ihrer Aufgaben entgegen § 111 Abs. 5 AktG[527].

In diesen Fällen haften der betreffende Arbeitnehmer, die betreffenden Geschäftsleiter und/oder die betreffenden Aufsichtsratsmitglieder als Gesamtschuldner. Das Gesamtschuldverhältnis ergibt sich dann im Rahmen des Deliktsrechts aus § 840 Abs. 1 BGB und im Übrigen aus den allgemeinen Kriterien des § 421 BGB. Letzteres gilt wiederum unabhängig davon, ob man die Kriterien des § 421 BGB und insbesondere die *Identität des Leistungsinteresses* der Gläubiger für die Annahme der Gesamtschuld ausreichen lässt[528] oder zusätzlich verlangt, dass die Haftungsverbindlichkeiten jeweils *dem selben Zweck zu dienen bestimmt*[529] oder *gleichstufig* sein müssen, somit keiner der Haftenden von vornherein als der Leistung näher stehend primär verpflichtet sein darf[530]. So denn der Arbeitnehmer auch unter Berücksichtigung der Grundsätze der betrieblich veranlassten Tätigkeit gleichwohl gegenüber der Gesellschaft haftet, ist insbesondere auch das Kriterium der Gleichstufigkeit erfüllt.

---

526 Siehe hierzu § 2, unter A.I.2.b).
527 Zu Letzterem siehe § 2, unter A.I.2.b).
528 So Erman/Ehmann, vor § 420 BGB Rz. 30 ff, 44; Soergel/Wolf, § 421 BGB Rz. 10 ff, 18; Staudinger/Noack, § 421 BGB Rz. 19 ff.
529 So die ältere Rechtsprechung: RG, Urteil vom 25.11.1911, RGZ 77, 317, 323; BGH, Urteil vom 27.03.1969, BGHZ 52, 39, 43 f; Urteil vom 29.06.1972, BGHZ 59, 97, 99 ff; vgl. Enneccerus/Lehmann, Recht der Schuldverhältnisse, § 90 II.2.
530 So die neuere Rechtsprechung: BGH, Urteil vom 26.01.1989, BGHZ 106, 313, 319; Urteil vom 29.06.1989, BGHZ 108, 179, 183; Urteil vom 24.09.1992, NJW 1992, 3228, 3229; Urteil vom 28.10.1997, NJW 1998, 537, 539; ferner Jauernig/Stürner, § 421 BGB Rz. 2; Larenz, Schuldrecht I, S. 634 ff; Palandt/Grüneberg, § 421 BGB Rz. 6 f; Selb, Mehrheiten von Gläubigern und Schuldnern, S. 40 ff, 137 ff; Steinbach/Lang, WM 1987, 1237, 1240.

II. Gesamtschuldnerische Haftung mit dem Abschlussprüfer

1. Haftung des Abschlussprüfers gegenüber der Gesellschaft

a) Haftungsvoraussetzungen im Überblick

aa) Sonderprivatrechtlicher Haftungstatbestand des § 323 Abs. 1 Satz 3 HGB

Gemäß § 323 Abs. 1 Satz 3 HGB sind der Abschlussprüfer bzw. die Prüfungsgesellschaft als Vertragspartner der prüfungspflichten Gesellschaft, darüber hinaus auch die Gehilfen sowie die bei der Prüfung mitwirkenden gesetzlichen Vertreter der Prüfungsgesellschaft der Gesellschaft zum Ersatz des Schadens verpflichtet, der dieser aus ihrer vorsätzlichen oder fahrlässigen Pflichtverletzung entsteht. Dies gilt für die gesetzlichen Pflichtprüfungen der §§ 316 ff HGB, gegebenenfalls einschließlich des Berichts über Beziehungen zu verbundenen Unternehmen im Sinne der §§ 312 f AktG[531], ferner für die Prüfung von Unternehmensverträgen, § 293d AktG, von Verschmelzungsverträgen, § 11 Abs. 2 UmwG, und von Spaltungsverträgen, § 125 Satz 1 i.V.m. § 11 Abs. 2 UmwG.

Übernimmt der Abschlussprüfer durch Vertrag mit den vorgenannten Prüfungen nicht im Zusammenhang stehende Pflichten[532], fallen diese hingegen nicht in den Anwendungsbereich des § 323 HGB[533]. Allerdings ist streitig, ob der Haftungstatbestand des § 323 Abs. 1 Satz 3 HGB nur die Verletzung der in § 323 Abs. 1 Satz 1 und 2, Abs. 3 HGB explizit aufgeführten Pflichten zur *gewissenhaften und unparteiischen Prüfung*, zur *Verschwiegenheit* und zum *Verbot der unbefugten Verwertung von Betriebsgeheimnissen* sanktioniert[534] oder für sämtliche Berufspflichten gilt, die bei der Abschlussprüfung zu beachten sind[535]. Ohne dass dem im Rahmen dieser Arbeit weiter nachgegangen werden soll, spricht jedoch vieles dafür, dass sämtliche der mit der Abschlussprüfung im Zusammenhang stehenden Berufspflichten in der gewissenhaften Prüfung im Sinne von § 323 Abs. 1 Satz 1 HGB als zentraler Verhaltenspflicht aufgehen, die Frage somit in letzterem Sinne zu entscheiden ist[536].

---

531 Habersack, in: Emmerich/Habersack, § 313 AktG Rz. 9.
532 Hierzu auch noch sogleich unter bb).
533 Staub/Zimmer, § 323 HGB Rz. 27.
534 Morck, in: Koller/Roth/Morck, § 323 HGB Rz. 6; Winkeljohann/Hellwege, in: Beck'scher Bilanzkomm., § 323 HGB Rz. 101.
535 H. M., siehe etwa BGH, Urteil vom 15.12.1954, BGHZ 16, 17, 26 f; Ebke, Münchener Komm., § 323 HGB Rz. 19; Hopt/Merkt, in: Baumbach/Hopt, § 323 HGB Rz. 7; Quick, BB 1992, 1675, 1676.
536 Gehringer, Abschlussprüfung, Gewissenhaftigkeit und Prüfungsstandards, S. 43 f; Staub/Zimmer, § 323 HGB Rz. 25.

Welche Pflichten die *gewissenhafte Prüfung* im Sinne von § 323 Abs. 1 Satz 1 HGB im Einzelnen umfasst, soll hier nicht weiter vertieft werden[537]. Hierbei ist auch auf Konkretisierungen durch Prüfungsstandards und Verlautbarungen nationaler und internationaler Berufsorganisationen zu achten, ohne dass diesen allerdings Rechtsnormqualität zukommt[538]. Im vorliegenden Zusammenhang von besonderer Bedeutung ist im Übrigen die herausgehobene Stellung des Abschlussprüfers im Rahmen der Corporate Governance als *dem* Berater des Aufsichtsrats[539].

Wie die §§ 93 Abs. 1 AktG, 43 Abs. 1 GmbHG ist § 323 Abs. 1 Satz 1 HGB hierbei einerseits Pflichtenquelle und andererseits § 276 BGB (und gegebenenfalls § 347 HGB) konkretisierender typisierter Sorgfaltsmaßstab[540].

bb) Sonstige Haftungstatbestände

Als weiterer Haftungstatbestand kommt zunächst die rechtsgeschäftliche Haftung aus dem Prüfungsvertrag in Betracht, unabhängig davon, welche Rechtsnatur man dem Vertrag letztlich einräumt[541]. Im Anwendungsbereich des § 323 HGB, d. h. für die Pflichtprüfung gemäß §§ 316 ff HGB sowie die Prüfung von Unternehmens-, Verschmelzungs- und Spaltungsverträgen, kommt dem aber keine eigenständige Bedeutung zu, hier greifen die Regeln des § 323 HGB auf die vertragliche Haftung durch[542]. Übernimmt der Abschlussprüfer hingegen durch Vertrag sonstige Pflichten, etwa die Vornahme freiwilliger Prüfungen, die Erstattung von Gutachten oder die Erteilung von Auskünften an

---

537 Siehe hierzu etwa Ebke, Münchener Komm., § 323 HGB Rz. 34 ff; Gehringer, Abschlussprüfung, Gewissenhaftigkeit und Prüfungsstandards, S. 39 ff; Staub/Zimmer, § 323 HGB Rz. 6 ff.
538 Siehe nur Ebke, Münchener Komm., § 323 HGB Rz. 27; etwas Abweichendes dürfte allerdings für die IAS/IFRS gelten, jedenfalls sofern diese auf Grundlage von Art. 4 der Verordnung (EG) Nr. 1606/2002 des Europäischen Parlaments und des Rates vom 19.07.2002 betreffend die Anwendung internationaler Rechnungslegungsstandards, ABl. EG Nr. L 243, S. 1, § 315a HGB für den Konzernabschluss anzuwenden sind; siehe hierzu etwa Buchheim/Gröner, BB 2003, 953.
539 Lutter/Krieger, Rechte und Pflichten des Aufsichtsrats, Rz. 171 ff. Ausführlich hierzu die Beiträge in Lutter (Hrsg.), Der Wirtschaftsprüfer als Element der Corparate Governance. Siehe zudem auch unter 2.
540 Vgl. Poll, DZWir 1995, 95, 96; Staub/Zimmer, § 323 HGB Rz. 96; zur entsprechenden Einordnung der §§ 93 Abs. 1 AktG, 43 Abs. 1 GmbHG siehe oben § 1, unter A.I.1.a).
541 Zur umstrittenen Frage der Rechtsnatur des Prüfungsvertrages – Werkvertrag, Dienstvertrag oder atypischer Geschäftsbesorgungsvertrag – siehe nur die Nachweise bei Ebke, Münchener Komm., § 318 HGB Rz. 19, Fn. 45.
542 Ebke, Münchener Komm., § 323 HGB Rz. 13; Hopt, WPg 1986, 461, 466.

Dritte, kann sich bei Verletzung dieser Pflichten die Haftung alleine aus den allgemeinen vertragsrechtlichen Grundsätzen ergeben[543].

Denkbar ist weiterhin auch die deliktische Haftung gemäß §§ 823 ff BGB[544]. Unproblematisch ist dies hinsichtlich der Verletzung von nicht mit dem Anwendungsbereich des § 323 HGB in Zusammenhang stehenden Pflichten[545]. Ob im Rahmen des Anwendungsbereichs des § 323 HGB etwas anderes zu gelten hat, dort das Deliktsrecht von § 323 HGB verdrängt wird[546], was allerdings im Wertungswiderspruch zu dem oben zur Geschäftsleiterhaftung[547] und zur Haftung der Aufsichtsratsmitglieder[548] eingenommenen Standpunkt der Anspruchskonkurrenz stünde, kann hier letztlich dahinstehen. Praktisch bedeutsam würde die deliktische Haftung ohnehin nur bei vorsätzlichen Pflichtverletzungen werden, was auch gemäß § 323 Abs. 2 HGB eine unbegrenzte Haftung auslöste[549]. Und umgekehrt bestehen bei der deliktischen Haftung größere Möglichkeiten, sich für das Fehlverhalten von Prüfungsgehilfen gemäß § 831 BGB zu entlasten, so dass es auch unter diesem Gesichtspunkt einer zusätzlichen deliktischen Haftung praktisch nicht bedarf[550]. Das Argument der unterschiedlichen Verjährungsregime schließlich, wie diese bei der Geschäftsleiter- und Aufsichtsratshaftung zur Anwendung kommen[551], ist hier nicht einschlägig, da der Anspruch aus § 323 Abs. 1 Satz 3 HGB, wie sogleich[552] noch ausgeführt wird, entsprechend den deliktischen Ansprüchen der dreijährigen Regelverjährung der §§ 195, 199 BGB unterliegt.

b) Haftungsausschluss/-beschränkung; Verzicht/Vergleich

Der Sorgfalts- und Verschuldensmaßstab des § 323 Abs. 1 HGB kann gemäß § 323 Abs. 4 HGB *im Vorhinein* nicht modifiziert werden. Soweit die Pflichtprüfung gemäß §§ 316 ff HGB sowie die Prüfung von Unternehmens-, Verschmelzungs- oder Spaltungsverträgen nicht betroffen ist, d. h. außerhalb des Anwendungsbereichs des § 323 HGB, ist dies hingegen nach Maßgabe der all-

---

543 Staub/Zimmer, § 323 HGB Rz. 27.
544 Hopt, WPg 1986, 461, 466.
545 Ebke, Wirtschaftsprüfer und Dritthaftung, S. 37, Fn. 15.
546 So Ebke, Wirtschaftsprüfer und Dritthaftung, S. 37, Fn. 15; a. A. Hopt, WPg 1986, 461, 466.
547 Siehe hierzu § 1, unter A.I.1.c).
548 Siehe hierzu § 2, unter A.I.1.c).
549 Winkeljohann/Hellwege, in: Beck'scher Bilanzkomm., § 323 HGB Rz. 159.
550 Winkeljohann/Hellwege, in: Beck'scher Bilanzkomm., § 323 HGB Rz. 159; Zugehör, NJW 2000, 1601, 1602.
551 Siehe hierzu oben § 1, unter A.I.4. und § 2, unter A.I.4.
552 Unter c).

gemeinen Grundsätze, insbesondere der §§ 276 Abs. 3, 309 Ziff. 7 BGB, möglich, § 323 Abs. 4 HGB kommt hier nicht zur Anwendung[553].
Der Umfang der Haftung je Abschlussprüfung ist gemäß § 323 Abs. 2 HGB auf € 1 Mio., bei börsennotierten Gesellschaften auf € 4 Mio. beschränkt. Jahresabschluss der Muttergesellschaft und Konzernabschluss gelten allerdings als zwei gesonderte Prüfungen, vgl. § 316 Abs. 1 und 2 HGB[554]. Weitergehend kann die Haftung nicht beschränkt oder gar völlig ausgeschlossen werden, § 323 Abs. 4 HGB. Für nicht in den Anwendungsbereich des § 323 HGB fallende Tätigkeiten hingegen gilt zum einen die Haftungssummenbeschränkung des § 323 Abs. 2 HGB nicht, diese muss hier also gesondert vereinbart werden. Dies ist, da zum anderen hier auch § 323 Abs. 4 HGB nicht zur Anwendung kommt, dann aber auch nach allgemeinen Regeln zulässig. Als Schranke insoweit ist allerdings § 54a Abs. 1 WPO zu beachten, dem zufolge die Haftung für fahrlässig verursachten Schaden umfangmäßig durch schriftliche Vereinbarung (lediglich) auf die Mindestversicherungssumme gemäß § 54 Abs. 1 Satz 2 WPO i.V.m. § 323 Abs. 2 Satz 1 HGB (€ 1 Mio.) und durch vorformulierte Vertragsbedingungen auf das Vierfache der Mindestversicherungssumme beschränkt werden kann.
Keine Haftungsfreistellung im Rahmen der *Gehilfenhaftung* ergibt sich aus den Grundsätzen des innerbetrieblichen Schadensausgleichs bei betrieblich veranlasster Tätigkeit[555]. Wie sogleich noch erläutert wird[556], betrifft dies nur das Verhältnis zwischen Arbeitgeber und Arbeitnehmer, hier also zwischen Abschlussprüfer und Gehilfen. Außenwirkung gegenüber Dritten hingegen, hier also gegenüber der zu prüfenden Gesellschaft, entfalten diese arbeitsrechtlichen Grundsätze nicht. Der Gehilfe hat gegebenenfalls lediglich im Innenverhältnis, d. h. gegenüber dem Abschlussprüfer, Anspruch auf Haftungsfreistellung[557].
Der *nachträgliche* Verzicht der Gesellschaft auf etwaige Schadensersatzforderungen oder der nachträgliche Vergleich hierüber ist hingegen sowohl hinsichtlich der Haftung für Pflichtverletzungen im Zusammenhang mit der Abschlussprüfung als auch auch im Übrigen zulässig. § 323 Abs. 4 HGB betrifft nur die vorherigen Modifizierungen[558].

c) Verjährung

Sowohl der Schadensersatzanspruch gemäß § 323 Abs. 1 Satz 3 HGB als auch vertragliche und deliktische Schadensersatzansprüche außerhalb des Anwen-

---

553 Staub/Zimmer, § 323 HGB Rz. 49.
554 Ebke, Münchener Komm., § 323 HGB Rz. 60.
555 Siehe hierzu oben unter A.I.1.
556 Unter B.
557 Vgl. Staub/Zimmer, § 323 HGB Rz. 37.
558 Staub/Zimmer, § 323 HGB Rz. 48.

dungsbereichs des § 323 HGB unterliegen der *dreijährigen Regelverjährung* der §§ 195, 199 BGB. § 323 Abs. 5 HGB a. F. und § 51a WPO a. F., die eine fünfjährige Verjährung angeordnet hatten (Fristbeginn: mit Anspruchsentstehung, § 200 BGB), sind durch Art. 6 sowie Art. 1 Ziff. 28 des Gesetzes zur Reform des Zulassungs- und Prüfungsverfahrens des Wirtschaftsprüfungsexamens (Wirtschaftsprüfungsexamens-Reformgesetz – WPRefG)[559] mit Wirkung zum 01.01.2004 aufgehoben worden.

2. Gesamtschuldnerische Haftung mit Geschäftsleitern und/oder Aufsichtsräten

Neben der Haftung des Abschlussprüfers und gegebenenfalls der sonstigen gemäß § 323 Abs. 1 Satz 3 HGB haftenden Personen kommt die Haftung der Geschäftsleiter und/oder der Aufsichtsratsmitglieder in Betracht, wenn deren schuldhafte Pflichtverletzung für den Schaden in zurechenbarer Weise ebenfalls ursächlich geworden ist. Hier muss allerdings wiederum jeweils eine *eigene* schuldhafte Pflichtverletzung der Organmitglieder vorliegen, eine Zurechnung des Verschuldens des Abschlussprüfers gemäß § 278 BGB oder eine Haftung gemäß § 831 BGB kommt nicht in Betracht, da dieser nicht Erfüllungs- bzw. Verrichtungsgehilfen der Organmitglieder, sondern der Gesellschaft ist[560]. Etwas anderes gilt nur, wenn ein Aufsichtsratsmitglied ausnahmsweise, ob zulässig oder unzulässig, unmittelbar externen Rat beim Abschlussprüfer hinzugezogen hat. Hier wird dem betreffenden Aufsichtsratsmitglied dann dessen schuldhaftes Verhalten gemäß § 278 BGB zugerechnet und haftet es für etwaiges deliktisches Handeln des Abschlussprüfers gegebenenfalls gemäß § 831 BGB[561].

Auf Seiten der *Geschäftsleiter* kommt insoweit im Anwendungsbereich des § 323 HGB, d. h. bei Pflichtprüfungen im Sinne der §§ 316 ff HGB sowie der Prüfung von Unternehmens-, Verschmelzungs- und Spaltungsverträgen, wie auch bei sonstigen durch den Abschlussprüfer übernommenen Pflichten jede Pflichtverletzung in Betracht, die für den (auch) infolge der Pflichtverletzung des Abschlussprüfers entstandenen Schaden zurechenbar (mit)ursächlich ist. Insbesondere im Anwendungsbereich des § 323 HGB einschlägig sind hierbei dann Pflichtverletzungen im Zusammenhang mit den der Geschäftsleitung obliegenden Aufgaben zur Buchführung, §§ 91 Abs. 1 AktG, 41 GmbHG, zur Rechnungslegung, d. h. Aufstellung und Feststellung von Jahresabschluss nebst Anhang und Lagebericht, Konzernabschluss und Konzernlagebericht, §§ 238 ff, 264, 290 HGB, 170, 172 AktG, 42a GmbHG, auf die auch im Prüfungsbericht

---

559 Gesetz vom 01.12.2003, BGBl. I/2003, S. 2446.
560 Siehe hierzu oben § 1, unter A.I.2.c) und § 2, unter A.I.2.c).
561 Sihe hierzu oben § 2, unter A.I.2.c).

des Abschlussprüfers explizit einzugehen ist, vgl. § 321 HGB, sowie zur Insolvenzantragstellung, §§ 92 Abs. 2 AktG, 64 Abs. 1 GmbHG. Die Haftung der Geschäftsleiter kann hierbei dann sowohl auf der Verletzung von Primärpflichten als auch auf der Verletzung von Sekundärpflichten beruhen. Mit der Pflicht zur Buchführung, der Pflicht zur Rechnungslegung sowie der Insolvenzantragspflicht sind allerdings wesentliche im vorliegenden Zusammenhang einschlägige Pflichten in ihrem Kern der Arbeitsteilung nicht zugängliche Leitungsmaßnahmen betroffen[562], bei deren Verletzung liegen somit stets Primärpflichtverletzungen vor.

Auf Seiten der *Aufsichtsratsmitglieder* kommt im Anwendungsbereich des § 323 HGB wie auch bei sonstigen durch den Abschlussprüfer übernommenen Pflichten ebenfalls die Verletzung jeglicher im Zusammenhang mit der Überprüfung der Geschäftsleitung, der Mitwirkung an unternehmerischen Entscheidungen der Geschäftsleitung und eigenen unternehmerischen Entscheidungen[563] stehenden Pflichten in Betracht, die für den entstandenen Schaden zurechenbar (mit)ursächlich ist. Im Anwendungsbereich des § 323 HGB einschlägig sind hierbei dann jedoch insbesondere die dem Aufsichtsrat obliegende eigene unternehmerische Entscheidung der Auswahl und Beauftragung des Abschlussprüfers einschließlich der Festlegung von Prüfungsschwerpunkten sowie die im Zusammenhang mit der Feststellung des Jahresabschlusses, insoweit eine Mitwirkung an unternehmerischen Entscheidungen der Geschäftsleitung, bestehenden Pflichten. Und jenseits des Anwendungsbereichs des § 323 HGB, d. h. bei der Erteilung sonstiger Aufträge für den Abschlussprüfer insbesondere einschlägig ist die aus dem allgemeinen Überwachungsauftrag abgeleitete Pflicht, bei konkreten Anlässen, etwa vermutetem Fehlverhalten der Geschäftsleitung, nach Maßgabe von § 111 Abs. 2 Satz 2 AktG erweiterte Prüfungsaufträge zu erteilen[564]. Auch die Haftung des Aufsichtsrats kann hierbei dann sowohl auf der Verletzung von Primärpflichten als auch auf der Verletzung von Sekundärpflichten beruhen. Allerdings ist darauf hinzuweisen, dass mit der eigentlichen Beschlussfassung über die Beauftragung des Abschlussprüfers sowie der Prüfung von und der Berichterstattung über Jahresabschluss, Lagebericht und Gewinnverwendungsbeschluss wesentliche der im vorliegenden Zusammenhang einschlägigen Pflichten dem Delegationsverbot gemäß bzw. entsprechend § 107 Abs. 3 Satz 2 AktG unterliegen[565], mithin sämtliche Aufsichtsratsmitglieder gleichermaßen treffende Primärpflichten darstellen.

---

562 Siehe hierzu oben § 1, unter A.I.2.a).
563 Siehe hierzu oben § 2, unter A.I.1.a).
564 Siehe hierzu etwa Lutter/Krieger, Rechte und Pflichten des Aufsichtsrats, Rz. 173, 185 f.
565 Siehe hierzu oben § 2, unter A.I.2.a)aa).

Haften neben dem Abschlussprüfer und gegebenenfalls sonstigen gemäß § 323 Abs. 1 Satz 3 HGB haftenden Personen auch Mitglieder der Geschäftsleitung und/oder des Aufsichtsrats der Gesellschaft für den entstandenen Schaden, so sind diese Gesamtschuldner. Dies ergibt sich, soweit jeweils eine deliktische Haftung in Betracht kommt, aus § 840 Abs. 1 BGB, im Übrigen anhand der allgemeinen Kriterien des § 421 BGB. Letzteres gilt wiederum unabhängig davon, ob man die Kriterien des § 421 BGB und insbesondere die *Identität des Leistungsinteresses* der Gläubiger für die Annahme der Gesamtschuld ausreichen lässt[566] oder zusätzlich verlangt, dass die Haftungsverbindlichkeiten jeweils *dem selben Zweck zu dienen bestimmt*[567] oder *gleichstufig* sein müssen, somit keiner der Haftenden von vornherein als der Leistung näher stehend primär verpflichtet sein darf[568], da jede dieser Voraussetzungen bei der vorliegenden Haftungskonstellation erfüllt wäre.

III. Gesamtschuldnerische Haftung mit sonstigen Berufsträgern

Hinsichtlich der Haftung der Geschäftsleiter und/oder Aufsichtsratsmitglieder mit sonstigen Berufsträgern wird nachfolgend auf die Haftung mit Steuerberatern, Rechtsanwälten und Notaren eingegangen.

1. Haftung von sonstigen Berufsträgern gegenüber der Gesellschaft

Eine gesonderte Haftungsnorm, wie sie § 323 Abs. 1 Satz 3 HGB für die Haftung des Abschlussprüfers bei Pflichtprüfungen vorsieht, gibt es mit § 19 Abs. 1 BNotO nur noch bei schuldhaften Amtspflichtverletzungen des *Notars*. Neben der Verletzung der dem Notar obliegenden Amtspflichten im Sinne von § 19 Abs. 1 BNotO umfasst dies auch die Haftung bei Verletzung seiner Verpflichtung zur Unabhängigkeit, § 1 BNotO, zur Unparteilichkeit, § 14 Abs. 1 BNotO, zur Belehrung, § 17 BeurkG, zur Verschwiegenheit, § 18 BNotO, und die Be-

---

566 So Erman/Ehmann, vor § 420 BGB Rz. 30 ff, 44; Soergel/Wolf, § 421 BGB Rz. 10 ff, 18; Staudinger/Noack, § 421 BGB Rz. 19 ff.
567 So die ältere Rechtsprechung: RG, Urteil vom 25.11.1911, RGZ 77, 317, 323; BGH, Urteil vom 27.03.1969, BGHZ 52, 39, 43 f; Urteil vom 29.06.1972, BGHZ 59, 97, 99 ff; vgl. Enneccerus/Lehmann, Recht der Schuldverhältnisse, § 90 II.2.
568 So die neuere Rechtsprechung: BGH, Urteil vom 26.01.1989, BGHZ 106, 313, 319; Urteil vom 29.06.1989, BGHZ 108, 179, 183; Urteil vom 24.09.1992, NJW 1992, 3228, 3229; Urteil vom 28.10.1997, NJW 1998, 537, 539; ferner Jauernig/Stürner, § 421 BGB Rz. 2; Larenz, Schuldrecht I, S. 634 ff; Palandt/Grüneberg, § 421 BGB Rz. 6 f; Selb, Mehrheiten von Gläubigern und Schuldnern, S. 40 ff, 137 ff; Steinbach/Lang, WM 1987, 1237, 1240.

schränkung des Rechts zur Amtsverweigerung, § 15 Abs. 1 Satz 1 BNotO[569]. Da der Notar in Ausübung eines öffentlichen Amtes tätig wird und nicht auf vertraglicher Grundlage, kommt daneben eine vertragliche Haftung nicht in Betracht[570].

Die übrigen der hier behandelten Berufsträger haften für schuldhafte Verletzung ihrer gegenüber der Gesellschaft bestehenden Pflichten dieser zuvörderst auf *vertraglicher* Grundlage, möglich ist daneben aber gegebenenfalls auch die *deliktische* Haftung. Die insoweit maßgeblichen Pflichten des *Steuerberaters* sind generalklauselartig in § 57 Abs. 1 StBerG dahingehend umschrieben, dass dieser zur unabhängigen, eigenverantwortlichen und gewissenhaften Berufsausübung, zur Verschwiegenheit und zum Verzicht auf berufswidrige Werbung verpflichtet ist. Für den *Rechtsanwalt* ergibt sich Vergleichbares aus den §§ 43, 43a BRAO. Inhalt und Umfang dieser die Berufsträger im Einzelnen treffenden Pflichten sollen hier jedoch nicht weiter vertieft werden[571].

2. Gesamtschuldnerische Haftung mit Geschäftsleitern und/oder Aufsichtsräten

Neben der Haftung der Berufsträger kommt die Haftung von Mitgliedern der Geschäftsleitung und/oder des Aufsichtsrats in Betracht. Auch hier muss allerdings, wie bereits im Zusammenhang mit dem Abschlussprüfer[572] ausgeführt, jeweils eine *eigene* schuldhafte Pflichtverletzung der Organmitglieder vorliegen, eine Zurechnung des Verschuldens des betreffenden Berufsträgers gemäß § 278 BGB oder eine Haftung gemäß § 831 BGB kommt, mit Ausnahme der unmittelbaren Beauftragung durch einzelne Aufsichtsratsmitglieder als externe Ratgeber, nicht in Betracht. Die Berufsträger sind nicht Erfüllungs- bzw. Verrichtungsgehilfen der Organmitglieder, sondern der Gesellschaft[573].

Haften neben dem Berufsträger auch Geschäftsleitungs- und/oder Aufsichtsratsmitglieder der Gesellschaft für den entstandenen Schaden, so haften sie mit den Berufsträgern als Gesamtschulder. Bei jeweils deliktischer Haftung ergibt sich dies aus § 840 Abs. 1 BGB, im Übrigen anhand der allgemeinen Kriterien des § 421 BGB.

---

569 Hirte, Berufshaftung, S. 73.
570 Hirte, Berufshaftung, S. 72.
571 Siehe hierzu etwa Hirte, Berufshaftung, S. 12 ff, 40 ff, 72 ff und 121 ff sowie Palandt/Heinrichs, § 280 BGB Rz. 66 ff, 76 ff, 80, jeweils mit umfangreichen Nachw.
572 Siehe hierzu oben unter II.2.
573 Siehe hierzu oben § 1, unter A.I.2.c) und § 2, unter A.I.2.c).

IV. Gesamtschuldnerische Haftung mit Finanzdienstleistern

1. Haftung von Finanzdienstleistern gegenüber der Gesellschaft

a) Haftungsvoraussetzungen im Überblick

Gemäß § 37 Abs. 1 Satz 4 AktG haftet das kontoführende Institut der *Aktiengesellschaft* gegenüber verschuldensunabhängig für die Richtigkeit der im Rahmen der Anmeldung der Gesellschaft gegebenen Bestätigung, dass (und wenn) die Bareinlage gemäß § 54 Abs. 3 AktG zur Gutschrift auf ein Konto eingezahlt wurde und zur freien Verfügung des Vorstands steht. Gleiches gilt gemäß § 188 Abs. 2 Satz 1 i.V.m. § 37 Abs. 1 Satz 4 AktG für die Kapitalerhöhung gegen Bareinlage. Für die *GmbH* kommen diese Vorschriften entsprechend zur Anwendung[574]. Und bei Neugründungen im Rahmen von *Umwandlungen* ergibt sich die Anwendbarkeit von § 37 Abs. 1 Satz 4 AktG für die neu gegründete Aktiengesellschaft oder GmbH aus §§ 36 Abs. 2 Satz 1, 135 Abs. 2 Satz 1, 197 Satz 1 UmwG.

Im Übrigen ergibt sich die Haftung von Finanzdienstleistern aus den allgemeinen bürgerlich-rechtlichen Vorschriften. Finanzdienstleister kommen mit der Gesellschaft wie gewöhnliche Geschäftspartner in Kontakt, als kontoführende Bank, Darlehensgeber, Vermögensverwalter und Berater. Verletzen sie hierbei schuldhaft ihre *vertraglichen* Pflichten, etwa die sich aus dem Darlehensvertrag ergebenden Interessenwahrungs-, Schutz- und Loyalitätspflichten durch negative Äußerungen über die Kreditwürdigkeit eines Kunden im Rahmen eines Fernsehinterviews[575], oder gegenüber der Gesellschaft bestehende Beratungspflichten einschließlich der Verhaltensregeln gemäß §§ 31 ff WpHG[576], sind sie der Gesellschaft gemäß § 280 Abs. 1 BGB zum Ersatz des hieraus entstandenen Schadens verpflichtet.

Zudem kommt eine *deliktische* Haftung in Betracht, etwa bei den bereits erwähnten negativen öffentlichen Äußerungen über die Kreditwürdigkeit, so diese unzutreffend sind gemäß § 824 BGB, im Übrigen gegebenenfalls wegen Eingriffs in den eingerichteten und ausgeübten Gewerbebetrieb gemäß § 823 Abs. 1 BGB[577]. Möglich ist weiterhin etwa die Haftung gemäß §§ 823 Abs. 2, 826 BGB.

---

574 BGH, Urteil vom 18.02.1991, BGHZ 113, 336, 351 ff; Urteil vom 13.07.1992, BGHZ 119, 177, 180 f.

575 Vgl. BGH, Urteil vom 24.01.2006, NJW 2006, 830, 833 f – Kirch/Deutsche Bank AG und Breuer.

576 Vgl. etwa BGH, Urteil vom 09.12.1971, WM 1972, 19, 20; Claussen, in: Claussen, Bank- und Börsenrecht, S. 142 ff.

577 BGH, Urteil vom 24.01.2006, NJW 2006, 830, 834, 842 f – Kirch/Deutsche Bank AG und Breuer.

b) Haftungsausschluss/-beschränkung; Verzicht/Vergleich; Verjährung

Hinsichtlich der Haftung für die fehlerhafte Bankbestätigung gemäß § 37 Abs. 1 Satz 4 AktG steht bei der *Aktiengesellschaft* der *vorher* vereinbarten umfangmäßigen Haftungsbeschränkung der zwingende Charakter des Aktienrechts entgegen; dies gilt, da nur der nachherige Verzicht (unter bestimmten Voraussetzungen) gemäß § 9b Abs. 1 GmbHG zulässig ist, auch für die *GmbH*[578]. Und die Beschränkung der Haftung etwa auf Vorsatz und grobe Fahrlässigkeit scheitert an dem verschuldensunabhängigen Charakter[579] der Haftung. Hinsichtlich der vertraglichen und deliktischen Haftungstatbestände hingegen ist ein vorheriger Haftungsausschluss oder eine vorherige Haftungsbeschränkung nach allgemeinen Grundsätzen, d. h. insbesondere unter Beachtung der §§ 276 Abs. 3, 309 Ziff. 7 BGB zulässig.

Der *im Nachhinein* vereinbarte Verzicht oder Vergleich über den Ersatzanspruch gemäß § 37 Abs. 1 Satz 4 AktG ist nur unter den für die Einlageforderungen geltenden Beschränkungen möglich[580], hinsichtlich der sonstigen zivilrechtlichen Haftungstatbestände hingegen nach allgemeinen Regeln zulässig.

Der Ersatzanspruch gemäß § 37 Abs. 1 Satz 4 AktG *verjährt* entsprechend §§ 51 AktG, 9b Abs. 2 GmbHG in fünf Jahren[581], Fristbeginn ist der Zeitpunkt der Eintragung der Gesellschaft. Ersatzansprüche wegen der Verletzung der Pflicht zur Information und wegen fehlerhafter Beratung im Zusammenhang mit Wertpapierdienstleistungen oder Wertpapiernebendienstleistungen verjähren gemäß § 37a WpHG in drei Jahren ab Entstehung des Anspruchs. Die übrigen Haftungsansprüche unterliegen der dreijährigen Regelverjährung der §§ 195, 199 BGB.

2. Gesamtschuldnerische Haftung mit Geschäftsleitern und/oder Aufsichtsräten

Neben der Haftung des Finanzdienstleisters kommt die Haftung der Geschäftsleiter und/oder Aufsichtsratsmitglieder in Betracht. Bei der unrichtigen Bestätigung des kontoführenden Instituts im Sinne von § 37 Abs. 1 Satz 3 AktG und dessen verschuldensunabhängiger Haftung gemäß bzw. entsprechend § 37 Abs. 1 Satz 4 AktG, gegebenenfalls i.V.m. §§ 188 Abs. 2 Satz 1 AktG, 36 Abs. 2

---

578 Roth, in: Roth/Altmeppen, § 9b GmbHG Rz. 10; H. Winter/Veil, in: Scholz, § 9b GmbHG Rz. 4.
579 BGH, Urteil vom 18.02.1991, BGHZ 113, 336, 355.
580 BGH, Urteil vom 18.02.1991, BGHZ 113, 336, 357 f; Pentz, Münchener Komm., § 37 AktG Rz. 42; Röhricht, in: Großkomm., § 37 AktG Rz. 32.
581 Pentz, Münchener Komm., § 37 AktG Rz. 42; Röhricht, in: Großkomm., § 37 AktG Rz. 32.

Satz 1, 135 Abs. 2 Satz 1, 197 Satz 1 UmwG, kann zugleich eine schuldhafte Pflichtverletzung der Geschäftsleitungs- und/oder Aufsichtsratsmitglieder vorliegen mit der Folge der Haftung gemäß §§ 48, 53 AktG, 9a Abs. 1 GmbHG bzw. § 93 Abs. 2 AktG, § 57 Abs. 4 i.V.m. § 9a Abs. 1 GmbHG bzw. § 36 Abs. 2 Satz 1, 135 Abs. 2 Satz 1, 197 Satz 1 UmwG i.V.m. §§ 48, 53 AktG, 9a Abs. 1 GmbHG. Und im Übrigen kommt jede schuldhafte Pflichtverletzung der Geschäftsleitungs- und Aufsichtsratsmitglieder in Betracht, die für den durch die Pflichtverletzung des Finanzdienstleister verursachten Schaden zurechenbar mitursächlich ist.

Haften neben dem Finanzdienstleister auch Mitglieder der Geschäftsleitung und/oder des Aufsichtsrats der Gesellschaft für den entstandenen Schaden, so sind diese Gesamtschuldner. Dies ergibt sich, soweit jeweils eine deliktische Haftung in Betracht kommt, aus § 840 Abs. 1 BGB, im Übrigen anhand der allgemeinen Kriterien des § 421 BGB. Letzteres gilt wiederum unabhängig davon, ob man die Kriterien des § 421 BGB und insbesondere die *Identität des Leistungsinteresses* der Gesellschaft für die Annahme der Gesamtschuld ausreichen lässt[582] oder zusätzlich verlangt, dass die Haftungsverbindlichkeiten jeweils *dem selben Zweck zu dienen bestimmt*[583] oder *gleichstufig* sein müssen, somit keiner der Haftenden von vornherein als der Leistung näher stehend primär verpflichtet sein darf[584], da jede dieser Voraussetzungen bei der vorliegenden Haftungskonstellation erfüllt wäre.

V. Gesamtschuldnerische Haftung mit Lieferanten und sonstigen Dritten

Und schließlich kommt eine Haftung mit Lieferanten im weitesten Sinne und sonstigen Dritten in Betracht. Hierunter fallen etwa Zulieferer, Subunternehmer, Unternehmensberater sowie Dritte, auf die betriebsinterne Aufgaben (z. B. Datenverarbeitung, Wartung, Controlling, Personalsachbearbeitung etc.) übertragen wurden.

---

582 So Erman/Ehmann, vor § 420 BGB Rz. 30 ff, 44; Soergel/Wolf, § 421 BGB Rz. 10 ff, 18; Staudinger/Noack, § 421 BGB Rz. 19 ff.

583 So die ältere Rechtsprechung: RG, Urteil vom 25.11.1911, RGZ 77, 317, 323; BGH, Urteil vom 27.03.1969, BGHZ 52, 39, 43 f; Urteil vom 29.06.1972, BGHZ 59, 97, 99 ff; vgl. Enneccerus/Lehmann, Recht der Schuldverhältnisse, § 90 II.2.

584 So die neuere Rechtsprechung: BGH, Urteil vom 26.01.1989, BGHZ 106, 313, 319; Urteil vom 29.06.1989, BGHZ 108, 179, 183; Urteil vom 24.09.1992, NJW 1992, 3228, 3229; Urteil vom 28.10.1997, NJW 1998, 537, 539; ferner Jauernig/Stürner, § 421 BGB Rz. 2; Larenz, Schuldrecht I, S. 634 ff; Palandt/Grüneberg, § 421 BGB Rz. 6 f; Selb, Mehrheiten von Gläubigern und Schuldnern, S. 40 ff, 137 ff; Steinbach/Lang, WM 1987, 1237, 1240.

Auch die Haftung von derlei Lieferanten und sonstigen Dritten gegenüber der Gesellschaft kann sich zum einen aus der schuldhaften Verletzung von *vertraglichen* Pflichten ergeben, § 280 Abs. 1 BGB, und zum anderen aus *Delikt*.

Neben der Haftung der Lieferanten und sonstigen Dritten kommt die Haftung von Mitgliedern der Geschäftsleitung und/oder des Aufsichtsrats in Betracht. Wie bereits im Zusammenhang mit dem Abschlussprüfer[585] ausgeführt wurde, muss jedoch jeweils eine *eigene* schuldhafte Pflichtverletzung der Organmitglieder vorliegen, eine Zurechnung des Verschuldens des betreffenden Auftragnehmers gemäß § 278 BGB oder eine Haftung gemäß § 831 BGB kommt, mit Ausnahme der unmittelbaren Beauftragung durch einzelne Aufsichtsratsmitglieder als externe Ratgeber, nicht in Betracht, da die Auftragnehmer nicht Erfüllungs- bzw. Verrichtungsgehilfen der Organmitglieder, sondern der Gesellschaft sind[586].

Haften neben dem Auftragnehmer auch Geschäftsleitungs- und/oder Aufsichtsratsmitglieder der Gesellschaft für den entstandenen Schaden, so haften sie als Gesamtschulder. Bei jeweils deliktischer Haftung ergibt sich dies aus § 840 Abs. 1 BGB, im Übrigen aus den allgemeinen Kriterien des § 421 BGB.

B. Gesamtschuldnerische Haftung von Geschäftsleitern und/oder Aufsichtsräten und Dritten gegenüber Dritten

I. Gesamtschuldnerische Haftung mit Arbeitnehmern

Die oben[587] für die Haftung gegenüber der Gesellschaft skizzierten Grundsätze, d. h. insbesondere die Haftungsfreistellung im Wege des innerbetrieblichen Schadensausgleichs bei betrieblich veranlasster Tätigkeit, gelten nicht auch für die Arbeitnehmerhaftung gegenüber Dritten. Hier ergibt sich die – in aller Regel deliktische – Haftung vielmehr aus allgemeinen bürgerlich-rechtlichen Regeln. Bei betrieblicher Veranlassung besteht insoweit dann gegebenenfalls lediglich ein Freistellungsanspruch des Arbeitnehmers gegenüber der Gesellschaft[588]. Dies gilt an sich auch gegenüber anderen Arbeitnehmern, jedenfalls bei Sachschäden. Bei Personenschäden durch einen Arbeitsunfall im Sinne von § 8 SGB VII einschließlich der Beschädigung und des Verlustes von Hilfsmitteln,

---

585 Siehe hierzu oben unter II.2.
586 Siehe hierzu oben § 1, unter A.I.2.c) und § 2, unter A.I.2.c).
587 Unter A.I.1.
588 BGH, Urteil vom 19.09.1989, BGHZ 108, 305; Urteil vom 21.12.1993, NJW 1994, 852, 854 f.

§ 8 Abs. 3 SGB VII, greift dann allerdings mit Ausnahme von vorsätzlichen Verletzungen sowie Wegeunfällen im Sinne von § 8 Abs. 2 SGB VII als Korrelat zur gesetzlichen Unfallversicherung die *Haftungsfreistellung* gemäß § 105 Abs. 1 SGB VII.

Für die gesamtschuldnerische Haftung von Arbeitnehmern mit Geschäftleitungs- und/oder Aufsichtsratsmitgliedern gegenüber Dritten gelten die Ausführungen zur Haftung gegenüber der Gesellschaft[589] entsprechend: Eine solche kommt mit den *Geschäftsleitern* in Betracht, wenn auf deren Seite eine eigene schuldhafte Pflichtverletzung vorliegt, die für den den Gläubigern entstandenen Schaden in zurechenbarer Weise mitursächlich geworden ist, namentlich bei der Auswahl, Einweisung und Überwachung der betreffenden Arbeitnehmer einschließlich der Implementierung einer entsprechenden geeigneten Organisationsstruktur, ferner bei Delegation nicht delegierbarer, weil der Geschäftsleitung vorbehaltener Leitungsmaßnahmen. Und mit den *Aufsichtsratsmitgliedern* haften die Arbeitnehmer gesamtschuldnerisch, wenn diese für deliktische Handlungen von Mitarbeitern des Aufsichtsratsbüros als Geschäftsherr haften, § 831 BGB, ferner bei deren eigenen schuldhaften Pflichtverletzungen im Rahmen der Überwachung der Gesellschaft oder bei unzulässiger Aufgabendelegation entgegen § 111 Abs. 5 AktG, sofern diese jeweils für den den Gläubigern entstandenen Schaden in zurechenbarer Weise mitursächlich geworden sind.

Hinzu tritt im Regelfall die Haftung der Gesellschaft. Das Verschulden der Geschäftsleiter und/oder Aufsichtsratsmitglieder wird dieser gemäß § 31 BGB zugerechnet[590], zudem haftet die Gesellschaft für die Arbeitnehmer gemäß §§ 278, 831 BGB.

Haften Arbeitnehmer, Geschäftsleitungs- und/oder Aufsichtsratsmitglieder sowie die Gesellschaft gemeinsam für den entstandenen Schaden, ergibt sich das Gesamtschuldverhältnis gegebenenfalls aus § 840 Abs. 1 BGB und im Übrigen aus den allgemeinen Kriterien des § 421 BGB. Letzteres gilt wiederum unabhängig davon, ob man Kriterien des § 421 BGB und insbesondere die *Identität des Leistungsinteresses* der Gläubiger für die Annahme der Gesamtschuld ausreichen lässt[591] oder zusätzlich verlangt, dass die Haftungsverbindlichkeiten jeweils *dem selben Zweck zu dienen bestimmt*[592] oder *gleichstufig* sein müssen, somit keiner der Haftenden von vornherein als der Leistung näher stehend pri-

---

589   Hierzu unter A.I.2.
590   Siehe hierzu oben § 4, unter A. und B.
591   So Erman/Ehmann, vor § 420 BGB Rz. 30 ff, 44; Soergel/Wolf, § 421 BGB Rz. 10 ff, 18; Staudinger/Noack, § 421 BGB Rz. 19 ff.
592   So die ältere Rechtsprechung: RG, Urteil vom 25.11.1911, RGZ 77, 317, 323; BGH, Urteil vom 27.03.1969, BGHZ 52, 39, 43 f; Urteil vom 29.06.1972, BGHZ 59, 97, 99 ff; vgl. Enneccerus/Lehmann, Recht der Schuldverhältnisse, § 90 II.2.

mär verpflichtet sein darf[593]. Insbesondere Gleichstufigkeit besteht auch hinsichtlich der Arbeitnehmerhaftung, ungeachtet des Freistellungsanspruchs im Innenverhältnis[594].

II. Gesamtschuldnerische Haftung mit dem Abschlussprüfer

1. Haftung des Abschlussprüfers gegenüber Dritten

a) Haftungsvoraussetzungen im Überblick

Der sonderprivatrechtliche Haftungstatbestand des § 323 Abs. 1 Satz 3 HGB gilt nur gegenüber der Gesellschaft und mit dieser verbundenen Unternehmen, nicht aber zudem auch – unmittelbar oder entsprechend – gegenüber Dritten[595] und ist auch kein Schutzgesetz im Sinne von § 823 Abs. 2 BGB[596]. Infolge dessen muss für die Haftung des Abschlussprüfers gegenüber Dritten auf die allgemeinen vertragsrechtlichen[597] und deliktsrechtlichen[598] Grundsätze zurückgegriffen werden.

aa) Rechtsgeschäftliche Haftung

Im Rahmen der *gesetzlichen Pflichtprüfung* im Sinne der §§ 316 ff HGB sowie der Prüfung von Unternehmens-, Verschmelzungs- und Spaltungsverträgen bestehen keine vertraglichen Beziehungen des Abschlussprüfers gegenüber Dritten[599]. In Betracht kommt hier, neben der expliziten Haftungs- oder Garantieübernahme[600], allenfalls die Einbeziehung Dritter in den Schutzbereich des Prüfungsvertrages. Vor dem Hintergrund der in § 323 HGB zum Ausdruck

---

593 So die neuere Rechtsprechung: BGH, Urteil vom 26.01.1989, BGHZ 106, 313, 319; Urteil vom 29.06.1989, BGHZ 108, 179, 183; Urteil vom 24.09.1992, NJW 1992, 3228, 3229; Urteil vom 28.10.1997, NJW 1998, 537, 539; ferner Jauernig/Stürner, § 421 BGB Rz. 2; Larenz, Schuldrecht I, S. 634 ff; Palandt/Grüneberg, § 421 BGB Rz. 6 f; Selb, Mehrheiten von Gläubigern und Schuldnern, S. 40 ff, 137 ff; Steinbach/Lang, WM 1987, 1237, 1240.
594 Bydlinski, Münchener Komm., § 426 BGB Rz. 65.
595 Claussen/Korth, Kölner Komm., § 323 HGB Rz. 21; Lang, WPg 1989, 57, 58; Staub/Zimmer, § 323 HGB Rz. 2, 52.
596 OLG Karlsruhe, Urteil vom 07.02.1985, WM 1985, 940, 944; LG Hamburg, Urteil vom 22.06.1998, WM 1999, 139, 143; Claussen/Korth, Kölner Komm., § 323 HGB Rz. 21; Ebke, Münchener Komm., § 323 HGB Rz. 79; Hopt/Merkt, in: Baumbach/Hopt, § 323 HGB Rz. 8.
597 Hierzu sogleich unter aa).
598 Hierzu unter bb).
599 Staub/Zimmer, § 323 HGB Rz. 53.
600 Ebke, Münchener Komm., § 323 HGB Rz. 107.

kommenden gesetzgeberischen Intention, das Haftungsrisiko des Abschlussprüfers angemessen zu begrenzen, kann sich dies aber nicht auf eine unbekannte Vielzahl von Gläubigern (oder auch Gesellschaftern) beziehen. Vielmehr wird hier in Konkretisierung der allgemeinen Voraussetzungen für die Einbeziehung Dritter in den vertraglichen Schutzbereich, d. h. neben der Schutzbedürftigkeit des Dritten dessen Leistungsnähe, das aus gesetzlichen oder vertraglichen Gründen bestehende Einbeziehungsinteresse des Gläubigers und dessen Erkennbarkeit für den Schuldner[601] verlangt, dass Abschlussprüfer und Gesellschaft, gegebenenfalls auch zu einem späteren Zeitpunkt, übereinstimmend davon ausgehen, dass die Prüfung auch im Interesse eines *bestimmten* Dritten durchgeführt wird und das Ergebnis diesem Dritten als Entscheidungsgrundlage (etwa für Kreditvergaben) dienen soll[602].

Hinsichtlich *sonstiger Tätigkeiten*, die nicht im Rahmen des Anwendungsbereichs des § 323 HGB erbracht werden[603], ist eine vertragliche Haftung hingegen eher denkbar, etwa aus Auskunftsvertrag[604], der gegebenenfalls auch mit der Gesellschaft zugunsten Dritter geschlossen werden kann[605], wiederum auch aus Vertrag mit der Gesellschaft mit Schutzwirkung zugunsten Dritter[606], aus expliziter Haftungs- oder Garantieübernahme[607], zudem nach allgemeinen Grundsätzen wegen Verschuldens bei Vertragsverhandlungen bei Inanspruchnahme besonderen persönlichen Vertrauens oder unmittelbaren wirtschaftlichen Eigeninteresses[608]. Ob bei Prüfungsgesellschaften hier dann, neben diesen, wie bei § 323 Abs. 1 Satz 1 und 3 HGB auch deren gesetzliche Vertreter, ferner gar die Gehilfen der Abschlussprüfer haften, wird durch Auslegung zu ermitteln sein; mit gewissen Einschränkungen bei der Haftung wegen Verschuldens bei Vertragsverhandlungen dürfte dies aber regelmäßig nicht der Fall sein.

---

601 Siehe hierzu nur Palandt/Grüneberg, § 328 BGB Rz. 16 ff m.w.N.
602 BGH, Urteil vom 02.04.1998, BGHZ 138, 257, 262; bestätigt durch Urteil vom 06.04.2006, NJW 2006, 1975, 1977 f; Lettl, NJW 2006, 2817, 2818.
603 Siehe hierzu oben unter A.II.1.a)aa).
604 Ebke, Münchener Komm., § 323 HGB Rz. 101 ff; Staub/Zimmer, § 323 HGB Rz. 57; Zugehör, NJW 2000, 1601, 1605 f.
605 Zugehör, NJW 2000, 1601, 1605.
606 Siehe etwa hinsichtlich des Prospektprüfungsberichts BGH, Urteil vom 14.06.2007, DB 2007, 1631, 1634 f; Urteil vom 14.06.2007, DB 2007, 1635 f.
607 Vgl. Ebke, Münchener Komm., § 323 HGB Rz. 107; für eine stillschweigende Haftungsübernahme durch den Abschlussprüfer fehlen hingegen regelmäßig die Anhaltspunkte, siehe OLG Saarbrücken, Urteil vom 12.07.1978, BB 1978, 1434, 1435; LG Mönchengladbach, Urteil vom 31.05.1990, NJW-RR 1991, 415, 416.
608 Siehe hierzu nur Palandt/Grüneberg, § 311 BGB Rz. 61 ff m.w.N.

bb) Deliktische Haftung

Eine Haftung wegen *Rechtsgutsverletzung* im Sinne von § 823 Abs. 1 BGB kommt regelmäßig nicht in Betracht: Das durch Pflichtverletzungen bei der Abschlussprüfung oder bei sonstigen Tätigkeiten geschädigte Vermögen Dritter ist kein dem Eigentum verwandtes sonstiges Recht im Sinne von § 823 Abs. 1 BGB[609], auch an einem (betriebsbezogenen) Eingriff in den eingerichteten und ausgeübten Gewerbebetrieb fehlt es im Regelfall[610].

Hauptanwendungsfall der deliktischen Außenhaftung des Abschlussprüfers ist vielmehr die Haftung wegen *Schutzgesetzverletzung* im Sinne von § 823 Abs. 2 BGB. Kein Schutzgesetz ist hierbei allerdings, wie bereits oben[611] angesprochen wurde, § 323 HGB. Auch die berufsrechtliche Vorschrift des § 43 Abs. 1 Satz 1 WPO, die den Wirtschaftsprüfer zur unabhängigen, gewissenhaften, verschwiegenen und eigenverantwortlichen Berufsausübung verpflichtet, beabsichtigt als reines Berufsinnenrecht nicht auch den unmittelbaren Schutz Dritter[612]; Gleiches gilt erst recht für die in der Berufssatzung der Wirtschaftsprüferkammer sowie in Stellungnahmen und Veröffentlichungen von Fachausschüssen vorgenommenen Konkretisierungen dieser Pflichten[613]. Und ebenso keine Schutzgesetze (jedenfalls gegenüber Dritten) sind die allgemeinen handelsrechtlichen Rechnungslegungsvorschriften[614]. Schutzgesetze sind vielmehr insbesondere vermögensschützende Strafvorschriften, namentlich § 263 StGB (Betrug)[615], § 264 StGB (Subventionsbetrug)[616], § 264a StGB (Kapitalanlagebetrug)[617], § 265b StGB (Kreditbetrug)[618], § 266 StGB (Untreue)[619], § 267 StGB (Urkundenfälschung)[620], die Insolvenzstraftatbestände der §§ 283 – 283d StGB[621], zu-

---

609 Claussen/Korth, Kölner Komm., § 323 HGB Rz. 21; Ebke, Münchener Komm., § 323 HGB Rz. 76; Staub/Zimmer, § 323 HGB Rz. 58.
610 Ebke, Münchener Komm., § 323 HGB Rz. 76.
611 Unter a).
612 Ebke, Münchener Komm., § 323 HGB Rz. 80; Hopt/Merkt, in: Baumbach/Hopt, § 323 HGB Rz. 8; Quick, BB 1992, 1675, 1679; Weber, NZG 1999, 1, 5.
613 Ebke, Münchener Komm., § 323 HGB Rz. 83.
614 Ebke, Münchener Komm., § 323 HGB Rz. 85; siehe hierzu bereits im Zusammenhang mit der Geschäftsleiterhaftung oben § 1, unter B.I.3.c).
615 LG Mönchengladbach, Urteil vom 31.05.1990, NJW-RR 1991, 415, 417; Ebke, Münchener Komm., § 323 HGB Rz. 78; Quick, BB 1992, 1675, 1679.
616 Ebke, Münchener Komm., § 323 HGB Rz. 78; Quick, BB 1992, 1675, 1679.
617 Ebke, Münchener Komm., § 323 HGB Rz. 78; Quick, BB 1992, 1675, 1679.
618 LG Mönchengladbach, Urteil vom 31.05.1990, NJW-RR 1991, 415, 417 f; Ebke, Münchener Komm., § 323 HGB Rz. 78.
619 BGH, Urteil vom 14.01.1953, NJW 1953, 457, 458; Urteil vom 17.03.1987, ZIP 1987, 845; Ebke, Münchener Komm., § 323 HGB Rz. 78; Quick, BB 1992, 1675, 1679.
620 Ebke, Münchener Komm., § 323 HGB Rz. 78; Quick, BB 1992, 1675, 1679.

dem die unrichtige Darstellung von Geschäftsverhältnissen gemäß §§ 331 HGB, 400 Abs. 1 Ziff. 1 AktG, 82 Abs. 2 Ziff. 2 GmbHG, 313 UmwG[622]; eine Haftung des Abschlussprüfers kommt hier als Gehilfe, §§ 27 StGB, 830 Abs. 2 BGB, in Betracht[623]. Schutzgesetze sind ferner die Verletzungen von Berichtspflichten sanktionierenden §§ 332 HGB, 403 AktG, 314 UmwG[624]. Keine Schutzgesetze zugunsten Dritter sind hingegen wiederum die Verletzungen der Geheimhaltungspflicht, § 323 Abs. 1 Satz 1, Abs. 3 HGB, sanktionierenden Vorschriften der §§ 333 HGB, 404 AktG, 85 GmbHG, 315 UmwG[625].

Eine Haftung wegen *vorsätzlicher sittenwidriger Schädigung*, § 826 BGB, schließlich kommt in Betracht, wenn der Abschlussprüfer mit Drittschädigungsvorsatz sittenwidrig, d. h. bei besonders leichtfertigem und gewissenlosem Prüfungsverhalten, seine Pflichten verletzt hat[626].

b) Haftungsausschluss/-beschränkung; Verzicht/Vergleich; Verjährung

Mangels Anwendbarkeit des § 323 HGB ist auch das Modifizierungsverbot des § 323 Abs. 4 HGB nicht zu beachten Das Bestehen einer vertraglichen Haftungsbeziehung vorausgesetzt, können somit im Rahmen der allgemeinen Grundsätze, insbesondere der §§ 276 Abs. 3, 309 Ziff. 7 BGB, *im Vorhinein* Vereinbarungen über Haftungsausschlüsse und -beschränkungen getroffen werden; bei der Einbeziehung Dritter in den Schutzbereich des Prüfungsvertrages hingegen stellt sich die Frage des Modifizierungsverbots mangels unmittelbarer Rechtsbeziehung zwischen Abschlussprüfer und Drittem nicht. Ebenso können *im Nachhinein* Verzichts- und Vergleichsvereinbarungen geschlossen werden.

Die Ansprüche unterliegen der *dreijährigen Regelverjährung* der §§ 195, 199 BGB.

---

621 Ebke, Münchener Komm., § 323 HGB Rz. 78; Quick, BB 1992, 1675, 1679.
622 Claussen/Korth, Kölner Komm., § 323 HGB Rz. 21; Ebke, Münchener Komm., § 323 HGB Rz. 78.
623 Quick, BB 1992, 1675, 1679.
624 Claussen/Korth, Kölner Komm., § 323 HGB Rz. 21; Ebke, Münchener Komm., § 323 HGB Rz. 78.
625 Claussen/Korth, Kölner Komm., § 323 HGB Rz. 21; Quick, BB 1992, 1675, 1679.
626 Claussen/Korth, Kölner Komm., § 323 HGB Rz. 21; Ebke, Münchener Komm., § 323 HGB Rz. 87 ff; Staub/Zimmer, § 323 HGB Rz. 59; je m.w.N.

2. Gesamtschuldnerische Haftung mit Geschäftsleitern und/oder Aufsichtsräten

Sofern der Abschlussprüfer also ausnahmsweise Dritten gegenüber haftet, gelten für die gesamtschuldnerische Haftung mit Mitgliedern der Geschäftsleitung und/oder des Aufsichtsrats die Ausführungen zur Haftung gegenüber der Gesellschaft[627] entsprechend: Mit den *Geschäftsleitern* kommt eine solche Haftung dann in Betracht, wenn diese selbst schuldhaft Pflichten verletzt haben und infolge dessen den Gesellschaftsgläubigern gegenüber haften[628]. Im vorliegenden Zusammenhang insbesondere einschlägig ist hierbei zum einen die Haftung wegen Verletzung der Insolvenzantragspflicht, § 823 Abs. 2 i.V.m. §§ 92 Abs. 2 AktG, 64 Abs. 1 GmbHG, und zum anderen die Haftung wegen unrichtiger Angaben in der Eröffnungsbilanz, dem Jahresabschluss nebst Lagebericht sowie dem Konzernabschluss nebst Konzernlagebericht gemäß § 823 Abs. 2 BGB i.V.m. § 331 Ziff. 1 und 2 HGB, § 826 BGB, sowie wegen unrichtiger Angaben in etwaigen Zwischen- und Quartalsberichten, § 823 Abs. 2 BGB i.V.m. § 400 Abs. 1 Ziff. 1 AktG, § 826 BGB. Die Haftung der Geschäftsleiter kann hierbei dann sowohl auf Primär- als auch auf Sekundärpflichtverletzungen beruhen. Die Insolvenzantragspflicht sowie die Rechnungslegungspflichten sind allerdings in ihrem Kern Leitungsmaßnahmen, die der Arbeitsteilung nicht zugänglich sind[629]. Bei deren Verletzung liegen somit stets Primärpflichtverletzungen vor.

Auch mit *Aufsichtsratsmitgliedern* kommt eine Haftung des Abschlussprüfers dann insbesondere wegen der Verletzung von im Zusammenhang mit der Darstellung der Geschäftslage sowie der Unternehmenskrise bestehenden Pflichten in Betracht, gelegentlich als (Mit-)Täter, zumeist jedoch nur als Anstifter und insbesondere Gehilfe der Geschäftsleitung[630]. In Betracht kommen hier sowohl Primär- als auch Sekundärpflichtverletzungen, wobei die Prüfung von und die Berichterstattung über Jahresabschluss, Lagebericht und Gewinnverwendungsbeschluss dem Delegationsverbot gemäß § 107 Abs. 3 Satz 2 AktG unterliegen[631], mithin sämtliche Aufsichtsratsmitglieder gleichermaßen treffende Primärpflichten darstellen.

Neben der Haftung des Abschlussprüfers sowie der Geschäftsleiter und/oder Aufsichtsratsmitglieder kommt die Haftung der Gesellschaft auf rechtsgeschäftlicher oder deliktischer Grundlage in Betracht. Sofern der Abschlussprüfer hier als Erfüllungs- bzw. Verrichtungsgehilfe der Gesellschaft agiert hat, haftet die Gesellschaft für dessen schuldhafte Pflichtverletzungen dann gemäß § 278 BGB

---

627 Hierzu oben unter A.II.2.
628 Siehe hierzu oben § 1, unter B.
629 Siehe hierzu oben § 1, unter A.I.2.a).
630 Siehe hierzu oben § 2, unter B..
631 Siehe hierzu oben § 2, unter A.I.2.a)aa).

und gegebenenfalls § 831 BGB. Und schuldhafte Pflichtverletzungen der Geschäftsleiter und/oder Aufsichtsratsmitglieder werden der Gesellschaft gemäß § 31 BGB zugerechnet[632].

Haften neben dem Abschlussprüfer auch Mitglieder der Geschäftsleitung und/oder des Aufsichtsrats sowie gegebenenfalls zudem die Gesellschaft den Gläubigern für den entstandenen Schaden, so sind diese Gesamtschuldner. Dies ergibt sich, soweit jeweils eine deliktische Haftung in Betracht kommt, aus § 840 Abs. 1 BGB, im Übrigen anhand der allgemeinen Kriterien des § 421 BGB.

III. Gesamtschuldnerische Haftung mit sonstigen Berufsträgern

Für die Haftung der *Steuerberater* und *Rechtsanwälte* gegenüber Dritten gelten hier die Ausführungen zur Haftung des Abschlussprüfers[633] im Wesentlichen entsprechend: Auf *rechtsgeschäftlicher* Grundlage kann sich die Haftung aus Auskunftsvertrag[634], der gegebenenfalls auch mit der Gesellschaft zugunsten Dritter geschlossen wurde[635], aus Vertrag mit Schutzwirkung zugunsten Dritter[636], aus expliziter Haftungs- und Garantieübernahme, aufgrund von Verschuldens bei Vertragsverhandlungen wegen Inanspruchnahme besonderen persönlichen Vertrauens oder unmittelbaren wirtschaftlichen Eigeninteresses ergeben[637] sowie nach den Grundsätzen der bürgerlich-rechtlichen Prospekthaftung[638]. Daneben kommt gegebenenfalls die *deliktische* Haftung der Berufsträger in Betracht.

Mangels vertraglicher Grundlage kann die *Notarhaftung* hingegen nicht nach diesen Grundsätzen zugunsten Dritter ausgedehnt werden. Allerdings wird der Kreis der von der Amtshaftung abgedeckten Beteiligten weiter gefasst, als dies bei einer vertraglichen Beziehung angenommen würde. Insoweit wird dann darauf abgestellt, ob die konkrete Amtspflicht des Notars (auch) dem Schutz des Anspruch stellenden Dritten diente[639].

Hinsichtlich der gesamtschuldnerischen Haftung mit Geschäftsleitern und/oder Aufsichtsrägen gelten die Ausführungen zur Haftung gegenüber der Ge-

---

632 Siehe hierzu oben § 4, unter A. und B.
633 Hierzu soeben unter II.1.a).
634 Siehe etwa Hirte, Berufshaftung, S. 387 f; Zugehör, NJW 2000, S. 1601, 1605 f; jeweils m.w.N.
635 Zugehör, NJW 2000, 1601, 1605.
636 Siehe hierzu etwa Hirte, Berufshaftung, S. 388 ff, 391f; Zugehör, NJW 2000, S. 1601, 1603 ff; jeweils m.w.N.
637 Siehe hierzu im vorliegenden Zusammenhang nur Zugehör, NJW 2000, 1601, 1606 f.
638 BGH, Urteil vom 22.05.1980, BGHZ 77, 172.
639 RG, Urteil vom 18.12.1936, RGZ 153, 153, 158 f; Hirte, Berufshaftung, S. 83.

sellschaft[640] entsprechend: Haften neben dem Berufsträger – mit Ausnahme des Notars – auch Geschäftsleitungs- und/oder Aufsichtsratsmitglieder den Gläubigern für den entstandenen Schaden, so haften sie mit den Berufsträgern als Gesamtschulder. Gleiches gilt bei einer etwaigen Mithaftung der Gesellschaft, sei es, dass der Steuerberater oder Rechtsanwalt hier als Erfüllungs- bzw. Verrichtungsgehilfe fungiert hat, §§ 278, 831 BGB, sei es, dass das Verschulden der Geschäftsleiter und/oder Aufsichtsratsmitglieder der Gesellschaft gemäß § 31 BGB zugerechnet wird. Bei jeweils deliktischer Haftung ergibt sich das Gesamtschuldverhältnis aus § 840 Abs. 1 BGB, im Übrigen anhand der allgemeinen Kriterien des § 421 BGB.

IV. Gesamtschuldnerische Haftung mit Finanzdienstleistern

§ 44 Abs. 1 Satz 1 Ziff. 1 BörsG sieht für unrichtige oder unvollständige Prospektangaben die Haftung der für den Prospekt Verantwortlichen vor. Hierunter fallen neben dem Emittenten auch das emissionsbegleitende Finanzdienstleitungsunternehmen, vgl. § 30 Abs. 2 BörsG[641]. Dies gilt für den geregelten Markt gemäß § 55 BörsG und für sonstige Wertpapiere und Vermögensanlagen im Sinne von § 8f VerkProspG gemäß § 13 VerkProspG entsprechend. Hierdurch wird die insoweit inhaltsgleiche Haftung der Finanzdienstleister nach den Grundsätzen der bürgerlich-rechtlichen Prospekthaftung[642] nunmehr weitgehend verdrängt[643].

Im Übrigen ergibt sich die Haftung von Finanzdienstleistern gegenüber Dritten aus den allgemeinen Vorschriften des bürgerlichen Rechts. Hinsichtlich der unmittelbaren *vertraglichen* Ansprüche hervorzuheben sind insbesondere die Pflichten des Finanzdienstleisters in seiner Eigenschaft als Anlageberater und -vermittler einschließlich der Verhaltensregeln gemäß §§ 31 ff, 37d WpHG und hier insbesondere die vertragsspezifischen Informations- und Aufklärungspflichten gemäß §§ 31 Abs. 2, 37d WpHG. In Betracht kommen zudem *deliktische* Ansprüche, etwa durch Beihilfe zur Insolvenzverschleppung, § 823 Abs. 2 BGB i.V.m. §§ 92 Abs. 2 AktG, 64 Abs. 1 GmbHG, 830 Abs. 2 BGB[644], bei Hinausschieben der Eröffnung des Insolvenzverfahrens durch die kreditge-

---

640 Siehe hierzu oben unter A.III.2.
641 Schwark, in: Schwark, Kapitalmarktsrechts-Komm., §§ 44, 45 BörsG Rz. 8.
642 BGH, Urteil vom 17.01.1985, BGHZ 93, 264, 266; Urteil vom 16.06.1992, NJW 1992, 2148, 2149.
643 Siehe nur Palandt/Heinrichs, § 280 BGB Rz. 54 f; siehe aus jüngerer Zeit aber BGH, Urteil vom 14.06.2007, 1631, 1632 ff.
644 BGH, Urteil vom 14.10.1985, WM 1986, 237, 238; Schulze-Osterloh, in: Baumbach/Hueck, § 64 GmbHG Rz. 101.

bende Bank aus eigensüchtigen Motiven gegebenenfalls auch gemäß § 826 BGB[645].

Das Bestehen einer vertraglichen Haftungsbeziehung vorausgesetzt sind *vorherige* Haftungsausschluss- und -beschränkungsvereinbarungen, ferner *nachträgliche* Verzichts- und Vergleichsvereinbarungen nach allgemeinen Regeln zulässig.

Die *Verjährung* des kapitalmarktrechtlichen Haftungsanspruchs beträgt gemäß § 46 BörsG ein Jahr ab Kenntniserlangung von der Fehlerhaftigkeit der Prospektangaben, längstens jedoch drei Jahre nach Prospektveröffentlichung. Ersatzansprüche wegen Verletzung der Pflicht zur Information und wegen fehlerhafter Beratung im Zusammenhang mit einer Wertpapierdienstleistung oder Wertpapiernebendienstleistung verjähren gemäß § 37a WpHG drei Jahre nach der Entstehung des Anspruchs. Im Übrigen gilt die dreijährige Jahresendverjährung der §§ 195, 199 BGB.

Neben der Haftung des Finanzdienstleisters kommt die Haftung der Geschäftsleiter und/oder Aufsichtsratsmitglieder sowie der Gesellschaft in Betracht. So kann neben die Emittentenhaftung gemäß § 44 Abs. 1 Satz 1 Ziff. 1 BörsG (gegebenenfalls i.V.m. § 55 BörsG bzw. § 13 VerkProspG) die Haftung der Gesellschaft selbst als Emittentin gemäß § 44 Abs. 1 Satz 1 Ziff. 1 BörsG treten, ferner die Haftung einzelner Geschäftsleitungs- und/oder Aufsichtsratsmitglieder als Prospektveranlasser gemäß § 44 Abs. 1 Satz 1 Ziff. 2 BörsG, wenn diese ein eigenes Interesse an der Emission haben. Sonstige schuldhafte Pflichtverletzungen der Geschäftsleiter und/oder Aufsichtsratsmitglieder sind hier beachtlich, wenn sie eine Haftung gegenüber den Gläubigern der Gesellschaft begründen; die Gesellschaft haftet hier über § 31 BGB. Gleiches gilt gegebenenfalls bei Pflichtverletzungen des Finanzdienstleisters gemäß §§ 278, 831 BGB.

Haften neben dem Finanzdienstleister auch Mitglieder der Geschäftsleitung und/oder des Aufsichtsrats sowie die Gesellschaft den Gläubigern für den entstandenen Schaden, so sind diese Gesamtschuldner. Für die kapitalmarktrechtliche Haftung ergibt sich dies explizit aus §§ 44 Abs. 1 Satz 1 BörsG, gegebenenfalls i.V.m. § 55 BörsG bzw. § 13 VerkProspG, für eine etwaige jeweils deliktische Haftung aus § 840 Abs. 1 BGB, im Übrigen aus der analogen Anwendung der vorgenannten Vorschriften sowie anhand der allgemeinen Kriterien des § 421 BGB. Letzteres gilt dann wiederum unabhängig davon, ob man die Kriterien des § 421 BGB und insbesondere die *Identität des Leistungsinte-*

---

645 BGH, Urteil vom 26.03.1984, BGHZ 90, 381, 399; Urteil vom 11.11.1985, BGHZ 96, 231, 236 f; Schulze-Osterloh, in: Baumbach/Hueck, § 64 GmbHG Rz. 101.

resses der Gläubiger für die Annahme der Gesamtschuld ausreichen lässt[646] oder zusätzlich verlangt, dass die Haftungsverbindlichkeiten jeweils *dem selben Zweck zu dienen bestimmt*[647] oder *gleichstufig* sein müssen, somit keiner der Haftenden von vornherein als der Leistung näher stehend primär verpflichtet sein darf[648], da jede dieser Voraussetzungen bei der vorliegenden Haftungskonstellation erfüllt wäre.

V. Gesamtschuldnerische Haftung mit Lieferanten und sonstigen Dritten

Auch eine Haftung von Lieferanten und sonstigen Dritten, wie etwa von Zulieferern, Subunternehmern, Unternehmensberatern und Dritten, auf die betriebsinterne Funktionen übertragen wurden, kann sich zum einen aus der schuldhaften Verletzung *vertraglicher* Pflichten, § 280 Abs. 1 BGB, ergeben. Hierbei ist, neben etwaigen unmittelbar gegenüber den Dritten übernommenen Pflichten in zweiseitigen oder – durch Vertrag zugunsten Dritter, § 328 Abs. 1 BGB – dreiseitigen Vertragsverhältnissen insbesondere auch an eine Haftung wegen Einbeziehung dieser Dritten in den Schutzbereich von mit der Gesellschaft geschlossenen Verträgen zu denken. Und zum anderen kommt auch hier wieder die *deliktische* Haftung in Betracht.

Haften neben dem Auftragnehmer auch Geschäftsleitungs- und/oder Aufsichtsratsmitglieder den Gläubigern für den entstandenen Schaden, so haften sie als Gesamtschulder. Gleiches gilt bei einer etwaigen Mithaftung der Gesellschaft, sei es, dass der Lieferant hier als Erfüllungs- bzw. Verrichtungsgehilfe fungiert hat, §§ 278, 831 BGB, sei es, dass die schuldhafte Pflichtverletzung der Geschäftsleiter und/oder Aufsichtsratsmitglieder der Gesellschaft gemäß § 31 BGB zugerechnet wird. Bei jeweils deliktischer Haftung ergibt sich das Gesamtschuldverhältnis aus § 840 Abs. 1 BGB, im Übrigen anhand der allgemeinen Kriterien des § 421 BGB.

---

646 So Erman/Ehmann, vor § 420 BGB Rz. 30 ff, 44; Soergel/Wolf, § 421 BGB Rz. 10 ff, 18; Staudinger/Noack, § 421 BGB Rz. 19 ff.
647 So die ältere Rechtsprechung: RG, Urteil vom 25.11.1911, RGZ 77, 317, 323; BGH, Urteil vom 27.03.1969, BGHZ 52, 39, 43 f; Urteil vom 29.06.1972, BGHZ 59, 97, 99 ff; vgl. Enneccerus/Lehmann, Recht der Schuldverhältnisse, § 90 II.2.
648 So die neuere Rechtsprechung: BGH, Urteil vom 26.01.1989, BGHZ 106, 313, 319; Urteil vom 29.06.1989, BGHZ 108, 179, 183; Urteil vom 24.09.1992, NJW 1992, 3228, 3229; Urteil vom 28.10.1997, NJW 1998, 537, 539; ferner Jauernig/Stürner, § 421 BGB Rz. 2; Larenz, Schuldrecht I, S. 634 ff; Palandt/Grüneberg, § 421 BGB Rz. 6 f; Selb, Mehrheiten von Gläubigern und Schuldnern, S. 40 ff, 137 ff; Steinbach/Lang, WM 1987, 1237, 1240.

C. Gesamtschuldnerische Haftung von Geschäftsleitern und/oder Aufsichtsräten und Dritten gegenüber Gesellschaftern

I. Gesamtschuldnerische Haftung mit Arbeitnehmern, dem Abschlussprüfer, sonstigen Berufsträgern oder Lieferanten und sonstigen Dritten gegenüber Gesellschaftern

Hier gelten die Ausführungen zur Haftung gegenüber Dritten[649] jeweils entsprechend.

II. Gesamtschuldnerische Haftung mit Finanzdienstleistern gegenüber Gesellschaftern

Gemäß § 44 Abs. 1 Satz 1 Ziff. 1 BörsG haften die Prospektverantwortlichen und damit auch das emissionsbegleitende Finanzdienstleitungsunternehmen, vgl. § 30 Abs. 2 BörsG[650], für unrichtige oder unvollständige Prospektangaben. Anders hingegen im Übernahmerecht: Hier gilt das bei der Finanzierung eines Angebots beteiligte Wertpapierdienstleistungsunternehmen, da nicht mit § 30 Abs. 2 BörsG vergleichbar in das Verfahren eingebunden, grundsätzlich nicht als für das Übernahmeangebot im Sinne von § 12 Abs. 1 Ziff. 1 WpÜG Verantwortlicher[651], ferner im Regelfall auch nicht als eigentlicher Urheber des Angebots wegen eines eigenen wirtschaftlichen Interesses im Sinne von § 12 Abs. 1 Ziff. 2 WpÜG[652], und haftet somit auch nicht für dessen Unrichtigkeit oder Unvollständigkeit. Eine Schadensersatzhaftung besteht vielmehr lediglich gemäß § 13 Abs. 2 WpÜG bei Bestätigung der Erfüllungsfähigkeit des Bieters im Sinne von § 13 Abs. 1 Satz 2 WpÜG denjenigen Aktionären gegenüber, die das Übernahmeangebot angenommen haben, wenn entgegen dieser Bestätigung der Bieter die notwendigen Maßnahmen zur Sicherstellung der Erfüllung des Gegenleistungsanspruchs nicht getroffen hat und soweit ihm die hierfür erforderlichen Mittel dann nicht zur Verfügung stehen.

Im Übrigen kommt eine Haftung der Finanzdienstleister gegenüber Gesellschaftern nach allgemeinen bürgerlich-rechtlichen Grundsätzen in Betracht, d. h. wegen schuldhafter Verletzung von diesen gegenüber bestehenden *vertraglichen* Pflichten und aus *Delikt*.

---

649 Hierzu oben unter B.I., B.II., B.III. und B.V.
650 Schwark, in: Schwark, Kapitalmarktrechts-Komm., §§ 44, 45 BörsG Rz. 8.
651 Siehe etwa Assmann, in: Assmann/Pötzsch/U.H. Schneider, § 12 WpÜG Rz. 36; a. A. Oechsler, in: Ehricke/ Ekkenga/Oechsler, § 12 WpÜG Rz. 8.
652 Assmann, in: Assmann/Pötzsch/U.H. Schneider, § 12 WpÜG Rz. 38; Thoma, in: Baums/Thoma, § 12 WpÜG Rz. 42.

Neben der Haftung des Finanzdienstleisters kommt die Haftung der Geschäftsleiter und/oder Aufsichtsratsmitglieder in Betracht. Für die Emittentenhaftung des Finanzdienstleisters gemäß § 44 Abs. 1 Satz 1 Ziff. 1 BörsG einerseits und die Haftung einzelner Geschäftsleitungs- und/oder Aufsichtsratsmitglieder gemäß § 44 Abs. 1 Satz 1 Ziff. 2 BörsG andererseits, jeweils gegebenenfalls i.V.m. § 55 BörsG bzw. § 13 VerkProspG, gelten hier die Ausführungen zur Haftung gegenüber Dritten[653] entsprechend; hier kommt zudem regelmäßig die Haftung der Gesellschaft als Emittentin gemäß § 44 Abs. 1 Satz 1 Ziff. 1 BörsG in Betracht. Im Übernahmerecht kann neben die Haftung des Finanzdienstleisters für die unzutreffende Bestätigung der Erfüllungsfähigkeit des Bieters gemäß § 13 Abs. 2 WpÜG die Haftung einzelner Geschäftsleitungs- und/oder Aufsichtsratsmitglieder als Angebotsveranlasser für unrichtige oder unvollständige Angebotsunterlagen gemäß § 12 Abs. 1 Ziff. 2 WpÜG treten. Und sonstige schuldhafte Pflichtverletzungen der Geschäftsleiter und/oder Aufsichtsratsmitglieder sind schließlich beachtlich, wenn sie eine Haftung gegenüber den Gesellschaftern begründen.

Haften neben dem Finanzdienstleister auch Mitglieder der Geschäftsleitung und/oder des Aufsichtsrats sowie die Gesellschaft den Gesellschaftern für den entstandenen Schaden, so sind diese Gesamtschuldner. Für die kapitalmarktrechtliche Haftung ergibt sich dies explizit aus §§ 44 Abs. 1 Satz 1 BörsG, gegebenenfalls i.V.m. § 55 BörsG bzw. § 13 VerkProspG, für eine etwaige jeweils deliktische Haftung aus § 840 Abs. 1 BGB und im Übrigen aus der analogen Anwendung der vorgenannten, die Haftung von Geschäftsleitern und/oder Aufsichtsratsmitgliedern und Finanzdienstleistern gegenüber Gesellschaftern betreffenden Vorschriften[654].

D. Gesamtschuldnerische Haftung von Geschäftsleitern und/oder Aufsichtsräten und Dritten gegenüber abhängigen Gesellschaften, deren Gläubigern und Gesellschaftern

I. Gesamtschuldnerische Haftung mit Arbeitnehmern gegenüber abhängigen Gesellschaften, deren Gläubigern und Gesellschaftern

Auch hier gelten die Ausführungen zur Haftung gegenüber Dritten[655] und Gesellschaftern[656] entsprechend.

653 Siehe hierzu oben unter B.IV.
654 Siehe hierzu Selb, Mehrheiten von Gläubigern und Schuldnern, S. 56 ff; Staudinger/Noack, § 421 BGB Rz. 48 ff.
655 Hierzu oben unter B.I.
656 Hierzu oben unter C.I.

Sofern neben den Arbeitnehmern auch Geschäftsleitungs- und/oder Aufsichtsratsmitglieder sowie die Gesellschaft den verbundenen Unternehmen, deren Gläubigern und Gesellschaftern gegenüber für den entstandenen Schaden haften, haften diese mit den Arbeitnehmern als Gesamtschuldner. Hinzu tritt gegebenenfalls die Haftung der Geschäftsleiter und/oder Aufsichtsratsmitglieder der abhängigen Gesellschaft.

II. Gesamtschuldnerische Haftung mit dem Abschlussprüfer gegenüber abhängigen Gesellschaften, deren Gläubigern und Gesellschaftern

§ 323 HGB und somit auch die Haftungsnorm des § 323 Abs. 1 Satz 3 HGB gilt auch gegenüber verbundenen Unternehmen im Sinne von § 15 AktG. Im Rahmen der *Pflichtprüfungen* im Sinne der §§ 316 ff HGB kann daher auf die entsprechenden Ausführungen zur Haftung des Abschlussprüfers gegenüber der Muttergesellschaft[657] verwiesen werden. Für *sonstige Tätigkeiten* außerhalb des Anwendungsbereichs des § 323 HGB[658] gelten die verbundenen Unternehmen als Dritte, hier gelten daher die Ausführungen zur Haftung des Abschlussprüfers gegenüber Dritten[659] entsprechend.

Hinsichtlich der Haftung gegenüber den Gläubigern und Gesellschaftern der abhängigen Gesellschaften gelten die Ausführungen zur Haftung des Abschlussprüfers gegenüber Dritten[660] und gegenüber Gesellschaftern[661] der Muttergesellschaft entsprechend.

Sofern neben den Abschlussprüfer auch Geschäftsleitungs- und/oder Aufsichtsratsmitglieder den Gesellschaftern gegenüber für den entstandenen Schaden haften, haften diese mit dem Abschlussprüfer als Gesamtschuldner. In Betracht kommt ferner die Haftung der herrschenden Gesellsellschaft, im Vertragskonzern gemäß § 280 Abs. 1 i.V.m. § 31 BGB wegen Verletzung des Unternehmensvertrages, im faktischen Aktienkonzern gemäß § 317 Abs. 1 AktG sowie im faktischen GmbH-Konzern und bei Eingliederung wegen Treupflichtverletzung i.V.m. § 31 BGB[662]. Und hinzu tritt gegebenenfalls auch die Haftung der Geschäftsleiter und/oder Aufsichtsratsmitglieder der abhängigen Gesellschaft. Die gesamtschuldnerische Haftung mit dem Abschlussprüfer sowie den Geschäftsleitern und/oder Aufsichtratsmitgliedern ergibt sich hier wiederum bei jeweils deliktischer Haftung aus § 840 Abs. 1 BGB, im Übrigen aus § 421 BGB.

---

657 Hierzu oben unter A.II.1.
658 Siehe hierzu oben unter A.II.1.a)aa).
659 Hierzu oben unter B.II.1.
660 Hierzu oben unter B.II.1.
661 Hierzu oben unter C.I.
662 Siehe hierzu oben § 4, unter D.

III. Gesamtschuldnerische Haftung mit sonstigen Berufsträgern gegenüber abhängigen Gesellschaften, deren Gläubigern und Gesellschaftern

Hier gelten die Ausführungen zur Haftung gegenüber Dritten[663] und den Gesellschaftern[664] entsprechend. Haften neben dem Berufsträger – mit Ausnahme des Notars – auch Geschäftsleitungs- und/oder Aufsichtsratsmitglieder sowie die Gesellschaft für den entstandenen Schaden, so haften sie mit den Berufsträgern als Gesamtschulder. Hinzu tritt gegebenenfalls auch die Haftung der Geschäftsleiter und/oder Aufsichtsratsmitglieder der abhängigen Gesellschaft. Bei jeweils deliktischer Haftung ergibt sich das Gesamtschuldverhältnis aus § 840 Abs. 1 BGB, im Übrigen aus den allgemeinen Kriterien des § 421 BGB.

IV. Gesamtschuldnerische Haftung mit Finanzdienstleistern gegenüber abhängigen Gesellschaften, deren Gläubigern und Gesellschaftern

Hier gelten die Ausführungen oben zur Haftung gegenüber Dritten[665] und gegenüber Gesellschaftern[666] entsprechend.

V. Gesamtschuldnerische Haftung mit Lieferanten und sonstigen Dritten gegenüber abhängigen Gesellschaften, deren Gläubigern und Gesellschaftern

Auch hier gelten die Ausführungen oben zur Haftung gegenüber Dritten[667] und gegenüber Gesellschaftern[668] entsprechend.

---

663 Hierzu oben unter B.III.1.
664 Hierzu oben unter C.I.
665 Unter B.IV.
666 Unter C.II.
667 Unter B.V.
668 Unter C.I.

§ 6 Gesamtschuldnerische Haftung von Geschäftsleitern und/oder Aufsichtsräten und Gesellschaftern

Die gesamtschuldnerische Haftung von Geschäftsleitern und/oder Aufsichtsräten einerseits und Gesellschaftern andererseits kommt gegenüber der Gesellschaft[669], gegenüber Dritten[670] und gegenüber anderen Gesellschaftern[671] in Betracht.

A. Gesamtschuldnerische Haftung von Geschäftsleitern und/oder Aufsichtsräten und Gesellschaftern gegenüber der Gesellschaft

I. *Gesellschafterhaftung gegenüber der Gesellschaft*

1. Haftungsvoraussetzungen im Überblick

Gemäß § 46 Abs. 1 AktG sind die Gründungsgesellschafter der *Aktiengesellschaft* für die Richtigkeit und Vollständigkeit von bestimmten zum Zwecke der Gründung gemachten Angaben verantwortlich und haben der Gesellschaft fehlende Einzahlungen und unzulässige Vergütungen zu ersetzen. Und wird die Gesellschaft durch Einlagen, Sachübernahmen oder Gründungsaufwand vorsätzlich oder grob fahrlässig geschädigt, haften die Gründungsgesellschafter der Gesellschaft gemäß § 46 Abs. 2 AktG auf Schadensersatz. Entsprechendes gilt gemäß § 53 i.V.m. § 46 Abs. 1 und 2 AktG im Falle der Nachgründung. Bei der *GmbH* ergibt sich eine ähnliche Haftung aus § 9a Abs. 1 und 2 GmbHG. Und bei Neugründungen im Rahmen von *Umwandlungen* ergibt sich die Anwendbarkeit der §§ 46 Abs. 1 und 2, 53 AktG, 9a GmbHG aus den §§ 36 Abs. 2 Satz 1, 135 Abs. 2 Satz 1, 197 Satz 1 UmwG.

Als Folgerung aus der Pflicht der Gesellschafter zur Einlageleistung, §§ 54 Abs. 1 AktG, 19 Abs. 1 GmbHG, haften diese gegenüber der Gesellschaft auf *Rückgewähr bei unberechtigter Auszahlung*, §§ 62 Abs. 1 Satz 1 AktG, 31 Abs. 1 GmbHG. Bei der *GmbH* haften hier subsidiär und anteilmäßig die übrigen Gesellschafter, § 31 Abs. 3 GmbHG, zudem bestehen dort Sonderregelungen im Zusammenhang mit eigenkapitalersetzenden Darlehen und diesen wirt-

---

669 Hierzu sogleich unter A.
670 Hierzu unter B.
671 Hierzu unter C.

schaftlich entsprechenden Rechtshandlungen im Sinne von § 32a GmbHG, vgl. §§ 32 b GmbHG, 135, 143 InsO.

Verletzt der Gesellschafter seine gegenüber der Gesellschaft bestehende gesellschafterliche *Treupflicht*[672], namentlich seine aktiven Förder- und Mitwirkungspflichten[673] oder seine Unterlassungs- und Loyalitätspflichten[674], etwa durch Verstoß gegen das – allerdings nur bei entsprechender Vereinbarung, ansonsten allenfalls in der personalistischen Gesellschaft bestehende – Wettbewerbsverbot[675], ist er der Gesellschaft zum Ersatz des dieser hierdurch entstandenen Schadens verpflichtet[676].

Einen Sonderfall der Treupflichtverletzung stellt die durch das Gesetz zur Modernisierung und Missbrauchsbekämpfung (MoMiG)[677] eingeführte und voraussichtlich zum 01.11.2008 in Kraft tretende Haftungsregelung des § 6 Abs. 5 GmbHG n. F. dar, der zufolge die Gesellschafter der Gesellschaft gesamtschuldnerisch auf Schadensersatz haften, wenn sie vorsätzlich oder grob fahrlässig eine Person zum Geschäftsführer bestellt haben, die nicht Geschäftsführer sein kann.

Einen weiteren Sonderfall der Treupflichtverletzung stellen schädigende Eingriffe des herrschenden Gesellschafters im *faktischen Konzern* dar. Gemäß § 317 Abs. 1 Satz 1 AktG haftet ein herrschendes Unternehmen im Sinne von § 17 AktG der abhängigen *Aktiengesellschaft* auf Schadensersatz, wenn es diese, ohne dass ein Beherrschungsvertrag besteht, zu einem nachteiligen Rechtsgeschäft oder einer nachteiligen Maßnahme veranlasst hat und dieser Nachteil nicht bis zum Ende des Geschäftsjahrs nach Maßgabe von § 311 AktG ausgeglichen wird. Hinzu kann hier dann die Haftung gemäß § 117 Abs. 1 Satz 1 AktG treten. In der *GmbH* hingegen gilt ein anderer Ansatz: Hier haben für die Gesellschaft nachteilige Weisungen und Maßnahmen unter Treupflichtgesichtspunkten von vornherein zu unterbleiben, etwaige Weisungsbeschlüsse sind an-

---

672 Siehe hierzu allgemein etwa Lutter, AcP 180 (1980), 84, 86 ff.
673 Bungeroth, Münchener Komm., vor § 53a AktG Rz. 22 f; Häsemeyer, ZHR 160 (1996), 109, 114 ff, 125 ff; Lutter/Bayer, in: Lutter/Hommelhoff, § 14 GmbHG Rz. 20.
674 Bungeroth, Münchener Komm., vor § 53a AktG Rz. 20; Lutter/Bayer, in: Lutter/Hommelhoff, § 14 GmbHG Rz. 22.
675 Friedewald, Die personalistische Aktiengesellschaft, S. 140 ff; Krieger, in: Münchener Handbuch AG, § 69 Rz. 20; Lutter/Bayer, in: Lutter/Hommelhoff, § 14 GmbHG Rz. 24; H. Winter/Seibt, in: Scholz, § 14 GmbHG Rz. 59.
676 Häsemeyer, ZHR 160 (1996), 109, 116; Hüffer, § 53a AktG Rz. 19; Lutter/Bayer, in: Lutter/Hommelhoff, § 14 GmbHG Rz. 28; H. Winter/Seibt, in: Scholz, § 14 GmbHG Rz. 62.
677 Siehe den Regierungsentwurf in BT-Drucks. 16/6140 vom 25.07.2007 sowie die Beschlussempfehlung und den Bericht des Rechtsausschusses in BT-Drucks. 16/9737 (vorab).

fechtbar, der hiergegen verstoßende Gesellschafter haftet der Gesellschaft wegen Treupflichtverstoßes auf Schadensersatz[678].

Im *Vertragskonzern* hingegen ist der herrschende Gesellschafter von vornherein und per se zur Verlustübernahme verpflichtet, § 302 AktG. Bei pflichtwidrigen Weisungen kann sich die Haftung des herrschenden Gesellschafters, so dieser natürliche Person ist, zudem aus § 309 Abs. 2 AktG ergeben.

Und schließlich kommt die Haftung der Gesellschafter gegenüber der Gesellschaft auch wieder auf Grundlage gesondert geschlossener *schuldrechtlicher Vereinbarungen* oder aus *Delikt* in Betracht. Letzteres ist nach dem grundlegenden Urteil des Bundesgerichtshofs vom 16.07.2007[679] insbesondere auch bei existenzgefährdenden Eingriffen der Gesellschafter in das Vermögen der Gesellschaft der Fall. Hier wird die Haftung (nunmehr) auf § 826 BGB gestützt, zudem als Innenhaftung gegenüber der Gesellschaft und nicht im Wege des Durchgriffs auch gegenüber den Gesellschaftsgläubigern.

2. Haftungsausschluss/-beschränkung; Verzicht/Vergleich

Vorherigen Haftungsausschluss- oder –beschränkungsvereinbarungen sowie *nachträglichen* Verzichts- oder Vergleichsvereinbarungen stehen hinsichtlich der Gründungshaftung gemäß §§ 46 AktG, 9a GmbHG die Schranken der §§ 23 Abs. 5, 50 AktG, 9b Abs. 1 GmbHG, hinsichtlich der Rückgewährpflichten bei unberechtigten Auszahlungen gemäß § 62 Abs. 1 AktG, 31 Abs. 1, 32b GmbHG die Schranken der §§ 66 AktG, 31 Abs. 4 GmbHG und hinsichtlich der Haftung gemäß § 317 Abs. 1 Satz 1 AktG sowie § 117 Abs. 1 Satz 1 AktG die Schranke gemäß § 317 Abs. 4 i.V.m. § 309 Abs. 3 AktG sowie gemäß § 23 Abs. 5 AktG entgegen.

Auch hinsichtlich der der allgemeinen gesellschaftsrechtlichen Treupflicht entspringenden Pflichten ist insoweit Vorsicht angebracht. Allgemeine bürgerlich-rechtliche Haftungsansprüche sind hingegen entsprechenden Vereinbarungen in aller Regel zugänglich.

3. Verjährung

Die Verjährung der Haftungsansprüche im Zusammenhang mit der Gründung beträgt fünf Jahre, beginnend mit der Eintragung der Gesellschaft oder, wenn die zum Ersatz verpflichtende Handlung später begangen wurde, mit der Vornahme der Handlung, §§ 51 AktG, 9b Abs. 2 GmbHG. Die Rückgewähransprüche wegen unberechtigter Auszahlungen verjähren in zehn Jahren, beginnend

---

678 BGH, Urteil vom 05.06.1975, BGHZ 65, 15 – ITT; Lutter/Hommelhoff, in: Lutter/Hommelhoff, Anh. § 13 GmbHG Rz. 17, 22.
679 BGH, Urteil vom 16.07.2007, ZIP 2007, 1552 - Trihotel.

mit dem Empfang der Leistung, §§ 62 Abs. 3 Satz 1 AktG, 19 Abs. 2, 31 Abs. 4 GmbHG; der Anfechtungsanspruch gemäß §§ 135, 143 InsO unterliegt gemäß § 146 Abs. 1 InsO allerdings der dreijährigen Regelverjährung gemäß §§ 195, 199 BGB. Ob der Schadensersatzanspruch wegen Treupflichtverletzung mangels entsprechender Regelung ebenfalls der dreijährigen Verjährung gemäß §§ 195, 199 BGB unterliegt[680] oder im Gleichlauf mit etwa den ebenfalls der Treupflicht entspringenden §§ 93 Abs. 6, 117 Abs. 6, 317 Abs. 4 i.V.m. 309 Abs. 5 AktG, 43 Abs. 4 GmbHG fünf Jahre beträgt[681], ist noch nicht abschließend geklärt. Die Ansprüche gemäß § 317 Abs. 1 Satz 1 und § 117 Abs. 1 Satz 1 AktG verjähren in fünf Jahren, § 317 Abs. 4 i.V.m. § 309 Abs. 5, § 117 Abs. 6 AktG, beginnend mit Entstehung des Anspruchs, § 200 BGB. Vertragliche und deliktische Ansprüche hingegen unterliegen der dreijährigen Regelverjährung der §§ 195, 199 BGB.

II. Gesamtschuldnerische Haftung mit Geschäftsleitern und/oder Aufsichtsräten

Neben der Haftung der Gesellschafter kommt die Haftung von Geschäftsleitungs- und/oder Aufsichtsratsmitgliedern in Betracht.

Bei Haftung der Gründungsgesellschafter der *Aktiengesellschaft* gemäß §§ 46 Abs. 1 und 2, 53 AktG kann zugleich eine schuldhafte Pflichtverletzung der Vorstands- und/oder Aufsichtratsmitglieder vorliegen, was deren Haftung gemäß §§ 48, 53 AktG begründete. Und bei falschen Angaben bei Errichtung der *GmbH* ergibt sich die Haftung auch der Geschäftsleiter aus § 9a Abs. 1 GmbHG. Bei Neugründungen in Umwandlungsfällen gelten die vorgenannten Vorschriften entsprechend, §§ 36 Abs. 2 Satz 1, 135 Abs. 2 Satz 1, 197 Satz 1 UmwG[682].

Haften die Gesellschafter auf Rückzahlung unberechtigter Auszahlungen gemäß §§ 62 Abs. 1 AktG, 31 Abs. 1 und 3 GmbHG, kommt ebenso eine Haftung der Geschäftsleiter gegenüber der Gesellschaft gemäß §§ 93 Abs. 3 Satz 2 Ziff. 1 und 2 AktG, 43 Abs. 3 GmbHG in Betracht[683].

Im faktischen Konzern ist neben der sich aus § 317 Abs. 1 Satz 1 und zudem § 117 Abs. 1 Satz 1 AktG bzw. aus Treupflichtverletzung ergebenden Haftung des herrschenden Gesellschafters bei der *Aktiengesellschaft* die Haftung des Vorstands gemäß § 318 Abs. 1 AktG und des Aufsichtsrats gemäß § 318 Abs. 2 AktG, bei der *GmbH* die Geschäftsleiterhaftung gemäß § 43 Abs. 2 GmbHG denkbar. Im Vertragskonzern kommt neben der Haftung des herrschenden Ge-

---

680 So Hueck/Fastrich, in: Baumbach/Hueck, § 13 GmbHG Rz. 36.
681 Dies erwägen Lutter/Bayer, in: Lutter/Hommelhoff, § 14 GmbHG Rz. 29.
682 Siehe hierzu oben § 1, unter A.I.1.b), und § 2, unter A.I.1.b).
683 Siehe hierzu oben § 1, unter A.I.1.b), und § 2, unter A.I.1.b).

sellschafters gemäß §§ 302, 309 Abs. 2 AktG zudem die Haftung der Geschäftsleitungs- und/oder Aufsichtsratsmitglieder gemäß § 310 Abs. 1 AktG in Betracht[684].

Und auch im Übrigen kann die Haftung der Geschäftsleiter und/oder Aufsichtsratsmitglieder neben den Gesellschaftern aus jeder schuldhaften Pflichtverletzung herrühren, die für den durch die Pflichtverletzung der Gesellschafter verursachten Schaden (mit)ursächlich ist.

Haften neben Gesellschaftern auch Mitglieder der Geschäftsleitung und/oder des Aufsichtsrats der Gesellschaft für den entstandenen Schaden, so sind diese Gesamtschuldner. Dies ergibt sich zum Teil explizit aus dem Gesetz, §§ 9a Abs. 1 GmbHG, 310 Abs. 1, 318 Abs. 1 und 2 AktG, 840 Abs. 1 BGB, im Übrigen aus der analogen Anwendung der vorgenannten, die gesamtschuldnerische Haftung von Geschäftsleitern und/oder Aufsichtsratsmitgliedern und Gesellschaftern gegenüber der Gesellschaft betreffenden Vorschriften[685].

B. Gesamtschuldnerische Haftung von Geschäftsleitern und/oder Aufsichtsräten und Gesellschaftern gegenüber Dritten

Sondergesetzlich vorgesehen ist die Haftung der Gesellschafter gegenüber Dritten zum einen im *Kapitalmarktrecht* als Prospektveranlasser in § 44 Abs. 1 Satz 1 Ziff. 2 BörsG (gegebenenfalls i.V.m. § 55 BörsG am geregelten Markt und für sonstige Vermögensanlagen i.V.m. § 13 VerkProspG) für Schäden der Wertpapiererwerber, hier: der Anleihegläubiger, die diese infolge unrichtiger oder unvollständiger wesentlicher Prospektangaben erleiden. Ein Gesellschafter gilt hier als Prospektveranlasser im Sinne von § 44 Abs. 1 Satz 1 Ziff. 2 BörsG, wenn dieser – etwa als Großaktionär – ein unmittelbar eigenes und nicht nur abgeleitetes Interesse an der Emission hat[686]. Und zum anderen haftet bei der *Eingliederung* die Hauptgesellschaft gemäß § 322 Abs. 1 AktG für Alt- und Neuverbindlichkeiten der eingegliederten Gesellschaft.

Im Übrigen kommt eine unmittelbare Haftung der Gesellschafter Dritten, d. h. den Gläubigern der Gesellschaft gegenüber unter den engen Voraussetzungen des *Durchgriffs* in Betracht, also in Fällen materieller Unterkapitalisierung[687]

---

684 Siehe hierzu oben § 1, unter A.I.1.b), und § 2, unter A.I.1.b).
685 Vgl. hierzu Selb, Mehrheiten von Gläubigern und Schuldnern, S. 56 ff; Staudinger/Noack, § 421 BGB Rz. 48 ff.
686 Schwark, in: Schwark, Kapitalmarktrechts-Komm., §§ 44, 45 BörsG Rz. 9.
687 Banerjea, ZIP 1999, 1153, 1154 ff; Hachenburg/Ulmer, Anh. § 30 GmbHG Rz. 24 ff; Lutter/Hommelhoff, in: Lutter/Hommelhoff, § 13 GmbHG Rz. 7.

und der Vermögensvermischung[688]. Die Durchgriffshaftung der Gesellschafter bei existenzgefährdenden Eingriffen des Gesellschafters in das Vermögen der *GmbH*[689], nach zwischenzeitlich teilweise vertretener Ansicht auch in das Vermögen der *Aktiengesellschaft*[690], hingegen erfolgt nach dem grundlegenden Urteil des Bundesgerichtshofs vom 16.07.2007[691] nur noch gegenüber der Gesellschaft. Hinzu kommt gegebenenfalls die Haftung aufgrund besonderer rechtsgeschäftlicher Verpflichtung und gegebenenfalls aus Delikt.

Neben den Gesellschaftern können Mitglieder der Geschäftsleitung und/oder des Aufsichtsrats haften. So kommt neben der Haftung von Gesellschaftern als Prospektveranlasser gemäß § 44 Abs. 1 Satz 1 Ziff. 2 BörsG, gegebenenfalls i.V.m. § 55 BörsG bzw. § 13 VerkProspG, die Haftung auch einzelner Geschäftsleitungs- und/oder Aufsichtsratsmitglieder gemäß § 44 Abs. 1 Satz 1 Ziff. 2 BörsG in Betracht, sofern diese ein eigenes Interesse an der Emission haben; hier besteht dann zudem regelmäßig auch die Haftung der Gesellschaft als Emittentin gemäß § 44 Abs. 1 Satz 1 Ziff. 1 BörsG[692]. Sonstige schuldhafte Pflichtverletzungen der Geschäftsleiter und/oder Aufsichtsratsmitglieder sind hier beachtlich, wenn sie eine Haftung gegenüber den Gläubigern der Gesellschaft begründen. Haften neben den Gesellschaftern auch Mitglieder der Geschäftsleitung und/oder des Aufsichtsrats den Gläubigern der Gesellschaft für den entstandenen Schaden, so sind diese Gesamtschuldner. Für die kapitalmarktrechtliche Haftung ergibt sich dies explizit aus §§ 44 Abs. 1 Satz 1 BörsG, gegebenenfalls i.V.m. § 55 BörsG bzw. § 13 VerkProspG, für eine etwaige jeweils deliktische Haftung aus § 840 Abs. 1 BGB, im Übrigen aus der analogen Anwendung der vorgenannten, die gesamtschuldnerische Haftung von Geschäftsleitern und/oder Aufsichtsratsmitgliedern und Gesellschaftern gegenüber Dritten betreffenden Vorschriften[693].

---

688 BGH, Urteil vom 08.01.1958, WM 1958, 463; Urteil vom 16.09.1985, BGHZ 95, 330, 332; Urteil vom 13.04.1994, BGHZ 125, 366; Lutter/Hommelhoff, in: Lutter/Hommelhoff, § 13 GmbHG Rz. 13.

689 BGH, Urteil vom 17.09.2001, BGHZ 149, 10 – Bremer Vulkan; Urteil vom 25.02.2002, BGHZ 61, 67 f; Urteil vom 24.06.2002, BGHZ 151, 181 – KBV; Lutter/Banerjea, ZGR 2003, 402.

690 Hüffer, § 1 AktG Rz. 25; die h. M. geht hier aber lediglich von einer Verlustübernahmepflicht analog § 302 AktG und einer Pflicht zur Sicherheitsleistung analog § 303 AktG, d. h. einer Ausfallhaftung aus, siehe Emmerich, FS Stimpel, S. 743, 753; Krieger, in: Münchener Handbuch AG, § 69 Rz. 143 ff; Kropff, FS Goerdeler, S. 259, 273; Lutter, ZGR 1982, S. 244, 263 ff; Raiser/Veil, Kapitalgesellschaften, § 53 Rz. 60; Säcker, ZHR 151 (1987), 59, 64; K. Schmidt, Gesellschaftsrecht, § 31 IV.4.a).

691 BGH, Urteil vom 16.07.2007, ZIP 2007, 1552 – Trihotel.

692 Siehe hierzu auch § 1, unter B., und § 2, unter B.

693 Vgl. hierzu Selb, Mehrheiten von Gläubigern und Schuldnern, S. 56 ff; Staudinger/Noack, § 421 BGB Rz. 48 ff.

C. Gesamtschuldnerische Haftung von Geschäftsleitern und/oder Aufsichtsräten und Gesellschaftern gegenüber Gesellschaftern

Die *Treupflicht* der Gesellschafter besteht nicht nur gegenüber der Gesellschaft[694], sondern auch gegenüber den Mitgesellschaftern[695]. Werden hier Förder- und Mitwirkungspflichten oder Unterlassungs- und Loyalitätspflichten verletzt, haftet der betreffende Gesellschafter seinen Mitgesellschaftern gegenüber auf Ersatz der ihnen hierdurch unmittelbar entstandenen Schäden[696].

Haben bei der *GmbH* Gesellschafter gemäß § 31 Abs. 3 GmbHG für die von einem Mitgesellschafter gemäß § 31 Abs. 1 GmbHG zu fordernde, aber nicht zu erlangende Rückzahlung von verbotenen Zahlungen an die Gesellschaft geleistet, können sie den betreffenden Gesellschafter im Regressweg, sei es entsprechend § 255 BGB i.V.m. § 31 Abs. 1 GmbHG, sei es auf Grundlage des mitgliedschaftlichen Verhältnisses der Gesellschafter untereinander in Anspruch nehmen. Angesichts des Ausfalls der Gesellschaft mit ihrem Anspruch gegen den betreffenden Gesellschafter als Voraussetzung für die Haftung der übrigen Gesellschafter gemäß § 31 Abs. 3 GmbHG ist dies aber wohl eher ein theoretischer Fall. Praktisch werden sich die Gesellschafter, sofern die Geschäftsführer schuldhaft gehandelt haben, an diese wenden, § 31 Abs. 6 GmbHG.

Bei schädigenden Eingriffen des herrschenden Gesellschafters im *faktischen Aktienkonzern* haftet dieser den Mitaktionären gegenüber gemäß § 317 Abs. 1 Satz 2 AktG, sofern und soweit ihnen über den Schaden der abhängigen Gesellschaft hinaus unmittelbar ein eigener Schaden entstanden ist; hinzukommen kann hier die Haftung gemäß § 117 Abs. 1 Satz 2 AktG. In der *GmbH* hingegen haben hier die nachteiligen Weisungen und Maßnahmen unter Treupflichtgesichtspunkten von vornherein zu unterbleiben, etwaige Weisungsbeschlüsse sind anfechtbar, der hiergegen verstoßende Gesellschafter haftet der Gesellschaft auf Schadensersatz[697]. Sofern und soweit den Mitgesellschaftern hier über den Schaden der Gesellschaft hinaus unmittelbar ein eigener Schaden entsteht, dürften diese insoweit dann aber einen eigenen Schadensersatzanspruch auf Grundlage der allgemeinen Treupflicht haben.

---

694 Hierzu oben unter A.I.1.
695 Für die *GmbH*: BGH, Urteil vom 05.06.1975, BGHZ 65, 15, 18 f – ITT; für die *Aktiengesellschaft*: BGH, Urteil vom 01.02.1988, BGHZ 103, 184, 195 – Linotype; Urteil vom 20.03.1995, BGHZ 129, 136 – Girmes; siehe ferner Lutter, AcP 180 (1980), 84, 90 f.
696 BGH, Urteil vom 14.05.1990, AG 1990, 458; Lutter/Bayer, in: Lutter/Hommelhoff, § 14 GmbHG Rz. 28.
697 Siehe hierzu oben unter A.I.1.

Im *Vertragskonzern* hingegen ist der herrschende Gesellschafter von vornherein den Mitgesellschaftern zu Ausgleichszahlungen, § 304 AktG, auf deren Wunsch auch zum Erwerb gegen Abfindung, § 305 AktG, verpflichtet.

Im *Kapitalmarktrecht* kommt eine Haftung des herrschenden Gesellschafters als Prospektveranlasser gemäß § 44 Abs. 1 Satz 1 Ziff. 2 BörsG (gegebenenfalls i.V.m. § 55 BörsG bzw. § 13 VerkProspG) für Schäden der Aktienerwerber infolge unrichtiger oder unvollständiger wesentlicher Prospektangaben in Betracht; hier haftet regelmäßig auch die Gesellschaft als Emittentin gemäß § 44 Abs. 1 Satz 1 Ziff. 1 BörsG. Mit der Haftung der herrschenden Gesellschaft als Prospektveranlasser vergleichbar ist die Haftung des Bieters gemäß § 12 Abs. 1 Ziff. 1 WpÜG für unrichtige und unvollständige wesentliche Angebotsunterlagen.

Im Übrigen kommte eine Haftung der Gesellschafter gegenüber Mitgesellschaftern auf selbständiger *rechtsgeschäftlicher* Grundlage in Betracht. Möglich ist im Einzelfall auch eine *deliktische* Haftung. Sofern hier Schutzgesetzverletzungen im Sinne von § 823 Abs. 2 BGB in Rede stehen, ist aber sorgfältig zu ermitteln, ob die betreffenden Rechtsnormen neben dem Schutz der Gesellschaft und gegebenenfalls der Allgemeinheit auch den Schutz der Mitgesellschafter bezwecken. Ob Letzteres etwa für die Mitteilungspflichten gemäß § 21 WpHG gilt, erscheint fraglich[698].

Neben der Haftung der Gesellschafter kommt wiederum auch die Haftung von Geschäftsleitungs- und/oder Aufsichtsratsmitgliedern in Betracht. Bei Haftung eines Gesellschafters gegenüber seinen Mitgesellschaftern, die seinen sich aus § 31 Abs. 1 GmbHG bestehenden Rückzahlungsanspruch nach Maßgabe von § 31 Abs. 3 GmbHG erfüllt haben, auf Regress insoweit haften bei entsprechendem Verschulden diesen Mitgesellschaftern gegenüber zudem die Geschäftsleiter, § 31 Abs. 6 GmbHG[699]. In den Fällen der Haftung des herrschenden Gesellschafters gemäß §§ 317 Abs. 1 Satz 2, 117 Abs. 1 Satz 2 AktG kommt zudem die Haftung der Geschäftsleiter gemäß § 318 Abs. 1 i.V.m. § 317 Abs. 1 Satz 2 sowie § 117 Abs. 2 AktG und der Aufsichtsratsmitglieder gemäß § 318 Abs. 2 i.V.m. § 317 Abs. 1 Satz 2 sowie § 117 Abs. 2 AktG in Betracht[700]. Und neben Gesellschaftern als Prospektveranlasser im Sinne von § 44 Abs. 1 Satz 1 Ziff. 2 BörsG, gegebenenfalls i.V.m. § 55 BörsG bzw. § 13 VerkProspG, sowie als Bieter im Sinne von § 12 Abs. 1 Ziff. 1 WpÜG haften unter Umständen auch einzelne Geschäftsleiter und/oder Aufsichtsratsmitglieder

---

698 Dies bejahend Bayer, Münchener Komm., Anh. § 22 AktG, § 21 WpHG Rz. 2; Holzborn/Foelsch, NJW 2003, 932, 937; U.H. Schneider, in: Assmann/U.H. Schneider, vor § 21 WpHG Rz. 16; a. A. Hüffer, Anh. § 22 AktG, § 21 WpHG Rz. 1; Opitz, in: Schäfer/Hamann, § 21 WpHG Rz. 42; Schwark, in: Schwark, Kapitalmarktrechts-Komm., § 21 WpHG Rz. 16.
699 Siehe hierzu oben § 1, unter C.
700 Siehe hierzu oben § 1, unter C.

ebenfalls als Prospektveranlasser gemäß § 44 Abs. 1 Satz 1 Ziff. 2 BörsG sowie als Angebotsveranlasser gemäß § 12 Abs. 1 Ziff. 2 WpÜG, sofern sie an der Emission oder dem Angebot ein eigenes Interesse haben[701]. Auch sonstige schuldhafte Pflichtverletzungen der Geschäftsleiter und/oder Aufsichtsratsmitglieder sind hier beachtlich, wenn sie eine Haftung gegenüber den Gesellschaftern begründen.

Haften neben den Gesellschaftern auch Mitglieder der Geschäftsleitung und/ oder des Aufsichtsrats den Gesellschaftern für den entstandenen Schaden, so sind diese Gesamtschuldner. Dies ergibt sich zum Teil aus dem Gesetz, §§ 318 Abs. 1 und 2 AktG, 44 Abs. 1 Satz 1 BörsG, 12 Abs. 1 WpÜG und § 840 Abs. 1 BGB, und im Übrigen aus der analogen Anwendung dieser die gesamtschuldnerische Haftung von Geschäftsleitern und/oder Aufsichtsratsmitgliedern und Gesellschaftern gegenüber Gesellschaftern betreffenden Haftung[702].

---

701 Siehe hierzu oben § 1, unter C.
702 Vgl. hierzu Selb, Mehrheiten von Gläubigern und Schuldnern, S. 56 ff; Staudinger/Noack, § 421 BGB Rz. 48 ff.

2. Teil: Gesamtschuldnerische Haftung und Außenverhältnis: Gesamt- und Einzelwirkungen

Gesamtschuldnerische Haftung bewirkt im Außenverhältnis, d. h. im Verhältnis zum jeweiligen Gläubiger, dass bestimmte im Verhältnis zu einem der Schuldner auftretende Umstände Wirkung auch im Verhältnis zu den anderen Schuldnern entfalten, so genannter Grundsatz der Einheit der Gesamtschuld[703]. Im Übrigen bleiben die Schuldverhältnisse im Außenverhältnis aber unabhängig voneinander[704].

§ 7 Der Grundsatz der Einheit der Gesamtschuld, §§ 422–424 BGB

Die Erfüllung durch einen der Gesamtschuldner sowie einzelne der Erfüllung gleichzuachtende Umstände entfalten Wirkung auch den anderen Gesamtschuldnern gegenüber. Besondere Bedeutung kommt hierbei im vorliegenden Zusammenhang angesichts der diversen Erlassbeschränkungen bei der Haftung gegenüber der Gesellschaft[705] Verzichts- und Vergleichsvereinbarungen zu, hierauf ist daher ausführlicher einzugehen[706]. Im Übrigen werden die gesamtwirkenden Tatsachen der Vollständigkeit halber nur kurz skizziert[707].

---

703 Siehe hierzu sogleich § 7.
704 Siehe hierzu § 8.
705 Siehe hierzu oben § 1, unter A.I.3.; § 2, unter A.I.3.; § 5, unter A.IV.1.b) sowie § 6, unter A.I.2.
706 Hierzu unter B.
707 Hierzu sogleich unter A.

A. Die Wirkung von Erfüllung und erfüllungsähnlichen Vorgängen; Gläubigerverzug, §§ 422, 424 BGB

Die *Erfüllung* durch einen Gesamtschuldner wirkt gemäß § 422 Abs. 1 Satz 1 BGB auch für die übrigen Schuldner. Abweichend von § 362 Abs. 1 BGB führt dies aufgrund der Legalzession des § 426 Abs. 2 BGB[708] zwar nicht zum Erlöschen der Forderung, die Erfüllungswirkung ist aber Einwendung gegenüber weiteren Inanspruchnahmen durch den Gläubiger insoweit[709]. Gleiches gilt für die Erfüllung nicht durch einen Gesamtschuldner, sondern durch einen Dritten im Sinne von § 267 BGB[710], ferner gemäß § 422 Abs. 1 Satz 2 1. Fall BGB für *Leistungen an Erfüllungs statt*.

Gesamtwirkung kommt weiterhin der *Hinterlegung* zu, § 422 Abs. 1 Satz 2 2. Fall BGB. Diese gilt allerdings nur dann auch bereits als Erfüllung, wenn die Rücknahme ausgeschlossen ist, § 378 BGB. Ist die Rücknahme nicht ausgeschlossen, können allerdings auch die übrigen Gesamtschuldner den Gläubiger im Sinne von § 379 Abs. 1 BGB auf die hinterlegte Sache verweisen[711].

Ebenso Gesamtwirkung hat die *Aufrechnung*, § 422 Abs. 1 Satz 2 3. Fall BGB. Gemäß § 422 Abs. 2 BGB setzt dies aber eine unmittelbare Aufrechnungslage voraus, anders als bei den »unechten« Gesamtschuldverhältnissen von Hauptschuldner und Bürge, § 770 Abs. 2 BGB, sowie Personenhandelsgesellschaft und Gesellschafter, § 129 Abs. 3 HGB, kann ein Gesamtschuldner sich somit nicht auf eine fremde Aufrechnungslage berufen[712].

Im Falle der *Vereinigung von Forderung und Schuld*, im vorliegenden Zusammenhang etwa infolge des Erwerbs der (mit)haftenden Zuliefergesellschaft durch die Gesellschaft, der gegenüber auch ihr Geschäftsleiter wegen Pflichtverletzung haftet[713], kommt es nicht zum Erlöschen von Forderung und Schuld infolge von Konfusion, da der Gläubiger (hier: die Gesellschaft) Erfüllung ja noch vom anderen Gesamtschuldner (hier: dem Geschäftsleiter) verlangen kann. Dies spräche für eine bloße Einzelwirkung und hiervon geht auch § 425 Abs. 2 BGB aus. Letzterer kann dann aber bei der Inanspruchnahme über den von ihm im Innenverhältnis der Gesamtschuldner zu übernehmenden Teil[714]

---

708 Siehe hierzu § 9, unter C.
709 Selb, Mehrheiten von Gläubigern und Schuldnern, S. 67; Soergel/Wolf, § 422 BGB Rz. 1.
710 Selb, Mehrheiten von Gläubigern und Schuldnern, S. 69 f; Soergel/Wolf, § 422 BGB Rz. 4.
711 Selb, Mehrheiten von Gläubigern und Schuldnern, S. 68 f.
712 Selb, Mehrheiten von Gläubigern und Schuldnern, S. 68 f; Soergel/Wolf, § 422 BGB Rz. 9 f.
713 Siehe hierzu oben § 5, unter A.V.2.
714 Siehe hierzu § 10, unter B.V.

hinaus die Arglisteinrede erheben, da er den anderen Gesamtschuldner, d. h. nunmehr den diesen übernehmenden Gläubiger anteilmäßig gemäß § 426 Abs. 1 BGB in Regress nehmen könnte. Faktisch kommt der Vereinigung von Forderung und Schuld somit entgegen § 425 Abs. 2 BGB ebenfalls (allerdings auf den internen Haftungsanteil des bisherigen Schuldners beschränkte) Gesamtwirkung zu[715].

Und schließlich hat Gesamtwirkung der *Verzug des Gläubigers* gegenüber einem Gesamtschuldner, § 424 BGB. Die Leistung eines der Gesamtschuldner hätte auch alle anderen Gesamtschuldner gemäß § 422 BGB befreit, entsprechend ist bei Verzug des Gläubigers bei der Annahme dieser Leistung nunmehr für alle Gesamtschuldner die Gefahrtragung erleichtert, entfällt die Zinspflicht etc., §§ 300 ff BGB[716].

B. Die Wirkung von Erlass- und Vergleichsvereinbarungen, § 423 BGB

Der Erfüllung ähnlich ist auch der Erlass/Verzicht, gegebenenfalls auch begründet durch Abschluss einer Vergleichsvereinbarung bzw. deren Erfüllung[717]. Ein zwischen dem Gläubiger und einem Schuldner vereinbarter Erlass wirkt gemäß § 423 BGB aber nur dann auch für alle übrigen Schuldner, wenn die Vertragschließenden das ganze Schuldverhältnis aufheben wollten. Die Regel ist dies indes nicht[718], so dass sich die Frage stellt, in welchen Fällen ein Erlass gleichwohl Gesamtwirkung entfaltet.

I. Ausgangsüberlegungen

1. Wirkungen von Erlassvereinbarungen mit sämtlichen Schuldnern

Trifft der Gläubiger mit sämtlichen Gesamtschuldnern eine Erlass- oder Vergleichsvereinbarung, wirkt diese grundsätzlich auch gegenüber allen Gesamtschuldnern[719]. Derlei Vergleichsvereinbarungen sind daher zunächst unproblematisch[720].

---

715 Selb, Mehrheiten von Gläubigern und Schuldnern, S. 70.
716 Selb, Mehrheiten von Gläubigern und Schuldnern, S. 76.
717 Siehe hierzu Bydlinski, Münchener Komm., § 423 BGB Rz. 5; Selb, Mehrheiten von Gläubigern und Schuldnern, S. 72.
718 BGH, Urteil vom 15.05.1972, WM 1972, 929, 930 f.
719 Selb, Mehrheiten von Gläubigern und Schuldnern, S. 70.
720 Zu den Auswirkungen von gegenüber einzelnen der Gesamtschuldner geltenden Erlassbeschränkungen siehe sogleich unter II.

2. Wirkungen von Erlassvereinbarungen mit einzelnen Schuldnern

Anders hingegen, wenn der Gläubiger eine solche Vereinbarung nur mit einzelnen Gesamtschuldnern geschlossen hat. Hier stellt sich die Frage, ob und inwieweit dem Wirkung auch in den Verhältnissen des Gläubigers gegenüber den übrigen Schuldnern zukommen soll. Hierbei ist zunächst maßgeblich, ob der Erlass den betreffenden Schuldner von jeglicher Haftung freistellen soll, auch im Innenverhältnis gegenüber den Mitschuldnern, oder aber nur von der Inanspruchnahme durch den Gläubiger selbst[721]. Wenn der betreffende Schuldner von jeglicher Haftung freigestellt werden soll, wäre weiterhin zu klären, ob hierdurch der Regress durch die übrigen Mitschuldner von vornherein ausgeschlossen werden soll – dies bedeutete, da sich die Vereinbarung eines Regressausschlusses mit dem betreffenden Schuldner als Vertrag zu Lasten Dritter verböte[722], dass der Gläubiger gegen die anderen Schuldner nur noch in Höhe eines um den internen Verantwortungsanteil des Erlasspartners bereits geminderten Anspruchs vorgehen könnte, der Erlassvereinbarung käme insoweit dann unmittelbare (Gesamt-)Wirkung (nebst entsprechenden Einwendungen) auch gegenüber den anderen Schuldnern zu. Soll der Regress hingegen nicht von vornherein ausgeschlossen werden, der betreffende Schuldner aber gleichwohl im Ergebnis von jeglicher Haftung freigestellt werden, bliebe noch ein entsprechender Ausgleichs- bzw. Freistellungsanspruch des betreffenden Schuldners gegen den Gläubiger, wenn dieser von den übrigen Schuldnern auf Regress in Anspruch genommen wird (so genannter Ringregress)[723]. In diesem Fall käme der Erlassvereinbarung aber unmittelbar (Einzel-)Wirkung nur gegenüber dem betreffenden Schuldner, nicht auch (Gesamt-)Wirkung gegenüber den Mitschuldnern zu. Sofern und soweit die Erlassvereinbarung keine expliziten Regelungen in diesem Sinne enthält, ist sie gemäß §§ 133, 157 BGB nach allgemeinen Regeln auszulegen[724]. Da die Erlassvereinbarung als abstrakte Verfügung in der Regel zweckneutral ist, ist hierbei dann zum einen auf das entsprechende Grundgeschäft abzustellen, etwa auf einen geschlossenen Vergleich, § 779 BGB.

---

721 Selb, Mehrheiten von Gläubigern und Schuldnern, S. 70 f; Soergel/Wolf, § 423 BGB Rz. 1; Wacke, AcP 170 (1970), 42, 46.
722 BGH, Urteil vom 20.04.1967, BGHZ 47, 376, 379; Urteil vom 09.03.1972, BGHZ 58, 216, 218 f; Selb, Mehrheiten von Gläubigern und Schuldnern, S. 71; Soergel/Wolf, § 423 BGB Rz. 1.
723 Selb, Mehrheiten von Gläubigern und Schuldnern, S. 71; Soergel/Wolf, § 423 BGB Rz. 1; Wacke, AcP 170, (1970), 42, 47 ff; zum Ausgleich der Gesamtschuldner untereinander ausführlich im 3. Teil.
724 BGH, Urteil vom 21.03.2000, NJW 2000, 1942, 1943; Selb, Mehrheiten von Gläubigern und Schuldnern, S. 70 f; Staudinger/Noack, § 423 BGB Rz. 22; siehe hierzu sogleich unter II.

Zum anderen kommt maßgebliche Bedeutung aber auch dem Verhältnis der Gesamtschuldner untereinander zu[725].

Schließt der Gläubiger eine Erlassvereinbarung mit einem Schuldner, ist die Vereinbarung gemäß §§ 133, 157 BGB im Regelfall dahingehend auszulegen, dass der Erlass nicht im Regressweg wieder zunichte gemacht werden soll[726]. Das bedeutet, dass der Erlass nicht nur (Einzel-)Wirkung gegenüber dem Erlasspartner, sondern auch (Gesamt-)Wirkung gegenüber den anderen Schuldnern hat, *sofern und soweit* der Erlasspartner im Innenverhältnis der Gesamtschuldner zur Haftung verpflichtet ist. Dem über den internen Haftungsanteil hinausgehenden Erlassteil hingegen kommt im Regelfall dann nur Einzelwirkung gegenüber dem Erlasspartner zu[727]. Hier wird für die Auslegung der Erlassvereinbarung somit das Innenverhältnis der Gesamtschuldner herangezogen[728]. Dies setzt dann allerdings nicht voraus, dass das Innenverhältnis und insbesondere der interne Haftungsanteil des Erlasspartners den Erlassparteien bei Vertragsschluss bekannt sein müssen[729]. Die Annahme, dass die Parteien im Regelfall den Erlass nicht im Regresswege wieder zunichte machen wollen, setzt Kenntnis von der Existenz weiterer Gesamtschuldner, mithin eines den Regress begründenden Rechtsverhältnisses voraus[730], nicht aber auch Kenntnis der Haftungsanteile im Innenverhältnis.

Haftet im Innenverhältnis der Gesamtschuldner der Erlasspartner *alleine*, so ist vor diesem Hintergrund diese Vereinbarung gemäß §§ 133, 157 BGB grundsätzlich dahingehend auszulegen, dass der Erlass in voller Höhe nicht nur ihm selbst gegenüber wirkt, sondern auch den anderen Schuldner. Haften also im vorliegenden Zusammenhang etwa ein Geschäftsleiter und, über Zurechnung der Pflichtwidrigkeit des Geschäftsleiters gemäß § 31 BGB, die Gesellschaft als Gesamtschuldner einem Dritten gegenüber und schließen dieser Gläubiger und der Geschäftsleiter eine Vergleichsvereinbarung, die u. a. den (teilweisen) Erlass der Schadensersatzforderung des Dritten zum Inhalt hat, entfaltet dies, sofern nichts abweichendes vereinbart wurde, nicht nur Einzelwirkung im Verhältnis zwischen Drittem und dem Geschäftsleiter. Der Erlassvereinbarung kommt vielmehr, sofern und soweit der Erlasspartner im Innenverhältnis haftet, Gesamtwirkung auch gegenüber der Gesellschaft zu. Da der Geschäftsleiter im

---

725 Staudinger/Noack, § 423 BGB Rz. 22 f.
726 Soergel/Bydlinski, § 423 BGB Rz. 4.
727 Soergel/Bydlinski, § 423 BGB Rz. 4.
728 Zum Innenverhältnis der Gesamtschuldner siehe noch ausführlich im 3. Teil.
729 So aber Beining, ZBB 2002, 397, 401; Bydlinski, Münchener Komm., § 423 BGB Rz. 4; Staudinger/Noack, § 423 BGB Rz. 23.
730 Siehe hierzu RG, Urteil vom 16.06.1933, JW 1933, 2829 f mit Anm. Larenz; Staudinger/Noack, § 423 BGB Rz. 31.

vorliegenden Fall im Innenverhältnis zur Gesellschaft alleine haftet[731], entfällt in Höhe des Erlasses auch die Haftung der Gesellschaft.

Entsprechendes gilt dann bei einer Vergleichsvereinbarung mit einem Schuldner, der im Innenverhältnis der Gesamtschuldner nur *teilweise* haftet. Hier kommt dem Erlass in Höhe des Haftungsanteils des Erlasspartners im Innenverhältnis wiederum Gesamtwirkung auch gegenüber den übrigen Gesamtschuldnern zu[732], im Übrigen Einzelwirkung[733]. Haften also etwa zwei Geschäftsleiter einem Dritten gegenüber als Gesamtschuldner und sind sie im Innenverhältnis zu gleichen Teilen verantwortlich, hat die Erlassvereinbarung in Höhe des Haftungsanteils des Erlasspartners Wirkung auch dem anderen Geschäftsleiter gegenüber. In dieser Höhe kann der Gläubiger auch ihn dann nicht mehr in Anspruch nehmen.

Trifft schließlich der Gläubiger eine Erlassvereinbarung mit einem Schuldner, der im Innenverhältnis der Gesamtschuldner überhaupt nicht haftet, bedeutet dies dann allerdings, dass diesem Erlass nur Einzelwirkung im Verhältnis zwischen dem Gläubiger und dem vertragschließenden Schuldner zukommt[734]. Denn hier kann der Erlass mangels Regressanspruchs der übrigen Schuldner gerade nicht im Regressweg wieder zunichte gemacht werden. Haften also etwa zwei Geschäftsleiter einem Dritten gegenüber wegen schuldhafter Pflichtverletzung gesamtschuldnerisch auf Schadensersatz, ist im Innenverhältnis der Gesamtschuldner einer der Geschäftsleiter aber aufgrund der organinternen Kompetenzverteilung alleine verantwortlich[735], entfaltet die Erlassvereinbarung des Gläubigers mit dessen Kollegen nur (Einzel-)Wirkung ihm gegenüber, nicht aber (Gesamt-)Wirkung auch gegenüber dem anderen Geschäftsleiter.

II. Besonderheiten bei Erlassbeschränkungen

Voraussetzung für die vorgenannten Wirkungen von mit jedem Gesamtschuldner wie auch mit nur einzelnen von ihnen geschlossenen Erlass-/Vergleichsvereinbarungen ist jedoch, dass derlei Vereinbarungen überhaupt zulässig sind. Hier sind im vorliegenden Zusammenhang die bei der Haftung gegenüber der Gesellschaft verschiedentlich bestehenden Erlassbeschränkungen von besonde-

---

731 Siehe hierzu unten § 10, unter B.IV.
732 BGH, Urteil vom 01. 12.2003, NJW-RR 2004, 900, 904; Bydlinski, Münchener Komm., § 423 BGB Rz. 4 f; Selb, Mehrheiten von Gläubigern und Schuldnern, S. 71 f; Soergel/Wolf, § 423 BGB Rz. 2.
733 Bydlinski, Münchener Komm., § 423 BGB Rz. 4; Selb, Mehrheiten von Gläubigern und Schuldnern, S. 72.
734 Bydlinski, Münchener Komm., § 423 BGB Rz. 5; Staudinger/Noack, § 423 BGB Rz. 23.
735 Siehe hierzu unten § 10, unter B.I.

rer Bedeutung, namentlich die §§ 50, 93 Abs. 4 Satz 3 u. 4, 117 Abs. 4, 309 Abs. 3, 310 Abs. 4, 318 Abs. 4 AktG, 9b, 43 Abs. 3 Satz 2, 64 Abs. 2 Satz 3 GmbHG bei der Haftung der Geschäftsleiter gegenüber der Gesellschaft[736], die §§ 50, 116 Satz 1 i.V.m. § 93 Abs. 4 Satz 3 u. 4, §§ 117 Abs. 4, 309 Abs. 3, 310 Abs. 4, 318 Abs. 4 AktG bei der Haftung der Aufsichtsratsmitglieder gegenüber der Gesellschaft[737], der zwingende Charakter des Aktienrechts für die Haftung der fehlerhaft bestätigenden kontoführenden Bank gegenüber der Gesellschaft gemäß § 37 Abs. 1 Satz 4 AktG[738] und die §§ 50 AktG, 66, 317 Abs. 4 i.V.m. § 309 Abs. 3 AktG, §§ 9b Abs. 1, 31 Abs. 4 GmbHG bei der Haftung des Gesellschafters gegenüber der Gesellschaft[739].

1. Auswirkungen von Erlassbeschränkungen auf Erlassvereinbarungen von Gesamtschuldnern im Allgemeinen

Entgegen diesen Erlassbeschränkungen geschlossene Vereinbarungen sind unwirksam. Dies folgt nicht etwa, weil Sinn und Zweck der jeweils verletzten Norm die Nichtigkeit der Vereinbarung verlangten, aus § 134 BGB. Vielmehr setzt § 134 BGB voraus, dass überhaupt grundsätzlich eine entsprechende Gestaltungsmöglichkeit besteht[740]. Hieran bereits fehlt es jedoch im vorliegenden Fall. Das die Gesellschaft beim Erlass vertretende Organ ist insoweit nicht zur Vertretung der Gesellschaft befugt, entsprechend ist die auf Abschluss des Erlasses gerichtete Willenserklärung bereits aus diesem vorgelagerten Grund unwirksam, somit nicht existent[741]. Zu der Bewertung gemäß § 134 BGB, ob Sinn und Zweck der Erlassbeschränkung die Nichtigkeit des Erlasses verlangten, kommt es daher gar nicht erst. Ob die Nichtigkeit sodann durch eine Schadensersatzhaftung der betreffenden Organmitglieder gemäß § 179 Abs. 1 BGB kompensiert wird, hängt davon ab, ob der Erlasspartner die fehlende Vertretungsmacht kannte oder zumindest hätte kennen müssen, § 179 Abs. 3 Satz 1 AktG. Derlei Kenntnis oder fahrlässige Unkenntnis, § 122 Abs. 2 BGB, dürfte beim haftenden Geschäftsleiter, Aufsichtsratsmitglied, Gesellschafter sowie der ge-

---

736 Siehe hierzu oben § 1, unter A.I.3.
737 Siehe hierzu oben § 2, unter A.I.3.
738 Siehe hierzu oben § 5, unter A.IV.1.b).
739 Siehe hierzu oben § 6, unter A.I.2.
740 Mayer-Maly/Armbrüster, Münchener Komm., § 134 BGB Rz. 5; siehe auch BGH, Urteil vom 10.11.1951, BGHZ 3, 354, 357; Urteil vom 28.04.1954, BGHZ 13, 179, 184; Urteil vom 11.04.1957, BGHZ 24, 106, 115; Urteil vom 14.10.1963, BGHZ 40, 156, 160.
741 Hefermehl/Spindler, Münchener Komm., § 93 AktG Rz. 128; Hopt, in: Großkomm., § 93 AktG Rz. 380.

mäß § 37 Abs. 1 Satz 4 AktG haftenden Bank regelmäßig anzunehmen sein, im Übrigen ist dies im Einzelfall zu klären.

Unmittelbar gilt dies für Erlassvereinbarungen hinsichtlich der Erlassbeschränkungen unterliegender Forderungen, also etwa hinsichtlich des Schadensersatzanspruchs der Gesellschaft gegenüber einem Vorstandsmitglied, vgl. § 93 Abs. 4 Satz 3 und 4 AktG. Aber auch auf Erlassvereinbarungen mit Schuldnern, die an sich keiner Erlassbeschränkung unterliegen, haben die Erlassbeschränkungen dann Auswirkung, wenn diese Schuldner gesamtschuldnerisch mit Schuldnern haften, die ihrerseits einer Erlassbeschränkung unterliegen, also etwa bei der gesamtschuldnerischen Haftung von Vorstandsmitgliedern und einem Finanzdienstleister gegenüber der Gesellschaft[742]. Hier ist zu beachten, dass diesen Erlassvereinbarungen, hier also der Erlassvereinbarung zwischen Gesellschaft und Finanzdienstleister, keine Gesamtwirkung insoweit zukommen darf, dass der Gläubiger gegen die der Erlassbeschränkung unterliegenden Schuldner, hier: die Vorstandsmitglieder, sodann nur noch in um den (internen) Haftungsanteil der Erlasspartner geminderter Höhe vorgehen darf. Dies käme einer Umgehung der jeweils einschlägigen Erlassbeschränkung gleich, weil der Erlass über den Umweg der Gesamtwirkung dem der Erlassbeschränkung unterliegenden Schuldner dann doch noch, und zwar unmittelbar, zugute käme. Besonders deutlich wird dies, wenn man sich im vorliegenden Fall vor Augen führt, dass beim Verzicht auf die gegenüber dem Finanzdienstleister bestehenden Ansprüche die Gesellschaft vom Vorstand vertreten wird. Könnten die Vorstandsmitglieder hierbei zugleich die Gesamtwirkung des Verzichts auch sich selbst gegenüber bewirken, widerspräche dies nicht nur der Erlassbeschränkung des § 93 Abs. 4 Satz 3 und 4 AktG. Vielmehr liefe dies auch der Zuständigkeitsordnung für die Vertretung der Gesellschaft gegenüber den Vorstandsmitgliedern, § 112 AktG, entgegen.

Weitergehend stellt sich zudem die Frage, ob die mit den an sich nicht der Erlassbeschränkung unterliegenden Gesamtschuldnern geschlossenen Erlassvereinbarungen neben der Gesamtwirkung gegenüber den anderen Schuldnern auch keine Einzelwirkung insoweit haben dürfen, dass sie, wenn durch die anderen Schuldner auf Regress in Anspruch genommen, sodann nicht im Wege des Ringregresses ihrerseits wiederum Ausgleich bzw. Freistellung vom Gläubiger verlangen können. Dies bedeutete, dass zwischen den Parteien dann nur der Verzicht auf die unmittelbare Inanspruchnahme durch den Gläubiger, nicht aber darüber hinaus auch die zumindest im Ergebnis vollständige Freistellung vereinbart werden könnte. Hierfür könnte sprechen, dass dem der Regressbeschränkung unterliegenden Schuldner, hier: dem Vorstandsmitglied, über den Umweg des Ringregresses der Erlass des Gläubigers, hier: der Gesellschaft, doch wieder zugute käme. Sinn und Zweck der Regressbeschränkungen, jeden-

---

742 Siehe hierzu oben § 5, unter A.IV.

falls soweit sie die Haftung von Geschäftsleitungs- und/oder Aufsichtsratsmitgliedern betreffen, ist es aber gerade, Gefahren kollegialer Verschonung vorzubeugen und die Rechte von Minderheitsgesellschaftern und außen stehenden Aktionären hinsichtlich der Anspruchsdurchsetzung zu wahren[743]. Gegen die Unzulässigkeit auch von umfassenden, die nicht der Erlassbeschränkung unterliegenden Gesamtschuldner betreffenden Einzelwirkungen des Erlasses spricht jedoch, dass die im Ergebnis vollständige Freistellung von der Haftung über den Ringregress Folge der Haftung des betreffenden Gesamtschuldners im Innenverhältnis ist. Ein solcher Ausgleich der Gesamtschuldner untereinander soll durch die Erlassbeschränkungen aber gerade nicht verhindert werden, diese beschränken sich auf das unmittelbare Verhältnis zwischen betroffenem Gesamtschuldner und Gläubiger. Und selbst mittelbar kommt der Ausgleich bzw. die Freistellung im Rahmen des Ringregresses dem durch die Erlassbeschränkung betroffenen Gesamtschuldner nur zugute, sofern und soweit er ansonsten mit seinem Regressanspruch gegen den Mitschuldner aufgrund dessen Mittellosigkeit ausgefallen wäre. Ein mit einem keiner Erlassbeschränkung unterliegenden Schuldner vereinbarter Erlass mit umfassender Einzelwirkung wird, wie im Übrigen jeder Erlass, daraufhin zu überprüfen sein, ob das hierbei handelnde Organ pflichtgemäß gehandelt hat. Auf die grundsätzliche Zulässigkeit und insbesondere Wirksamkeit der Vereinbarung einer umfassenden Einzelwirkung des Erlasses gegenüber dem Erlasspartner hat dies, von Fällen kollusiven Zusammenwirkens mit dem betreffenden Schuldner abgesehen, keine Auswirkungen.

Unzulässig ist somit nicht die Vereinbarung der Einzelwirkung des Erlasses, sondern lediglich die Vereinbarung der Gesamtwirkung auch für die der Erlassbeschränkung unterliegenden Schuldner. Insoweit wirken die Erlassbeschränkungen bei gesamtschuldnerischer Haftung mittelbar auch gegenüber den den Erlassbeschränkungen unmittelbar nicht unterliegenden Schuldnern. Eine hiergegen verstoßende Erlassvereinbarung ist jedenfalls insoweit unwirksam. Ob dann zugleich entsprechend der Vermutung des § 139 BGB Gesamtnichtigkeit anzunehmen ist, ist im jeweiligen Einzelfall zu entscheiden. In der Regel wird man hier, da der Erlass zumeist in Einzel- und Gesamtwirkung teilbar sein, die Einzelwirkung des Erlasses auch ohne die Gesamtwirkung selbständig Bestand haben[744] und es dem betreffenden Schuldner insbesondere auf die Einzelwirkung ankommen dürfte, von einer Gesamtnichtigkeit des Erlasses aber absehen können, es verbliebe somit dann bei der Erlasswirkung lediglich zwischen den Erlassparteien. Fehlt hingegen eine solche explizite Vereinbarung der Gesamtwirkung auch gegenüber den der Erlassbeschränkung unmittelbar unterliegenden Schuldnern, wird die Erlassvereinbarung nach dem allgemeinen Grundsatz

---

743 Siehe hierzu Mertens, FS Fleck, S. 209, 210.
744 Siehe hierzu BGH, Urteil vom 14.02.1962, 912, 913; Palandt/Heinrichs, § 139 BGB Rz. 10.

der gesetzeskonformen Auslegung[745] regelmäßig dahingehend auszulegen sein, dass sie nur Einzelwirkung zwischen den Erlasspartnern haben soll.

2. Auswirkungen von Erlassbeschränkungen auf Erlassvereinbarungen mit sämtlichen Gesamtschuldnern

Die Unwirksamkeitsfolge gilt auch für den Fall der Erlassvereinbarung zwischen Gläubiger und sämtlichen Gesamtschuldnern. Hat der Gläubiger hier mit jedem der Schuldner *gesonderte Erlassvereinbarungen* geschlossen, die teilweise einer Erlassbeschränkung unterliegen, teilweise aber auch nicht, sind Erstere unwirksam. Der Wirksamkeit der Erlassvereinbarungen hingegen, die Forderungen betreffen, die keiner Erlassbeschränkung unterliegen, wird hiervon zunächst nicht berührt. Hier gilt dann aber wiederum, dass diesen Erlassvereinbarungen keine Gesamtwirkung insoweit zukommen darf, dass der Gläubiger gegen die der Erlassbeschränkung unterliegenden Schuldner sodann nur noch in um den (internen) Haftungsanteil der Erlasspartner geminderter Höhe vorgehen darf[746].

Hat der Gläubiger hingegen mit allen Schuldnern eine *gemeinsame multilaterale Vereinbarung* geschlossen, ist diese, soweit sie die Erlassbeschränkungen betrifft, unwirksam. Die Wirksamkeit der Vereinbarung im Übrigen bestimmt sich wiederum anhand von § 139 BGB und somit danach, ob die Parteien die Vereinbarung auch ohne den nichtigen Teil geschlossen hätten. Gleiches gilt letztlich ebenso bei Bestehen einer salvatorischen Klausel, da diese lediglich die Vermutung des § 139 BGB, dass im Zweifel Gesamtnichtigkeit anzunehmen sei, in ihr Gegenteil umkehrt[747]. Bei der Beteiligung mehrerer Personen auf einer Seite einer Vereinbarung, wenn nur im Verhältnis zu einzelnen Personen ein Nichtigkeitsgrund besteht, wird, sofern die betreffenden Regelungen den einzelnen Personen entsprechend aufgeteilt werden können und keine anders lautenden Anhaltspunkte bestehen, gemeinhin der mutmaßliche Wille der übrigen Vertragsbeteiligten angenommen, die Vereinbarung im Übrigen als wirksam zu betrachten[748]. Und auch bei der vorliegenden Konstellation ist für den Regelfall

---

745 Vgl. BAG, Urteil vom 20.08.1996, ZIP 1996, 1912, 1913; BGH, Urteil vom 26.09.2002, NJW 2003, 819, 820; Palandt/Heinrichs, § 133 BGB Rz. 24.
746 Siehe hierzu soeben unter 1.
747 BGH, Urteil vom 11.10.1995, WM 1996, 22, 24; Urteil vom 24.09.2002, DB 2003, 811; Bauer/Krets, DB 2003, 811.
748 So für die Bürgschaftsübernahme von Mitbürgen RG, Urteil vom 14.11.1932, RGZ 138, 270, 271 f; BGH, Urteil vom 12.07.2001, NJW 2001, 3327, 3328 f; für die Forderungsabtretung durch Gesamtgläubiger BGH, Urteil vom 25.06.1987, NJW-RR 1987, 1260; für die Adoption durch beide Ehegatten BGH, Urteil vom 29.05.1957, BGHZ 24, 345, 349 f; siehe auch allgemein Palandt/Heinrichs, § 139 BGB Rz. 11a.

anzunehmen, dass Gläubiger einerseits und die übrigen Gesamtschuldner andererseits an der Wirksamkeit der übrigen Erlasse festhalten wollen. Allerdings haben diese dann wiederum nur Einzelwirkung, die Gesamtwirkung auch gegenüber den der Erlassbeschränkung unterliegenden Schuldnern würde die Erlassbeschränkung umgehen[749]. Entsprechend kann der verbleibende Schuldner, sofern und soweit er vom Gläubiger über seinen internen Verantwortungsanteil in Anspruch genommen wird[750], von seinen Mitschuldnern Regress verlangen – die dann wiederum im Wege des Ringregresses insoweit vom Gläubiger ihrerseits Regress bzw. Freistellung verlangen können. Im Einzelfall kann im Rahmen von § 139 BGB allerdings eine andere Bewertung angebracht sein, d. h. die Teilnichtigkeit die Nichtigkeit der gesamten Vereinbarung zur Folge haben. Wenn etwa bei streitiger Forderung im Rahmen eines Vergleichs der Gläubiger auf einen Teil der Forderung verzichtet hat und die Schuldner im Gegenzug einen Teil der Forderung anerkannt haben, kann dieses Gegenseitigkeitsverhältnis gestört werden, wenn den Schuldnern infolge der Teilnichtigkeit der Erlassvereinbarung auch hinsichtlich des erlassenen Teils zwar nicht mehr durch den Gläubiger, wohl aber durch den der Erlassbeschränkung unterliegenden Schuldner im Regressweg weiterhin die Inanspruchnahme droht.

3. Auswirkungen von Erlassbeschränkungen auf Erlassvereinbarungen mit einzelnen Gesamtschuldnern

Schließt der Gläubiger mit einem einzelnen Gesamtschuldner eine Erlassvereinbarung und unterliegt die Forderung gegen diesen einer Erlassbeschränkung, etwa bei der Haftung eines Vorstands gegenüber der Gesellschaft gemäß § 93 Abs. 4 Satz 3 und 4 AktG, so ist die Vereinbarung, wie bereits ausgeführt wurde[751], mangels entsprechender Vertretungsmacht des die Gesellschaft in diesem Fall vertretenden Aufsichtsrats, § 112 AktG, nichtig.

Schließt der Gläubiger die Erlassvereinbarung mit einem Gesamtschuldner, dessen Verbindlichkeit keiner Erlassbeschränkung unterliegt, bestehen aber zugleich Erlassbeschränkungen gegenüber anderen Gesamtschuldnern, ist das regelmäßig anzunehmende Bestreben der Erlassparteien, das Zunichtemachen des Erlasses über den Regressweg ebenfalls verhindern zu wollen[752], mit der mittelbaren Geltung der Erlassbeschränkungen[753] in Einklang zu bringen. Infolge dessen kommt dem Erlass gegenüber dem der Erlassbeschränkung unterliegenden Schuldner keine (Gesamt-)Wirkung zu, der Erlass ist gemäß §§ 133, 157 BGB insoweit gesetzeskonform auszulegen, selbst bei expliziter Vereinba-

---

749 Siehe hierzu oben unter 1.
750 Siehe hierzu unten § 9, unter A.
751 Unter 1.
752 Siehe hierzu oben unter I.2.
753 Siehe hierzu oben unter 1.

rung der Gesamtwirkung gilt diese nicht[754]. Gegenüber etwaigen anderen Schuldnern, die ebenfalls keiner Erlassbeschränkung unterliegen, entfaltet der Erlass hingegen wiederum Gesamtwirkung, sofern und soweit der Erlasspartner im Innenverhältnis der Gesamtschuldner zur Haftung verpflichtet gewesen wäre. Haften also etwa ein Vorstand, der Abschlussprüfer und ein Finanzdienstleister der Gesellschaft gegenüber als Gesamtschuldner und sind sie im Innenverhältnis jeweils zu gleichen Teilen verantwortlich, hat ein zwischen Abschlussprüfer und Gesellschaft vereinbarter (teilweiser) Erlass Gesamtwirkung nur gegenüber dem Finanzdienstleister, nicht aber aufgrund der Erlassbeschränkung des § 93 Abs. 3 Satz 3 und 4 AktG auch gegenüber dem Vorstandsmitglied. Die Gesellschaft kann somit, vertreten durch den Aufsichtsrat, § 112 AktG, das Vorstandsmitglied in vollem Umfang in Anspruch nehmen, dieses kann sodann von den Gesamtschuldnern Regress verlangen[755]. Den Finanzdienstleister kann die Gesellschaft (als Gesamtschuldner) hingegen von vornherein nur vermindert um den internen Verantwortungsanteil des Abschlussprüfers, bei Teilerlass entsprechend anteilmäßig, in Anspruch nehmen. Und den Abschlussprüfer kann sie (als Gesamtschuldner) nicht mehr in Anspruch nehmen, soweit der Erlass reicht.

III. Sonderfall Zwangserlass

Eine Sonderregelung gilt beim bestätigten Insolvenzplan im Sinne der §§ 217 ff InsO, der einem Zwangserlass gleichkommt[756]. Dieser hat gemäß § 254 Abs. 2 Satz 1 InsO lediglich Einzelwirkung gegenüber dem Insolvenzschuldner, nicht hingegen auch Gesamtwirkung, der (Insolvenz-)Gläubiger kann sich weiterhin ungeschmälert an etwaige Mitschuldner halten. Zur Sicherstellung der entsprechenden Enthaftung des Insolvenzschuldners ordnet § 254 Abs. 2 Satz 2 InsO abweichend von der oben[757] aufgezeigten Regel, dass Erlassvereinbarungen zwischen dem Gläubiger und einem Gesamtschuldner nicht zu Lasten der anderen Gesamtschuldner geschlossen werden dürfen, dann aber an, dass der Insolvenzschuldner durch diese Mitschuldner insoweit auch nicht im Regresswege in Anspruch genommen werden kann.

---

754 Siehe hierzu oben unter 1.
755 Zum Innenausgleich der Gesamtschuldner siehe im 3. Teil.
756 Selb, Mehrheiten von Gläubigern und Schuldner, S. 75; Staudinger/Noack, § 423 BGB Rz. 10.
757 Unter I.

§ 8 Die Wirkung anderer Tatsachen als Erfüllung und erfüllungsähnliche Vorgänge, § 425 BGB

Andere als die in den §§ 422-424 BGB bezeichneten Tatsachen wirken, soweit sich nicht aus dem Schuldverhältnis etwas anderes ergibt, gemäß § 425 Abs. 1 BGB nur für und gegen den Gesamtschuldner, in dessen Person sie eintreten. § 425 Abs. 2 BGB führt hier dann einige Beispiele für die Einzelwirkung auf, ohne dass diesen abschließende Bedeutung zukommt. Von besonderer praktischer Relevanz sind hier im Verhältnis zwischen Gläubiger und einzelnen Gesamtschuldnern geltende Haftungsausschlüsse und -beschränkungen[758] sowie die Verjährung einzelner Forderungen[759]. Aber auch an sich lediglich einzelwirkende Tatsachen können im Einzelfall Gesamtwirkung entfalten[760].

A. Haftungsausschluss/-beschränkung

Große praktische Bedeutung, obwohl in § 425 Abs. 2 BGB nicht explizit aufgeführt, haben jene Fälle, in denen die Haftung eines Gesamtschuldners ausgeschlossen oder beschränkt ist. Dabei geht es nicht um den Haftungsausschluss im Nachhinein, dies ist der Erlass im Sinne von § 423 BGB mit seiner im Regelfall beschränkten Gesamtwirkung[761]. Vielmehr geht es hier um zwischen Gläubiger und einem Schuldner vorab vereinbarte oder aber durch Gesetz angeordnete Haftungsausschlüsse (etwa bei Fahrlässigkeit, arg. § 276 Abs. 3 BGB), oder umfangmäßige Haftungsbeschränkungen. Diese entfalten auf jeden Fall *Einzelwirkung* zugunsten des betreffenden Schuldners, dieser haftet, sofern und soweit der Haftungsausschluss oder die Haftungsbeschränkung greift, dem Gläubiger gegenüber von vornherein nicht.

Dass dies dann nicht auch in gleicher Weise für die Ansprüche des Gläubigers gegenüber den übrigen Gesamtschuldnern gilt, sofern derlei nicht mit diesen oder auch mit dem begünstigten Schuldner vereinbart wurde, ergibt sich aus § 425 Abs. 2 BGB. Es stellt sich aber, wie bereits beim Erlass[762], die Frage, ob zugunsten eines Schuldners geltenden Haftungsausschlüssen bzw. -beschrän-

---

758 Hierzu sogleich unter A.
759 Hierzu unter B.
760 Hierzu unter C.
761 Siehe hierzu oben § 7, unter B.
762 Siehe hierzu oben § 7, unter B.I.2.

kungen *beschränkte Gesamtwirkung* insoweit zukommt, dass der Gläubiger die übrigen Schuldner nur noch in Höhe des um den internen Haftungsanteil des Begünstigten geminderten Schadens in Anspruch nehmen kann. Hintergrund ist auch hier wieder die Überlegung, dass anderenfalls die anderen Schuldner den Begünstigten im Regresswege in Anspruch nehmen könnten, was, wenn dieser insoweit dann zumeist auch qua Ringregress seinerseits wiederum Ausgleich vom Gläubiger verlangen kann, den Ausschluss der Haftung bzw. dessen Begrenzung auf dem Regressweg wieder zunichte machte. Ein Ausschluss des Regresses beim Begünstigten ohne Annahme einer solchen beschränkten Gesamtwirkung kann hingegen zwischen Gläubiger und Begünstigtem nicht vereinbart werden, dies stellte einen Vertrag zulasten Dritter dar; derlei kann daher allenfalls durch Gesetz angeordnet werden[763].

Soweit hier Vereinbarungen von Haftungsausschlüssen bzw. -beschränkungen in Rede stehen, setzt dies natürlich voraus, dass derlei Vereinbarungen im konkreten Fall überhaupt zulässig und auch im Übrigen wirksam sind. Gerade im vorliegenden Zusammenhang der gesamtschuldnerischen Organhaftung ist etwa zu berücksichtigen, dass die organschaftliche Haftung von Geschäftsleitern und Aufsichtsratsmitgliedern in der Aktiengesellschaft wie auch beim obligatorischen Aufsichtsrat in der GmbH nicht vorab ausgeschlossen oder beschränkt werden kann, § 23 Abs. 5 AktG[764]. Unzulässig sind weiterhin Ausschluss- und Beschränkungsvereinbarungen hinsichtlich der Haftung der Arbeitnehmer[765], der Abschlussprüferhaftung bei Pflichtprüfungen, § 323 Abs. 4 HGB[766], der Haftung von Finanzdienstleistern für fehlerhafte Bankbescheinigungen im Sinne von § 37 Abs. 4 AktG, § 23 Abs. 5 AktG[767] und für die Bestätigung der Finanzierung des Übernahmeangebots im Sinne von § 13 Abs. 2 WpÜG, § 13 Abs. 3 i.V.m. § 12 Abs. 5 WpÜG, sowie hinsichtlich der Haftung von Gesellschaftern im Rahmen der Gründung und für die Rückgewähr unzulässiger Auszahlungen[768]. Hiergegen verstoßende Vereinbarungen sind gemäß § 134 BGB nichtig, so denn nicht, sofern die Haftung gegenüber der Gesellschaft oder von dieser abhängigen Gesellschaften besteht, das diese vertretende Organ insoweit ohnehin bereits nicht zur Vertretung berechtigt ist[769]. Und auch im Übrigen sind die allgemeinen rechtsgeschäftlichen Grundsätze für den Abschluss von derlei Vereinbarungen zu beachten, namentlich auch die §§ 276 Abs. 3, 309 Ziff. 7 BGB.

---

763 Bydlinski, Münchener Komm., § 426 BGB Rz. 11.
764 Siehe hierzu oben § 1, unter A.I.3., D. sowie § 2, unter A.I.3.
765 Siehe hierzu oben § 5, unter A.I.1.
766 Siehe hierzu oben § 5, unter A.II.1.b).
767 Siehe hierzu oben § 5, unter A.IV.1.b).
768 Siehe hierzu oben § 6, unter A.I.2.
769 Siehe zur gleichgelagerten Frage der Regressbeschränkungen oben § 7, unter B.II.1.

Sowohl für den Fall, dass eine beschränkte Gesamtwirkung abgelehnt wird und die übrigen Schuldner den Begünstigten auf Regress in Anspruch nehmen können, als auch für den Fall, dass bei Annahme einer solchen beschränkten Gesamtwirkung sodann der auf den Begünstigten entfallende Haftungsanteil vorab vom Anspruch des Gläubigers abzuziehen ist, besteht allerdings das Problem, auf welcher rechtlichen Grundlage der Innenausgleich erfolgen bzw. der Haftungsanteil des Begünstigten zu ermitteln ist. Da der Begünstigte gegenüber dem Gläubiger von vornherein nicht haftet, liegt an sich der Schluss nahe, dass so auch ein Gesamtschuldverhältnis gar nicht erst zur Entstehung gelangt, auf dessen Grundlage der Regress vollzogen bzw. der interne Haftungsanteil ermittelt wird[770]. Heute ist jedoch allgemein anerkannt, dass vorab getroffene Vereinbarungen zwischen Gläubiger und einem Schuldner lediglich das Verhältnis der Vertragschließenden zueinander berühren, das Gemeinschaftsverhältnis der Schuldner untereinander hiervon unberührt hingegen trotzdem zur Entstehung gelangt[771].

Für den Regelfall wird bei zugunsten einzelner Schuldner geltenden Haftungsausschlüssen bzw. -beschränkungen insoweit dann eine beschränkte Gesamtwirkung auch zugunsten der übrigen Schuldner angenommen. Dies hat zur Folge, dass einerseits der Gläubiger die übrigen Schuldner dann nur noch in um den internen Haftungsanteil des Begünstigten bereits gekürzter Höhe in Anspruch nehmen kann und andererseits diese Schuldner sodann im Gegenzug den Begünstigten nicht mehr auf Regress in Anspruch nehmen können. Dies gilt zum einen bei gesetzlich angeordneten Haftungsausschlüssen und -beschränkungen, so in den im vorliegenden Zusammenhang nicht weiter einschlägigen Fällen der Arbeits- und vergleichbaren Unfälle gemäß §§ 104 ff SGB VII sowie der Dienstunfälle[772], aber etwa auch für den Fall der beschränkten Arbeitnehmerhaftung wegen betrieblich veranlasster Tätigkeit[773]. Etwas anderes soll allerdings gelten für die – hier ebenfalls nicht einschlägigen – Fälle, in denen die Haftung eines Schuldners auf eigenübliche Sorgfalt im Sinne von § 277 BGB beschränkt ist, vgl. §§ 708, 1359, 1664 Abs. 1 BGB. Hier wird zum einen die beschränkte Gesamtwirkung zugunsten der übrigen Schuldner abgelehnt, diese haften also auf den vollen Schaden, zum anderen wird aber an der Einzelwir-

---

770   So etwa früher OLG Naumburg, Urteil vom 29.03.1938, JW 1938, 2355.
771   BGH, Urteil vom 03.02.1954, BGHZ 12, 213, 217 ff; Urteil vom 29.10.1968, BGHZ 51, 37; Urteil vom 09.03.1972, BGHZ 58, 216, 220; Bydlinski, Münchener Komm., § 426 BGB Rz. 55.
772   BGH, Urteil vom 12.06.1973, NJW 1973, 1648 f; Urteil vom 23.04.1985, NJW 1985, 2261; Urteil vom 16.04.1996, NJW 1996, 2023 f; Palandt/Grüneberg, § 426 BGB Rz. 19 ff.
773   Bydlinski, Münchener Komm., § 426 BGB Rz. 64; Palandt/Grüneberg, § 426 BGB Rz. 23; Staudinger/Noack, § 426 BGB Rz. 153.

kung gegenüber dem Begünstigten festgehalten[774]. Dies hat zur Folge, dass durch Gesetz festgeschrieben wird, was vertraglich so zulasten Dritter nicht vereinbart werden könnte, dass nämlich die übrigen Schuldner dem Gläubiger gegenüber in vollem Umfang haften, ohne daraufhin vom begünstigten Schuldner anteilmäßig Ausgleich verlangen zu können.

Die im vorliegenden Zusammenhang insbesondere einschlägigen, im Vorhinein getroffenen vertraglichen Abreden über Haftungsausschlüsse und -begrenzungen werden im Regelfall dahingehend auszulegen sein, dass diesen beschränkte Gesamtwirkung zugunsten der übrigen Schuldner im oben genannten Sinn zukommen soll. Hintergrund ist auch hier wieder die bereits erwähnte Überlegung, dass die getroffene Vereinbarung im Zweifel dahingehend auszulegen ist, dass sie umfassend zu verstehen ist und daher nicht über den Regressweg letztlich wieder zunichte gemacht werden soll[775]. Etwas anderes kann aber, von der abweichenden Auslegung bei entsprechenden Anhaltspunkten abgesehen, zum einen gelten, wenn die Haftungsausschlüsse und –begrenzungen durch die Verwendung Allgemeiner Geschäftsbedingungen Vertragsinhalt geworden sind. Hier sind diese Klauseln dann aufgrund von § 305c Abs. 2 BGB, dem zufolge Zweifel bei der Auslegung zulasten des Verwenders gehen, und des allgemein für Freizeichnungsklauseln geltenden Restriktionsprinzips eng auszulegen[776]. Und zum anderen wird man eine solche (beschränkte) Gesamtwirkung wiederum dann ablehnen müssen, wenn der Begünstigte gesamtschuldnerisch mit Schuldnern haftet, genauer: haften würde, für deren Haftung Ausschluss- und Beschränkungsvereinbarungen nicht getroffen werden dürfen. Anderenfalls würden diese Verbote über den Umweg der beschränkten Gesamtwirkung von mit anderen Gesamtschuldnern getroffenen Vereinbarungen umgangen. Insoweit gilt dann die Argumentation zur mittelbaren Wirkung von Erlassbeschränkungen[777] entsprechend.

---

774 BGH, Urteil vom 01.03.1988, NJW 1988, 2667, 2668 f; Urteil vom 15.06.2004, NJW 2004, 2892, 2893 f; in der Literatur umstritten, siehe nur die Nachw. bei Palandt/Grüneberg, § 426 BGB Rz. 18.
775 BGH, Urteil vom 09.03.1972, NJW 1972, 942 ff; Urteil vom 27.02.1989, NJW 1989, 2386, 2387; Bydlinski, Münchener Komm., § 426 BGB Rz. 57; Keuk, AcP 168 (1968), 175, 182; Larenz, Schuldrecht I, § 37 III; Palandt/Grüneberg, § 426 BGB Rz. 16; a. A. Staudinger/Noack, § 426 BGB Rz. 165.
776 Palandt/Grüneberg, § 426 BGB Rz. 16; Staudinger/Noack, § 426 BGB Rz. 166.
777 Siehe hierzu oben § 7, unter B.II.1.

B. Verjährung

Von erheblicher praktischer Relevanz ist zudem die *Verjährung* von gegenüber einzelnen Gesamtschuldnern bestehenden Ansprüchen. Auch diese hat lediglich Einzelwirkung, § 425 Abs. 2 BGB. So ist es möglich, dass die Ansprüche gegen die einzelnen Gesamtschuldner unterschiedlichen Verjährungsfristen unterliegen, etwa der fünfjährigen Frist bei Haftung der Geschäftsleiter und/oder Aufsichtsratsmitglieder gegenüber der Gesellschaft[778] einerseits und der dreijährigen Frist des § 195 BGB bei Haftung externer Dritter, etwa des Abschlussprüfers, gegenüber der Gesellschaft[779] andererseits. Auch können die jeweiligen Fristen zu unterschiedlichen Zeitpunkten beginnen. So ist etwa für jeden Geschäftsleiter der Zeitpunkt der Verjährung gesondert festzustellen, bei Pflichtverletzungen zu unterschiedlichen Zeitpunkten sind diese dann jeweils maßgeblich für den Beginn der Verjährungsfrist, § 200 BGB, die Verjährung tritt dann ebenfalls nicht gleichzeitig ein[780]. Und in dem zuvor genannten Beispiel beginnt die Verjährungsfrist für die Geschäftsleiter-/Aufsichtsratshaftung wiederum bei Anspruchsentstehung, § 200 BGB, hinsichtlich der Abschlussprüferhaftung hingegen bei Anspruchsentstehung und Kenntniserlangung/grob fahrlässiger Nichterlangung der den Anspruch begründenden Umstände, § 199 Abs. 1 BGB; dies kann dann gegebenenfalls sogar zu einer Verjährung der Ansprüche gegen die Geschäftsleiter/Aufsichtsratsmitglieder zeitlich vor jener gegen den Abschlussprüfer führen, obwohl für Erstere eine längere Verjährungsfrist gilt.

Allerdings ist hier dann stets zu prüfen, ob nicht etwa die Geschäftsleitungs-/Aufsichtsratsmitglieder ihrerseits neben der organschaftlichen und dienstvertraglichen auch der konkurrierenden deliktischen Haftung unterliegen, für die dann wiederum die dreijährigen Regelverjährung gemäß §§ 195, 199 BGB zur Anwendung käme[781]. Und auch wenn die Forderung gegen einzelne Gesamtschuldner bereits verjährt ist, besteht für diese immer noch die Gefahr, von einem der anderen Gesamtschuldner im Regresswege gemäß § 426 Abs. 1 Satz 1 BGB in Anspruch genommen zu werden. Dieser Anspruch unterliegt ebenfalls der Regelverjährung gemäß §§ 195, 199 BGB, Fristbeginn ist hier aber erst der Zeitpunkt der Leistung durch den ausgleichsberechtigten Gesamtschuldner[782]. Dies ist dann ebenfalls wiederum (mittelbare) Folge der Einzelwirkung der Verjährung[783].

---

778 Siehe hierzu oben § 1, unter A.I.4. sowie § 2, unter A.I.4.
779 Siehe hierzu oben § 5, unter A.II.1.c).
780 Dollmann, GmbHR 2004, 1330.
781 Siehe hierzu oben § 1, unter A.I.1.c), 4. sowie § 2, unter A.I.1.c), 4.
782 Siehe hierzu noch unten § 9, unter C.
783 Siehe hierzu noch unten § 9, unter C.

Einzelwirkung haben in diesem Zusammenhang dann ebenso auch *Verjährungsneubeginn und -hemmung* sowie die *Ablaufhemmung*, § 425 Abs. 2 BGB. Praktische Bedeutung dürften hier das Anerkenntnis durch einen Gesamtschuldner mit der Folge des Neubeginns der Verjährung haben, § 212 Abs. 1 Ziff. 1 BGB. Und insbesondere von Relevanz ist die Hemmung durch Verhandlungen mit einzelnen Schuldnern, § 203 Satz 1 BGB, nebst dreimonatiger Ablaufhemmung, § 203 Satz 2 BGB, sowie durch Klageerhebung oder Zustellung eines Mahnbescheids, § 204 Abs. 1 Ziff. 1 und 3 BGB, nebst sechsmonatiger Ablaufhemmung, § 204 Abs. 2 BGB. Geht ein Gläubiger hier nur gegen einzelne Gesamtschuldner außergerichtlich und/oder gerichtlich vor, kann dies dazu führen, dass die Ansprüche gegen die anderen Gesamtschuldner zwischenzeitlich der Verjährung anheim fallen und er diese wegen der Gefahr der Erhebung der Verjährungseinrede, § 214 Abs. 1 BGB, nicht mehr wird durchsetzen können. Dies gilt allerdings nur für die Haftung der einzelnen Gesamtschuldner im *Außenverhältnis*. Für das *Innenverhältnis* und somit für den Ausgleich der Gesamtschuldner untereinander ist dann wiederum eine differenzierte Betrachtung erforderlich[784].

C. Sonstiges

Neben der Verjährung, deren Neubeginn, Hemmung und Ablaufhemmung kommt Einzelwirkung gemäß § 425 Abs. 2 BGB insbesondere der Kündigung, dem Schuldnerverzug, dem Verschulden, der Unmöglichkeit der Leistung in der Person eines Gesamtschuldners sowie dem rechtskräftigen Urteil zu. Auch sonstige Tatsachen wirken regelmäßig nur persönlich, sofern sich nicht, wie bereits angesprochen, aus den §§ 422-424 BGB oder aus dem Schuldverhältnis etwas anderes ergibt. Letzteres gilt namentlich zum einen für den Fall der *Haftungseinheit*, für den Fall also, dass sich die Beiträge mehrerer Gesamtschuldner aus rechtlichen oder tatsächlichen Gründen zwangsläufig gemeinsam auswirken. Hier haben bestimmte Tatsachen und insbesondere das Verschulden Gesamtwirkung für sämtliche der Haftungseinheit angehörenden Schuldner[785]. Und zum anderen entfaltet das *Mitverschulden* des geschädigten Gläubigers nach § 254 BGB nicht nur Wirkung gegenüber dem konkret betroffenen Gesamtschuldner, sondern ist regelmäßig auch gegenüber den übrigen Gesamtschuldnern schadensmindernd zu berücksichtigen[786].

---

784   Siehe hierzu unten § 12, unter B.
785   Siehe hierzu noch ausführlich § 10, unter A.VI.
786   BGH, Urteil vom 02.02.1984, NJW 1984, 2087; Soergel/Wolf, § 425 BGB Rz. 36; siehe hierzu noch ausführlich § 10, unter A.VII.

3. Teil: Gesamtschuldnerische Haftung und Innenverhältnis: Interne Haftungsanteile und Gesamtschuldnerausgleich

Der Gläubiger kann gemäß § 421 BGB nach seinem Belieben die geschuldete Leistung von jedem Gesamtschuldner verlangen, das Innenverhältnis der Schuldner und insbesondere der Haftungsanteil der einzelnen Schuldner sind für ihn ohne Bedeutung. Wenn einer der Schuldner in Anspruch genommen wird, muss dieser jedoch die Möglichkeit haben, von seinen Mitschuldnern, nunmehr unter Berücksichtigung des Innenverhältnisses und somit der jeweiligen internen Haftungsanteile, Ausgleich zu verlangen. Nachfolgend wird zunächst der Ausgleich unter den Gesamtschuldnern dem Grunde nach kurz skizziert[787]. Hieran anschließend wird sodann die Ermittlung der internen Haftungsanteile im Allgemeinen und insbesondere in den verschiedenen Konstellationen der gesamtschuldnerischen Haftung unter Beteiligung von Geschäftsleitern und/ oder Aufsichtsratsmitgliedern behandelt[788].

§ 9 Der Inhalt des Ausgleichsanspruchs

A. Ausgleich nach der Leistung durch einen Gesamtschuldner

Der in Anspruch genommene Gesamtschuldner kann von den anderen Gesamtschuldnern gemäß § 426 Abs. 1 Satz 1 BGB Ausgleich verlangen. § 426 Abs. 1 BGB begründet somit ein gesetzliches Schuldverhältnis zwischen den Gesamtschuldnern[789].

---

787 Hierzu sogleich § 9.
788 Hierzu § 10.
789 Larenz, Schuldrecht I, S. 644; Selb, Mehrheiten von Gläubigern und Schuldnern, S. 90 f; a. A. vor dem rechtshistorischen Hintergrund der §§ 421 ff BGB Goette, Gesamtschuldbegriff und Regreßproblem, S. 129 ff.

Dies gilt grundsätzlich aber erst, wenn und soweit er infolge der Leistung den im Innenverhältnis auf ihn entfallenden Anteil überschritten hat[790], eine Beteiligung an Teilleistungen kann grundsätzlich nicht verlangt werden[791]. Etwas anderes gilt nur ausnahmsweise dann, wenn Ratenzahlung vereinbart wurde[792] oder der Gläubiger den Gesamtschuldnern[793] oder gerade dem in Anspruch genommenen Gesamtschuldner[794] die Restforderung gestundet hat, da in diesen Fällen die Vorteile auch dem in Anspruch genommenen Schuldner zugute kommen sollen. Und etwas anderes gilt ferner bei Inspruchnahme eines Mitbürgen, da diesem nicht zuzumuten ist abzuwarten, ob und in welchem Umfang nicht doch noch der Hauptschuldner in Anspruch genommen wird[795].

Bemessungsgrundlage des Ausgleichsanspruchs ist dabei der von den Gesamtschuldnern gemeinsam geschuldete Betrag. Soweit ein Gesamtschuldner mehr schuldet als der andere, kann er hinsichtlich des die gemeinsame Verbindlichkeit überschreitenden Teils den anderen nicht auf Ausgleich in Anspruch nehmen, insoweit besteht dann keine Gesamtschuld. Ebenso bemisst sich der Ausgleichsanspruch des anderen Gesamtschuldners nur anhand des gemeinsam geschuldeten Betrages[796]. Schuldet ein Gesamtschuldner einen die Gesamtschuld übersteigenden Betrag, so gilt eine Teilleistung zunächst entsprechend § 366 Abs. 2 BGB als auf die überschießende Alleinschuld erbracht, da diese im Vergleich zur Gesamtschuld die geringere Sicherheit bietet[797]. Wurde auf

---

790 Zur Bestimmung der Haftungsanteile und des Umfangs des Ausgleichsanspruchs siehe unten § 10.
791 BGH, Urteil vom 19.12.1985, NJW 1986, 1097; Bydlinski, Münchener Komm., § 426 BGB Rz. 23; Selb, Mehrheiten von Gläubigern und Schuldnern, S. 92; Staudinger/Noack, § 426 BGB Rz. 23.
792 OLG München, Beschluss vom 12.10.1971, MDR 1972, 239; Blomeyer, JZ 1957, 443; Bydlinski, Münchener Komm., § 426 BGB Rz. 23; Selb, Mehrheiten von Gläubigern und Schuldnern, S. 92; Staudinger/Noack, § 426 BGB Rz. 24.
793 BGH, Urteil vom 10.07.1961, DB 1961, 1130; Bydlinski, Münchener Komm., § 426 BGB Rz. 23; Selb, Mehrheiten von Gläubigern und Schuldnern, S. 92; Staudinger/Noack, § 426 BGB Rz. 24.
794 Bydlinski, Münchener Komm., § 426 BGB Rz. 23; Selb, Mehrheiten von Gläubigern und Schuldnern, S. 92; Staudinger/Noack, § 426 BGB Rz. 24.
795 BGH, Urteil vom 21.02.1957, BGHZ 23, 361, 363 f; Urteil vom 15.05.1986, NJW 1986, 3131, 3132; Urteil vom 13.01.2000, NJW 2000, 1034, 1035; Selb, Mehrheiten von Gläubigern und Schuldnern, S. 92 f; Staudinger/Noack, § 426 BGB Rz. 24; a. A. Blomeyer, JZ 1957, 443, 444.
796 BGH, Urteil vom 03.02.1954, BGHZ 12, 213, 220; Staudinger/Noack, § 426 BGB Rz. 31.
797 OLG Celle, Urteil vom 16.06.1969, NJW 1970, 429; Selb, Mehrheiten von Gläubigern und Schuldnern, S. 93; siehe auch Gernhuber, Erfüllung und ihre Surrogate, S. 136.

Grundlage eines Vergleichs geleistet, ist hier dann maßgeblich, ob diesem Gesamtwirkung oder lediglich Einzelwirkung zukommt[798].

B. Ausgleich vor der Leistung durch einen Gesamtschuldner; Freistellungsanspruch

Da das gesetzliche Schuldverhältnis der Gesamtschuldner bereits mit Begründung der Gesamtschuld beginnt, kann ein vom Gläubiger in Anspruch genommener Schuldner bereits vor der Leistung von den Mitschuldnern Mitwirkung bei der bevorstehenden Erfüllung, d. h. auf Grundlage des gesetzlichen Schuldverhältnisses entsprechend § 257 BGB Befreiung von der Verbindlichkeit verlangen[799]. Dies gilt aber nur, sofern und soweit er im Innenverhältnis nach der Zahlung Ausgleich verlangen kann, d. h. nicht ohnehin zur Alleinhaftung verpflichtet ist. Der Umfang des Freistellungsanspruchs gegen die Mitschuldner bestimmt sich also ebenso wie der Umfang des Ausgleichsanspruchs anhand des Innenverhältnisses der Gesamtschuldner[800]. Andererseits setzt der Freistellungsanspruch nicht voraus, dass die Inanspruchnahme durch den Dritten berechtigt ist. Der Freistellungsanspruch umfasst vielmehr auch die Verpflichtung zur Unterstützung im Rahmen der Abwehr einer unberechtigten Inanspruchnahme[801].

C. Konkurrenzen; Verjährung

Oftmals haben die Gesamtschuldner untereinander neben dem Anspruch aus dem gesetzlichen Schuldverhältnis gemäß § 426 Abs. 1 BGB aus einer weiteren zwischen ihnen bestehenden Rechtsbeziehung Anspruch auf Ausgleich bzw. Freistellung, sei es etwa aus Dienstvertrag, Auftrag, Geschäftsführung ohne Auftrag, Gesellschaft, Gemeinschaft oder sonstiger Vereinbarung[802]. Diese kon-

---

798 Siehe hierzu oben § 7, unter B.
799 RG, Urteil vom 26.04.1912, RGZ 79, 288, 290; BGH, Urteil vom 22.10.1957, NJW 1958, 497 mit Anm. Lange; Urteil vom 07.11.1985, WM 1986, 170; Larenz, Schuldrecht I, S. 648 f; Selb, Mehrheiten von Gläubigern und Schuldnern, S. 94; das gesetzliche Schuldverhältnis zwischen Gesamtschuldnern und folgerichtig den jedenfalls hierauf gestützten Befreiungsanspruch ablehnend Goette, Gesamtschuldbegriff und Regreßproblem, S. 133.
800 Selb, Mehrheiten von Gläubigern und Schuldnern, S. 94; zum Umfang des Ausgleichsanspruchs siehe sogleich § 10.
801 BGH, Urteil vom 15.10.2007, II ZR 136/06.
802 Larenz, Schuldrecht I, S. 643 f; Selb, Mehrheiten von Gläubigern und Schuldnern, S. 90 f.

kurrieren dann mit dem gesetzlichen Ausgleichsanspruch des § 426 Abs. 1 BGB[803].

Hinzu tritt zudem die mit der Leistung durch den Gesamtschuldner, soweit dieser von den Mitschuldnern Ausgleich verlangen kann, gemäß § 426 Abs. 2 BGB gesetzlich übergegangene Forderung des Gläubigers.

Der Rückgriff sowohl über das gesetzliche Schuldverhältnis gemäß § 426 Abs. 1 BGB und gegebenenfalls das zwischen den Gesamtschuldnern bestehende Schuldverhältnis als auch im Wege der cessio legis gemäß § 426 Abs. 2 BGB ist geboten. Einerseits gehen mit Hilfe der cessio legis gemäß §§ 401, 412 BGB auch die für die betreffende Forderung bestehenden Sicherheiten auf den ausgleichsberechtigten Gesamtschuldner über, was bei § 426 Abs. 1 BGB nicht der Fall ist. Andererseits kann der ausgleichsverpflichtete Gesamtschuldner dem Ausgleichsberechtigten gemäß §§ 404, 412 BGB aber auch alle Einwendungen und Einreden entgegenhalten, die gegen die gemäß § 426 Abs. 2 BGB übergegangene Forderung bestehen; hier hilft dann der Ausgleichsanspruch gemäß § 426 Abs. 1 BGB, auf den sich diese Einwendungen und Einreden nicht erstrecken.

Praktisch wohl wichtigster Anwendungsfall für Letzteres ist die – gegebenenfalls zwischenzeitlich eingetretene – *Verjährung* der Forderung des Gläubigers gegen den ausgleichsverpflichteten Gesamtschuldner. Der gemäß § 426 Abs. 2 BGB übergegangenen Forderung kann er gemäß §§ 404, 412 BGB die Verjährungseinrede des § 214 Abs. 1 BGB entgegenhalten. Der gesetzliche Ausgleichsanspruch des § 426 Abs. 1 BGB wird hiervon hingegen nicht berührt. Dieser unterliegt der gesetzlichen Regelverjährung der §§ 195, 199 BGB; Gleiches gilt für etwaige vertragliche Ausgleichsansprüche. Voraussetzung für die Entstehung des Ausgleichsanspruchs und somit den Beginn der Verjährungsfrist, vgl. § 199 Abs. 1 Ziff. 1 BGB, ist, dass der Ausgleichsberechtigte geleistet hat[804]. Die Verjährung der nach § 426 Abs. 2 BGB übergegangenen Forderung steht der Geltendmachung der Ausgleichsforderung nicht entgegen, greift nicht auf diese durch[805]. Bei gesamtschuldnerischer Haftung kann ein Schädiger somit über den Gesamtschuldnerausgleich auch noch dann für einstmals haftungsbegründendes Verhalten in Anspruch genommen werden, wenn der Anspruch des Geschädigten – unter Umständen bereits seit mehreren Jahren – verjährt ist. Wird also etwa ein Geschäftsleiter vier Jahre nach der haftungsbegründenden

---

803 Selb, Mehrheiten von Gläubigern und Schuldnern, S. 95; zur Auswirkung dieser Vereinbarungen auf den Umfang des Ausgleichsanspruchs siehe § 10, unter A.III.1.
804 Bydlinski, Münchener Komm., § 426 BGB Rz. 12, 25; Dollmann, GmbHR 2004, 1330, 1331; Staudinger/Noack, § 426 BGB Rz. 9 ff.
805 RG, Urteil vom 16.11.1908, RGZ 69, 422, 426; Urteil vom 29.11.1934, RGZ 146, 97, 101; Bydlinski, Münchener Komm., § 426 BGB Rz. 25; Staudinger/Noack, § 426 BGB Rz. 9.

Pflichtverletzung von der Gesellschaft auf Schadensersatz in Anspruch genommen und ist für den Schaden auch eine zeitgleich begangene Pflichtverletzung des Abschlussprüfers (mit)ursächlich geworden, kann im Rahmen des Innenausgleichs zwischen Geschäftsleiter und Abschlussprüfer[806] der Abschlussprüfer dem Geschäftsleiter gemäß § 426 Abs. 2 BGB unter Umständen bereits gemäß §§ 404, 412 BGB die Verjährungseinrede des § 214 Abs. 1 BGB entgegenhalten. Er sieht sich aber weiterhin auch dem gesetzlichen Ausgleichsanspruch gemäß § 426 Abs. 1 BGB ausgesetzt; dieser ist erst mit der Leistung durch den Geschäftsleiter im Sinne von § 199 Abs. 1 Ziff. 1 BGB entstanden und unterliegt sodann hiervon ausgehend der dreijährigen Jahresendverjährung der §§ 195, 199 BGB.

Allenfalls in Einzelfällen kann etwas Abweichendes gelten, wenn der ursprünglich Geschädigte mit der Inanspruchnahme eines der Schuldner bewusst gewartet hat, bis sein Anspruch gegenüber einem anderen Schuldner verjährt ist. Hier kann dann dem Zuwarten unter Umständen Erlasswirkung zugesprochen werden[807]. Dies hätte zur Folge, dass diesem Erlass eine auf den internen Haftungsanteil des betreffenden Schuldners beschränkte Gesamtwirkung auch gegenüber den anderen Schuldnern zukäme, somit zum einen er von vornherein nur noch einen entsprechend gekürzten Anspruch gegenüber den anderen Schuldnern hätte und zum anderen diese von dem betreffenden Mitschuldner sodann keinen Regress mehr verlangen könnten[808].

Unterläge dieser Anspruch allerdings wiederum einer Erlassbeschränkung mit der Folge, dass eine Erlassvereinbarung hierüber nicht wirksam vereinbart werden könnte[809], kann auch das Zuwarten nicht als Erlass gewertet werden. Haften also etwa zwei Vorstandsmitglieder der Gesellschaft gegenüber und haben deren haftungsbegründende Pflichtverletzungen nicht zeitgleich, sondern mit gewissem zeitlichem Abstand stattgefunden, hat das bewusste Zuwarten des Aufsichtsrats mit der Inanspruchnahme des einen Vorstandsmitglieds bis zur Verjährung der dem anderen Vorstandsmitglied gegenüber bestehenden Forderung nicht die Wirkung eines Erlasses mit beschränkter Gesamtwirkung auch für das eine Vorstandsmitglied. Vielmehr kann – und muss in der Regel[810] - der Aufsichtsrat das andere Vorstandsmitglied in vollem Umfang in Anspruch nehmen, dieses hat dann gemäß § 426 Abs. 1 BGB Anspruch auf anteilmäßigen Ausgleich gegen seinen Kollegen. Und ebenfalls keine Erlasswirkung käme dem bewussten Zuwarten bis zur Verjährung des Anspruchs gegen einen

---

806 Zu den internen Haftungsanteilen in diesem Fall siehe unten § 10, unter B.V.
807 Staudinger/Noack, § 426 BGB Rz. 10.
808 Siehe hierzu oben § 7, unter B.I.2.
809 Siehe hierzu oben § 7, unter B.II.1.
810 Vgl. BGH, Urteil vom 21.04.1997, BGHZ 135, 244 – ARAG/Garmenbeck; siehe hierzu auch oben § 2, unter A.I.1.a).

Schuldner zu, wenn dieser gesamtschuldnerisch mit Schuldnern haftete, die ihrerseits einer Erlassbeschränkung unterliegen, da hierdurch ansonsten die Erlassbeschränkung umgangen werden könnte[811].

---

[811] Siehe hierzu oben § 7, unter B.II.1.

§ 10 Interne Haftungsanteile und Umfang des Ausgleichsanspruchs

A. Interne Haftungsanteile und Umfang des Ausgleichsanspruchs im Allgemeinen

I. Grundsatz

Gemäß § 426 Abs. 1 Satz 1 BGB sind die Gesamtschuldner im Verhältnis zueinander zu gleichen Anteilen verpflichtet, soweit nicht ein anderes bestimmt ist. § 426 Abs. 1 Satz 1 BGB fungiert mithin, neben der Begründung eines Ausgleichsanspruchs dem Grunde nach[812], hinsichtlich der Bestimmung des Umfangs des Ausgleichsanspruchs zum einen als Auffangregelung[813], postuliert eine Haftungsteilung im Innenverhältnis der Gesamtschuldner nach Köpfen für jene Fälle, in denen sich nicht aus der zwischen den Gesamtschuldnern auf sonstiger Grundlage bestehenden besonderen Rechtsbeziehung[814], einer das Gesamtschuld prägenden Natur der Sache[815] oder dem Gesetz[816] etwas Abweichendes ergibt. Und zum anderen ist § 426 Abs. 1 Satz 1 BGB Beweisregel, auferlegt somit jenen die Beweislast, die sich auf eine von der Aufteilung nach Köpfen abweichende Haftungsteilung berufen[817].

II. Haftungsteilung aufgrund besonderer Rechtsbeziehung der Gesamtschuldner

Besteht zwischen den Gesamtschuldnern ein Vertrag oder eine vertragsähnliche Rechtsbeziehung[818], kann dieser oftmals auch der Ausgleichsmaßstab im Haf-

---

812 Siehe hierzu oben § 9, unter A.
813 Palandt/Grüneberg, § 426 BGB Rz. 7; Selb, Mehrheiten von Gläubigern und Schuldnern, S. 90.
814 Hierzu sogleich unter II.
815 Hierzu unter III.
816 Hierzu unter IV.
817 RG, Urteil vom 21.02.1916, RGZ 88, 122, 125; BGH, Urteil vom 10.11.1983, NJW 1984, 482; Urteil vom 30.09.1987, NJW 1988, 133, 134; OLG Köln, Beschluss vom 02.08.1995, NJW-RR 1996, 557; Palandt/Grüneberg, § 426 BGB Rz. 7.
818 Siehe hierzu oben § 9, unter C.

tungsfall entnommen werden[819]. Ein solcher Ausgleichsmaßstab kann explizit vereinbart sein, möglich ist aber auch eine lediglich stillschweigende Vereinbarung[820]. So wird etwa einer GmbH- oder AG-Satzung für den Regelfall die Vereinbarung entnommen, dass Gesellschafter, die sich zugleich für Verbindlichkeiten verbürgt haben, im Innenverhältnis entsprechend ihren Beteiligungsquoten haften[821]. Ein Grundstückskaufvertrag wird in der Regel dahingehend ausgelegt, dass die Grunderwerbsteuer im Innenverhältnis alleine vom Käufer zu tragen ist[822]. Und ein Geschäftsanteilsveräußerungsvertrag wird dahingehend auszulegen sein, dass der ausgeschiedene Gesellschafter, der sich zuvor für eine Verbindlichkeit der Gesellschaft verbürgt hatte, gegen die mitbürgenden Gesellschafter einen Erstattungsanspruch hat bzw. von diesen nicht mehr gemäß § 774, 426 BGB in Anspruch genommen werden kann[823].

Auf die Bestimmung der internen Haftungsanteile mit Hilfe der zwischen den Gesamtschuldnern bestehenden Rechtsbeziehungen wird im vorliegenden Zusammenhang der gesamtschuldnerischen Organhaftung noch zurückzukommen sein.

III. Haftungsteilung kraft Natur der Sache

Besteht zwischen den Gesamtschuldnern keine den Gesamtschuldnerausgleich betreffende ausdrückliche oder zumindest stillschweigende Vereinbarung, soll sich eine von § 426 Abs. 1 Satz 2 BGB abweichende Haftungsteilung im Innenverhältnis in bestimmten Fällen aus der Natur der Sache ergeben[824]. Dies soll etwa der Fall sein, wenn mehrere Personen als Gesamtschuldner ein Darlehen aufnehmen, die Valuta aber nur einem der Darlehensnehmer ausgezahlt wurde; sofern sich derlei nicht bereits aus einer vertraglichen Abrede der einzelnen Darlehensnehmer ergibt (sofern eine solche besteht), soll der Nutznießer dann kraft Natur der Sache im Innenverhältnis alleine für das Darlehen haften[825].

819　Palandt/Grüneberg, § 426 BGB Rz. 8.
820　Zu Letzterem siehe BGH, Urteil vom 14.07.1983, NJW 1983, 2442, 2443; Urteil vom 10.11.1983, NJW 1984, 482.
821　RG, Urteil vom 21.02.1916, RGZ 88, 122, 125; Palandt/Grüneberg, § 426 BGB Rz. 8; Staudinger/Noack, § 426 BGB Rz. 198.
822　OLG Karlsruhe, Urteil vom 20.04.1988, NJW-RR 1988, 1237, 1238; Palandt/Grüneberg, § 426 BGB Rz. 8.
823　BGH, Urteil vom 19.12.1988, NJW-RR 1989, 685.
824　Ständige Rechtsprechung, siehe etwa BGH, Urteil vom 04.07.1963, NJW 1963, 2067, 2068; Urteil vom 10.11.1983, NJW 1984, 482; Urteil vom 15.05.1986, NJW 1986, 3131, 3133; Urteil vom 11.06.1992, NJW 1992, 2286, 2288; Urteil vom 22.10.1992, NJW 1993, 585, 587.
825　BGH, Urteil vom 04.07.1963, 2067, 2068.

Auch der Ausgleich der Steuerschuld zwischen Organträger und Organgesellschaft soll sich, sofern dies nicht wiederum ohnehin bereits der Auslegung des Unternehmensvertrages zu entnehmen ist, kraft Natur der Sache auf den auf die Organgesellschaft entfallenden Steuervorteil beschränken[826]. Umstritten ist hingegen etwa, ob bei Verbürgung eines gesellschaftsfremden Dritten zusammen mit Gesellschaftern für die Verbindlichkeiten einer GmbH im Innenverhältnis kraft Natur der Sache ausschließlich die Gesellschafter haften[827] oder ob dies alleine für die Befreiung des gesellschaftsfremden Bürgen nicht ausreicht, da auch die GmbH-Gesellschafter ohne Bürgschaftsübernahme nicht für die Gesellschaftsverbindlichkeiten haften würden[828].

Eine eigenständige Bedeutung der Haftungsteilung kraft Natur der Sache besteht aber jedenfalls im vorliegenden Zusammenhang der gesamtschuldnerischen Organhaftung nicht. In der Folge wird hierauf daher nicht weiter einzugehen sein.

IV. Haftungsteilung aufgrund gesetzlicher Anordnung

Von der Haftung zu gleichen Anteilen gemäß § 426 Abs. 1 Satz 1 BGB abweichende Regelungen ergeben sich im Übrigen aus dem Gesetz. Dies betrifft zum einen Sonderfälle der Haftung, in denen zum Teil die alleinige Haftung einzelner Gesamtschuldner angeordnet und im Übrigen differenziertere Kriterien für die Haftungsteilung vorgegeben werden[829]. Und zum anderen und insbesondere bestimmen sich bei gesamtschuldnerischer Schadensersatzhaftung die Anteile der einzelnen Gesamtschuldner entsprechend § 254 BGB nach Maßgabe ihrer jeweiligen Verantwortlichkeiten[830].

1. Gesetzliche Sonderregelungen zur alleinigen und anteilmäßigen Haftung

§ 840 Abs. 2 BGB ordnet die *alleinige Haftung* des neben dem Geschäftsherrn gleichfalls haftenden Verrichtungsgehilfen im Sinne von § 831 BGB, des neben dem Aufsichtspflichtigen gleichfalls haftenden Aufsichtsbedürftigen im Sinne von § 832 BGB und des Aufsichtspflichtigen bei der bloßen Billigkeitshaftung des Aufsichtsbedürftigen im Sinne von § 829 BGB an. Ebenso haftet gemäß § 1833 Abs. 2 Satz 2 BGB der Vormund im Verhältnis zu dem wegen Verlet-

---

826 BGH, Urteil vom 22.10.1992, NJW 1993, 585, 587; siehe insoweit auch BGH, Urteil vom 09.07.2007, ZIP 2007, 1602, 1604.
827 So offenbar BGH, Urteil vom 11.06.1992, NJW 1992, 2286, 2288.
828 So explizit BGH, Urteil vom 19.12.1985, NJW 1986, 1097, 1098.
829 Hierzu sogleich unter 1.
830 Hierzu unter 2.

zung seiner Aufsichtspflicht verantwortlichen Gegenvormund oder Mitvormund alleine. Weitere Fälle der alleinigen Haftung im Innenverhältnis sind in den §§ 841 BGB, 46 Satz 2 BNotO und 116 Abs. 1 VVG geregelt.

Die *anteilmäßige Haftung* entsprechend dem Verhältnis der Geschäftsanteile ordnet § 31 Abs. 3 GmbHG an für den Fall, dass bei Zahlungen der Gesellschaft entgegen § 30 GmbHG der die Zahlung empfangende Gesellschafter diese nicht gemäß § 31 Abs. 1 GmbHG an die Gesellschaft zurückzahlen kann[831]. Weitere besondere, von § 426 Abs. 1 Satz 1 BGB abweichende Regeln zur anteilmäßigen Haftungsverteilung im Innenverhältnis enthalten die §§ 748, 755 BGB, 16 Abs. 2 WEG, 5 Satz 2 ProdHaftG, 78 Abs. 2 VVG.

Auch diese gesetzlichen Haftungsteilungsregeln haben im vorliegenden Zusammenhang der gesamtschuldnerischen Organhaftung, von ihrem unmittelbaren Anwendungsbereich im Einzelfall abgesehen, im Ergebnis keine Bedeutung. Dies gilt insbesondere auch, worauf noch zurückzukommen sein wird, für die *entsprechende* Anwendung der §§ 840 Abs. 2 und 1833 Abs. 2 Satz 2 BGB im Rahmen der gesamtschuldnerischen Haftung von Geschäftsleitern[832], Aufsichtsratsmitgliedern[833] sowie Geschäftsleitern und Aufsichtsratsmitgliedern[834].

2. Unterschiedliche Verantwortlichkeiten der Gesamtschuldner bei Schadensersatz entsprechend § 254 BGB

Sofern weder eine ausdrückliche oder auch nur stillschweigende Vereinbarung der Gesamtschuldner über den Ausgleich im Innenverhältnis existiert noch ein solcher sich ausnahmsweise aus der Natur der Sache oder anhand einer gesetzlichen Sonderregelung ergibt, ist für den Fall der gesamtschuldnerischen Schadensersatzhaftung eine verhältnismäßige Lastenteilung vorzunehmen. Gleiches ist zudem maßgebend bei der Auslegung ausdrücklicher oder der Ermittlung stillschweigender Vereinbarungen über den Ausgleich im Innenverhältnis sowie gegebenenfalls auch bei der Bestimmung der Lastenteilung kraft Natur der Sache.

Diese verhältnismäßige Lastenteilung orientiert sich daran, wer im Verhältnis der Gesamtschuldner zueinander »dem anderen gegenüber der allein oder der vorwiegend Schuldige ist«[835]. Hier ist also der allgemeine Rechtsgedanke bestimmend, dass Schäden, die von mehreren Personen in zurechenbarer Weise verursacht worden sind, von diesen nach dem Maß der jeweiligen Verantwort-

---

831 Zur subsidiären Haftung der Mitgesellschafter gemäß § 31 Abs. 3 GmbHG siehe oben § 6, unter A.I.1.
832 Unter B.I.1.
833 Unter B.II.
834 Unter B.III.
835 RG, Urteil vom 22.12.1910, RGZ 75, 251, 256; Looschelders, Mitverantwortlichkeit, S. 142.

§ 10 Interne Haftungsanteile und Umfang des Ausgleichsanspruchs

lichkeiten getragen werden müssen[836]. Im Gesetz hat dieser allgemeine Rechtsgedanke seinen expliziten Ausdruck etwa in dem die Mitverantwortlichkeit des Geschädigten betreffenden § 254 BGB gefunden[837]; Ähnliches gilt auch für die Regelung zur Mitverantwortlichkeit mehrerer Fahrzeughalter gemäß § 17 Abs. 1 und 2 StVG. Folgerichtig wird § 254 BGB für den Innenausgleich bei gesamtschuldnerischer Schadensersatzhaftung entsprechend herangezogen[838].

Gemäß § 254 Abs. 1 BGB wird hierbei dann auf die Umstände abgestellt und insbesondere darauf, inwieweit der Schaden vorwiegend von dem einen oder dem anderen Teil verursacht worden ist. Zunächst bestimmt ist hierbei somit das jeweilige Maß der Verursachung, hinzu kommt in einem zweiten Schritt das jeweilige Maß des Verschuldens[839]. Sonstige Umstände, von der im vorliegenden Zusammenhang der gesamtschuldnerischen Haftung von Geschäftsleitern und/oder Aufsichtsratsmitgliedern grundsätzlich nicht einschlägigen Betriebsgefahr (ausgehend etwa vom Betrieb eines Kraftfahrzeuges) abgesehen[840], finden daneben keine Berücksichtigung. Derlei sonstige Umstände gründen auf Billigkeitsüberlegungen, für solche ist jedoch neben den allgemeinen haftungsbegründenden Kriterien weder im Rahmen der Haftungsbegründung noch im Rahmen der Schadensteilung Platz[841]: Die Frage, ob und in welchem Umfang jemand haftet, ist etwa von dessen Vermögensverhältnissen unabhängig[842], das Postulat »der hat's ja« ist kein haftungsbegründendes oder –ausfüllendes Kriterium. Gleiches gilt dann auch im Verhältnis zwischen Schädiger und Geschädigtem sowie – hier einschlägig – im Verhältnis mehrerer Gesamtschuldner untereinander. Daher ist auch die Frage vorhandenen bzw. nicht vorhandenen Versicherungsschutzes für die Abwägung im Rahmen des § 254 BGB und somit

---

836 Looschelders, Mitverantwortlichkeit, S. 142.
837 Looschelders, Mitverantwortlichkeit, S. 116 ff, 142.
838 Seit RG, Urteil vom 22.12.1910, RGZ 75, 251, 256 ständige Rechtsprechung und allgemeine Meinung.
839 RG, Urteil vom 21.11.1909, RGZ 67, 120, 122; Urteil vom 30.03.1942, RGZ 169, 84, 95 f; BGH, Urteil vom 13.05.1997, NJW 1997, 2236, 2238; Urteil vom 20.01.1998, NJW 1998, 1137, 1138; Urteil vom 12.10.1999, NJW-RR 2000, 272, 273; Urteil vom 08.01.2002, NJW 2002, 1263, 1264; Looschelders, Mitverantwortlichkeit, S. 568, 581; Oetker, Münchener Komm., § 254 BGB Rz. 108; Palandt/Grüneberg, § 426 BGB Rz. 10; Palandt/Heinrichs, § 254 BGB Rz. 60.
840 Siehe hierzu nur Oetker, Münchener Komm., § 254 BGB Rz. 114 f.
841 BGH, Urteil vom 29.11.1977, NJW 1978, 421, 422 f; Dunz, NJW 1964, 2133 ff; Klauser, NJW 1965, 1894, 1895; Looschelders, Mitverantwortlichkeit, S. 566 ff; Oetker, Münchener Komm., § 254 BGB Rz. 116; Palandt/Heinrichs, § 254 BGB Rz. 63; Soergel/Mertens, § 254 BGB Rz. 114; Staudinger/Schiemann, § 254 BGB Rz. 112; a. A. OLG Celle, Urteil vom 06.12.1978; NJW 1979, 724; Böhmer, MDR 1962, 442 f; Schlierf, NJW 1965, 676, 677.
842 Looschelders, Mitverantwortlichkeit, S. 566 f.

auch für den Umfang des Gesamtschuldnerausgleichs unerheblich[843]. Und eine Bereicherung eines der Schädiger mag über das Bereicherungsrecht ausgeglichen und im Übrigen beim Verursachungs- oder Verschuldensmaß mit berücksichtigt werden[844], im Rahmen der Abwägung nach § 254 BGB jenseits der Verursachungs- und Verschuldenskriterien ist dies hingegen nicht beachtlich.

Hinsichtlich des *Maßes der Verursachung* wird nicht auf die Verursachung im naturwissenschaftlichen Sinne abgestellt. Hier verböte sich eine Abstufung nach unwichtig und wichtig, da in diesem Sinne alle Ursachen als gleich bedeutend, da entweder als für den Schaden ursächlich oder nicht ursächlich eingestuft werden müssten[845]. Maßgeblich ist vielmehr der Grad der Wahrscheinlichkeit, mit der das jeweilige Verhalten zum Schadenseintritt führt, je wahrscheinlicher das Verhalten für den Schadenseintritt ist, desto größer ist das Maß der Verursachung und mithin der Anteil am Schaden[846]. Die zeitliche Reihenfolge der einzelnen Schadensbeiträge ist dabei unerheblich, solange das Verhalten nur für den Schaden ursächlich geworden ist[847].

Das *Maß des Verschuldens* ist ebenfalls in die Abwägung einzubeziehen, wenn auch nicht mit gleichem Gewicht wie die Verursachung, so doch stets und nicht nur zur Korrektur bei gleichen Verursachungsbeiträgen[848]. Hier lassen sich folgende Grundsätze aufstellen: *Erstens*: Liegen auf beiden Seiten gleiche Verschuldensgrade vor, wiegen diese einander auf[849]. *Zweitens*: (Normale) Fahrlässigkeit und grobe Fahrlässigkeit sind unterschiedlich zu gewichten[850]. *Drit-*

---

843 BGH, Urteil vom 29.11.1977, NJW 1978, 421, 422 f; Looschelders, Mitverantwortlichkeit, S. 567 f.
844 Vgl. Soergel/Mertens, § 254 BGB Rz. 114; Staudinger/Schiemann, § 254 BGB Rz. 112.
845 Dunz, NJW 1964, 2133, 2134; Looschelders, Mitverantwortlichkeit, S. 569; Oetker, Münchener Komm., § 254 BGB Rz. 108; Staudinger/Schiemann, § 254 BGB Rz. 113.
846 BGH, Urteil vom 29.01.1969, NJW 1969, 789, 790; Urteil vom 28.10.1993, NJW 1994, 379; Urteil vom 20.01.1998, NJW 1998, 1137, 1138; Dunz, NJW 1964, 2133, 2134; Oetker, Münchener Komm., § 254 BGB Rz. 108; Palandt/Heinrichs, § 254 BGB Rz. 60; Soergel/Mertens, § 254 BGB Rz. 111; Staudinger/Schiemann, § 254 BGB Rz. 113; a.A., auf die objektive Zurechnung abstellend Looschelders, Mitverantwortlichkeit, S. 570 ff.
847 BGH, Urteil vom 12.07.1988, VersR 1988, 1238, 1239; Oetker, Münchener Komm., § 254 BGB Rz. 108; Palandt/Heinrichs, § 254 BGB Rz. 60.
848 Looschelders, Mitverantwortlichkeit, S. 581; Oetker, Münchener Komm., § 254 BGB Rz. 110; Soergel/Mertens, § 254 BGB Rz. 112; missverständlich hingegen BGH, Urteil vom 29.01.1969, NJW 1969, 789, 790.
849 Oetker, Münchener Komm., § 254 BGB Rz. 112 f.
850 Vgl. BGH, Urteil vom 08.12.1966, VersR 1967, 187; Urteil vom 25.06.1991, NJW-RR 1991, 1240; Oetker, Münchener Komm., § 254 BGB Rz. 113; Soergel/Mertens, § 254 BGB Rz. 117.

tens: Bei Vorsatz auf der einen und bloßer Fahrlässigkeit auf der anderen Seite bleibt die Fahrlässigkeit grundsätzlich unberücksichtigt[851]. Abweichendes kann hier allerdings zum einen gelten, wenn die nur fahrlässig verletzte Pflicht ein gewisses Gewicht hat[852], hier wird somit auf das Maß der Verursachung zurückgegriffen. Und zum anderen ist die grundsätzlich ausschließliche Haftung des vorsätzlich Handelnden unter Umständen dann nicht gerechtfertigt, wenn auf der anderen Seite eine nicht nur (normal) fahrlässige, sondern eine grob fahrlässige Obliegenheits- bzw. Pflichtverletzung vorliegt[853]. Ob es zudem geboten ist, im Rahmen des Vorsatzes zwischen Absicht, dolus directus und dolus eventualis zu differenzieren[854] und im Rahmen der Fahrlässigkeit zwischen grober, einfacher (mittlerer) und leichter Fahrlässigkeit[855], wird wohl eher vom konkreten Einzelfall abhängen.

Verursachungs- und Verschuldensbeitrag werden dann praktischerweise dergestalt in Bezug zueinander gesetzt, dass zunächst eine Quote anhand der Verursachungsbeiträge gebildet und diese dann gegebenenfalls mit Rücksicht auf das Verschulden korrigiert wird[856]. Letztlich entscheidet der Richter hier aber gemäß § 287 ZPO unter Würdigung der vorgenannten Kriterien nach freier Überzeugung. Dies wird vom Revisionsgericht sodann nur noch daraufhin über-

---

851   So im Rahmen von § 254 BGB bei Vorsatz des Schädigers und Fahrlässigkeit des Geschädigten BGH, Urteil vom 26.02.1980, BGHZ 76, 216, 218; Urteil vom 09.10.1991, NJW 1992, 310, 311; Oetker, Münchener Komm., § 254 BGB Rz. 112; Staudinger/Schiemann, § 254 BGB Rz. 121; und umgekehrt bei Fahrlässigkeit des Schädigers und vorsätzlicher Schadensverursachung des Geschädigten BGH, Urteil vom 08.10.1991, NJW 1991, 3208, 3210; BAG, Urteil vom 19.02.1998, NJW 1998, 2923, 2924; Oetker, Münchener Komm., § 254 BGB Rz. 112; Soergel/Mertens, § 254 BGB Rz. 116.

852   So im Rahmen des § 254 BGB hinsichtlich der Schadensminderungspflicht BGH, Urteil vom 04.10.1963, VersR 1964, 94, 95; OLG Hamburg, Urteil vom 20.04.1977, NJW 1977, 1347, 1349; Looschelders, Mitverantwortlichkeit, S. 595; Oetker, Münchener Komm., § 254 BGB Rz. 112.

853   Vgl. BGH, Urteil vom 06.12.1983, NJW 1984, 921, 922; Urteil vom 08.07.1986, VersR 1986, 1212, 1214; Urteil vom 08.07.1986, VersR 1987, 45, 48; Urteil vom 09.10.1991, NJW 1992, 310; Urteil vom 05.03.2002, NJW 2002, 1643, 1646; Soergel/Mertens, § 254 BGB Rz. 116; Staudinger/Schiemann, § 254 BGB Rz. 121.

854   So Looschelders, Mitverantwortlichkeit, S. 582.

855   So Looschelders, Mitverantwortlichkeit, S. 582; Soergel/Mertens, § 254 BGB Rz. 112.

856   Looschelder, Mitverantwortlichkeit, S. 593; Soergel/Mertens, § 254 BGB Rz. 112; Staudinger/Schiemann, § 254 BGB Rz. 119.

prüft, ob die maßgeblichen Umstände einwandfrei festgestellt worden sind und ob kein Verstoß gegen Denkgesetze und Erfahrungssätze unterlaufen ist[857].

V. Umfang des Ausgleichsanspruchs gegenüber mehreren weiteren Gesamtschuldnern

Mehrere weitere Gesamtschuldner haften gegenüber dem in Anspruch genommenen Mitschuldner hinsichtlich seines Ausgleichsanspruchs nicht ebenfalls als Gesamtschuldner, sondern als Teilschuldner entsprechend ihrer internen Haftungsquote[858]. Dies ergibt bereits der Wortlaut des § 426 Abs. 1 BGB[859]: Satz 1 normiert die Binnenhaftung »zu gleichen Anteilen«. Und in Satz 2 ist von dem auf einen Gesamtschuldner entfallenden Betrag die Rede, was zugleich die Beweislast für den Ausfall eines Mitschuldners dem Ausgleichsberechtigten auferlegt[860]. Auch der Zweck der Gesamtschuld, dem Gläubiger bei mehreren für die Erfüllung seines Anspruchs Verantwortlichen unbelastet vom Verhältnis dieser Schuldner untereinander und deren Insolvenzrisiko die einfache und umfassende Anspruchsdurchsetzung zu ermöglichen[861], verlangt nicht, Gleiches auch auf den (»zufällig« als Erstes) in Anspruch genommenen Schuldner zu übertragen[862]. Folgerichtig trägt dieser dann das Risiko, mit seinem Rückgriffsanspruch auszufallen, ein Risiko freilich, das durch die anteilmäßige Ausfallhaftung des § 426 Abs. 1 Satz 2 BGB abgemildert wird[863].

Dies benachteiligt allerdings denjenigen Gesamtschuldner, der nur mit einer kleinen Quote haftet, da dieser hinsichtlich seiner Mitschuldner ein höheres Ausfallrisiko trägt als diese ihm gegenüber[864]. Jedenfalls für den Fall, dass ein Gesamtschuldner im Innenverhältnis gänzlich von der Haftung freigestellt ist, ist daher die Ausgleichsgesamtschuld, d. h. die ebenfalls gesamtschuldnerische

---

857 BGH, Urteil vom 19.12.1968, BGHZ 51, 275, 279 f; Urteil vom 03.10.1989, BGHZ 108, 386, 392; Oetker, Münchener Komm., § 254 BGB Rz. 148; Soergel/Mertens, § 254 BGB Rz. 137; Staudinger/Schiemann, § 254 BGB Rz. 119.
858 RG, Urteil vom 24.01.1918, RGZ 92, 142, 146; Urteil vom 20.11.1933, RGZ 142, 264, 267; BGH, Urteil vom 24.04.1952, BGHZ 6, 3, 25; Selb, Mehrheiten von Gläubigern und Schuldnern, S. 100 f; Soergel/Wolf, § 426 BGB Rz. 36; Staudinger/Noack, § 426 BGB Rz. 27; a.a., eine Ausgleichsgesamtschuld, gekürzt um die Quote des Ausgleichsberechtigten befürwortend Bydlinski, Münchener Komm., § 426 BGB Rz. 30.
859 Staudinger/Noack, § 426 BGB Rz. 27.
860 Staudinger/Noack, § 426 BGB Rz. 27.
861 Vgl. Selb, Mehrheiten von Gläubigern und Schuldnern, S. 28 ff, 90.
862 Staudinger/Noack, § 426 BGB Rz. 27; a.A. Bydlinski, Münchener Komm., § 426 BGB Rz. 30.
863 Selb, Mehrheiten von Gläubigern und Schuldnern, S. 101.
864 Erman/Ehmann, § 426 BGB Rz. 22.

Haftung seiner Mitschuldner ihm gegenüber zu bejahen[865]. Soweit hierin ein Wertungswiderspruch zu § 426 Abs. 1 Satz 2 BGB gesehen wird, dem zufolge der Ausgleichsberechtigte als Voraussetzung für die volle Inanspruchnahme eines Mitschuldners den Ausfall der übrigen Mitschuldner beweisen müsse[866], wird dies durch das Innenverhältnis der Gesamtschuldner bei vollständiger Freistellung des Anspruchsberechtigten überlagert.

VI. Haftungseinheit mehrerer Gesamtschuldner

Wenn die isolierte Betrachtung der Beiträge einzelner Gesamtschuldner nicht sachgerecht erscheint, weil sie sich zwangsläufig gemeinsam auswirken, werden diese Gesamtschuldner zu einer so genannten Haftungseinheit zusammengefasst[867]. Dies hat zur Folge, dass sie zwar im Außenverhältnis weiterhin wie jeder Gesamtschuldner im Sinne von § 421 BGB für die gesamte Verbindlichkeit haften, im Innenverhältnis aber so behandelt werden, als seien sie eine Person.

Vor diesem Hintergrund ist eine Haftungseinheit zum einen aus *rechtlichen* Gründen sachgerecht, wenn die Haftung eines Schuldners nur besteht, weil ihm das Verhalten des anderen Schuldners zugerechnet wird, etwa bei der Gesamtschuld von dem über § 31 BGB haftenden Verband einerseits und dem gleichfalls haftenden gesetzlichen Vertreter andererseits[868], dem über § 278 BGB haftenden Geschäftsherrn einerseits und dem gleichfalls haftenden Erfüllungsgehilfen andererseits[869], dem gemäß § 831 BGB haftenden Geschäftsherrn einerseits und dem gleichfalls haftenden Verrichtungsgehilfen andererseits[870], aber auch bei Halter und Fahrer eines Kraftfahrzeugs, §§ 7, 18 StVG[871], oder Aufsichtsperson, § 832 BGB, und schuldhaft handelnder beaufsichtigter Per-

---

865 RG, Urteil vom 07.06.1915, RGZ 87, 64, 68; Urteil vom 23.04.1932, RGZ 136, 275, 287; BGH, Urteil vom 13.05.1955, BGHZ 17, 215, 222; Erman/Ehmann, § 426 BGB Rz. 22; generell die Ausgleichsgesamtschuld befürwortend Bydlinski, Münchener Komm., § 426 BGB Rz. 30.
866 Palandt/Grüneberg, § 426 BGB Rz. 6; Selb, Mehrheiten von Gläubigern und Schuldnern, S. 101 f; Staudinger/Noack, § 426 BGB Rz. 29.
867 Bydlinski, § 426 BGB Rz. 33.
868 Zur Außenhaftung von Geschäftsleitungs- und/oder Aufsichtsratsmitgliedern siehe oben § 1, unter B. und § 2, unter B.
869 BGH, Urteil vom 24.04.1952, BGHZ 6, 3, 27 f; Staudinger/Noack, § 426 BGB Rz. 84.
870 BGH, Urteil vom 24.04.1952, BGHZ 6, 3, 28; Urteil vom 29.09.1970, BGHZ 54, 283, 285; Urteil vom 25.04.1989, NJW-RR 1989, 918, 920; Staudinger/Noack, § 426 BGB Rz. 84.
871 BGH, Urteil vom 26.04.1966, NJW 1966, 1262, 1263; Urteil vom 11.11.1969, VersR 1970, 63, 64; Staudinger/Noack, § 426 BGB Rz. 84.

son⁸⁷². Zum anderen ist die Zusammenfassung mehrerer Gesamtschuldner zu einer Einheit im Innenverhältnis aber auch aus *tatsächlichen* Gründen immer dann gerechtfertigt, wenn sich die Verursachungsbeiträge mehrerer Personen zum selben Umstand vereinigen oder doch zumindest im Wesentlichen zum selben Schadensbeitrag verschmelzen, bevor der Verursachungsbeitrag weiterer Personen hinzutritt[873].

Die Folgen der Zusammenfassung einzelner Beiträge zu einer Haftungseinheit beschränken sich, wie bereits erwähnt, auf das Innenverhältnis der Gesamtschuldner: *Erstens* werden die Pflichtverletzungen der einzelnen Mitglieder der Haftungseinheit zu einem einheitlichen Tatbeitrag zusammengefasst. Sie haften intern somit nur für eine Quote, die Beiträge der einzelnen Mitglieder der Haftungseinheit werden im Rahmen des Innenausgleichs, etwa entsprechend § 254 BGB, nicht mehrfach in Ansatz gebracht[874]. Hierbei hat dann – weiterhin nur mit Wirkung für das Innenverhältnis der Gesamtschuldner, nicht auch für die Haftung der einzelnen Gesamtschuldner im Außenverhältnis[875] – das Verschulden eines Mitglieds der Haftungseinheit Gesamtwirkung für die gesamte Haftungseinheit. Insoweit ergibt sich aus der Zusammenfassung mehrerer einzelner Schuldner zu einer Einheit abweichend von der hier an sich entsprechend der Grundregel des § 425 Abs. 1 BGB geltenden Einzelwirkung[876] »ein anderes«[877]. *Zweitens* haften die Mitglieder der Haftungseinheit gegenüber einem außerhalb der Haftungseinheit stehenden Mitschuldner, abweichend vom Regelfall der Ausgleichshaftung als Teilschuldner[878], hinsichtlich der Quote der Haftungseinheit als Gesamtschuldner[879]. Und *drittens* vollzieht sich der Ausgleich innerhalb

---

872 Staudinger/Noack, § 426 BGB Rz. 84.
873 BGH, Urteil vom 29.09.1970, BGHZ 54, 283, 285; Urteil vom 05.10.1982, NJW 1983, 623, 624; Urteil vom 25.04.1989, NJW-RR 1989, 918, 920; Urteil vom 16.04.1996, NJW 1996, 2023, 2024; Erman/Ehmann, § 426 BGB Rz. 73; Staudinger/Noack, § 426 BGB Rz. 85.
874 BGH, Urteil vom 16.04.1996, NJW 1996, 2023, 2024; Dubischar, NJW 1967, 608, 610; Dunz, NJW 1968, 679, 681; Erman/Ehmann, § 426 BGB Rz. 73; Kirchhoff, MDR 1998, 377; Selb, Mehrheiten von Gläubigern und Schuldnern, S. 103 f; Staudinger/Noack, § 426 BGB Rz. 87.
875 BGH, Urteil vom 13.12.1994, NJW 1995, 1150, 1151; Staudinger/Noack, § 426 BGB Rz. 90.
876 Siehe hierzu oben § 8.
877 BGH, Urteil vom 18.09.1973, BGHZ 61, 213, 220; Urteil vom 29.10.1975, BGHZ 65, 226, 229; Füllbier, NJW 1989, 2801, 2802; Soergel/Wolf, § 426 BGB Rz. 32; u. a. angesichts dieser Konsequenz die *tatsächliche* Haftungseinheit mangels gesetzlicher Grundlage ablehnend Selb, Mehrheiten von Gläubigern und Schuldnern, S. 105.
878 Siehe hierzu soeben unter V.
879 Ermann/Ehmann, § 426 BGB Rz. 73; Staudinger/Noack, § 426 BGB Rz. 88; u. a. angesichts dieser Konsequenz der Rechtsfigur der *tatsächlichen* Haftungseinheit

der Haftungseinheit dann nach den allgemeinen Regeln des Gesamtschuldnerausgleichs, insbesondere auch unter Beachtung von § 254 BGB[880].

VII. Gesamtschuldnerausgleich und Mitverschulden des Geschädigten

Bei der Haftung mehrerer *Nebentäter* für einen Schaden, der durch den Geschädigten mitverursacht wurde, ergibt sich die vom Geschädigten insgesamt zu beanspruchende Quote aus einer *Gesamtschau* der Beiträge sämtlicher Nebentäter einerseits und seines eigenen Beitrags andererseits. Die Inanspruchnahme der jeweils einzelnen Nebentäter bestimmt sich jedoch im Regelfall in Abwägung der jeweils beidseitigen individuellen Beiträge im Rahmen einer *Einzelabwägung*[881]; die Anteile der einzelnen Nebentäter können hierbei durchaus unterschiedlich sein[882]. Als Gesamtschuldner haften die Nebentäter dabei nur hinsichtlich des um den Schadensanteil des Geschädigten im Wege der Gesamtschau gekürzten Schadens und insoweit sodann auch nur entsprechend der Einzelabwägung; im Übrigen haften die einzelnen Nebentäter als Teilschuldner[883]. Entsprechend eingeschränkt vollzieht sich hier dann der Gesamtschuldnerausgleich.

Eine bloße *Gesamtschau* der Schädiger einerseits und des Geschädigten andererseits unter Zurechnung der Tatbeiträge der Schädiger untereinander findet hingegen statt, sofern und soweit die *Nebentäter* eine Haftungseinheit bilden. Hier müssen die Schädiger dann als Gesamtschuldner für die in der Haftungseinheit zusammengefassten Haftungsbeiträge aufkommen[884]. Gleiches gilt bei *Mittätern*[885] sowie bei *Anstiftung und Beihilfe*[886]. Der Gesamtschuldnerausgleich

---

mangels gesetzlicher Grundlage ablehnend Selb, Mehrheiten von Gläubigern und Schuldnern, S. 105; ähnlich Bydlinski, Münchener Komm., § 426 BGB Rz. 33.
880 Staudinger/Noack, § 426 BGB Rz. 92.
881 BGH, Urteil vom 16.06.1959, BGHZ 30, 203, 205; Oetker, Münchener Komm., § 254 BGB Rz. 119; Palandt/Heinrichs, § 254 BGB Rz. 71.
882 BGH, Urteil vom 03.02.1954, BGHZ 12, 213, 220; Oetker, Münchener Komm., § 254 BGB Rz. 119.
883 Keuk, AcP 168 (1968), 175, 198 ff; Oetker, Münchener Komm., § 254 BGB Rz. 121; Palandt/Heinrichs, § 254 BGB Rz. 71.
884 BGH, Urteil vom 29.09.1970, BGHZ 54, 283, 285; Urteil vom 18.09.1973, BGHZ 61, 213, 220; Oetker, Münchener Komm., § 254 BGB Rz. 123; Palandt/Heinrichs, § 254 BGB Rz. 72.
885 BGH, Urteil vom 16.06.1959, BGHZ 30, 203, 206; Dunz, JZ 1955, 727, 728; Ders., JZ 1959, 592, 593; Oetker, Münchener Komm., § 254 BGB Rz. 122; Palandt/Heinrichs, § 254 BGB Rz. 70.
886 Oetker, Münchener Komm., § 254 BGB Rz. 122; Palandt/Heinrichs, § 254 BGB Rz. 70.

vollzieht sich dann hinsichtlich des im Rahmen der Gesamtschau von den Schädigern in Haftungseinheit zu tragenden Haftungsteils.

Und schließlich kann zwischen dem Geschädigten und einem oder mehreren der Gesamtschuldner eine Haftungseinheit des Inhalts bestehen, dass die von diesen zu verantwortenden Kausalbeiträge, sei es aus rechtlichen, sei es aus tatsächlichen Gründen, im Wesentlichen deckungsgleich sind[887]. Der Geschädigte kann hier dann den außerhalb der Haftungseinheit stehenden Ersatzpflichtigen nur gekürzt um den (Mit)Verschuldensanteil der Haftungseinheit in Anspruch nehmen. Und umgekehrt kann dieser außerhalb der Haftungseinheit stehende Ersatzpflichtige dann von dem in der Haftungseinheit stehenden Gesamtschuldner keinen Ausgleich verlangen, da deren Haftungsbeitrag bereits im Rahmen der Kürzung des Ersatzanspruchs des Geschädigten berücksichtigt worden ist[888].

VIII. Gesamtschuldnerausgleich bei gestörter Gesamtschuld

Für den Fall, dass einzelne Gesamtschuldner nach Haftungsentstehung mit dem Gläubiger eine Erlassvereinbarung[889] oder bereits im Vorhinein eine Haftungsausschluss- oder -beschränkungsabrede[890] getroffen haben mit der Folge, dass der Gläubiger diese Schuldner, soweit die Vereinbarung reicht, nicht (mehr) in Anspruch nehmen kann, hängt die Frage der Auswirkungen solcher Vereinbarungen auf das Innenverhältnis der Gesamtschuldner davon ab, ob diesen (beschränkte) Gesamtwirkung gegenüber den übrigen Schuldnern zukommt oder nicht. Gleiches gilt für den Fall gesetzlicher Haftungsausschlüsse und -beschränkungen[891].

Für den Fall, dass die zwischen Gläubiger und einzelnen Schuldnern hier getroffene Ausschluss-/Beschränkungs- bzw. Erlassvereinbarung beschränkte Gesamtwirkung in dem Sinne hat, dass der Gläubiger daraufhin nur noch in um den internen Haftungsanteil des begünstigten Schuldners geminderter Höhe gegen die übrigen Schuldner vorgehen kann, entfällt im Gegenzug für diese die Möglichkeit, den Begünstigten im Regressweg anteilmäßig in Anspruch zu nehmen. Besteht eine solche beschränkte Gesamtwirkung hingegen nicht, können die übrigen Schuldner von dem (an sich) begünstigten Schuldner entspre-

---

887 BGH, Urteil vom 18.09.1973, BGHZ 61, 213, 218; Urteil vom 18.04.1978, NJW 1978, 2392; Urteil vom 05.10.1982, NJW 1983, 623, 624; Urteil vom 16.04.1996, NJW 1996, 2023, 2024; Staudinger/Noack, § 426 BGB Rz. 93 ff; zur Haftungseinheit mehrerer Schädiger siehe oben unter V.
888 BGH, Urteil vom 05.10.1982, NJW 1983, 623, 624; Urteil vom 16.04.1996, NJW 1996, 2023, 2025; Staudinger/Noack, § 426 BGB Rz. 95.
889 Siehe hierzu oben § 7, unter B.
890 Siehe hierzu oben § 8, unter A.
891 Siehe hierzu oben § 8, unter A.

chend Ausgleich verlangen, dieser wiederum hat dann im Regelfall ein Rückgriffs- und auch Freistellungsrecht gegen den Gläubiger.

Ein Sonderfall besteht dann, wenn die Haftung wegen nicht verletzter eigenüblicher Sorgfalt, §§ 708, 1359, 1664 Abs. 1 BGB, entfällt. Hier wird zum einen die beschränkte Gesamtwirkung, zum anderen aber mangels Haftung des Begünstigten auch die Möglichkeit des Regresses im Innenverhältnis abgelehnt[892]. Da diese Fälle im vorliegenden Zusammenhang nicht einschlägig sind, muss hierauf an dieser Stelle und im Folgenden jedoch nicht näher eingegangen werden.

B. Interne Haftungsanteile und Umfang des Ausgleichsanspruchs bei gesamtschuldnerischer Haftung von Geschäftsleitern und/oder Aufsichträten

Vor dem vorstehend skizzierten Hintergrund gilt für die Ermittlung der internen Haftungsanteile und hierauf aufbauend des Umfangs des Ausgleichsanspruchs in den verschiedenen oben[893] aufgeführten Fällen der gesamtschuldnerischen Haftung bei Beteiligung von Geschäftsleitern und/oder Aufsichtsräten dann Folgendes:

I. Interne Haftungsanteile und Umfang des Ausgleichsanspruchs bei gesamtschuldnerischer Haftung von Geschäftsleitern

Zunächst sind somit die internen Haftungsanteile für jene Fälle zu ermitteln, in denen mehrere Geschäftsleiter gesamtschuldnerisch haften. Diese Haftung kann gegenüber der Gesellschaft bestehen[894], aber auch gegenüber Dritten[895], Gesellschaftern[896] oder gegenüber von der Gesellschaft abhängigen Gesellschaften, deren Gläubigern oder Gesellschaftern[897]. Von der Haftung gegenüber der Gesellschaft abgesehen kommt eine Haftung ausschließlich der Geschäftsleiter in der Praxis allerdings kaum vor, gegenüber Dritten, Gesellschaftern sowie abhängigen Gesellschaften etc. haftet jedenfalls über § 31 BGB in aller Regel auch die Gesellschaft gesamtschuldnerisch mit den Geschäftsleitern, bei der

---

892   Siehe hierzu oben § 8, unter A.
893   Im 1. Teil, §§ 1 bis 6.
894   Siehe hierzu oben § 1, unter A.
895   Siehe hierzu oben § 1, unter B.
896   Siehe hierzu oben § 1, unter C.
897   Siehe hierzu oben § 1, unter D.

Haftung gegenüber der abhängigen Gesellschaft etc. kommt zudem gegebenenfalls die Haftung der Organmitglieder dieser Gesellschaft hinzu. Gleichwohl wird im Folgenden zunächst die gesamtschuldnerische Haftung der Geschäftsleiter isoliert untersucht, zum einen, weil dies für die Haftung gegenüber der Gesellschaft (dies ist der in der Praxis wichtigste Fall) von eigenständiger Bedeutung ist, zum anderen, weil dies für die Bestimmung der Haftungsanteile innerhalb einer Haftungseinheit Geschäftsleitung bei Haftung mit anderen Schuldnern maßgeblich ist. Auf die Ermittlung der internen Haftungsanteile bei gesamtschuldnerischer Haftung von Geschäftsleitern und Gesellschaft wird dann an anderer Stelle noch gesondert eingegangen[898]. Und bereits zuvor wird auch die etwaige Haftung der Organmitglieder der abhängigen Gesellschaft noch separat berücksichtigt[899].

1. Ausgangsüberlegungen

Mehrere gesamtschuldnerisch haftende Geschäftsleiter haften somit im Innenverhältnis zu gleichen Teilen, soweit nicht ein anderes bestimmt ist, § 426 Abs. 1 Satz 1 BGB. Als Ausgangspunkt für die Bestimmung der Haftungsanteile kann dabei auf die zwischen den Geschäftsleitern bestehende organschaftliche Rechtsbeziehung[900] zurückgegriffen werden. Hauptanwendungsfall der anderweitigen Bestimmung im Sinne von § 426 Abs. 1 Satz 1 BGB ist hierbei dann das Innenverhältnis des (horizontal) arbeitsteilig organisierten Geschäftsleitungsorgans[901]. Dies gilt unabhängig davon, ob die organinterne Arbeitsteilung auf einer Geschäftsordnung beruht, die sich die Geschäftsleiter selbst gegeben haben, vgl. § 77 Abs. 2 AktG; hier liegt in dem entsprechenden Beschluss eine vertragsähnliche Rechtsbeziehung der Geschäftsleiter, an der diese unmittelbar mitgewirkt haben. Denn auch, wenn die Aufteilung der Ressorts und/ oder Geschäftsbereiche durch Satzung, Gesellschafterbeschluss oder gar lediglich sternförmig über die jeweiligen Anstellungsverträge erfolgt ist[902], wirkt sich

---

898 Siehe hierzu unter IV.
899 Siehe hierzu unter 4.
900 Siehe zur Rechtsbeziehung der Geschäftsleiter untereinander oben § 1, unter A.I.1.a), 2.b)bb)ccc).
901 Siehe hierzu oben unter A.II. So im vorliegenden Zusammenhang wohl auch Schilling, in: Großkomm., 3. Aufl., § 93 AktG Anm. 23; ebenso offenbar auch Hachenburg/Mertens, § 43 GmbHG Rz. 65; Michalski/Haas, § 43 GmbHG Rz. 228; Paefgen, in: Großkomm., § 43 GmbHG Rz. 103; Scholz/U.H. Schneider, § 43 GmbHG Rz. 177; Zöllner/Noack, in: Baumbach/Hueck, § 43 GmbHG Rz. 29.
902 Siehe zu den verschiedenen Rechtsgrundlagen der Arbeitsteilung oben § 1, unter A.I.2.b)bb)aaa).

dies auf die organschaftliche Rechtsbeziehung der Geschäftsleiter untereinander aus und modifiziert diese.

Regelmäßig wird jedoch im Innenverhältnis der Geschäftsleiter nur deren Zuständigkeit festgelegt sein, nicht auch explizit die Frage der Haftungsteilung bei gesamtschuldnerischer Haftung. Und selbst wenn dies ausdrücklich oder stillschweigend geschehen sein sollte, etwa in dem Sinne, dass der für ein Ressort und/oder einen Geschäftsbereich zuständige Geschäftsleiter im Innenverhältnis dann auch im Haftungsfall verantwortlich sein soll, oder die Aufgabenteilungsabrede jedenfalls dem entsprechend auszulegen ist[903], wäre hier dann die Frage zu klären, welche Bedeutung die Verletzungen der dem Grundsatz der Gesamtverantwortung der Geschäftsleiter[904] entspringenden Überwachungspflichten[905] haben. Denn mag auch der Grundsatz der Gesamtverantwortung primär Bedeutung für eine (Rest-) Haftung auch der intern nicht zuständigen Geschäftsleiter im Außenverhältnis haben[906], so liegt es zumindest nahe, hieraus weitergehend aufgrund der organinternen Treue- und Loyalitätspflicht[907] auch das Innenverhältnis der Gesamtschuldner zueinander mit zu berücksichtigen. Zudem ist selbst einem möglichen Grundsatz der Gleichstellung von Zuständigkeit und Verantwortlichkeit nicht zu entnehmen, wie es sich hier dann bei unterschiedlichen Verschuldensgraden der einzelnen Geschäftsleiter verhält.

Die vereinzelt vorgenommene entsprechende Heranziehung der Sondervorschrift des § 840 Abs. 2 BGB[908], der zufolge der neben dem Geschäftsherrn gleichfalls haftende Verrichtungsgehilfe oder der neben dem Aufsichtspflichtigen gleichfalls haftende Aufsichtsbedürftige, somit der zu Beaufsichtigende im Verhältnis zum Aufsichtspflichtigen im Innenverhältnis alleine haftet[909], vermag

---

903 So im Ergebnis Bürgers/Israel, in: Bürgers/Körber, § 93 AktG Rz. 31; Fleischer, in: Fleischer, Vorstandsrecht, § 11 Rz. 82; Ders., in: Spindler/Stilz, § 93 AktG Rz. 220; Marsch-Barner/Diekmann, in: Münchener Handbuch GmbH, § 46 Rz. 20; Paefgen, in: Großkomm., § 43 GmbHG Rz. 103; Scholz/U.H. Schneider, § 43 GmbHG Rz. 178; Zöllner/Noack, in: Baumbach/Hueck, § 43 GmbHG Rz. 29; nur einen größeren Haftungsanteil, nicht aber die grundsätzlich alleinige Haftung des zuständigen Geschäftsleiters befürwortend hingegen Hachenburg/Mertens, § 43 GmbHG Rz. 65; Hefermehl/Spindler, Münchener Komm., § 93 AktG Rz. 67; Heidel/Landwehrmann, § 93 AktG Rz. 125; Hopt, in: Großkomm., § 93 AktG Rz. 301; Mertens, Kölner Komm., § 93 AktG Rz. 21.
904 Siehe hierzu oben § 1, unter A.I.2.a).
905 Siehe hierzu oben § 1, unter A.I.2.b)bb)ccc).
906 Siehe hierzu oben § 1, unter A.I.2.b)aa).
907 Siehe hierzu oben § 1, unter A.I.1.a), 2.b)bb)ccc).
908 Fleischer, in: Fleischer, Vorstandsrecht, § 11 Rz. 82; Ders., in: Spindler/Stilz, § 93 AktG Rz. 220; Michalski/Haas, § 43 GmbHG Rz. 228; Paefgen, in: Großkomm., § 43 GmbHG Rz. 103.
909 Siehe hierzu oben unter A.IV.1.

hier ungeachtet der Frage der Analogiefähigkeit dieser Norm[910] nicht recht weiterzuhelfen. Auch hierdurch werden die vorgenannten Besonderheiten der organinternen Rechtsbeziehung sowie der unterschiedlichen Verschuldensgrade weiterhin nicht berücksichtigt. Gleiches gilt für die entsprechende Heranziehung von § 1833 Abs. 2 Satz 2 BGB, der die intern alleinige Haftung des Vormunds im Verhältnis zu dem lediglich aufsichtspflichtigen Gegen-/Mitvormund regelt[911].

Die Lösung bietet hier dann der allgemeine, etwa in § 254 BGB explizit zum Ausdruck kommende Rechtsgedanke, dass ein von mehreren Personen in zurechenbarer Weise verursachter Schaden von diesen nach dem Maß der jeweiligen Verantwortlichkeiten zu tragen ist[912]. Dieser gilt nicht nur beim Fehlen einer Rechtsbeziehung der Gesamtschuldner untereinander, wenn sich zudem auch aus der Natur der Sache keine Haftungsteilung entnehmen lässt. Vielmehr gelangt die Haftungsteilung entsprechend den jeweiligen Verantwortlichkeiten auch dann zur Anwendung, wenn, wie im vorliegenden Fall, über das gesetzliche Schuldverhältnis gemäß § 426 Abs. 1 BGB hinaus eine Rechtsbeziehung zwischen den Gesamtschuldnern besteht, aus dieser aber nicht ohne weiteres auch die internen Haftungsteile entnommen werden können[913].

Abzustellen ist somit in erster Linie auf das Maß der Verursachung[914] und in zweiter Linie auf das Maß des Verschuldens[915]. Unerheblich sind hingegen reine Billigkeitskriterien wie die jeweiligen Vermögensverhältnisse der Geschäftsleiter oder ein etwaiger Versicherungsschutz[916]. Und ebenso unerheblich ist, sofern nicht beim Verursachungs- oder Verschuldensmaßstab oder über das Bereicherungsrecht zu berücksichtigen, eine Bereicherung eines der Schuldner[917].

---

910   Diese ablehnend BGH, Urteil vom 24.04.1952, BGHZ 6, 3, 28.
911   Siehe hierzu oben unter A.IV.1.
912   Siehe hierzu oben unter A.IV.2.; im Grundsatz allgemeine Meinung, siehe Fleischer, in: Fleischer, Vorstandsrecht, § 11 Rz. 82; Hachenburg/Mertens, § 43 GmbHG Rz. 65; Hefermehl/Spindler, Münchener Komm., § 93 AktG Rz. 67; Hopt, in: Großkomm., § 93 AktG Rz. 301; Hüffer, § 93 AktG Rz. 18; Mertens, Kölner Komm., § 93 AktG Rz. 21; Michalski/Haas, § 43 GmbHG Rz. 228; Paefgen, in: Großkomm., § 43 GmbHG Rz. 103; Schilling, in: Großkomm., § 93 AktG Anm. 23; Scholz/U.H. Schneider, § 43 GmbHG Rz. 177; Wiesner, in: Münchener Handbuch AG, § 26 Rz. 13; Zöllner/Noack, in: Baumbach/Hueck, § 43 GmbHG Rz. 29.
913   Siehe hierzu oben unter A.IV.2.
914   Hierzu sogleich unter 2.
915   Hierzu unter 3.
916   Siehe hierzu oben unter A.IV.2.
917   Siehe hierzu oben unter A.IV.2.

2. Interne Haftungsanteile nach dem Maß der Verursachung

a) Grundsätzliches

In erster Linie ist somit auf das Maß der Verursachung abzustellen[918]. Versteht man dies als Grad der Wahrscheinlichkeit, mit der das jeweilige Verhalten zum Schadenseintritt geführt hat[919], bietet es sich beim arbeitsteilig organisierten Geschäftsleitungsorgan in der Tat an, insoweit zwischen den Pflichten der zuständigen und der übrigen Geschäftsleiter zu differenzieren, genauer: zwischen den von den Geschäftsleitern als Handlungsverantwortlichen zu beachtenden Primärpflichten und den von ihnen als »lediglich« Überwachungsverantwortlichen zu beachtenden Sekundärpflichten[920].

Derlei *den Handlungsverantwortlichen obliegende Primärpflichten* sind dabei, wie oben[921] herausgearbeitet wurde, sämtliche Geschäftsleitungspflichten, sofern und soweit im Organ keine diese aufteilende Arbeitsteilung vereinbart wurde; dem steht die unwirksam vereinbarte, weil nicht eindeutige Arbeitsteilung gleich[922]. Bei wirksam vereinbarter Arbeitsteilung hingegen treffen Primärpflichten, d. h. die Handlungsverantwortung nur den oder die für ein Ressort und/oder einen Geschäftsbereich zuständigen Geschäftsleiter[923]; Gleiches dürfte für den Ausgleich im Innenverhältnis für die mangels schriftlicher Fixierung an sich unwirksame Aufgabenzuweisung gelten, da hier die für die Außenhaftung erforderliche Klarstellung[924] nicht geboten ist, sofern und soweit dies im Innenverhältnis unstreitig ist. Primärpflicht kann dabei, etwa im Rahmen des Controlling-Ressorts oder für den Vorsitzenden der Geschäftsleitung, auch die Überwachung anderer Ressorts und/oder Geschäftsbereiche sein[925]. Primärpflichtverletzungen können zudem aber auch die an sich für das betreffende Ressort und

---

918 Der Vorrang des Maßes der Verursachung, wie es dem allgemeinen Verständnis von § 254 BGB und somit auch dessen Anwendung im Rahmen des Gesamtschuldnerausgleichs entspricht (siehe hierzu oben A.IV.2.), wird in der gesellschaftsrechtlichen Literatur zumeist nicht beachtet. Hier scheint vielmehr überwiegend von einer Gleichstellung von Verursachung und Verschulden ausgegangen zu werden, vgl. etwa Fleischer, in: Fleischer, Vorstandsrecht, § 11 Rz. 82; Hefermehl/Spindler, Münchener Komm., § 93 AktG Rz. 67; Michalski/Haas, § 43 GmbHG Rz. 228; Wiesner, in: Münchener Handbuch AG, § 26 Rz. 13; den Vorrang des *Verschuldens* gar nimmt offenbar Hopt, in: Großkomm., § 93 AktG Rz. 301 an; zutreffend hingegen Theisen, in: Potthoff/Trescher, Aufsichtsratsmitglied, Rz. 2206.
919 Siehe hierzu oben unter A.IV.2.
920 Siehe hierzu oben § 1, unter A.II.
921 Siehe hierzu oben § 1, unter A.I.
922 Hierzu oben § 1, unter A.I.2.b)bb)aaa).
923 Hierzu oben § 1, unter A.I.2.b)bb)bbb).
924 Siehe hierzu oben § 1, unter A.I.2.b)bb)aaa).
925 Hierzu oben § 1, unter A.I.2.b)bb)ccc).

oder den betreffenden Geschäftsbereich nicht zuständigen Geschäftsleitungsmitglieder begehen, sei es im Rahmen der eigentlichen Beschlussfassung über Leitungsmaßnahmen im oben[926] genannten Sinn oder bei sonstigen dem Plenum vorbehaltenen Entscheidungen[927], sei es, weil der der Gesellschaft entstandene Schaden (mit)verursacht wurde durch ein unzureichendes Berichtssystem des Gesamtorgans oder dadurch, dass ein Ressort und/oder ein Geschäftsbereich durch das Kollegium einem hierfür erkennbar ungeeigneten Kollegen überantwortet wurde[928]. Schließlich liegt eine Primärpflichtverletzung auch dann vor, wenn das bei Beschlussfassung überstimmte oder abwesende Organmitglied in der Folge eines rechtswidrigen Beschlusses dessen Umsetzung nicht mit allen geeigneten, zulässigen und ihm zumutbaren Mitteln zu verhindern versucht hat[929]. Führen die Pflichtverletzungen mehrerer Handlungsverantwortlicher dabei im Wesentlichen zum gleichen Schadensbeitrag, bevor der Verursachungsbeitrag eines weiteren Geschäftsleiters hinzutritt, sei es, dass dieser ebenfalls in einer Primärpflichtverletzung besteht, sei es, dass hier dann (lediglich) eine Verletzung der Überwachungspflicht vorliegt, werden diese Geschäftsleiter zu einer (tatsächlichen) *Haftungseinheit* zusammengefasst[930].

Die *den Überwachungsverantwortlichen obliegenden Sekundärpflichten* hingegen sind die mit der Überwachung der bei wirksamer Arbeitsteilung für ein Ressort und/oder einen Geschäftsbereich zuständigen Geschäftsleitungsmitglieder in Zusammenhang stehenden Pflichten der übrigen Geschäftsleiter[931]; Gleiches gilt dann auch hinsichtlich der mit Wirkung für das Außenverhältnis unwirksam, weil nicht unter Wahrung des Schriftformgebotes übertragenen Ressorts und/oder Geschäftsbereiche. Dies umfasst die Überwachungssorgfalt hinsichtlich zum einen der Vorbereitung und Ausführung von durch das Plenum zu fassenden Leitungsentscheidungen sowie zum anderen sonstiger vom zuständigen Geschäftsleiter wahrgenommener Aufgaben, einschließlich der Pflicht, bei erkannten Missständen hiergegen vorzugehen. Dabei dürften die Pflichtverletzungen mehrerer Überwachungsverantwortlicher zumeist als im Wesentlichen einheitlicher Verursachungsbeitrag anzusehen sein. Diese (lediglich) ihre Sekundärpflichten verletzenden Geschäftsleiter werden in diesem Fall dann ihrerseits ebenfalls in einer (tatsächlichen) *Haftungseinheit* zusammengefasst[932].

---

926 Siehe hierzu oben § 1, unter A.I.2.a).
927 Hierzu oben § 1, unter A.I.2.b)aa).
928 Hierzu oben § 1, unter A.I.2.b)bb)aaa).
929 Hierzu oben § 1, unter A.I.1.a).
930 Siehe hierzu oben unter A.VI.
931 Hierzu oben § 1, unter A.I.2.b)bb)ccc).
932 Siehe hierzu oben unter A.VI.

b) Ausschließliche Verletzung von Handlungs-/Primärpflichten

Beruht die Haftung sämtlicher Gesamtschuldner auf der Verletzung von den Geschäftsleitern als Handlungsverantwortlichen obliegenden Primärpflichten, haften sie unter dem Gesichtspunkt des Maßes der Verursachung, gegebenenfalls unter Bildung von Haftungseinheiten, *zu gleichen Teilen.*
Dabei können die einzelnen Geschäftsleiter durchaus unterschiedliche Pflichten verletzt haben. So ist es neben der Pflichtverletzung des Gesamtorgans, sofern und soweit keine wirksame Arbeitsteilung vereinbart wurde, etwa bei wirksam vereinbarter Arbeitsteilung, denkbar, dass bei Leitungsmaßnahmen im oben[933] genannten Sinne einerseits der für das betreffende Ressort und/oder den betreffenden Geschäftsbereich zuständige Geschäftsleiter bei der Vorbereitung oder Ausführung der Leitungsentscheidung pflichtwidrig gehandelt hat und andererseits die übrigen Geschäftsleiter (als Haftungseinheit) zusammen mit dem Zuständigen bei der Beschlussfassung über die Leitungsentscheidung trotz der für sie hier vergleichsweise geringeren Pflichten[934] ebenfalls pflichtwidrig gehandelt haben. Auch kann, wiederum bei wirksam vereinbarter Arbeitsteilung, auf der einen Seite eine Pflichtverletzung des zuständigen Geschäftsleiters vorliegen und auf der anderen Seite eine Primärpflichtverletzung auch der übrigen Geschäftsleiter, indem sie es unterlassen haben, ein ausreichendes Berichts- und Informationssystem zu institutionalisieren, indem sie einem hierfür erkennbar nicht geeigneten Kollegen (qua Geschäftsordnung, vgl. § 77 Abs. 2 AktG) das betreffende Ressort und/oder den betreffenden Geschäftsbereich überantwortet haben oder indem sie als Vorsitzende der Geschäftsleitung oder wegen besonderer Sachnähe die ihnen als Primärpflicht obliegende Überwachungspflicht verletzt haben.

c) Ausschließliche Verletzung von Überwachungs-/Sekundärpflichten

Beruht die Haftung sämtlicher Gesamtschuldner auf der Verletzung von den Geschäftsleitern als Überwachungsverantwortlichen obliegenden Sekundärpflichten (ein eher theoretischer Fall, etwa wenn die Haftung des Handlungsverantwortlichen wegen dessen Geschäftsunfähigkeit, § 104 Ziff. 2 BGB, entfällt), haften sie unter dem Gesichtspunkt des Maßes der Verursachung ebenfalls *zu gleichen Teilen.*

---

933 Siehe § 1, unter A.I.2.a).
934 Siehe hierzu oben § 1, unter A.I.2.b)bb)ccc).

d) Verletzung von Handlungs-/Primärpflichten einerseits und Überwachungs-/ Sekundärpflichten andererseits

Beruht hingegen die Haftung einzelner Gesamtschuldner auf der Verletzung von Primärpflichten und der übrigen Schuldner auf der Verletzung von Sekundärpflichten, ist der Grad der Wahrscheinlichkeit, mit der die Primärpflichtverletzung zum Schaden geführt hat, *höher* zu bewerten als jener der »bloßen« Verletzung von Überwachungspflichten. Hier stellt sich dann allerdings weitergehend die Frage, ob dies zur alleinigen Verantwortlichkeit des Primärpflichtverletzers führt oder nur zur stärkeren Gewichtung seines Verursachungsbeitrags. Dabei handelt es sich wohlgemerkt lediglich um die Verursachungsebene, mithin um ein Zwischenergebnis. Auf der in einem weiteren Schritt dann zu untersuchenden Verschuldensebene[935] sind dann unter Umständen ohnehin noch Korrekturen vorzunehmen.

Für die Berücksichtigung der Sekundärpflichtverletzung des Überwachungspflichtigen bereits auf der Verursachungsebene könnte sprechen, dass trotz Aufteilung der Aufgaben angesichts des nicht disponiblen Grundsatzes der Gesamtverantwortung der Geschäftsleiter den jeweils nicht zuständigen Geschäftsleitern gewisse Pflichten zur Überwachung der zuständigen Kollegen verbleiben[936]. Verletzen sie diese Pflichten, haften sie *im Außenverhältnis*, d. h. gegenüber der Gesellschaft, deren Gläubigern, Gesellschaftern oder der von der Gesellschaft abhängigen Gesellschaft, deren Gläubigern oder Gesellschaftern. Für deren Schaden sind sie mitursächlich geworden.

Auf derlei Ursächlichkeit im naturwissenschaftlichen Sinn kommt es bei der Bestimmung des Maßes der Verursachung, anders als im Außenverhältnis, gemäß oder analog § 254 BGB im *Innenverhältnis* der Gesamtschuldner aber gerade nicht an. Vielmehr ist hier auf den Grad der Wahrscheinlichkeit abzustellen, mit der das jeweilige Verhalten zum Schadenseintritt geführt hat[937]. Oder anders gewendet: Hier ist ungeachtet der Haftung im Außenverhältnis maßgeblich, wer *dem oder den anderen gegenüber* der vorwiegend oder eben auch der allein Verantwortliche ist[938]. Hier ist dann beim arbeitsteilig organisierten Geschäftsleitungsorgan von entscheidender Bedeutung, wer für den Schaden »eigentlich« ursächlich, weil für das betreffende Ressort und/oder den betreffenden Geschäftsbereich verantwortlich ist. Infolge dessen ist für die Bestimmung des Maßes der Verursachung des Schadens somit das zwischen den gesamtschuldnerisch haftenden Geschäftsleitern geltende Innenverhältnis maßgeblich. Hier gilt dann aber im Grundsatz, dass bei allen für das Außenverhältnis unter Umständen relevanten Überwachungspflichten intern zwischen den Geschäftslei-

---

935 Siehe hierzu sogleich unter 3.
936 Siehe hierzu oben § 1, unter A.I.2.b)bb)ccc).
937 Siehe hierzu oben unter A.IV.2.
938 Vgl. RG, Urteil vom 22.12.1910, RGZ 75, 251, 256.

tern alleinige Zuständigkeiten geschaffen wurden. Es erscheint nahe liegend, dann aus diesen alleinigen Zuständigkeiten auch jeweils alleinige *interne* Verantwortlichkeiten abzuleiten.

Nun könnte für eine gleichwohl nur überwiegende, nicht aber ausschließliche Verantwortlichkeit der zuständigen Geschäftsleiter auf der Verursachungsebene allerdings sprechen, dass auch bei Aufteilung der Aufgaben, wie bereits angesprochen, die organinterne Pflichtenbeziehung der Organmitglieder untereinander weiter bestehen bleibt[939]. Hier könnte dann weiterhin angeführt werden, dass vor dem Hintergrund der diese Beziehung prägenden Treue- und Loyalitätspflichten die Pflicht zur Überwachung nicht nur aus der Organstellung abgeleitet gegenüber der Gesellschaft sowie allgemein mit Relevanz für die Haftung im Außenverhältnis bestehe, sondern auch organintern gegenüber den jeweils zuständigen Geschäftsleitern. Von einer alleinigen Zuständigkeit der zuständigen Geschäftsleiter und hierauf aufbauend einer alleinigen internen Verantwortlichkeit könnte dann keine Rede sein. Hieraus wiederum könnte dann geschlossen werden, dass Pflichtverletzungen der Überwachungsverantwortlichen auch im Innenverhältnis ursächlich für den Schaden waren und entsprechend, wenn auch in geringerem Umfang als die Pflichtverletzungen der Handlungsverantwortlichen, bereits auf der Verursachungsebene mit zu berücksichtigen sind.

Dies bedeutete allerdings folgerichtig, dass ein Geschäftsleiter gegenüber den Mit-Geschäftsleitern – gleich der Gesellschaft (!) – einen aus der allgemeinen Treue- und Loyalitätspflicht der Geschäftsleiter untereinander abgeleiteten *Anspruch* auf Überwachung hätte, dessen Verletzung wiederum haftungsbegründend wirkte. Eine derart aktive Förderpflicht der Geschäftsleiter untereinander[940] mag im nicht arbeitsteilig organisierten Geschäftsleitungsorgan angeraten sein, in der jeder für alles zuständig und für alles verantwortlich ist. Überwachung ist dort *Primärpflicht*. Sofern diese Primärpflicht zur Überwachung im arbeitsteilig organisierten Geschäftsleitungsorgan jedoch suspendiert und durch eine (bloße) Sekundärpflicht zur Überwachung ersetzt wurde, ist auch ein entsprechender Anspruch der jeweils zuständigen Geschäftsleiter auf Überwachung nicht mehr geboten. Hier sind *intern* alleinige Zuständigkeiten geschaffen worden, aus denen *intern* alleinige Verantwortlichkeiten folgen. Auf der *objektiven* Ebene der Verursachung sollte es damit sein Bewenden haben, Pflichtverletzungen des Überwachungsverantwortlichen finden somit hier nicht nur eine eingeschränkte, sondern gar keine Berücksichtigung. Unter Verursachungsgesichtspunkten sind die primär verpflichteten Geschäftsleiter im Innenverhältnis der Geschäftsleiter somit *alleine* verantwortlich.

---

939 Siehe hierzu oben § 1, unter A.I.1.a), 2.b)bb)ccc).
940 Zur aktiven Förderpflicht unter Treupflichtgesichtspunkten der *Gesellschafter* untereinander und gegenüber der Gesellschaft siehe oben § 6, unter A.I.1.

3. Interne Haftungsanteile nach dem Maß des Verschuldens

a) Grundsätzliches

Aufgrund der jeweiligen Verschuldensbeiträge werden die anhand der Verursachungsbeiträge gebildeten Quoten der internen Verantwortlichkeiten im Rahmen einer Gesamtabwägung korrigiert, sofern und soweit dies aufgrund unterschiedlicher Verschuldensmaßstäbe geboten ist[941]. Im vorliegenden Fall sind hier zwei Fallgruppen zu unterscheiden: *Zum einen* sind dies die Fälle, in denen alle Gesamtschuldner bzw. die jeweiligen Haftungseinheiten, sei es jeweils als Handlungsverantwortliche wegen der Verletzung von Primärpflichten, sei es jeweils als Überwachungsverantwortliche wegen der Verletzung von Sekundärpflichten, wegen *gleicher Verursachungsbeiträge* unter Verursachungsgesichtspunkten zu gleichen Teilen intern verantwortlich sind[942]. Und *zum anderen* sind die Fälle zu behandeln, in denen nur die Handlungsverantwortlichen wegen der Verletzung von Primärpflichten, nicht aber auch die Überwachungsverantwortlichen wegen der zugleich erfolgten Verletzung von Sekundärpflichten wegen *unterschiedlicher Verursachungsbeiträge* unter Verursachungsgesichtspunkten intern verantwortlich sind[943].

Hinsichtlich der zu berücksichtigenden Verschuldensgrade ist im Wesentlichen zwischen Vorsatz, grober Fahrlässigkeit und (normaler) Fahrlässigkeit zu differenzieren. Insoweit wird noch einmal an die oben[944] skizzierten Grundsätze erinnert: *Erstens*: Liegen auf beiden Seiten gleiche Verschuldensgrade vor, wiegen diese einander auf. *Zweitens*: (Normale) Fahrlässigkeit und grobe Fahrlässigkeit sind unterschiedlich zu gewichten. *Drittens*: Bei Vorsatz auf der einen und bloßer Fahrlässigkeit auf der anderen Seite bleibt die Fahrlässigkeit grundsätzlich unberücksichtigt. Abweichendes kann jedoch zum einen gelten, wenn die nur fahrlässig verletzte Pflicht ein gewisses Gewicht hat, was sich wiederum nach dem Maß der Verursachung bestimmt. Und zum anderen ist die grundsätzlich ausschließliche Haftung des vorsätzlich Handelnden unter Umständen dann nicht gerechtfertigt, wenn auf der anderen Seite eine nicht nur (normal) fahrlässige, sondern eine grob fahrlässige Pflichtverletzung vorliegt.

Mit Hilfe dieser Grundsätze sind gegebenenfalls die im vorliegenden Fall einschlägigen Fälle der Verursachungsquoten zu gleichen Teilen einerseits und der insoweit alleinigen Verantwortlichkeit der Handlungsverantwortlichen andererseits zu korrigieren. Im Folgenden wird der Versuch unternommen, hier einheitliche Haftungsquoten zu bestimmen. Es sei aber darauf hingewiesen, dass es sich hierbei um Modellüberlegungen handelt, die durch Gegenüberstellung und

---

941 Siehe hierzu oben unter A.IV.2.
942 Hierzu sogleich unter b).
943 Hierzu unter c).
944 Siehe hierzu oben unter A.IV.2.

Abwägung der verschiedenen Kombinationsmöglichkeiten von Verursachungs- und Verschuldensbeiträgen entwickelt werden. Im Einzelfall kann es jedoch im Rahmen der durch den Tatrichter gemäß § 287 ZPO vorzunehmenden Würdigung aller Umstände[945] geboten sein, von diesen Modellquoten abzuweichen. Dies kann insbesondere dann der Fall sein, wenn aufgrund verschiedener Vorsatzgrade (Absicht vs. dolus directus vs. dolus eventualis) einzelner Gesamtschuldner bzw. Haftungseinheiten oder bei lediglich leichter anstelle einfacher (mittlerer) Fahrlässigkeit eine andere Gewichtung der Verschuldensgrade geboten ist[946].

Sofern mehrere Verantwortliche zu einer (tatsächlichen) Haftungseinheit zusammengefasst werden, wird dabei das Verschulden eines Mitglieds der Haftungseinheit allen Mitgliedern der Haftungseinheit zugerechnet[947]. Dies hat im Ergebnis zur Folge, dass das Maß des Verschuldens der gesamten Haftungseinheit sich nach dem Mitglied der Haftungseinheit richtet, das den höchsten Verschuldensgrad aufweist.

b) Gleiches Maß der Verursachung

Haben mehrere Gesamtschuldner und/oder Haftungseinheiten, sei es jeweils als Handlungsverantwortliche, sei es jeweils als Überwachungsverantwortliche, gleiche Verursachungsbeiträge aufzuweisen, haften sie nach dem Maß der *Verursachung* zu gleichen Teilen[948]. Hinsichtlich der Korrektur dieser Haftungsquoten unter *Verschuldensgesichtspunkten* gilt auf Grundlage der vorstehend[949] skizzierten Grundsätze dann Folgendes:

aa) Sofern hier auch der jeweilige Grad des Verschuldens identisch ist, die Geschäftsleiter mithin jeweils vorsätzlich, jeweils grob fahrlässig oder jeweils fahrlässig gehandelt haben, bleibt es insgesamt bei der Haftung zu gleichen Teilen und somit mangels abweichender Anhaltspunkte bei der in § 426 Abs. 1 Satz 1 BGB vorgesehenen Regelung.

bb) Sofern einer oder mehrere der Gesamtschuldner/Haftungseinheiten vorsätzlich und der oder die übrigen Gesamtschuldner/Haftungseinheiten fahrlässig gehandelt haben, haften im Innenverhältnis der oder die vorsätzlich handelnden Gesamtschuldner/Haftungseinheiten alleine. Sofern hier mehr als ein Gesamtschuldner vorsätzlich gehandelt hat, haften diese dann wiederum zu gleichen Teilen.

---

945 Siehe hierzu oben unter A.IV.2.
946 Siehe hierzu oben unter A.IV.2.
947 Siehe hierzu oben unter A.VI.
948 Siehe hierzu oben unter 2.b) und c).
949 Unter a).

cc) Sofern einer oder mehrere der Gesamtschuldner/Haftungseinheiten vorsätzlich und der oder die übrigen Gesamtschuldner/Haftungseinheiten grob fahrlässig gehandelt haben, wiegt im Innenverhältnis die vorsätzliche Pflichtverletzung doppelt so schwer wie die grob fahrlässige Pflichtverletzung. Die anteilmäßige Haftung des grob fahrlässig Handelnden ist hier geboten, da der Vorsatz des anderen nicht von jeglichem Leichtsinn exkulpiert[950]. Sofern hier auf der einen und/oder auf der anderen Seite jeweils mehr als ein Gesamtschuldner gehandelt hat, haften diese jeweils wiederum zu gleichen Teilen.

dd) Sofern einer oder mehrere der Gesamtschuldner/Haftungseinheiten grob fahrlässig und der oder die übrigen Gesamtschuldner/Haftungseinheiten (normal) fahrlässig gehandelt haben, wiegt im Innenverhältnis sodann ebenso die grob fahrlässige Pflichtverletzung doppelt so schwer wie die (normal) fahrlässige Pflichtverletzung.

ee) Im Rahmen von Haftungseinheiten gelten für die Ermittlung der dortigen internen Haftungsquoten die vorstehend geschilderten Grundsätze entsprechend.

ff) Bei gleichem Maß der Verursachung kann die Haftungsteilung im Innenverhältnis nach dem Grad des jeweiligen Verschuldens somit wie folgt zusammengefasst werden:

Gesamtschuldner 1	Gesamtschuldner 2	Jeweilige Haftungsanteile
Vorsatz	Vorsatz	½ : ½
Vorsatz	Grobe Fahrlässigkeit	2/3 : 1/3
Vorsatz	Fahrlässigkeit	1 : 0
Grobe Fahrlässigkeit	Grobe Fahrlässigkeit	½ : ½
Grobe Fahrlässigkeit	Fahrlässigkeit	2/3 : 1/3
Fahrlässigkeit	Fahrlässigkeit	½ : ½

Übersicht 1: Haftungsteilung Geschäftsleiter, gleicher Verursachungsbeitrag

c) Unterschiedliches Maß der Verursachung

Sind die Verursachungsbeiträge mehrerer Gesamtschuldner und/oder Haftungseinheiten unterschiedlich, da sie teils als Handlungsverantwortliche Primärpflichten und teils als Überwachungsverantwortliche Sekundärpflichten verletzt haben, haften nach dem Maß der *Verursachung* alleine die Handlungsverantwortlichen[951]. Dies ist sodann in einem zweiten Schritt unter *Verschuldens-*

---

950 BGH, Urteil vom 06.12.1983, NJW 1984, 921, 922; Urteil vom 09.10.1991, NJW 1992, 310; Urteil vom 05.03.2002, NJW 2002, 1643, 1646; Staudinger/Schiemann, § 254 BGB Rz. 121.
951 Siehe hierzu oben unter 2.d).

gesichtspunkten einer Überprüfung zu unterziehen. Hier gilt dann auf Grundlage der oben[952] skizzierten Grundsätze Folgendes:

aa) Sofern sowohl auf Seiten der Handlungsverantwortlichen als auch auf Seiten der Überwachungsverantwortlichen der jeweilige Grad des Verschuldens identisch ist, ist eine Korrektur der unter Verursachungsgesichtspunkten gewonnenen internen Haftungsquoten grundsätzlich nicht erforderlich.

bb) Dies gilt allerdings dann nicht, wenn auf beiden Seiten vorsätzlich gehandelt wurde, d. h. der handlungspflichtige Gesamtschuldner bzw. die entsprechende Haftungseinheit vorsätzlich eine Primärpflicht verletzt und der überwachungspflichtige Gesamtschuldner bzw. die entsprechende Haftungseinheit etwa dies bemerkt, aber nichts dagegen unternommen hat, oder gar mit dem Handlungsverantwortlichen kollusiv zusammengearbeitet hat. Hier ist eine Privilegierung des vorsätzlich seine Überwachungspflicht verletzenden Geschäftsleiters nur insoweit gerechtfertigt, dass sein Verursachungsbeitrag neben dem des Handlungsverantwortlichen weniger schwer wiegt, nicht aber, dass dieser beim Innenausgleich der Gesamtschuldner vollständig entfiele. Vor diesem Hintergrund ist es dann sachgerecht, die vorsätzliche Pflichtverletzung des Handlungsverantwortlichen doppelt so schwer zu gewichten wie die des Überwachungsverantwortlichen.

cc) Im Übrigen haftet ein vorsätzlich seine Pflichten verletzender Handlungsverantwortlicher im Innenverhältnis alleine, es kommt somit zu keiner Korrektur des unter Verursachungsgesichtspunkten gefundenen Ergebnisses. Dies gilt sowohl bei grob fahrlässigen als auch bei fahrlässigen Pflichtverletzungen des Überwachungsverantwortlichen.

dd) Bei einer grob fahrlässigen Primärpflichtverletzung auf der einen und einer vorsätzlichen Sekundärpflichtverletzung auf der anderen Seite stehen sich im Rahmen der hier vorzunehmenden Gesamtabwägung der alleinige Verursachungsbeitrag des Handlungsverantwortlichen und der Vorsatz des Überwachungsverantwortlichen gegenüber. Zudem ist hier die Aufteilung der Haftung bei beiderseitigem Vorsatz[953] vergleichend mit zu berücksichtigen. Wiegt bei beiderseitigem Vorsatz die Primärpflichtverletzung doppelt so schwer wie die Sekundärpflichtverletzung, ist es vor dem Hintergrund der zuvor unter Verursachungsgesichtspunkten begründeten alleinigen Verantwortlichkeit des Handlungsverantwortlichen dann gerechtfertigt, bei grob fahrlässiger Primärpflichtverletzung und vorsätzlicher Sekundärpflichtverletzung die Handlungs- und Überwachungsverantwortlichen je zu gleichen Teilen haften zu lassen.

ee) Im Übrigen haftet ein grob fahrlässig seine Pflichten verletzender Handlungsverantwortlicher im Innenverhältnis alleine, es kommt somit zu keiner Korrektur des unter Verursachungsgesichtspunkten gefundenen Ergebnisses.

---

952 Unter a).
953 Siehe hierzu oben unter bb).

ff) Bei einer fahrlässigen Primärpflichtverletzung auf der einen und einer vorsätzlichen Sekundärpflichtverletzung auf der anderen Seite stehen sich im Rahmen der hier vorzunehmenden Gesamtabwägung wiederum der alleinige Verursachungsbeitrag des Handlungsverantwortlichen und der Vorsatz des Überwachungsverantwortlichen gegenüber. Zudem sind hier die jeweiligen Aufteilungen der Haftung bei beiderseitigem Vorsatz[954] und bei grob fahrlässiger Primär- und vorsätzlicher Sekundärpflichtverletzung[955] vergleichend mit zu berücksichtigen. Wiegt bei beiderseitigem Vorsatz die Primärpflichtverletzung doppelt so schwer wie die Sekundärpflichtverletzung und haften bei grob fahrlässiger Primärpflichtverletzung und vorsätzlicher Sekundärpflichtverletzung die Handlungs- und der Überwachungsverantwortlichen je zu gleichen Teilen, ist es vor dem Hintergrund der zuvor unter Verursachungsgesichtspunkten begründeten alleinigen Verantwortlichkeit des Handlungsverantwortlichen gerechtfertigt, die vorsätzliche Sekundärpflichtverletzung des Überwachungsverantwortlichen doppelt so schwer zu gewichten wie die fahrlässige Primärpflichtverletzung des Handlungsverantwortlichen.

gg) Auch bei einer fahrlässigen Primärpflichtverletzung auf der einen und einer grob fahrlässigen Sekundärpflichtverletzung auf der anderen Seite stehen sich im Rahmen der Gesamtabwägung wiederum der alleinige Verursachungsbeitrag des Handlungsverantwortlichen und die grobe Fahrlässigkeit des Überwachungsverantwortlichen gegenüber. Zudem sind hier die bei der Aufteilung der Haftung bei beiderseitigem Vorsatz[956], bei grob fahrlässiger Primär- und vorsätzlicher Sekundärpflichtverletzung[957] und bei fahrlässiger Primär- und vorsätzlicher Sekundärpflichtverletzung[958] vorgenommenen Wertungen vergleichend mit zu berücksichtigen. Hier ist dann bei fahrlässiger Primärpflichtverletzung und grob fahrlässiger Sekundärpflichtverletzung das Verhältnis der Verschuldensgrade vergleichbar mit dem Verhältnis bei grob fahrlässiger Primärpflichtverletzung und vorsätzlicher Sekundärpflichtverletzung. Dies rechtfertigt dann auch hier die Haftung des Handlungs- und des Überwachungsverantwortlichen je zu gleichen Teilen.

hh) Im Rahmen von Haftungseinheiten gelten für die Ermittlung der dort internen Haftungsquoten die zum Ausgleich unter Verschuldensgesichtspunkten bei gleichem Verursachungsbeitrag[959] skizzierten Grundsätze entsprechend.

ii) Bei alleiniger Verantwortlichkeit der Handlungsverantwortlichen unter Verursachungsgesichtspunkten kann die Haftungsteilung im Innenverhältnis

---

954   Siehe hierzu oben unter bb).
955   Siehe hierzu oben unter dd).
956   Siehe hierzu oben unter bb).
957   Siehe hierzu oben unter dd).
958   Siehe hierzu oben unter ff).
959   Siehe hierzu oben unter b).

nach dem Grad des jeweiligen Verschuldens somit wie folgt zusammengefasst werden:

Handlungsverantwortliche	Überwachungsverantwortliche	Haftungsanteile
Vorsatz	Vorsatz	2/3 : 1/3
Vorsatz	Grobe Fahrlässigkeit	1 : 0
Vorsatz	Fahrlässigkeit	1 : 0
Grobe Fahrlässigkeit	Vorsatz	½ : ½
Grobe Fahrlässigkeit	Grobe Fahrlässigkeit	1 : 0
Grobe Fahrlässigkeit	Fahrlässigkeit	1 : 0
Fahrlässigkeit	Vorsatz	1/3 : 2/3
Fahrlässigkeit	Grobe Fahrlässigkeit	½ : ½
Fahrlässigket	Fahrlässigkeit	1 : 0

Übersicht 2: Haftungsteilung Geschäftsleiter, unterschiedlicher Verursachungsbeitrag

4. Sonstiges

Im Regelfall können sich die in Anspruch genommenen Geschäftsleiter auf ein etwaiges Mitverschulden des jeweiligen Gläubigers berufen[960]. Dies gilt allerdings nicht, soweit die Geschäftsleiter von der Gesellschaft in Anspruch genommen werden, hinsichtlich des der Gesellschaft gemäß § 31 BGB zuzurechnenden Verschuldens anderer Geschäftsleiter und/oder Aufsichtsratsmitglieder[961]. Wie an anderer Stelle noch erörtert wird[962], haften bei der durch Pflichtverletzungen von Geschäftsleitern und/oder Aufsichtsratsmitgliedern begründeten Haftung auch der Gesellschaft im Innenverhältnis die Organmitglieder gegenüber der Gesellschaft alleine. Hier ergibt sich aus den Organverhältnissen und der Haftung der Organmitglieder gegenüber der Gesellschaft gemäß §§ 93 Abs. 2, 116 Satz 1 AktG, 43 Abs. 2 GmbHG im Sinne von § 426 Abs. 1 Satz 1 BGB »ein anderes«.

Der Ausgleich gegenüber mehreren weiteren Gesamtschuldnern vollzieht sich entsprechend den internen Haftungsquoten und nicht im Wege der so genannten

---

960 Siehe hierzu oben unter A.VII.
961 BGH, Urteil vom 14.03.1983, WM 1983, 725, 726; Urteil vom 14.02.1985, ZIP 1985, 529, 538; Fleischer, in: Fleischer, Vorstandsrecht, § 11 Rz. 59; Hopt, in: Großkomm., § 93 AktG Rz. 259; Mertens, Kölner Komm., § 93 AktG Rz. 21; Paefgen, in: Großkomm., § 43 GmbHG Rz. 90; Wiesner, in: Münchener Handbuch AG, § 26 Rz. 13.
962 Siehe hierzu unten unter IV.

Ausgleichsgesamtschuld[963]. Abweichendes gilt jedoch zum einen, wenn ein Gesamtschuldner im Innenverhältnis völlig von der Haftung freigestellt ist. Hier haften die übrigen Gesamtschuldner, sofern diese jeweils im Innenverhältnis ebenfalls haften, ihm gegenüber als Gesamtschuldner[964]. Wird somit im vorliegenden Zusammenhang ein im Innenverhältnis nach den vorstehend geschilderten Grundsätzen nicht haftender Überwachungsverantwortlicher, d. h. ein infolge der internen Arbeitsteilung nicht zuständiger Geschäftsleiter durch den Gläubiger in Anspruch genommen, kann er von einem von mehreren Handlungsverantwortlichen Ausgleich über die Gesamtsumme verlangen. Und zum anderen gilt die Ausgleichsgesamtschuld gegenüber der Haftungseinheit. Hier haften dann die in der Haftungseinheit zusammengefassten Gesamtschuldner dem Außenstehenden gegenüber gesamtschuldnerisch für die Quote der Haftungseinheit. Innerhalb der Haftungseinheit findet der Ausgleich dann hingegen wiederum lediglich entsprechend den jeweiligen Haftungsquoten statt[965]. Wird somit etwa ein fahrlässig handelnder Handlungsverantwortlicher vom Gläubiger in Anspruch genommen und haften diesem gegenüber zugleich die Überwachungsverantwortlichen als Haftungseinheit wegen vorsätzlicher Pflichtverletzung, kann dieser die Mitglieder der Haftungseinheit gesamtschuldnerisch auf Ausgleich von zwei Dritteln der Haftungssumme[966] in Anspruch nehmen.

Eine Besonderheit ist schließlich zu beachten bei Haftung der Geschäftsleiter gegenüber von der Gesellschaft abhängigen Gesellschaften, deren Gläubigern oder Gesellschaftern. Hier haften gegebenenfalls zudem gesamtschuldnerisch die Geschäftsleiter und/oder Aufsichtsratsmitglieder der abhängigen Gesellschaft[967]. Die Geschäftsleiter der herrschenden Gesellschaft (und die herrschende Gesellschaft selbst) einerseits und die Organmitglieder der abhängigen Gesellschaft andererseits bilden hier jeweils Haftungseinheiten. Deren *Maß der Verursachung* im Innenverhältnis der Gesamtschuldner, d. h. zwischen den beiden Haftungseinheiten, ist mangels anderweitiger Anhaltspunkte jeweils gleich zu gewichten. Unter *Verschuldensgesichtspunkten* ist hier sodann gegebenenfalls noch eine Korrektur dergestalt vorzunehmen, wie dies oben[968] beim gleichen Maß der Verursachung für die Geschäftsleiter der herrschenden Gesellschaft bereits dargestellt wurde. Innerhalb der jeweiligen Haftungseinheiten vollzieht sich der Innenausgleich sodann wiederum nach Maßgabe der für diese jeweils einschlägigen Grundsätze. Soweit es die Haftung gegenüber der abhängigen Gesellschaft betrifft, können die Geschäftsleiter der herrschenden Gesell-

---

963 Siehe hierzu oben unter A.V.
964 Siehe hierzu oben unter A.V.
965 Siehe hierzu oben unter A.VI.
966 Siehe hierzu soeben unter 3.c)ff.
967 Siehe hierzu etwa oben § 1, unter A.I.1.b) und unter C. sowie § 2, unter A.I.1.b) und unter C.
968 Unter 3.b).

schaft dann in Ansehung des internen Haftungsanteils der Organmitglieder der abhängigen Gesellschaft im Übrigen wiederum nicht den Einwand des der abhängigen Gesellschaft insoweit über § 31 BGB zuzurechnenden Mitverschuldens erheben. Dies wird durch die Anordnung der gesamtschuldnerischen Haftung der Organe beider Gesellschaften in den §§ 310, 318 AktG ausgeschlossen.

II. Interne Haftungsanteile und Umfang des Ausgleichsanspruchs bei gesamtschuldnerischer Haftung von Aufsichtsräten

Die vorstehenden Überlegungen zum Umfang des Ausgleichs zwischen mehreren gesamtschuldnerisch haftenden Geschäftsleitern[969] gelten für die gesamtschuldnerisch haftenden Aufsichtsratsmitglieder im Wesentlichen entsprechend. Sie werden daher nachfolgend – unter Berücksichtigung der aufsichtsratsspezifischen Besonderheiten – nur noch einmal kurz skizziert.

Die Haftung der Aufsichtsratsmitglieder wird dabei in den meisten Fällen gemeinsam jedenfalls mit den Geschäftsleitern bestehen. Angesichts dessen sind die nachfolgenden Ausführungen dann aber gleichwohl nicht bloß von theoretischer Bedeutung. Vielmehr kommen sie bei der gesamtschuldnerischen Haftung beispielsweise von Geschäftsleitern und Aufsichtsratsmitgliedern dann für die Festlegung der Haftungsanteile innerhalb der »Haftungseinheit Aufsichtsrat« zur Anwendung[970]. Zudem sind, wenn auch vielleicht nicht unbedingt im Rahmen der Überwachung und Beratung der Geschäftsleitung oder bei mit dieser gemeinsam getroffenen unternehmerischen Entscheidungen, wohl aber bei eigenen unternehmerischen Entscheidungen des Aufsichtsrats[971] durchaus Fälle denkbar, in denen ausschließlich Aufsichtsratsmitglieder pflichtwidrig gehandelt haben und sich sodann die Haftung und der Gesamtschuldnerausgleich auf diese beschränken.

Hinsichtlich der Berücksichtigung einer etwaigen Mithaftung der Gesellschaft sowie – im Rahmen der Haftung gegenüber der abhängigen Gesellschaft, deren Gläubigern und Gesellschaftern – der Organmitglieder der abhängigen Gesellschaft gelten die für die gesamtschuldnerisch haftenden Geschäftsleiter angestellten Überlegungen[972] entsprechend. Auf die Haftung mit der Gesellschaft wird an anderer Stelle noch gesondert eingegangen[973], die Mithaftung der Or-

---

969 Siehe hierzu soeben unter I.
970 Siehe hierzu noch unter III.
971 Zur Unterscheidung der einzelnen dem Aufsichtsrat obliegenden Aufgaben siehe oben § 2, unter A.I.1.a).
972 Hierzu soeben unter I.
973 Siehe hierzu unter IV.

ganmitglieder der abhängigen Gesellschaft wird ebenfalls noch separat berücksichtigt[974].

1. Ausgangsüberlegungen

Die internen Haftungsanteile zwischen mehreren gegenüber der Gesellschaft[975], Dritten[976], Gesellschaftern[977] oder von der Gesellschaft abhängigen Gesellschaften[978] gesamtschuldnerisch haftenden Aufsichtsratsmitgliedern werden auf Grundlage der zwischen ihnen bestehenden organschaftlichen Rechtsbeziehung[979] ermittelt. Dem Umfang nach haften sie im Innenverhältnis zu gleichen Teilen, wenn sich nicht aus diesem Innenverhältnis etwas anderes ergibt, § 426 Abs. 1 Satz 1 BGB. Letzteres ist insbesondere beim durch Ausschussbildung arbeitsteilig organisierten Aufsichtsrat der Fall. Hier bestimmen sich die internen Haftungsanteile entsprechend § 254 BGB dann anhand der jeweiligen Verantwortlichkeiten der Aufsichtsratsmitglieder, mithin in erster Linie nach dem jeweiligen Maß der Verursachung[980] und sodann in zweiter Linie nach dem jeweiligen Maß des Verschuldens[981].

Keine zusätzliche Bedeutung haben hingegen wiederum reine Billigkeitskriterien, etwa das Bestehen oder Nichtbestehen von Versicherungsschutz oder die Vermögensverhältnisse der einzelnen Aufsichtsratsmitglieder[982]. Letzteres gilt insbesondere auch hinsichtlich der Arbeitnehmervertreter im Aufsichtsrat. So wie die Haftung der Arbeitnehmervertreter im Außenverhältnis auf deren Organstellung und nicht auf deren Arbeitnehmerstatus beruht und deshalb auch insbesondere die Grundsätze der Haftung bei betrieblich veranlasster Tätigkeit (mangels betrieblicher Veranlassung) hier nicht zur Anwendung kommen[983], gestaltet sich auch ihre Verantwortlichkeit im Innenverhältnis gleich jener der Anteilseignervertreter, mithin einzig nach dem Maß der Verursachung und dem Maß des Verschuldens.

---

974 Unter 4.
975 Siehe hierzu oben § 2, unter A.
976 Siehe hierzu oben § 2, unter B.
977 Siehe hierzu oben § 2, unter C.
978 Siehe hierzu oben § 2, unter D.
979 Siehe zur Rechtsbeziehung der Aufsichtsratsmitglieder untereinander oben § 2, unter A.I.1.a).
980 Hierzu sogleich unter 2.
981 Hierzu unter 3.
982 Siehe hierzu oben unter A.IV.2.
983 Siehe hierzu oben § 2, unter A.I.3.

2. Interne Haftungsanteile nach dem Maß der Verursachung

a) Grundsätzliches

Hinsichtlich des Maßes der Verursachung ist auch im durch Bildung von Ausschüssen arbeitsteilig organisierten Aufsichtsrat zwischen den den einzelnen Mitgliedern dann jeweils als Handlungsverantwortlichen obliegenden Primärpflichten und den ihnen als Überwachungsverantwortlichen obliegenden Sekundärpflichten zu differenzieren. Dabei können diese hinsichtlich sämtlicher Aufgaben des Aufsichtsrats bestehen. Sie können sich somit auf die Überwachung und Beratung der Geschäftsleitung ebenso beziehen wie auf die Mitwirkung bei unternehmerischen Entscheidungen der Geschäftsleitung oder eigene unternehmerische Entscheidungen, aber auch allgemein auf die Organisation der Aufsichtsratsarbeit und die Mitarbeit im Aufsichtsrat. Diese Unterscheidung ist im Rahmen des Gesamtschuldnerausgleichs lediglich der Aufsichtsratsmitglieder untereinander nicht von Bedeutung[984].

Bei den *den Handlungsverantwortlichen obliegenden Primärpflichten* handelt es sich, wie oben[985] herausgearbeitet wurde, um sämtliche Pflichten der Aufsichtsratsmitglieder, sofern und soweit im Organ keine Arbeitsteilung vereinbart wurde, sei es, weil die betreffenden Aufgaben dem Delegationsverbot unterliegen, sei es, weil eine solche Delegation an einzelne Ausschüsse unterblieben ist. Dem steht die unwirksame, weil nicht eindeutige Delegation gleich. Bei wirksamer Delegation hingegen treffen Primärpflichten, d. h. die Handlungsverantwortung die jeweils zuständigen Ausschussmitglieder. Diese Handlungsverantwortung kann bei besonderer Sachnähe, z. B. des Aufsichtsratsvorsitzenden, seines Stellvertreters und der Mitglieder des Aufsichtsratspräsidiums, auch Aufsichtsratsmitgliedern obliegen, die keine Mitglieder des unmittelbar zuständigen Ausschusses sind. Primärpflichtverletzungen können weiterhin die für eine bestimmte Aufgabe nicht, jedenfalls nicht federführend zuständigen Aufsichtsratsmitglieder begehen, sei es im Rahmen von Beschlüssen über nicht delegierbare oder nicht delegierte Angelegenheiten, sei es, weil der der Gesellschaft entstandene Schaden (mit)verursacht wurde durch organisatorische Mängel, insbesondere ein unzureichendes Informations- und Berichtssystem, oder dadurch, dass für den Ausschuss erkennbar fachlich oder persönlich nicht geeignete Personen berufen wurden. Zudem liegt eine Primärpflichtverletzung auch dann vor, wenn ein bei Beschlussfassung überstimmtes oder abwesendes Ple-

---

[984] Die Unterscheidung zwischen Überwachung und Beratung, Mitwirkung an unternehmerischen Entscheidungen und eigenen unternehmerischen Entscheidungen wird im Rahme des Gesamtschuldnerausgleichs erst bei der gesamtschuldnerischen Haftung von Geschäftsleitern und Aufsichtsratsmitgliedern relevant; siehe hierzu unten unter III.
[985] § 2, unter A.I.

numsmitglied die Umsetzung eines rechtswidrigen Beschlusses nicht anschließend mit allen geeigneten, zulässigen und zumutbaren Mitteln zu verhindern versucht. Führen die Pflichtverletzungen mehrerer Handlungsverantwortlicher dabei im Wesentlichen zum gleichen Schadensbeitrag, bevor der Verursachungsbeitrag eines weiteren Aufsichtsratsmitglieds hinzutritt, sei es, dass dieser ebenfalls in einer Primärpflichtverletzung besteht, sei es, dass hier dann (lediglich) eine Verletzung der Überwachungspflicht vorliegt, werden diese Aufsichtsratsmitglieder zu einer (tatsächlichen) *Haftungseinheit* zusammengefasst[986].

Die den *Überwachungsverantwortlichen obliegenden Sekundärpflichten* hingegen sind zum einen die aus dem Grundsatz der Gesamtverantwortung der Aufsichtsratsmitglieder sich ergebenden Pflichten zur Überwachung der übrigen Plenumsmitglieder hinsichtlich der an Ausschüsse zur Entscheidung oder auch nur zur Entscheidungsvorbereitung delegierten Aufgaben. Und zum anderen umfasst dies die Pflicht, bei hierbei erkannten Missständen gegen diese dann auch vorzugehen[987]. Pflichtverletzungen mehrerer Überwachungsverantwortlicher werden dabei zumeist als im Wesentlichen einheitlicher Verursachungsbeitrag anzusehen sein. Diese (lediglich) ihre Sekundärpflichten verletzenden Geschäftsleiter werden in diesem Fall dann ihrerseits in einer (tatsächlichen) *Haftungseinheit* zusammengefasst[988].

Sowohl auf der Ebene der Primär- als auch auf der Ebene der Sekundärpflichtverletzungen sind zudem gegebenenfalls Pflichtverletzungen von Mitarbeitern oder externen Dritten, an die das betreffende Organmitglied einzelne Pflichten ausnahmsweise zulässigerweise delegiert hat[989], über §§ 278, 831 BGB zu berücksichtigen.

b) Ausschließliche Verletzung von Handlungs-/Primärpflichten

Beruht die Haftung sämtlicher Gesamtschuldner auf der Verletzung von den Aufsichtsratsmitgliedern als Handlungsverantwortlichen obliegenden Primärpflichten, haften sie unter dem Gesichtspunkt des Maßes der Verursachung, gegebenenfalls unter Bildung von Haftungseinheiten, *zu gleichen Teilen.*

Dabei können die einzelnen Aufsichtsratsmitglieder durchaus unterschiedliche Pflichten verletzt haben. So ist es neben der Pflichtverletzung des Gesamtorgans, sofern und soweit keine wirksame Arbeitsteilung vereinbart wurde, etwa bei wirksam vereinbarter Arbeitsteilung denkbar, dass bei dem Delegationsverbot unterliegenden Aufgaben einerseits die hier für die Entscheidungsvorbereitung durch das Plenum sachlich zuständigen Ausschussmitglieder (als

---

986 Siehe hierzu oben unter A.VI.
987 Siehe hierzu oben § 2, unter A.I.2.a)bb)ccc).
988 Siehe hierzu oben unter A.VI.
989 Siehe hierzu oben § 2, unter A.I.2.b) und c).

Haftungseinheit) bei der Vorbereitung oder Ausführung der entsprechenden Plenumsentscheidung pflichtwidrig gehandelt haben und andererseits ebenso die übrigen Organmitglieder (als Haftungseinheit) zusammen mit den Zuständigen bei der Beschlussfassung über die Angelegenheit trotz der für sie hier vergleichsweise geringeren Pflichten[990]. Auch kann, wiederum bei wirksam vereinbarter Arbeitsteilung, auf der einen Seite eine Pflichtverletzung der zuständigen Ausschussmitglieder (als Haftungseinheit) vorliegen und auf der anderen Seite eine Primärpflichtverletzung auch der übrigen Organmitglieder, indem sie es unterlassen haben, ein ausreichendes Berichts- und Informationssystem zu institutionalisieren, indem sie hierfür erkennbar nicht geeignete Kollegen in den betreffenden Ausschuss berufen haben oder indem sie als Aufsichtsratsvorsitzender, dessen Stellvertreter oder als Mitglieder des Aufsichtsratspräsidiums wegen besonderer Sachnähe die ihnen hier dann als Primärpflicht obliegende Überwachungspflicht verletzt haben.

c) Ausschließliche Verletzung von Überwachungs-/Sekundärpflichten

Beruht die Haftung sämtlicher Gesamtschuldner auf der Verletzung von den Aufsichtsratsmitgliedern als Überwachungsverantwortlichen obliegenden Sekundärpflichten (ein eher theoretischer Fall, etwa wenn die Haftung des oder der Handlungsverantwortlichen wegen dessen oder deren Geschäftsunfähigkeit, § 104 Ziff. 2 BGB, entfällt), haften sie unter dem Gesichtspunkt des Maßes der Verursachung ebenfalls *zu gleichen Teilen*.

d) Verletzung von Handlungs-/Primärpflichten einerseits und Überwachungs-/ Sekundärpflichten andererseits

Beruht hingegen die Haftung einzelner Aufsichtsratsmitglieder auf der Verletzung von Primärpflichten und die der anderen Aufsichtsratsmitglieder auf der Verletzung von Sekundärpflichten, so sind *unter Verursachungsgesichtspunkten* die primär verpflichteten Aufsichtsratsmitglieder im Innenverhältnis der Gesamtschuldner *alleine* verantwortlich. Zur Begründung wird auf die entsprechenden Ausführungen zum Gesamtschuldnerausgleich der Geschäftsleiter[991] verwiesen.

---

990 Siehe hierzu oben § 2, unter A.I.2.a)bb)ccc).
991 Oben unter I.2.d).

3. Interne Haftungsanteile nach dem Maß des Verschuldens

a) Grundsätzliches

Aufgrund der jeweiligen Verschuldensbeiträge werden die anhand der Verursachungsbeiträge gebildeten Quoten der internen Verantwortlichkeiten im Rahmen einer Gesamtabwägung korrigiert, sofern und soweit dies aufgrund unterschiedlicher Verschuldensmaßstäbe geboten ist[992]. Auch im Falle der Aufsichtsratshaftung sind hier wiederum zwei Fallgruppen zu bilden: *Zum einen* sind dies die Fälle, in denen alle Gesamtschuldner bzw. die jeweiligen Haftungseinheiten, sei es jeweils als Handlungsverantwortliche wegen der Verletzung von Primärpflichten, sei es jeweils als Überwachungsverantwortliche wegen der Verletzung von Sekundärpflichten, wegen *gleicher Verursachungsbeiträge* unter Verursachungsgesichtspunkten zu gleichen Teilen intern verantwortlich sind[993]. Und *zum anderen* sind die Fälle zu behandeln, in denen nur die Handlungsverantwortlichen wegen der Verletzung von Primärpflichten, nicht aber auch die Überwachungsverantwortlichen wegen der zugleich erfolgten Verletzung von Sekundärpflichten wegen *unterschiedlicher Verursachungsbeiträge* unter Verursachungsgesichtspunkten intern verantwortlich sind[994].

b) Gleiches Maß der Verursachung

Für die Korrektur der Haftung zu gleichen Teilen bei gleichem Maß der Verursachung anhand der jeweiligen Verschuldensgrade gelten die Ausführungen zum Gesamtschuldnerausgleich unter Geschäftsleitern und die dort angestellten Überlegungen[995] entsprechend:

aa) Sofern auch der jeweilige Grad des Verschuldens identisch ist, bleibt es insgesamt bei der Haftung zu gleichen Teilen.

bb) Sofern einer oder mehrere der Gesamtschuldner/Haftungseinheiten vorsätzlich und der oder die übrigen Gesamtschuldner/Haftungseinheiten fahrlässig gehandelt haben, haften im Innenverhältnis der oder die vorsätzlich handelnden Gesamtschuldner/Haftungseinheiten alleine. Sofern hier mehr als ein Gesamtschuldner vorsätzlich gehandelt hat, haften diese dann wiederum zu gleichen Teilen.

cc) Sofern einer oder mehrere der Gesamtschuldner/Haftungseinheiten vorsätzlich und der oder die übrigen Gesamtschuldner/Haftungseinheiten grob fahrlässig gehandelt haben, wiegt im Innenverhältnis die vorsätzliche Pflichtverletzung doppelt so schwer wie die grob fahrlässige Pflichtverletzung. Sofern hier

---

992 Siehe hierzu oben unter A.IV.2.
993 Hierzu sogleich unter b).
994 Hierzu unter c).
995 Siehe hierzu oben unter I.3.b).

auf der einen und/oder auf der anderen Seite jeweils mehr als ein Gesamtschuldner gehandelt hat, haften diese jeweils wiederum zu gleichen Teilen.

dd) Sofern einer oder mehrere der Gesamtschuldner/Haftungseinheiten grob fahrlässig und der oder die übrigen Gesamtschuldner/Haftungseinheiten (normal) fahrlässig gehandelt haben, wiegt im Innenverhältnis sodann ebenso die grob fahrlässige Pflichtverletzung doppelt so schwer wie die (normal) fahrlässige Pflichtverletzung.

ee) Im Rahmen von Haftungseinheiten gelten für die Ermittlung der dortigen internen Haftungsquoten die vorstehend geschilderten Grundsätze entsprechend.

ff) Bei gleichem Maß der Verursachung kann die Haftungsteilung im Innenverhältnis nach dem Grad des jeweiligen Verschuldens somit wie folgt zusammengefasst werden:

Gesamtschuldner 1	Gesamtschuldner 2	Jeweilige Haftungsanteile
Vorsatz	Vorsatz	½ : ½
Vorsatz	Grobe Fahrlässigkeit	2/3 : 1/3
Vorsatz	Fahrlässigkeit	1 : 0
Grobe Fahrlässigkeit	Grobe Fahrlässigkeit	½ : ½
Grobe Fahrlässigkeit	Fahrlässigkeit	2/3 : 1/3
Fahrlässigkeit	Fahrlässigkeit	½ : ½

Übersicht 3: Haftungsteilung Aufsichtsratsmitglieder, gleicher Verursachungsbeitrag

c) Unterschiedliches Maß der Verursachung

Auch für die Korrektur der nach dem Maß der Verursachung ermittelten Haftungsanteile mehrerer Aufsichtsratsmitglieder und/oder Haftungseinheiten, die teils als Handlungsverantwortliche Primärpflichten und teils als Überwachungsverantwortliche Sekundärpflichten verletzt haben, gelten die Überlegungen, wie sie oben[996] zum Gesamtschuldnerausgleich zwischen Geschäftsleitern angestellt wurden, entsprechend:

aa) Sofern sowohl auf Seiten der Handlungsverantwortlichen als auch auf Seiten der Überwachungsverantwortlichen der jeweilige Grad des Verschuldens identisch ist, ist eine Korrektur der unter Verursachungsgesichtspunkten gewonnenen internen Haftungsquoten grundsätzlich nicht erforderlich.

bb) Wenn allerdings auf beiden Seiten vorsätzlich gehandelt wurde, wird die vorsätzliche Pflichtverletzung des Handlungsverantwortlichen doppelt so schwer gewichtet wie die des Überwachungsverantwortlichen.

---

996   Siehe hierzu oben unter I.3.c).

cc) Im Übrigen haftet ein vorsätzlich seine Pflichten verletzender Handlungsverantwortlicher im Innenverhältnis alleine. Dies gilt sowohl bei grob fahrlässigen als auch bei fahrlässigen Pflichtverletzungen des Überwachungsverantwortlichen.

dd) Bei einer grob fahrlässigen Primärpflichtverletzung auf der einen und einer vorsätzlichen Sekundärpflichtverletzung auf der anderen Seite haften die Handlungs- und die Überwachungsverantwortlichen je zu gleichen Teilen.

ee) Im Übrigen haftet ein grob fahrlässig seine Pflichten verletzender Handlungsverantwortlicher im Innenverhältnis alleine, es kommt somit zu keiner Korrektur des unter Verursachungsgesichtspunkten gefundenen Ergebnisses.

ff) Bei einer fahrlässigen Primärpflichtverletzung auf der einen und einer vorsätzlichen Sekundärpflichtverletzung auf der anderen Seite wird die vorsätzliche Sekundärpflichtverletzung des Überwachungsverantwortlichen doppelt so schwer gewichtet wie die fahrlässige Primärpflichtverletzung des Handlungsverantwortlichen.

gg) Bei einer fahrlässigen Primärpflichtverletzung auf der einen und einer grob fahrlässigen Sekundärpflichtverletzung haften der Handlungs- und der Überwachungsverantwortliche je zu gleichen Teilen.

hh) Im Rahmen von Haftungseinheiten gelten für die Ermittlung der dort internen Haftungsquoten die zum Ausgleich unter Verschuldensgesichtspunkten bei gleichem Verursachungsbeitrag[997] skizzierten Grundsätze entsprechend.

ii) Bei alleiniger Verantwortlichkeit der Handlungsverantwortlichen unter Verursachungsgesichtspunkten kann die Haftungsteilung im Innenverhältnis nach dem Grad des jeweiligen Verschuldens somit wie folgt zusammengefasst werden:

---

997 Siehe hierzu oben unter b).

Handlungsverantwortliche	Überwachungsverantwortliche	Haftungsanteile
Vorsatz	Vorsatz	2/3 : 1/3
Vorsatz	Grobe Fahrlässigkeit	1 : 0
Vorsatz	Fahrlässigkeit	1 : 0
Grobe Fahrlässigkeit	Vorsatz	½ : ½
Grobe Fahrlässigkeit	Grobe Fahrlässigkeit	1 : 0
Grobe Fahrlässigkeit	Fahrlässigkeit	1 : 0
Fahrlässigkeit	Vorsatz	1/3 : 2/3
Fahrlässigkeit	Grobe Fahrlässigkeit	½ : ½
Fahrlässigkeit	Fahrlässigkeit	1 : 0

Übersicht 4: Haftungsteilung Aufsichtsratsmitglieder, unterschiedlicher Verursachungsbeitrag

4. Sonstiges

Den Aufsichtsratsmitgliedern ist, sofern sie von der Gesellschaft in Anspruch genommen werden, wie den Geschäftsleitern[998] der Einwand des Mitverschuldens der Gesellschaft verwehrt, welches erst durch die der Gesellschaft gemäß § 31 BGB zugerechnete schuldhafte Pflichtverletzung der Geschäftsleiter und/oder anderer Aufsichtsratsmitglieder begründet wurde.

Der Ausgleich gegenüber mehreren weiteren Gesamtschuldnern vollzieht sich grundsätzlich nicht im Wege der Ausgleichsgesamtschuld, sondern entsprechend den internen Haftungsquoten als Teilschuldner[999]. Ausnahmen gelten zum einen, sofern der vom Gläubiger in Anspruch genommene Schuldner im Innenverhältnis nicht haftet, und zum anderen für den Ausgleichsanspruch gegenüber einer Haftungseinheit. Insoweit wird auf die entsprechenden Ausführungen zur Geschäftsleiterhaftung[1000] verwiesen.

Und bei der Haftung der Aufsichtsratsmitglieder gegenüber der abhängigen Gesellschaft ist gegebenenfalls zudem die gesamtschuldnerische Haftung auch der Geschäftsleiter und/oder Aufsichtsratsmitglieder dieser Gesellschaft zu beachten. Wie bereits im Zusammenhang mit der Geschäftsleiterhaftung[1001] ausgeführt wurde, haften (in diesem Fall) die Aufsichtsratsmitglieder der herrschenden Gesellschaft und die Organmitglieder der abhängigen Gesellschaft jeweils als Haftungseinheiten unter *Verursachungsgesichtspunkten* dann intern je zu

---

998 Siehe hierzu oben unter I.4.
999 Siehe hierzu oben unter A.V.
1000 Oben unter I.4.
1001 Oben unter I.4.

gleichen Teilen, was sodann unter *Verschuldensgesichtspunkten* gegebenenfalls noch zu korrigieren ist. Hierbei kann der interne Haftungsanteil der Organmitglieder der abhängigen Gesellschaft dieser dann aber nicht über § 31 BGB unter dem Aspekt des Mitverschuldens entgegengehalten werden.

III. Interne Haftungsanteile und Umfang des Ausgleichsanspruchs bei gesamtschuldnerischer Haftung von Geschäftsleitern und Aufsichtsräten

1. Ausgangsüberlegungen

Wenn sowohl Geschäftsleiter als auch Aufsichtsratsmitglieder gesamtschuldnerisch gegenüber der Gesellschaft, Dritten, Gesellschaftern oder von der Gesellschaft abhängigen Unternehmen haften[1002], bestimmen sich die internen Haftungsanteile ebenfalls auf Grundlage der zwischen Geschäftsleitung und Aufsichtsrat bestehenden organschaftlichen Rechtsbeziehung. Eine solche ergibt sich aus der Geschäftsleitung und Aufsichtsrat auch im dualistischen System gemeinsam obliegenden Verwaltungsaufgabe und den hieraus folgenden Pflichten zur Zusammenarbeit[1003].

Insoweit stellt sich sodann wiederum die Frage, ob durch die organschaftliche Rechtsbeziehung zwischen den Organen und in einem weiteren Schritt zwischen den einzelnen Organmitgliedern im Sinne von § 426 Abs. 1 Satz 1 BGB ein anderes bestimmt ist und was dies im Einzelnen bedeutet. Ersteres ist rasch beantwortet: Allein schon bei Gegenüberstellung von Geschäftsleitung und Aufsichtsrat als Gesamtorgane und der diesen Organen durch Gesetz, Satzung und Aufsichtsratsbeschluss, vgl. § 111 Abs. 4 Satz 2 AktG, jeweils zugewiesenen unterschiedlichen Kompetenzen erscheint eine Haftungsteilung »nach Köpfen«, wie sie die Auffangregelung des § 426 Abs. 1 Satz 1 BGB vorsieht, nicht sachgerecht. Und hierbei sind die unterschiedlichen Aufgaben der einzelnen Organmitglieder noch gar nicht berücksichtigt. Aus der Kompetenzverteilung zwischen den Organen folgt somit, dass im Sinne von § 426 Abs. 1 Satz 1 BGB ein anderes bestimmt ist, so dass sich dann »nur« noch die Frage stellt, was dies im Einzelnen bedeutet.

Hier pauschal eine überwiegende Haftung der Geschäftsleiter anzunehmen[1004] oder gar – jedenfalls in der Regel – deren alleinige Haftung[1005] ist allerdings zu undifferenziert, berücksichtigt man, dass den Aufsichtsratsmitgliedern nicht nur

---

1002 Siehe hierzu oben § 3.
1003 Siehe hierzu oben § 1, unter A.I.1.a) sowie § 2, unter A.I.1.a).
1004 So Semler, Münchener Komm., § 116 AktG Rz. 554.
1005 Michalski/Haas, § 43 GmbHG Rz. 228; Paefgen, in: Großkomm., § 43 GmbHG Rz. 103; Scholz/U.H. Schneider, § 43 GmbHG Rz. 179.

die Überwachung und Beratung der Geschäftsleiter obliegt, sondern Pflichtverletzungen auch im Rahmen unternehmerischer Mitentscheidungen sowie gar alleiniger unternehmerischer Entscheidungen möglich sind[1006]. Zudem können hierbei dann etwaige Unterschiede im Verschuldensgrad der einzelnen Gesamtschuldner nicht angemessen berücksichtigt werden. Dass vor diesem Hintergrund auch die entsprechende Heranziehung der Sondervorschriften der §§ 840 Abs. 2, 1833 Abs. 2 Satz 2 BGB nicht weiterhilft[1007], wurde bereits im Zusammenhang mit der Geschäftsleiterhaftung erörtert[1008].

Auch hier ist vielmehr somit wieder auf den allgemeinen Rechtsgedanken zurückzugreifen, dass ein von mehreren Personen in zurechenbarer Weise verursachter Schaden von diesen nach dem Maß der jeweiligen Verantwortlichkeiten zu tragen ist, wie dies etwa in § 254 BGB explizit zum Ausdruck kommt[1009]. Abzustellen ist somit in erster Linie auf das Maß der jeweiligen Verschuldensbeiträge[1010] und in zweiter Linie auf die jeweiligen Verschuldensgrade[1011]. Sonstige Kriterien und insbesondere Billigkeitsüberlegungen sind für die Bestimmung der Verantwortlichkeiten hingegen unerheblich und finden somit auch bei der Ermittlung der internen Haftungsanteile keine Berücksichtigung.

2. Interne Haftungsanteile nach dem Maß der Verursachung

a) Grundsätzliches

Das in erster Linie zu beachtende Maß der jeweiligen Verursachungsbeiträge bestimmt sich anhand des Grades der Wahrscheinlichkeit, mit der das jeweilige Verhalten zum Schadenseintritt geführt hat[1012]. Hier pauschal zwischen Leitung (Geschäftsleiter) und Kontrolle (Aufsichtsratsmitglieder) zu differenzieren, wie es zunächst auf der Hand liegen mag, griffe dann aber aus zweierlei Gründen zu kurz: Zum einen würde hier, wie bereits soeben angesprochen, nicht ausreichend berücksichtigt, dass die Pflichtenlage der Aufsichtsratsmitglieder unterschiedlich ausgeprägt ist, je nachdem, ob sie (lediglich) allgemein überwachend und beratend, im anderen Extrem selbständig unternehmerische Entscheidungen fällend oder – zwischen diesen beiden Extremen liegend – zusammen mit der Geschäftsleitung entscheidend tätig werden. Die Tätigkeit der Aufsichtsratsmitglieder kann vor diesem Hintergrund in Teilen somit auf reine Kontrollfunktio-

---

1006 Siehe hierzu oben § 2, unter A.I.1.a).
1007 So aber Michalski/Haas, § 43 GmbHG Rz. 228; Paefgen, in: Großkomm., § 43 GmbHG Rz. 103.
1008 Siehe hierzu oben unter I.1.
1009 Siehe hierzu oben unter A.IV.2.
1010 Hierzu sogleich unter 2.
1011 Hierzu unter 3.
1012 Siehe hierzu oben unter A.IV.2.

nen, jedenfalls im engen Wortsinn, nicht mehr beschränkt werden. Und zum anderen stellte sich hier dann die Frage, wie die Differenzierung zwischen Primär- und Sekundärpflichtverletzungen in den arbeitsteilig organisierten Geschäftsleitungs- und Aufsichtsorganen Berücksichtigung finden kann, die für die Bestimmung des Maßes der Verursachungsbeiträge innerhalb dieser Organe von entscheidender Bedeutung ist[1013].

Auf der Ebene der Geschäftsleiter ist hinsichtlich des Maßes der Verursachungsbeiträge auf deren Leitungsfunktion abzustellen. Auf der Ebene der Aufsichtsratsmitglieder hingegen kann sich nicht pauschal auf deren Kontrollfunktion beschränkt werden, die sodann, ähnlich etwa den Sekundärpflichtverletzungen der lediglich überwachungspflichtigen, weil für eine bestimmte Aufgabe nicht zuständigen Geschäftsleiter[1014] bei der Feststellung der jeweiligen Verursachungsbeiträge hinter die Leitungsfunktion der Geschäftsführer zurückträte. Vielmehr ist hier zwischen der Verletzung von mit der allgemeinen Überwachung und Beratung, der Mitwirkung an unternehmerischen Entscheidungen und eigenen unternehmerischen Entscheidungen des Aufsichtsrats in Zusammenhang stehenden Pflichten zu differenzieren; die Verletzung allgemeiner Pflichten im Übrigen, wie hinsichtlich der Organisation der Aufsichtsratsarbeit oder der Mitarbeit im Organ, sind dann jeweils im konkreten Fall einer der drei vorgenannten Funktionen zuzuordnen[1015].

Auf die Differenzierung zwischen Primär- und Sekundärpflichtverletzungen kommt es hingegen zunächst nicht an. Bei gesamtschuldnerischer Haftung von Geschäftsleitern und Aufsichtsratsmitgliedern sind im Regelfall die Pflichtverletzungen und somit der Schadensbeitrag der Geschäftsleiter abgeschlossen, bevor die Pflichtverletzungen der Aufsichtsratsmitglieder hinzutreten. Dies gilt sowohl bei der Verletzung von allgemeinen Überwachungs- und Beratungspflichten durch die Aufsichtsratsmitglieder als auch bei Pflichtverletzungen im Rahmen unternehmerischer Mitentscheidungen. Bei Pflichtverletzungen im Rahmen eigener unternehmerischer Entscheidungen der Aufsichtsratsmitglieder hingegen liegt der Fall, wenn hier zugleich auch Geschäftsleiter gesamtschuldnerisch haften, umgekehrt: Hier ist die Pflichtverletzung, etwa bei Be- und Anstellung eines fachlich ungeeigneten Geschäftsleiters, abgeschlossen, bevor sodann die Pflichtverletzung des Geschäftsleiters hinzutritt. Bei mehreren haftenden Organmitgliedern auf Geschäftsleitungs- und/oder Aufsichtsratsebene liegen somit für das jeweilige Organ die Voraussetzungen für die Annahme einer (tatsächlichen) *Haftungseinheit* vor[1016]. Aufgrund dessen werden im Folgenden die Geschäftsleiter auf der einen und die Aufsichtsratsmitglieder auf der

---

1013 Siehe hierzu oben unter I.2.a) und unter II.2.a).
1014 Siehe hierzu oben unter I.2.d).
1015 Siehe hierzu oben § 2, unter A.I.1.a).
1016 Siehe hierzu oben unter A.VI.

anderen Seite stets als Haftungseinheit behandelt. Innerhalb dieser Haftungseinheit vollzieht sich der Gesamtschuldnerausgleich dann anhand der für das jeweilige Organ geltenden Haftungsteilungsregeln[1017].

Die Annahme von Haftungseinheiten auf Geschäftsleitungs- und Aufsichtsratsebene ist unabhängig davon, ob innerhalb der Haftungseinheit(en) zudem zwischen Primär- und Sekundärpflichtverletzungen zu differenzieren ist. Mehr noch: Durch die Zusammenfassung der verschiedenen Tatbeiträge auf Geschäftsleitungs- und/oder Aufsichtsratsebene entfällt die Notwendigkeit der Unterscheidung zwischen Primär- und Sekundärpflichtverletzungen, soweit es den Gesamtschuldnerausgleich zwischen den Haftungseinheiten Geschäftsleitung und Aufsichtsrat betrifft. Dies ist dann erst wieder für den Ausgleich innerhalb der Haftungseinheiten relevant.

b) Verursachungsbeiträge bei Überwachungs-/Beratungspflichtverletzungen auf Aufsichtsratsebene

Beim Zusammentreffen von Pflichtverletzungen auf der Geschäftsleitungsebene und Überwachungs-/Beratungspflichtverletzungen auf der Aufsichtsratsebene ist der Grad der Wahrscheinlichkeit, mit der die Verletzung der Geschäftsleiterpflichten zum Schaden geführt hat, *höher* zu bewerten als jener der »bloßen« Überwachungspflichtverletzung der Aufsichtsratsmitglieder. Wie beim Zusammentreffen von Handlungs-/Primärpflichten und Überwachungs-/Sekundärpflichten innerhalb des Geschäftsleitungs- bzw. Aufsichtsorgans[1018] stellt sich auch hier dann allerdings die Frage, ob dies die alleinige Verantwortlichkeit der Geschäftsleitungsmitglieder – unter Verursachungsgesichtspunkten – zur Folge hat oder lediglich zu einer stärkeren Gewichtung ihres Verursachungsbeitrags führt. Auch hier handelt es sich allerdings lediglich um die Verursachungsebene, um eine erste Zwischenstation, die dann unter Umständen noch auf der Verschuldensebene zu korrigieren ist[1019].

Für die Berücksichtigung der Überwachungspflichtverletzungen der Aufsichtsratsmitglieder bereits auf der Verursachungsebene, wenn auch mit geringerem Anteil als die Pflichtverletzungen der Geschäftsleiter, könnte sprechen, dass auch das Aufsichtsorgan, wie § 120 Abs. 2 AktG zu entnehmen ist, Teil der Verwaltung der Gesellschaft ist und dass die Mitglieder des Geschäftsleitungs- und des Aufsichtsorgans vor diesem Hintergrund zur Zusammenarbeit verpflichtet sind[1020]. Der Aufsichtsrat ist eben nicht nur Kontrolleur historischer Vorgänge, sondern institutioneller Ratgeber und Gesprächspartner der Ge-

---

1017 Siehe hierzu oben unter I. und II.
1018 Siehe hierzu oben unter I.2.d) und unter II.2.d).
1019 Hierzu unter 3.
1020 Siehe hierzu oben § 1, unter A.I.1.a) und § 2, unter A.I.1.a).

schäftsleitung[1021], gerichtet (auch) auf vorbeugende Überwachung[1022]. Anders als beim Gesamtschuldnerausgleich innerhalb des Geschäftsleitungsorgans[1023] bzw. innerhalb des Aufsichtsrats[1024] kann die Nichtberücksichtigung der Überwachungs- (und Beratungs-) Pflichtverletzung auf der Verursachungsebene auch nicht damit begründet werden, dass es sich hier lediglich um eine Sekundärpflichtverletzung handele, dass die Primärpflicht insoweit suspendiert worden sei. Die Überwachung und Beratung der Geschäftsleitung ist für das Aufsichtsorgan Primärpflicht. Und schließlich kann gegen eine Berücksichtigung der Überwachungspflichtverletzung der Aufsichtsratsmitglieder bereits auf der Verursachungsebene auch nicht angeführt werden, dass die Aufsichtsratsmitglieder, anders als die Geschäftsleiter, schließlich nur im Nebenamt tätig seien. Einmal davon abgesehen, dass dies nicht zwingend die völlige Nichtberücksichtigung der Überwachungspflichtverletzung verlangt, sondern dass eine hiermit bezweckte Privilegierung der Aufsichtsratsmitglieder auch bereits durch eine lediglich geringere Gewichtung ihres Verursachungsbeitrags erreicht würde, besteht für die Berücksichtigung des Nebentätigkeitsarguments im Rahmen des Gesamtschuldnerausgleichs auch kein praktisches Bedürfnis, da dies bereits bei dem im Vergleich zu den Geschäftsleitern geringeren Sorgfaltsanforderungen der Aufsichtsratsmitglieder[1025] seinen Niederschlag gefunden hat. Zudem handelt es sich hierbei um ein reines Billigkeitskriterium, welches für die Ermittlung der Verantwortlichkeit und erst recht für die Ursächlichkeit in dem Sinne, wer dem oder den anderen gegenüber der vorwiegend Verantwortliche ist, und nur hierum geht es im Rahmen des Gesamtschuldnerausgleichs, unerheblich ist[1026].

Für die Berücksichtigung der Überwachungspflichtverletzung der Aufsichtsratsmitglieder bereits auf der Verursachungsebene könnte dann zudem sprechen, dass auch im arbeitsteilig organisierten Geschäftsleitungs- bzw. Aufsichtsorgan Überwachungspflichten unter bestimmten Umständen Primärpflichtcharakter haben können, etwa bei besonderer Sachnähe oder beim Vorsitzenden des Organs[1027]. Derlei Primärpflichtverletzungen finden dort dann aber, zudem im gleichen Umfang wie die Pflichtverletzungen der jeweils zuständigen Organmitglieder, Berücksichtigung bereits auf der Verursachungs-

---

1021 Vgl. BGH, Urteil vom 25.03.1991, BGHZ 114, 127, 130; Lutter/Krieger, Rechte und Pflichten des Aufsichtsrats, Rz. 94.
1022 Vgl. Hoffmann/Preu, Aufsichtsrat, Rz. 247.1; Lutter/Krieger, Rechte und Pflichten des Aufsichtsrats, Rz. 94.
1023 Siehe hierzu oben unter I.2.d).
1024 Siehe hierzu oben unter II.2.d).
1025 Siehe hierzu oben unter § 2, unter A.I.1.a).
1026 Siehe hierzu oben unter A.IV.2.
1027 Siehe hierzu oben § 1, unter A.I.2.b)bb)ccc) und § 2, unter A.I.2.a)bb)ccc).

ebene[1028]. Dies wiederum könnte eine zumindest abgestufte Berücksichtigung auch der – ebenfalls als Primärpflicht zu verstehenden – Überwachungs- und Beratungspflichtverletzung der Aufsichtsratsmitglieder ebenfalls bereits auf der Verursachungsebene rechtfertigen.

Hiergegen ist allerdings einzuwenden, dass die organinterne Gesamtverantwortung nicht identisch ist mit der gemeinsamen Verwaltungsverantwortung von Geschäftsleitung und Aufsichtsrat; die beiden Fälle sind also nicht ohne weiteres miteinander vergleichbar. Bei aller im Ausgangspunkt bestehenden gemeinsamen Verwaltungsverantwortung obliegt die Leitung doch, von eigenen unternehmerischen Entscheidungen des Aufsichtsrats abgesehen und mit gewissen Einschränkungen auch bei gemeinsamen unternehmerischen Entscheidungen, alleine der Geschäftsleitung. Wenn aber schon bei gemeinsamer Leitungsverantwortung die lediglich überwachungspflichtigen, für das betreffende Ressort und/oder den betreffenden Geschäftsbereich nicht zuständigen Geschäftsleiter unter Verursachungsgesichtspunkten intern nicht verantwortlich sind[1029], muss dies erst recht für die Mitglieder des gar nicht erst in die Leitungsverantwortung eingebundenen Aufsichtsorgans gelten. Dem steht auch nicht entgegen, dass die Überwachungspflicht der Aufsichtsratsmitglieder, wie soeben noch einmal klargestellt wurde, Primärpflicht ist. Deren Überwachungspflicht folgt aus der Überwachungsfunktion des Aufsichtsrats und nicht, wie es bei den lediglich überwachungspflichtigen Geschäftsleitern der Fall ist, als Restgröße aus der Leitungsfunktion des Geschäftsleitungsorgans.

Hinzu kommt schließlich, dass »die« im dualen System vorgesehene Fallgruppe der gemeinsamen Verantwortung von Geschäftsleitung und Aufsichtsrat nicht nur im *Außen*verhältnis, sondern eben gerade auch im hier relevanten *Innen*verhältnis die der Mitwirkung des Aufsichtsrats an unternehmerischen Entscheidungen der Geschäftsleitung ist. Selbst dort aber ist, wie unten[1030] noch näher erläutert wird, eine unterschiedliche Gewichtung der Verursachungsbeiträge geboten. Auch dies rechtfertigt es sodann, Verletzungen der allgemeinen, d. h. einfachen Überwachungs- und Beratungspflichten, auch wenn diese im Außenverhältnis eine Haftung der Aufsichtsratsmitglieder begründen, im Innenverhältnis zwischen Geschäftsleitung und Aufsichtsrat unter Verursachungsgesichtspunkten nicht zu berücksichtigen. Anders gewendet: Unter Verursachungsgesichtspunkten in dem Sinne, wer von den Gesamtschuldnern dem oder den anderen gegenüber intern der allein oder überwiegend Verantwortliche ist[1031], sind bei »bloßen« Überwachungspflichtverletzungen der Aufsichtsrats-

---

1028 Siehe hierzu oben unter I.2.a) und d) sowie unter II.2.a) und d).
1029 Siehe hierzu oben unter I.2.d).
1030 Unter d).
1031 Siehe hierzu oben unter A.IV.2.

mitglieder die Geschäftsleiter somit im Innenverhältnis zwischen Geschäftsleitung und Aufsichtsrat *alleine* verantwortlich.

c) Verursachungsbeiträge bei Pflichtverletzungen der Aufsichtsratsmitglieder hinsichtlich eigener unternehmerischer Entscheidungen

Eigene unternehmerische Entscheidungen trifft der Aufsichtsrat etwa bei der Be- und Anstellung von Geschäftsleitern, § 84 AktG, §§ 31 MitbestG, 12 MontanmitbestG, bei der Kreditgewährung an Geschäftsleiter, Prokuristen, Generalhandlungsbevollmächtigte, Aufsichtsratsmitglieder und deren jeweilige Angehörige, §§ 89, 115 AktG, der Beauftragung von Sachverständigen, § 111 Abs. 2 Satz 2 AktG, und des Abschlussprüfers, § 111 Abs. 2 Satz 3 AktG, bei der Genehmigung von Dienstverträgen mit Aufsichtsratsmitgliedern, § 114 Abs. 1 AktG, sowie bei der Vertretung der Gesellschaft im Rahmen von Verfahren zur Anfechtung oder Nichtigkeitsfeststellung von Hauptversammlungsbeschlüssen, §§ 246 Abs. 2, 249 Abs. 1 AktG, und weiterhin im Rahmen der Vertretung der Gesellschaft gegenüber der Geschäftsleitung, § 112 AktG, was insbesondere auch die Geltendmachung von Schadensersatzansprüchen der Gesellschaft umfasst. Zudem ist der unternehmerischen Ebene auch die Pflicht zuzurechnen, in extrem gelagerten Fällen, d. h. bei erkannten grundlegenden Missständen in der gebotenen Form für deren Beseitigung Sorge zu tragen[1032].

Handeln die Aufsichtsratsmitglieder hier pflichtwidrig, kann es gleichwohl auch zur gesamtschuldnerischen Haftung mit Geschäftsleitern kommen. Dies ist etwa der Fall, wenn der Aufsichtsrat einen erkennbar ungeeigneten Geschäftsleiter be- und angestellt hat und dieser sodann aufgrund seiner fehlenden Eignung seinerseits eine Pflichtverletzung begeht. Da hier eine eigene und von der Geschäftsleitung unabhängige (unternehmerische) Entscheidung des Aufsichtsrats vorliegt, besteht kein Grund, die Aufsichtsratsmitglieder gegenüber den Geschäftsleitern zu privilegieren. Vielmehr sind die Verursachungsbeiträge der Geschäftsleiter und Aufsichtsratsmitglieder in diesen Fällen *gleich* zu gewichten.

d) Verursachungsbeiträge bei Pflichtverletzungen der Aufsichtsratsmitglieder hinsichtlich der Mitwirkung an unternehmerischen Entscheidungen der Geschäftsleitung

Gemeinsame unternehmerische Entscheidungen von Geschäftsleitung und Aufsichtsrat betreffen Fälle der gemäß § 111 Abs. 4 Satz 2 AktG zustimmungspflichtigen Geschäfte, die Mitwirkung an den Gewinnausschüttungs- und Bilanzentscheidungen, §§ 58 Abs. 2, 59 Abs. 3, 171 f AktG, und beim geneh-

---

1032 Siehe hierzu oben § 2, unter A.I.1.a).

migten Kapital, § 204 AktG, die Mitwirkung bei der Erklärung zum Corporate Governance Kodex, § 161 AktG, bei der Ausübung von Beteiligungsrechten im mitbestimmten Konzern, § 32 MitbestG, bei der Stellungnahme der Zielgesellschaft und deren Verteidigung im Übernahmeverfahren, §§ 27, 33 WpÜG, sowie Rechte und Pflichten im Zusammenhang mit der Einberufung der Hauptversammlung, §§ 111 Abs. 3, 124 Abs. 3 AktG[1033].

Auch hier ist jedoch, wenn es sowohl auf der Geschäftsleitungsebene als auch auf der Aufsichtsratsebene zu Pflichtverletzungen gekommen ist, wie bei den allgemeinen Überwachungspflichtverletzungen der Grad der Wahrscheinlichkeit, mit der die Verletzung der Geschäftsleiter zum Schaden geführt hat, *höher* zu bewerten als jener der Pflichtverletzungen der Aufsichtsratsmitglieder. Hintergrund ist der Umstand, dass auch bei derlei gemeinsamen Entscheidungen die Leitungsverantwortung stets bei der Geschäftsleitung verbleibt. Die Mitentscheidungsrechte sind besonderer Ausfluss der Überwachungsaufgabe des Aufsichtsrats[1034] und bleiben daher stets im Kern Überwachung. So kann etwa der Aufsichtsrat – im Rahmen von gemäß § 111 Abs. 4 Satz 2 AktG zustimmungspflichtigen Geschäften – das betreffende Geschäft weder selbst vornehmen noch auch nur veranlassen, hier bleibt stets die Geschäftsleitung Herrin des Verfahrens. Die Mitentscheidungsrechte ermöglichen letztlich nur die Einflussnahme über eine Art Vetorecht[1035].

Anders als bei der allgemeinen Überwachung besteht hier aber eine gesteigerte Verantwortung des Aufsichtsrats, die entsprechend bereits auf der Verursachungsebene Berücksichtigung finden muss. Dies rechtfertigt es, im Innenverhältnis der Gesamtschuldner den Verursachungsbeitrag von im Rahmen der Mitwirkung an unternehmerischen Entscheidungen der Geschäftsleitung begangenen Pflichtverletzungen der Aufsichtsratsmitglieder die Hälfte des Gewichts beizumessen, das dem Verursachungsbeitrag der mit diesen hier gesamtschuldnerisch haftenden Geschäftsleitern zukommt. Anders gewendet: Unter Verursachungsgesichtspunkten in dem Sinne, wer von den Gesamtschuldnern dem oder den anderen gegenüber intern der allein oder vorwiegend Verantwortliche ist, ist in derlei Fällen im Innenverhältnis zwischen Geschäftsleitung und Aufsichtsrat der Haftungsanteil der Geschäftsleiter *doppelt so hoch* wie der Haftungsanteil der Aufsichtsratsmitglieder.

1033 Siehe hierzu oben § 2, unter A.I.1.a).
1034 Hopt/Roth, in: Großkomm., § 111 AktG Rz. 583; Mertens, Kölner Komm., § 111 AktG Rz. 66.
1035 Hoffmann-Becking, in: Münchener Handbuch AG, § 29 Rz. 39; Hopt/Roth, in: Großkomm., § 111 AktG Rz. 583.

e) Zwischenergebnis

Die verschiedenen Haftungsanteile der Haftungseinheiten Geschäftsleitung und Aufsichtsrat je nach Art der durch die Aufsichtsratsmitglieder jeweils verletzten Pflichten können wie folgt zusammengefasst werden:

Geschäftsleitung	Aufsichtsrat	Haftungsanteile
Pflichtverletzung	Allgemeine Überwachungs-/Beratungspflichtverletzung	1 : 0
Pflichtverletzung	Pflichtverletzung bei eigener unternehmerischer Entscheidung	½ : ½
Pflichtverletzung	Pflichtverletzung bei unternehmerischer Mitentscheidung	2/3 : 1/3

Übersicht 5: Verursachungsanteile Geschäftsleiter und Aufsichtsratsmitglieder

In Fällen, in denen auf Seiten des Aufsichtsrats verschiedene der vorgenannten Pflichten verletzt wurden, ist für die Ermittlung der Verursachungsanteile sodann das stärkste Maß der Verursachung beachtlich, das für den Schaden mitursächlich geworden ist. Wenn also etwa der Aufsichtsrat einen erkennbar ungeeigneten Kandidaten zum Geschäftsleiter bestellt hat, dieser aufgrund seiner fehlenden Eignung eine pflichtwidrige unternehmerische Entscheidung gefällt hat, der der Aufsichtsrat ebenfalls pflichtwidrig im Sinne von § 111 Abs. 4 Satz 2 AktG zugestimmt hat, sind sowohl die Pflichtverletzung des Aufsichtsrats bei der eigenen unternehmerischen Entscheidung als auch jene bei der unternehmerischen Mitentscheidung für den Schaden mitursächlich geworden. Für die Bestimmung der internen Haftungsanteile zwischen Geschäftsleitung und Aufsichtsrat unter Verursachungsgesichtspunkten maßgeblich ist dann aber einzig die im Rahmen der Bestellung des ungeeigneten Geschäftsleiters begangene Pflichtverletzung. Anders hingegen, wenn im vorliegenden Beispiel die durch den Geschäftsleiter begangene Pflichtverletzung nicht auf dessen fehlende Eignung zurückzuführen ist. Hier ist die bei seiner Bestellung begangene Pflichtverletzung der Aufsichtsratsmitglieder für den Schaden nicht mitursächlich geworden, für die Ermittlung der internen Haftungsanteile unter Verursachungsgesichtspunkten ist dann auf Seiten des Aufsichtsrats einzig die im Rahmen der unternehmerischen Mitentscheidung begangene Pflichtverletzung maßgeblich.

3. Interne Haftungsanteile nach dem Maß des Verschuldens

a) Grundsätzliches

Aufgrund der jeweiligen Verschuldensbeiträge werden die anhand der Verursachungsbeiträge gebildeten Quoten der internen Verantwortlichkeiten im Rahmen einer Gesamtabwägung korrigiert, sofern und soweit dies aufgrund unterschiedlicher Verschuldensmaßstäbe geboten ist[1036].

Im Falle der gesamtschuldnerischen Haftung von Geschäftsleitern und Aufsichtsratsmitgliedern bestehen hier dann unter Verursachungsgesichtspunkten drei verschiedene Ausgangspunkte: *Erstens* handelt es sich um jene Fälle, in denen bei der Verletzung von allgemeinen Überwachungs- und Berichtspflichten durch die Aufsichtsratsmitglieder unter Verursachungsgesichtspunkten intern *nur die Geschäftsleiter* verantwortlich sind[1037]. Das andere Extrem bilden *zweitens* die Fälle, in denen die Haftung der Aufsichtsratsmitglieder auf Pflichtverletzungen bei eigenen unternehmerischen Entscheidungen zurückzuführen ist, was bei gesamtschuldnerischer Haftung mit Geschäftsleitern dann intern zu *gleichen Verursachungsbeiträgen* führt[1038]. Und *drittens* sind die Fälle zu nennen, in denen die Haftung der Aufsichtsratsmitglieder auf der Verletzung von Pflichten bei gemeinsam mit der Geschäftsleitung zu treffenden Entscheidungen beruht, was unter Verursachungsgesichtspunkten intern zu einer *doppelt so hohen Verantwortung der Geschäftsleiter* gegenüber den Aufsichtsratsmitgliedern führt[1039].

Hinsichtlich der zu berücksichtigenden Verschuldensgrade wird nachfolgend wiederum zwischen Vorsatz, grober Fahrlässigkeit und (normaler) Fahrlässigkeit differenziert. Dabei sei daran erinnert, dass innerhalb der jeweiligen Haftungseinheiten Geschäftsleitung und Aufsichtsrat entgegen § 425 BGB das Verschulden eines der Mitglieder dieser Haftungseinheit der Haftungseinheit und somit auch den übrigen Mitgliedern der Haftungseinheit zugerechnet wird, wodurch der stärkste Verschuldensgrad auch nur eines der Mitglieder der Haftungseinheit dann für die gesamte Haftungseinheit gilt. Zur Klarstellung wird zudem noch einmal darauf hingewiesen, dass die Mitgliedschaft in einer Haftungseinheit eine eigene schuldhafte Pflichtverletzung des betreffenden Schuldners voraussetzt. So ist nicht jeder Geschäftsleiter zugleich Mitglied der Haftungseinheit Geschäftsleitung und nicht jedes Aufsichtsratsmitglied zugleich Mitglied der Haftungseinheit Aufsichtsrat. Vielmehr gilt dies nur für jene Geschäftsleitungs- bzw. Aufsichtsratsmitglieder, die – als Gesamtschuldner – wegen eigener schuldhafter Pflichtverletzung einem Dritten gegenüber haften.

1036 Siehe hierzu oben unter A.IV.2.
1037 Hierzu sogleich unter b).
1038 Hierzu unter c).
1039 Hierzu unter d).

Durch die Berücksichtigung der jeweiligen Verschuldensgrade werden gegebenenfalls die auf der Verursachungsebene ermittelten internen Haftungsanteile korrigiert. Hierbei wird der Versuch unternommen, einheitliche Haftungsquoten zu bestimmen. Dies können jedoch wiederum nur Modellüberlegungen sein. Im Einzelfall kann es geboten sein, hiervon abzuweichen. Dies gilt insbesondere, wenn aufgrund verschiedener Vorsatzgrade (Absicht vs. dolus directus vs. dolus eventualis) einzelner Gesamtschuldner bzw. Haftungseinheiten oder bei lediglich leichter anstelle einfacher (mittlerer) Fahrlässigkeit eine andere Gewichtung der Verschuldensgrade geboten ist[1040].

b) Interne Haftungsanteile bei allgemeinen Überwachungs-/ Beratungspflichtverletzungen des Aufsichtsrats

Für die Korrektur der nach dem Maß der Verursachung ermittelten alleinigen Haftung von Geschäftsleitern bzw. der Haftungseinheit Geschäftsleitung, wenn auf Seiten der Aufsichtsratsmitglieder bzw. der Haftungseinheit Aufsichtsrat (lediglich) eine allgemeine Überwachungs-/Beratungspflichtverletzung vorliegt, können die Überlegungen zur Ermittlung der Haftungsanteile innerhalb der arbeitsteilig organisierten Geschäftsleitungs- und Aufsichtsorgane, wenn dort sowohl Primär- als auch Sekundärpflichten verletzt wurden, herangezogen werden[1041]. Auch in diesen Fällen haften unter Verursachungsgesichtspunkten die Handlungsverantwortlichen intern gegenüber den (lediglich) Überwachungsverantwortlichen alleine[1042]. Zur Begründung der unter Verschuldensgesichtspunkten vorgenommenen Korrekturen kann auf die dortigen Ausführungen verwiesen werden.

Im Einzelnen gilt somit Folgendes:

aa) Sofern sowohl auf Seiten der Geschäftsleitung als auch auf Seiten des Aufsichtsrats der jeweilige Grad des Verschuldens identisch ist, ist eine Korrektur der unter Verursachungsgesichtspunkten gewonnenen internen Haftungsquoten grundsätzlich nicht erforderlich.

bb) Wenn allerdings auf beiden Seiten vorsätzlich gehandelt wurde, muss die vorsätzliche Pflichtverletzung auf Seiten des Aufsichtsrats angemessen mitberücksichtigt werden. Hier wird dann aber die vorsätzliche Pflichtverletzung auf der Geschäftsleitungsebene doppelt so schwer gewichtet wie die auf der Aufsichtsratsebene.

cc) Im Übrigen haftet bei vorsätzlicher Pflichtverletzung auf der Geschäftsleitungsebene diese alleine. Dies gilt sowohl bei grob fahrlässigen als auch bei fahrlässigen Pflichtverletzungen auf der Aufsichtsratsebene.

1040 Siehe hierzu oben unter A.IV.2.
1041 Siehe hierzu oben unter I.3.c) sowie unter II.3.c).
1042 Siehe hierzu oben unter I.2.d) sowie unter II.2.d).

dd) Bei einer grob fahrlässigen Pflichtverletzung auf der Geschäftsleitungsebene auf der einen und einer vorsätzlichen Pflichtverletzung auf der Aufsichtsratsebene auf der anderen Seite haften die Geschäftsleitung und der Aufsichtsrat je zu gleichen Teilen.

ee) Im Übrigen haftet bei grob fahrlässiger Pflichtverletzung auf der Geschäftsleitungsebene diese im Innenverhältnis alleine, es kommt somit zu keiner Korrektur des unter Verursachungsgesichtspunkten gefundenen Ergebnisses.

ff) Bei einer fahrlässigen Pflichtverletzung auf der Geschäftsleitungsebene und einer vorsätzlichen Pflichtverletzung auf der Aufsichtsratsebene wird die vorsätzliche Pflichtverletzung auf Seiten des Aufsichtsrats doppelt so schwer gewichtet wie die fahrlässige Pflichtverletzung auf Seiten der Geschäftsleitung.

gg) Bei einer fahrlässigen Pflichtverletzung auf der Geschäftsleitungsebene und einer grob fahrlässigen Pflichtverletzung auf der Aufsichtsratsebene haften beide Seiten zu gleichen Teilen.

hh) Innerhalb der Haftungseinheiten Geschäftsleitung und Aufsichtsrat gelten für die Ermittlung der dort jeweiligen internen Haftungsquoten die für den Gesamtschuldnerausgleich innerhalb dieser Organe aufgestellten Grundsätze[1043] entsprechend.

ii) Für den Innenausgleich bei gesamtschuldnerischer Haftung von Geschäftsleitung und Aufsichtsrat, wenn auf Seiten der Aufsichtsratsmitglieder bzw. der Haftungseinheit Aufsichtsrat (lediglich) eine Verletzung der allgemeinen Überwachungs- und Beratungspflichten vorliegt, kann die Haftungsteilung im Innenverhältnis nach dem Grad des jeweiligen Verschuldens somit wie folgt zusammengefasst werden:

1043 Sieh hierzu oben unter I. und II.

Geschäftsleitung	Aufsichtsrat	Haftungsanteile
Vorsatz	Vorsatz	2/3 : 1/3
Vorsatz	Grobe Fahrlässigkeit	1 : 0
Vorsatz	Fahrlässigkeit	1 : 0
Grobe Fahrlässigkeit	Vorsatz	½ : ½
Grobe Fahrlässigkeit	Grobe Fahrlässigkeit	1 : 0
Grobe Fahrlässigkeit	Fahrlässigkeit	1 : 0
Fahrlässigkeit	Vorsatz	1/3 : 2/3
Fahrlässigkeit	Grobe Fahrlässigkeit	½ : ½
Fahrlässigkeit	Fahrlässigkeit	1 : 0

Übersicht 6: Haftungsteilung Geschäftsleitung und Aufsichtsrat bei allgemeinen Überwachungs-/Beratungspflichtverletzungen des Aufsichtsrats

c) Interne Haftungsanteile bei Pflichtverletzungen des Aufsichtsrats bei eigenen unternehmerischen Entscheidungen

Das andere Extrem der gesamtschuldnerischen Haftung von Geschäftsleitern und Aufsichtsräten bei eigenen unternehmerischen Entscheidungen im Aufsichtsrat mit den hier dann gleichen Verursachungsanteilen von Geschäftsleitung und Aufsichtsrat hingegen ist vergleichbar mit jenen Fällen, in denen innerhalb des Geschäftsleitungs- bzw. Aufsichtsorgans die Gesamtschuldner jeweils Primär- oder jeweils Sekundärpflichten verletzt haben. Dort haften, wie auch im vorliegenden Fall bei eigenen unternehmerischen Entscheidungen des Aufsichtsrats, die Gesamtschuldner intern unter Verursachungsgesichtspunkten je zu gleichen Teilen[1044]. Angesichts dessen greifen hier dann auch auf der Verschuldensebene die gleichen Überlegungen und Wertungen, wie sie bei der gesamtschuldnerischen Haftung innerhalb des Organs bei gleichen Verursachungsbeiträgen angestellt wurden[1045]. Zur Begründung kann auf die dortigen Ausführungen verwiesen werden.

Im Einzelnen gilt somit Folgendes:

aa) Sofern auch der jeweilige Grad des Verschuldens identisch ist, bleibt es insgesamt bei der Haftung zu gleichen Teilen.

bb) Sofern auf Seiten einer der beiden Haftungseinheiten vorsätzlich und auf Seiten der anderen Haftungseinheit fahrlässig gehandelt wurde, haftet im Innenverhältnis die vorsätzliche Haftungseinheit alleine.

cc) Sofern auf Seiten einer der beiden Haftungseinheiten vorsätzlich und auf Seiten der anderen Haftungseinheit grob fahrlässig gehandelt wurde, wiegt im

---

1044 Siehe hierzu oben unter I.2.b) und c) sowie unter II.2.b) und c).
1045 Siehe hierzu oben unter I.3.b) sowie unter II.3.b).

Innenverhältnis die vorsätzliche Pflichtverletzung doppelt so schwer wie die grob fahrlässige Pflichtverletzung.

dd) Sofern auf Seiten einer der beiden Haftungseinheiten grob fahrlässig und auf Seiten der anderen Haftungseinheit (normal) fahrlässig gehandelt wurde, wiegt im Innenverhältnis sodann ebenso die grob fahrlässige Pflichtverletzung doppelt so schwer wie die (normal) fahrlässige Pflichtverletzung.

ee) Innerhalb der Haftungseinheiten Geschäftsleitung und Aufsichtsrat gelten für die Ermittlung der dort jeweiligen internen Haftungsquoten wiederum die für den Gesamtschuldnerausgleich innerhalb dieser Organe aufgestellten Grundsätze[1046] entsprechend.

ff) Für den Innenausgleich bei gesamtschuldnerischer Haftung von Geschäftsleitung und Aufsichtsrat, wenn auf Seiten der Aufsichtsratsmitglieder bzw. der Haftungseinheit Aufsichtsrat eine Pflichtverletzung bei eigenen unternehmerischen Entscheidungen vorliegt, kann die Haftungsteilung im Innenverhältnis nach dem Grad des jeweiligen Verschuldens somit wie folgt zusammengefasst werden:

Geschäftsleitung	Aufsichtsrat	Haftungsanteile
Vorsatz	Vorsatz	½ : ½
Vorsatz	Grobe Fahrlässigkeit	2/3 : 1/3
Vorsatz	Fahrlässigkeit	1 : 0
Grobe Fahrlässigkeit	Vorsatz	1/3 : 2/3
Grobe Fahrlässigkeit	Grobe Fahrlässigkeit	½ : ½
Grobe Fahrlässigkeit	Fahrlässigkeit	2/3 : 1/3
Fahrlässigkeit	Vorsatz	0 : 1
Fahrlässigkeit	Grobe Fahrlässigkeit	1/3 : 2/3
Fahrlässigkeit	Fahrlässigkeit	½ : ½

Übersicht 7: Haftungsteilung Geschäftsleitung und Aufsichtsrat bei Pflichtverletzungen des Aufsichtsrats bei eigenen unternehmerischen Entscheidungen

d) Interne Haftungsanteile bei Pflichtverletzungen des Aufsichtsrats bei unternehmerischen Mitentscheidungen

Bei Pflichtverletzungen von Aufsichtsratsmitgliedern im Rahmen unternehmerischer Entscheidungen mit der Geschäftsleitung und gesamtschuldnerischer Haftung insoweit mit den Mitgliedern der Geschäftsleitung haften nach dem Maß der *Verursachung* intern die Haftungseinheit Geschäftsleitung zu zwei Dritteln

---

1046 Siehe hierzu oben unter I. und II.

und die Haftungseinheit Aufsichtsrat zu einem Drittel[1047]. Dies ist sodann in einem zweiten Schritt unter *Verursachungsgesichtspunkten* einer Überprüfung zu unterziehen. Hierbei sind auch die vorstehend zur internen Haftungsteilung bei allgemeiner Überwachungspflichtverletzung[1048] und bei eigenen unternehmerischen Entscheidungen des Aufsichtsrats[1049] angestellten Überlegungen und vorgenommenen Wertungen vergleichend mit zu berücksichtigen. Auf Grundlage der allgemeinen Grundsätze zur Gewichtung der unterschiedlichen Verschuldensgrade im Rahmen der Ermittlung von Verantwortungsanteilen[1050] gilt vor diesem Hintergrund dann Folgendes:

aa) Sofern sowohl auf Seiten der Geschäftsleiter als auch auf Seiten der Aufsichtsratsmitglieder der jeweilige Grad des Verschuldens identisch ist, ist eine Korrektur der unter Verursachungsgesichtspunkten gewonnenen internen Haftungsquoten grundsätzlich nicht erforderlich.

bb) Dies gilt allerdings dann nicht, wenn auf beiden Seiten vorsätzlich gehandelt wurde. Hier ist dann eine Privilegierung der Aufsichtsratsseite nicht mehr geboten, auch nicht unter dem Gesichtspunkte, dass auch die unternehmerische Mitentscheidung letztlich nur besonderer Ausdruck der Überwachungs- und Beratungsfunktion des Aufsichtsrats ist[1051]. In Abgrenzung von der vorsätzlichen Verletzung der allgemeinen Überwachungspflichten nähert sich ein vorsätzlich seine Pflichten bei unternehmerischen Mitentscheidungen verletzender Aufsichtsrat dem seine eigenen unternehmerischen Pflichten verletzenden Aufsichtsrat an. Dies rechtfertigt die Gewichtung des Geschäftsleitungs- und des Aufsichtsratsanteils je zu gleichen Teilen, insoweit dann also auch die entsprechende Verschiebung der auf der Verursachungsebene ermittelten Verantwortungsanteile.

cc) Bei vorsätzlichen Pflichtverletzungen auf Seiten der Geschäftsleitung haftet diese im Übrigen im Innenverhältnis alleine. Hier wird dem ohnehin schon überwiegenden Gewicht des Verursachungsbeitrags der Geschäftsleitung aufgrund der vorsätzlichen Pflichtverletzung auf der Verschuldensebene zusätzliches und im Ergebnis somit alleiniges Gewicht verliehen. Dies gilt sowohl bei grob fahrlässigen als auch bei (einfach) fahrlässigen Pflichtverletzungen auf der Aufsichtsratsebene.

dd) Dies gilt entsprechend bei grob fahrlässigen Pflichtverletzungen der Geschäftsleitungs- und (einfach) fahrlässigen Pflichtverletzungen auf der Aufsichtsratsebene. Auch hier haftet die Geschäftsleitung im Innenverhältnis alleine.

1047   Siehe hierzu oben unter 2.d).
1048   Siehe hierzu oben unter b).
1049   Siehe hierzu soeben unter c).
1050   Siehe hierzu oben unter A.IV.2.
1051   Siehe hierzu oben unter 2.d).

ee) Umgekehrt kompensiert eine vorsätzliche Pflichtverletzung auf der Aufsichtsratsebene bei zugleich nicht vorsätzlichen Pflichtverletzungen auf Seiten der Geschäftsleitung das geringere Gewicht der nach dem Verursachungsmaß bestimmten Pflichtverletzung. Hat die Geschäftsleitung hier grob fahrlässig gehandelt, haftet sie mit dem Aufsichtsrat zu gleichen Teilen. Hat die Geschäftsleitung gar nur (einfach) fahrlässig gehandelt, ist die vorsätzliche Pflichtverletzung des Aufsichtsrats im Ergebnis doppelt so schwer zu gewichten wie die der Geschäftsleitung.

ff) Dies gilt entsprechend bei grob fahrlässigen Pflichtverletzungen auf Seiten des Aufsichtsrats und (einfach) fahrlässigen Pflichtverletzungen der Geschäftsleitung. Auch hier kompensiert der höhere Verschuldensgrad des Aufsichtsrats das geringere Verursachungsmaß, Geschäftsleitung und Aufsichtsrat haften somit intern im Ergebnis zu gleichen Teilen.

gg) Für den Innenausgleich bei gesamtschuldnerischer Haftung von Geschäftsleitung und Aufsichtsrat, wenn auf Seiten der Aufsichtsratsmitglieder bzw. der Haftungseinheit Aufsichtsrat eine Pflichtverletzung bei unternehmerischen Mitentscheidungen vorliegt, kann die Haftungsteilung im Innenverhältnis nach dem Grad des jeweiligen Verschuldens somit wie folgt zusammengefasst werden:

Geschäftsleitung	Aufsichtsrat	Haftungsanteile
Vorsatz	Vorsatz	½ : ½
Vorsatz	Grobe Fahrlässigkeit	1 : 0
Vorsatz	Fahrlässigkeit	1 : 0
Grobe Fahrlässigkeit	Vorsatz	½ : ½
Grobe Fahrlässigkeit	Grobe Fahrlässigkeit	2/3 : 1/3
Grobe Fahrlässigkeit	Fahrlässigkeit	1 : 0
Fahrlässigkeit	Vorsatz	1/3 : 2/3
Fahrlässigkeit	Grobe Fahrlässigkeit	½ : ½
Fahrlässigkeit	Fahrlässigkeit	2/3 : 1/3

Übersicht 8: Haftungsteilung Geschäftsleitung und Aufsichtsrat bei Pflichtverletzungen des Aufsichtsrats bei unternehmerischen Mitentscheidungen

4. Sonstiges

Geschäftsleitungs- und Aufsichtsratsmitglieder können sich bei der Haftung gegenüber der Gesellschaft nicht auf deren Mitverschulden berufen. Insoweit wird auf die entsprechenden Ausführungen zum Gesamtschuldnerausgleich unter Geschäftsleitern[1052] sowie unter Aufsichtsratsmitgliedern[1053] verwiesen.

Der Ausgleich gegenüber mehreren weiteren Gesamtschuldnern vollzieht sich grundsätzlich entsprechend den internen Haftungsquoten und nicht im Wege der so genannten Ausgleichsgesamtschuld[1054]. Im vorliegenden Zusammenhang haften jedoch die Geschäftsleiter einerseits und die Aufsichtsratsmitglieder andererseits in aller Regel jeweils als Haftungseinheiten. Hier haften dann die in der Haftungseinheit zusammengefassten Gesamtschuldner dem außenstehenden Gesamtschuldner gegenüber gesamtschuldnerisch für die Quote der Haftungseinheit. Innerhalb der Haftungseinheit findet der Ausgleich hingegen wiederum lediglich entsprechend den jeweiligen Haftungsquoten statt[1055].

Bei der Haftung der Geschäftsleiter und Aufsichtsratsmitglieder gegenüber der abhängigen Gesellschaft ist gegebenenfalls zudem die gesamtschuldnerische Haftung auch der Geschäftsleiter und/oder Aufsichtsratsmitglieder dieser Gesellschaft zu beachten. Wie bereits im Zusammenhang mit der Geschäftsleiter- und Aufsichtsratshaftung[1056] ausgeführt wurde, haften (in diesem Fall) die Organmitglieder der herrschenden Gesellschaft und die Organmitglieder der abhängigen Gesellschaft jeweils als Haftungseinheiten unter *Verursachungsgesichtspunkten* dann intern je zu gleichen Teilen, was unter *Verschuldensgesichtspunkten* gegebenenfalls noch zu korrigieren ist. Hierbei kann der interne Haftungsanteil der Organmitglieder der abhängigen Gesellschaft dieser dann aber nicht über § 31 BGB unter dem Aspekt des Mitverschuldens entgegengehalten werden.

IV. Interne Haftungsanteile und Umfang des Ausgleichsanspruchs bei gesamtschuldnerischer Haftung von Geschäftsleitern und/oder Aufsichtsräten und der Gesellschaft

Sofern Geschäftsleiter und/oder Aufsichtsratsmitglieder gesamtschuldnerisch mit der Gesellschaft Dritten[1057], Gesellschaftern[1058] oder von der Gesellschaft abhängigen Gesellschaften, deren Gläubigern oder Gesellschaftern[1059] gegenüber haften, erfolgt die Feststellung der jeweiligen internen Haftungsanteile anhand der zwischen den Organmitgliedern und der Gesellschaft bestehenden or-

---

1052 Siehe hierzu oben unter I.4.
1053 Siehe hierzu oben unter II.4.
1054 Siehe hierzu oben unter A.V.
1055 Siehe hierzu oben unter A.VI.
1056 Oben unter I.4. sowie unter II.4.
1057 Siehe hierzu oben § 4, unter B.
1058 Siehe hierzu oben § 4, unter C.
1059 Siehe hierzu oben § 4, unter D.

ganschaftlichen Rechtsbeziehung. Dabei geht es im vorliegenden Zusammenhang nur um jene Fälle, in denen die Haftung der Gesellschaft über die Zurechnungsnorm des § 31 BGB durch schuldhafte Pflichtverletzungen der Organmitglieder begründet wurde. Die Begründung der Haftung der Gesellschaft über §§ 278, 831 BGB bei Pflichtverletzungen von Arbeitnehmern der Gesellschaft oder externen Hilfspersonen wird hingegen an anderer Stelle gesondert zu behandeln sein[1060]. Und Fälle, in denen Organmitglieder für eine nicht auf einer Pflichtverletzung beruhenden Verbindlichkeit der Gesellschaft gesamtschuldnerisch mithaften, etwa für Steuerschulden gemäß § 69 AO oder Schuldbeitritt, und in denen im Innenverhältnis die Gesellschaft dann abweichend von § 426 Abs. 1 Satz 1 BGB alleine haftet, da (und wenn) das Organmitglied der Gesellschaft gegenüber insoweit nicht zur Zahlung verpflichtet ist[1061], werden im vorliegenden Zusammenhang der gesamtschuldnerischen Haftung bei Pflichtverletzungen gänzlich ausgeklammert.

Bei der derart zu Stande gekommenen gesamtschuldnerischen Haftung von Geschäftsleitern und/oder Aufsichtsratsmitgliedern einerseits und der Gesellschaft andererseits haftet die Gesellschaft bei Pflichtverletzungen der Organmitglieder im Innenverhältnis überhaupt nicht. Diese hat gegen die Organmitglieder Anspruch auf gesetzestreues Verhalten (*Legalitätspflicht* der Organmitglieder) und bei Verstoß hiergegen somit auf Ersatz der ihr hierdurch entstandenen Schäden[1062]. Dies bedeutet, dass die Organmitglieder der Gesellschaft zum Schadensersatz verpflichtet sind bzw. die Gesellschaft von einer entsprechenden Haftung freizustellen haben, wenn diese von Dritten wegen einer Haftung in Anspruch genommen wird, die auf sorgfaltspflichtwidrigem Verhalten der Organmitglieder beruht. Im Rahmen der Ermittlung der internen Haftungsanteile der Gesamtschuldner führt dies zur alleinigen Haftung der betreffenden Geschäftsleiter und/oder Aufsichtsratsmitglieder, insoweit ergibt sich dann aus der organschaftlichen Rechtsbeziehung zwischen Gesellschaft und Organmitgliedern und der hier angesiedelten Schadensersatzpflicht der Organmitglieder im Sinne von § 426 Abs. 1 Satz 1 BGB ein anderes. Dies führt etwa in dem bereits mehrfach bemühten Fall der negativen Äußerungen des Vorstandssprechers einer Bank-Aktiengesellschaft über die Kreditwürdigkeit eines Kunden der Bank im Rahmen eines Fernsehinterviews[1063] und der hierdurch begründeten gesamtschuldnerischen Haftung des Vorstandssprechers und der Gesell-

---

1060 Siehe hierzu im Anschluss unter V.
1061 BGH, Urteil vom 09.07.2007, ZIP 2007, 1602, 1604.
1062 Siehe hierzu oben § 1, unter A.I. sowie § 2, unter A.I.
1063 Vgl. BGH, Urteil vom 24.01.2006, NJW 2006, 830, 834, 836 – Kirch/Deutsche Bank und Breuer.

schaft[1064] im Verhältnis der Gesamtschuldner untereinander zur alleinigen Haftung des Vorstandssprechers[1065].

Sofern mehr als ein Organmitglied neben der Gesellschaft gesamtschuldnerisch haftet, sind deren interne Haftungsanteile dann wiederum mit Hilfe der allgemeinen, vorstehend[1066] dargestellten Regeln zu ermitteln.

Sofern bei Haftung gegenüber der abhängigen Gesellschaft, deren Gläubigern oder Gesellschaftern auch die Organmitglieder der abhängigen Gesellschaft haften, bilden die herrschende Gesellschaft und deren Organmitglieder einerseits und die Organmitglieder der abhängigen Gesellschaft andererseits jeweils Haftungseinheiten. Die Haftungsanteile zwischen diesen Haftungseinheiten bemessen sich anhand der oben[1067] dargestellten Kriterien. Innerhalb der Haftungseinheit auf Ebene der herrschenden Gesellschaft vollzieht sich der Ausgleich nach den soeben skizzierten Regeln. Und innerhalb der Haftungseinheit der Organmitglieder der abhängigen Gesellschaft erfolgt der Ausgleich ebenfalls nach den allgemeinen, für diese geltenden Grundsätzen.

V. Interne Haftungsanteile und Umfang des Ausgleichsanspruchs bei gesamtschuldnerischer Haftung von Geschäftsleitern und/oder Aufsichtsräten und Dritten

1. Ausgangsüberlegungen

Wenn Geschäftsleiter und/oder Aufsichtsratsmitglieder zusammen mit Dritten gegenüber der Gesellschaft[1068], gegenüber Dritten[1069], gegenüber Gesellschaftern[1070] oder gegenüber von der Gesellschaft abhängigen Gesellschaften, deren Gläubigern oder Gesellschaftern[1071] haften, ist hierbei stets zu berücksichtigen, dass die schuldhaften Pflichtverletzungen der Organmitglieder über § 31 BGB auch der Gesellschaft zugerechnet werden. Zudem kann die Haftung der Gesellschaft bei Pflichtverletzungen von Arbeitnehmern oder sonstigen Dritten auch über § 278 BGB bzw. § 831 BGB begründet werden. Für die Haftung gegenüber der Gesellschaft ist dies dann bereits unter Mitverschuldensgesichtspunkten relevant, für die Haftung gegenüber sonstigen Gläubigern erst im Rahmen des Gesamtschuldnerausgleichs. Es ist daher geboten, im Folgenden zu diffe-

---

1064 Siehe hierzu oben § 4, unter B.
1065 Siehe hierzu auch Derleder/Fauser, BB 2006, 949, 952.
1066 Unter I., II. und III.
1067 Unter I.4.
1068 Siehe hierzu oben § 5, unter A.
1069 Siehe hierzu oben § 5, unter B.
1070 Siehe hierzu oben § 5, unter C.
1071 Siehe hierzu oben § 5, unter D.

§ 10 Interne Haftungsanteile und Umfang des Ausgleichsanspruchs

renzieren zwischen der Haftung gegenüber der Gesellschaft[1072] und der Haftung gegenüber sonstigen Gläubigern[1073]. Zudem ist zu berücksichtigen, dass die Haftung der Arbeitnehmer insoweit von der Haftung der übrigen Dritten abweicht, als für sie die Haftungsprivilegierung nach den Grundsätzen des innerbetrieblichen Schadensausgleichs bei betrieblich veranlasster Tätigkeit gelten kann. Bei der Haftung gegenüber der Gesellschaft bewirkt dies je nach Verschuldensgrad eine nur eingeschränkte Haftung[1074], mit beschränkter Gesamtwirkung auch für die anderen Schuldner[1075]. Und bei der Haftung gegenüber sonstigen Gläubigern haben die Arbeitnehmer einen entsprechenden Freistellungsanspruch gegen die Gesellschaft[1076]. Dies rechtfertigt es, im Folgenden jeweils zu differenzieren zwischen der Haftung mit Arbeitnehmern[1077] und der Haftung mit sonstigen Dritten[1078].

2. Haftung gegenüber der Gesellschaft

a) Grundsätzliches

Wenn Geschäftsleiter und/oder Aufsichtsratsmitglieder mit Dritten haften, werden die internen Haftungsanteile zwischen den Organmitgliedern anhand der zwischen ihnen bestehenden organschaftlichen Rechtsbeziehungen[1079] ermittelt. Zwischen den Organmitgliedern und den haftenden Dritten hingegen besteht keine solche gesonderte Rechtsbeziehung. Hier ist vielmehr einzig auf das durch § 426 Abs. 1 Satz 1 BGB begründete gesetzliche Schuldverhältnis der Gesamtschuldner untereinander zurückzugreifen[1080]. In beiden Fällen vollzieht sich die Bestimmung der Haftungsanteile jedoch letztlich wiederum mit Hilfe des etwa in § 254 BGB niedergelegten allgemeinen Grundsatzes der internen Haftungsteilung entsprechend dem Maß der Verursachung, gegebenenfalls korrigiert bei unterschiedlichem Maß des Verschuldens.

Hierbei ist zu berücksichtigen, dass nicht nur gegebenenfalls die Verursachungsbeiträge der Geschäftsleiter einerseits und der Aufsichtsratsmitglieder andererseits jeweils zu (tatsächlichen) Haftungseinheiten zusammenzufassen sind[1081] und innerhalb dieser Haftungseinheiten dann wiederum jeweils (tatsäch-

---

1072   Hierzu sogleich unter 2.
1073   Hierzu sodann unter 3.
1074   Siehe hierzu oben § 5, unter A.I.1.
1075   Siehe hierzu oben § 8, unter A.
1076   Siehe hierzu oben § 5, unter B.I.
1077   Jeweils unter 2.b) und unter 3.b).
1078   Jeweils unter 2.c) und unter 3.c).
1079   Siehe hierzu bereits oben unter I.1., unter II.1. und unter III.1.
1080   Siehe hierzu oben § 9, unter A.
1081   Siehe hierzu oben unter III.2.a).

liche) Haftungseinheiten zwischen den jeweils zuständigen, primärpflichtigen Organmitgliedern und den jeweils nur mit der Überwachung, sekundärpflichtbelasteten Organmitgliedern zu bilden sind[1082]. Vielmehr verschmelzen die Verursachungsbeiträge der Geschäftsleitungs- und Aufsichtsratsmitglieder im vorliegenden Zusammenhang regelmäßig zu einem einheitlichen Verursachungsbeitrag, bevor oder nachdem der haftende Dritte seinen Verursachungsbeitrag gesetzt hat. Dies rechtfertigt es, bei der Haftung von Geschäftsleitungs- und/oder Aufsichtsratsmitgliedern und Dritten die Organmitglieder ihrerseits wiederum zu einer (tatsächlichen) Haftungseinheit zusammenzufassen.

b) Haftung von Geschäftsleitern und/oder Aufsichtsräten und Arbeitnehmern

Für die Ermittlung der internen Haftungsanteile der Haftungseinheit der Organmitglieder einerseits und des haftenden Arbeitnehmers andererseits empfiehlt es sich, eine mögliche Haftungsprivilegierung des Arbeitnehmers wegen betrieblicher Veranlassung seiner Tätigkeit zunächst gedanklich auszuklammern. Nach dem *Maß der Verursachung* haften hier dann mangels anderweitiger Ansatzpunkte Organmitglieder und Arbeitnehmer intern je *zu gleichen Teilen*. Ein solcher anderweitiger Ansatzpunkt kann allerdings etwa dann vorliegen, wenn der Arbeitnehmer mit Wissen und Billigung, unter Umständen sogar auf Weisung der Organmitglieder gehandelt hat; hier haften dann die Organmitglieder unter Verursachungsgesichtspunkten intern im Regelfall alleine.

Dies ist nach Maßgabe der jeweiligen *Verschuldensgrade* gegebenenfalls wieder derart zu korrigieren, wie dies bereits verschiedentlich zuvor in Fällen gleicher Verursachungsbeiträge geschehen ist[1083]. Zur Begründung der entsprechenden Abwägungen kann auf die dortigen Ausführungen verwiesen werden. Im Einzelnen gilt somit Folgendes:

aa) Sofern auch der jeweilige Grad des Verschuldens identisch ist, bleibt es insgesamt bei der Haftung zu gleichen Teilen.

bb) Sofern auf einer der beiden Seiten vorsätzlich und der anderen Seite fahrlässig gehandelt wurde, haftet im Innenverhältnis der vorsätzlich Handelnde alleine.

cc) Sofern auf einer der beiden Seiten vorsätzlich und auf der anderen Seite grob fahrlässig gehandelt wurde, wiegt im Innenverhältnis die vorsätzliche Pflichtverletzung doppelt so schwer wie die grob fahrlässige Pflichtverletzung.

dd) Sofern auf einer der beiden Seiten grob fahrlässig und auf der anderen Seite (normal) fahrlässig gehandelt wurde, wiegt im Innenverhältnis ebenso die

---

1082 Siehe hierzu oben unter I.2.a) und unter II.2.a).
1083 Siehe hierzu oben unter I.3.b), unter II.3.b) und unter III.3.c).

grob fahrlässige Pflichtverletzung doppelt so schwer wie die (normal) fahrlässige Pflichtverletzung.

ee) Innerhalb der Haftungseinheit der Organmitglieder gelten für die Ermittlung der dort jeweiligen internen Haftungsquoten wiederum die für den Gesamtschuldnerausgleich innerhalb dieser Organe aufgestellten Grundsätze[1084] entsprechend.

ff) Für den Innenausgleich bei gesamtschuldnerischer Haftung von Organmitgliedern und Arbeitnehmern gegenüber der Gesellschaft kann die Haftungsteilung im Innenverhältnis *vor* der etwaigen Berücksichtigung der Grundsätze der Arbeitnehmerhaftung bei betrieblich veranlasster Tätigkeit nach dem Grad des jeweiligen Verschuldens somit wie folgt zusammengefasst werden:

Organmitglieder	Arbeitnehmer	Haftungsanteile
Vorsatz	Vorsatz	½ : ½
Vorsatz	Grobe Fahrlässigkeit	2/3 : 1/3
Vorsatz	Fahrlässigkeit	1 : 0
Grobe Fahrlässigkeit	Vorsatz	1/3 : 2/3
Grobe Fahrlässigkeit	Grobe Fahrlässigkeit	½ : ½
Grobe Fahrlässigkeit	Fahrlässigkeit	2/3 : 1/3
Fahrlässigkeit	Vorsatz	0 : 1
Fahrlässigkeit	Grobe Fahrlässigkeit	1/3 : 2/3
Fahrlässigkeit	Fahrlässigkeit	½ : ½

Übersicht 9: Haftungsteilung Geschäftsleitungs-/Aufsichtsratsmitglieder und Arbeitnehmer bei Haftung gegenüber der Gesellschaft (*vor* Berücksichtigung der Haftungsprivilegierung bei betrieblich veranlasster Tätigkeit)

Sodann ist in einem weiteren Schritt zu ermitteln, ob und inwieweit der Arbeitnehmer nach den Grundsätzen der Haftung bei betrieblich veranlasster Tätigkeit gegenüber der Gesellschaft von der Haftung befreit ist. Sofern und soweit dies der Fall ist, d. h. jedenfalls bei leichter Fahrlässigkeit, in der Regel auch bei (mittlerer/normaler) Fahrlässigkeit, unter Umständen sogar ganz oder zumindest teilweise bei grober Fahrlässigkeit[1085], entfaltet dies, bezogen auf die Höhe des soeben (fiktiv) bestimmten internen Haftungsanteils des Arbeitnehmers, beschränkte Gesamtwirkung auch zugunsten der Haftungseinheit der Organmitglieder. Diese haften dann gegenüber der Gesellschaft lediglich noch in dem entsprechend reduzierten Umfang, können im Gegenzug den Arbeitnehmer im

---

1084 Siehe hierzu oben unter I. bis III.
1085 Siehe hierzu oben § 5, unter A.I.1.

Rahmen des Gesamtschuldnerausgleichs, soweit die Haftungsprivilegierung reicht, aber auch nicht auf Ausgleich in Anspruch nehmen.

Weder die Organmitglieder noch die Arbeitnehmer können sich im Übrigen gegenüber der Gesellschaft auf deren Mitverschulden berufen, ungeachtet des Umstandes, dass der Gesellschaft die Pflichtverletzung der Organmitglieder gemäß § 31 BGB und gegebenenfalls auch der Arbeitnehmer gemäß §§ 278, 831 BGB zugerechnet wird. Sofern die Haftung der Gesellschaft einzig auf die Zurechnung der Pflichtverletzung der Organmitglieder gemäß § 31 BGB zurückzuführen ist, ergibt sich dies spiegelbildlich aus der jeweiligen Haftung der Organmitglieder gegenüber der Gesellschaft. Insoweit kann auf die entsprechenden Ausführungen zum Gesamtschuldnerausgleich unter Geschäftsleitern[1086] und Aufsichtsratsmitgliedern[1087] verwiesen werden. Und sofern die Haftung der Gesellschaft zudem auch auf der Zurechnung der Pflichtverletzung der Arbeitnehmer gemäß § 278 BGB und/oder der Haftung als Geschäftsherr gemäß § 831 BGB beruht, bilden Gesellschaft und Arbeitnehmer insoweit eine rechtliche Haftungseinheit[1088], was sodann bereits bei der Ermittlung des Haftungsanteils der Arbeitnehmer berücksichtigt wurde.

c) Haftung von Geschäftsleitern und/oder Aufsichtsräten und sonstigen Dritten

Haften Geschäftsleiter und/oder Aufsichtsratsmitglieder zusammen mit sonstigen Dritten gegenüber der Gesellschaft, also mit dem Abschlussprüfer[1089], sonstigen Berufsträgern[1090], Finanzdienstleistern[1091] oder Lieferanten etc.[1092], wird die schuldhafte Pflichtverletzung der Organmitglieder gemäß § 31 BGB der Gesellschaft zugerechnet. Diese bildet dann zusammen mit den Organmitgliedern eine (rechtliche) Haftungseinheit[1093]. Dies führt bei Haftung gegenüber der Gesellschaft sodann zu einer von vornherein um den Haftungsanteil dieser Haftungseinheit unter dem Aspekt des Mitverschuldens gekürzten Inanspruchnahme der außerhalb der Haftungseinheit stehenden Schuldner[1094].

Die Verantwortungsanteile der aus den Organmitgliedern und der Gesellschaft bestehenden (rechtlichen) Haftungseinheit einerseits und dem betreffenden Dritten andererseits sind wiederum in zwei Schritten anhand der jeweiligen

---

1086 Siehe hierzu oben unter I.4.
1087 Siehe hierzu oben unter II.4.
1088 Siehe hierzu oben unter A.VI. und VII.
1089 Siehe hierzu oben unter § 5, unter A.II.
1090 Siehe hierzu oben unter § 5, unter A.III.
1091 Siehe hierzu oben unter § 5, unter A.IV.
1092 Siehe hierzu oben unter § 5, unter A.V.
1093 Siehe hierzu oben unter A. VI.
1094 Siehe hierzu oben unter A.VII.

Verursachungs- und Verschuldensbeiträge zu ermitteln. Für den hinsichtlich des *Maßes der Verursachung* heranzuziehenden Grad der Wahrscheinlichkeit, mit der das jeweilige Verhalten zum Schadenseintritt geführt hat, ist zu berücksichtigen, dass der betreffende Dritte durch die Gesellschaft gerade hinzugezogen wurde, um eine Leistung zu erbringen, die die Gesellschaft nicht selbst erbringen kann oder will. Hinsichtlich dieser Leistung beschränken sich die Pflichten der Gesellschaft und ihrer Organmitglieder daher allenfalls auf die allgemeine Überwachung der Aufgabenwahrnehmung durch diese Dritten[1095]. Dies gilt ungeachtet der Frage, ob daneben auch eigene, von den Pflichten der Dritten jedoch separierbare Primärpflichten der Organmitglieder bestehen. So ist etwa anerkannt, dass trotz der in § 323 Abs. 2 Satz 2 HGB zum Ausdruck kommenden Verantwortung der gesetzlichen Vertreter für den Jahresabschluss die spezifischen Pflichten des Abschlussprüfers gegenüber der Gesellschaft dann gerade darin bestehen, Mängel in der Rechnungslegung festzustellen und daraus gegebenenfalls resultierende Schäden für das Unternehmen abzuwenden[1096]. Diese Rechtsbeziehung und die sich hieraus gegenüber der Gesellschaft ergebenden Pflichten des Dritten rechtfertigen es daher nicht nur, den Verursachungsbeitrag des Dritten gegenüber dem der aus den Organmitgliedern und der Gesellschaft bestehenden (rechtlichen) Haftungseinheit stärker zu gewichten. Vielmehr ist es hier, weil Letztere lediglich Überwachungspflichten verletzt haben, geboten, den Dritten entsprechend den in den bisher bereits behandelten Fällen des Zusammentreffens von Primär- und Sekundärpflichtverletzungen[1097] unter Verursachungsgesichtspunkten als im Innenverhältnis der Gesamtschuldner *alleine* verantwortlich zu betrachten.

Dies ist nach Maßgabe der jeweiligen *Verschuldensgrade* sodann in einem zweiten Schritt gegebenenfalls wiederum derart zu korrigieren, wie dies bereits verschiedentlich zuvor in Fällen des alleinigen Verursachungsbeitrags eines Gesamtschuldners geschehen ist[1098]. Zur Begründung der entsprechenden Abwägungen kann auf die dortigen Ausführungen verwiesen werden.

Im Einzelnen gilt hier somit Folgendes:

aa) Sofern sowohl auf Seiten der aus Geschäftsleitungs- und/oder Aufsichtsratsmitgliedern und der Gesellschaft bestehenden rechtlichen Haftungseinheit (nachfolgend: Haftungseinheit) als auch auf Seiten des Dritten der jeweilige Grad des Verschuldens identisch ist, ist eine Korrektur der unter Verursa-

---

1095 Siehe hierzu oben § 1, unter A.I.2.d).
1096 Staub/Zimmer, § 323 HGB Rz. 40; Winkeljohann/Hellwege, in: Beck'scher Bilanzkomm., § 323 HGB Rz. 121; Winkeljohann/Hellwege, in: Beck'scher Bilanzkomm., § 323 HGB Rz. 121.
1097 Siehe hierzu oben unter I.2.d), unter II.2.d) und unter III.2.b).
1098 Siehe hierzu oben unter I.3.c), unter II.3.c) und unter II.3.b).

chungsgesichtspunkten gewonnenen internen Haftungsquoten grundsätzlich nicht erforderlich[1099].

bb) Wenn allerdings auf beiden Seiten vorsätzlich gehandelt wurde, muss die vorsätzliche Pflichtverletzung der Haftungseinheit angemessen mitberücksichtigt werden. Hier wird dann aber die vorsätzliche Pflichtverletzung des Dritten doppelt so schwer gewichtet wie die der Haftungseinheit[1100].

cc) Im Übrigen haftet bei vorsätzlicher Pflichtverletzung des Dritten dieser alleine. Dies gilt sowohl bei grob fahrlässigen als auch bei fahrlässigen Pflichtverletzungen der Haftungseinheit[1101].

dd) Bei einer grob fahrlässigen Pflichtverletzung des Dritten und einer vorsätzlichen Pflichtverletzung der Haftungseinheit haften der Dritte und die Haftungseinheit je zu gleichen Teilen[1102].

ee) Im Übrigen haftet bei grob fahrlässiger Pflichtverletzung des Dritten dieser im Innenverhältnis alleine, es kommt somit zu keiner Korrektur des unter Verursachungsgesichtspunkten gefundenen Ergebnisses.

ff) Bei einer fahrlässigen Pflichtverletzung des Dritten und einer vorsätzlichen Pflichtverletzung der Haftungseinheit wird die vorsätzliche Pflichtverletzung der Haftungseinheit doppelt so schwer gewichtet wie die fahrlässige Pflichtverletzung des Dritten[1103].

gg) Bei einer fahrlässigen Pflichtverletzung des Dritten und einer grob fahrlässigen Pflichtverletzung der Haftungseinheit haften beide Seiten zu gleichen Teilen.

1099 Siehe hierzu auch BGH, Urteil vom 27.02.1975, BGHZ 64, 52, 61; Staub/Zimmer, § 323 HGB Rz. 41 f; Winkeljohann/Hellwege, in: Beck'scher Bilanzkomm., § 323 HGB Rz. 123.

1100 Eine gleichmäßige Schadensteilung annehmend, allerdings ohne Differenzierung zwischen Verursachungs- und Verschuldensbeiträgen, Winkeljohann/Hellwege, in: Beck'scher Bilanzkomm., § 323 HGB Rz. 122; auch bei vorsätzlicher Pflichtverletzung auf Seiten der Haftungseinheit – mit Ausnahme der Auskunftspflicht, § 320 Abs. 2 HGB – jedenfalls für die Ermittlung des Mitverschuldensanteils keinerlei Mitverantwortlichkeit der Haftungseinheit annehmend Schulze-Osterloh, FS Canaris, S. 379, 384 ff; siehe auch Ebke, Münchener Komm., § 323 HGB Rz. 62.

1101 Ebke, Münchener Komm., § 323 HGB Rz. 62; Winkeljohann/Hellwege, in: Beck'scher Bilanzkomm., § 323 HGB Rz. 122.

1102 Ähnlich Winkeljohann/Hellwege, in: Beck'scher Bilanzkomm., § 323 HGB Rz. 122.

1103 Ähnlich Hopt/Merkt, in: Baumbach/Hopt, § 323 HGB Rz. 7; Staub/Zimmer, § 323 HGB Rz. 41; Winkeljohann/Hellwege, in: Beck'scher Bilanzkomm., § 323 HGB Rz. 122; weitergehend, ohne Differenzierung zwischen Verursachungs- und Verschuldensbeiträgen das vollständige Entfallen der Haftung des Dritten annehmend OLG Hamburg, Urteil vom 06.05.1988, ZIP 1988, 1551, 1554 f; OLG Köln, Urteil vom 14.12.1990, NJW-RR 1992, 1184 f.

hh) Innerhalb der Haftungseinheit gelten für die Ermittlung der dort jeweiligen internen Haftungsquoten die für den Gesamtschuldnerausgleich innerhalb dieser Organe sowie zwischen diesen Organen und der Gesellschaft aufgestellten Grundsätze[1104] entsprechend.

ii) Für den Innenausgleich bei gesamtschuldnerischer Haftung der Haftungseinheit von Geschäftsleitern und Aufsichtsratsmitgliedern einerseits und Drittem andererseits gegenüber der Gesellschaft kann die Haftungsteilung im Innenverhältnis nach dem Grad des jeweiligen Verschuldens somit wie folgt zusammengefasst werden:

Haftungseinheit	Dritter	Haftungsanteile
Vorsatz	Vorsatz	1/3 : 2/3
Vorsatz	Grobe Fahrlässigkeit	½ : ½
Vorsatz	Fahrlässigkeit	2/3 : 1/3
Grobe Fahrlässigkeit	Vorsatz	0 : 1
Grobe Fahrlässigkeit	Grobe Fahrlässigkeit	0 : 1
Grobe Fahrlässigkeit	Fahrlässigkeit	½ : ½
Fahrlässigkeit	Vorsatz	0 : 1
Fahrlässigkeit	Grobe Fahrlässigkeit	0 : 1
Fahrlässigkeit	Fahrlässigkeit	0 : 1

Übersicht 10: Haftungsteilung der Haftungseinheit Geschäftsleitung/Aufsichtsrat/Gesellschaft einerseits und Drittem andererseits bei Haftung gegenüber der Gesellschaft

Besondere Bedeutung kommt in diesem Zusammenhang zudem noch den umfangmäßigen Haftungsbeschränkungen zu, wie sie in § 322 Abs. 2 HGB für die Abschlussprüfung gesetzlich geregelt ist und auf Grundlage der §§ 54a Abs. 1 WPO, 67a Abs. 1 StBerG und 51c BRAO auch im Übrigen für die Haftung bestimmter Berufsträger regelmäßig vereinbart wird[1105]. Diese umfangmäßigen Haftungsbeschränkungen würden an sich, um deren »Aushebelung« über den Regressweg zu vermeiden, in aller Regel dahingehend ausgelegt werden, dass ihnen nicht nur (Einzel-)Wirkung gegenüber den unmittelbar betroffenen Schuldnern zukommt, sondern auch beschränkte Gesamtwirkung gegenüber den übrigen Schuldnern. Dies gilt aber im vorliegenden Fall nicht, da die Haftung der Geschäftsleiter und Aufsichtsratsmitglieder umfangmäßig nicht beschränkt werden kann[1106]. Um diese Verbote der Haftungsbeschränkung nicht zu umgehen, kommt den gesetzlichen und vereinbarten Haftungsbeschränkungen nur

---

1104 Siehe hierzu oben unter I. bis IV.
1105 Siehe hierzu oben § 5, unter A.II.1.b).
1106 Siehe hierzu oben § 1, unter A.I.3. sowie § 2, unter A.I.3.

Einzelwirkung zugunsten der von ihnen unmittelbar betroffenen Schuldner zu. Diese können sodann, vom nicht betroffenen Mitschuldner auf Ausgleich in Anspruch genommen, vom Gläubiger im Wege des Ringregresses ihrerseits für den über die Beschränkung hinausreichenden Teil Ausgleich bzw. zuvor bereits Freistellung verlangen[1107].

3. Haftung gegenüber Dritten, Gesellschaftern oder von der Gesellschaft abhängigen Gesellschaften, deren Gläubigern oder Gesellschaftern

a) Grundsätzliches

Auch bei der gesamtschuldnerischen Haftung von Geschäftsleitern und/oder Aufsichtsratsmitgliedern und Dritten gegenüber Dritten[1108], Gesellschaftern[1109] oder von der Gesellschaft abhängigen Gesellschaften, deren Gläubigern oder Gesellschaftern[1110] werden die internen Haftungsanteile zwischen den Organmitgliedern anhand der zwischen ihnen bestehenden organschaftlichen Rechtsbeziehungen ermittelt, wohingegen beim Gesamtschuldnerausgleich zwischen den Organmitgliedern und den haftenden Dritten unmittelbar auf das durch § 426 Abs. 1 Satz 1 BGB begründete gesetzliche Schuldverhältnis zurückgegriffen werden muss[1111]. Da in diesen Fällen zugleich über § 31 BGB auch die Gesellschaft haftet, muss dies zudem auch im Rahmen des Gesamtschuldnerausgleichs mitberücksichtigt werden. Zwischen Gesellschaft und Organmitgliedern kann hierbei dann ebenfalls auf deren organschaftliche, zwischen Gesellschaft und dem Dritten unter Umständen auf deren vertragliche Rechtsbeziehung, im Übrigen wiederum unmittelbar auf das gesetzliche Schuldverhältnis des § 426 Abs. 1 Satz 1 BGB abgestellt werden. In sämtlichen dieser Fälle vollzieht sich der Gesamtschuldnerausgleich aber letztlich wiederum neben § 426 Abs. 1 Satz 1 BGB entsprechend § 254 BGB nach Maßgabe der jeweiligen Verantwortlichkeiten.

Im Rahmen des Gesamtschuldnerausgleichs ist hierbei zudem zu berücksichtigen, dass die Verursachungsbeiträge der Organmitglieder zu einer tatsächlichen Haftungseinheit zusammengefasst werden[1112]. Ferner werden die Verursachungsbeiträge der Organmitglieder und der Gesellschaft zu einer rechtlichen Haftungseinheit zusammengefasst[1113].

1107 Siehe hierzu oben § 8, unter A.
1108 Siehe hierzu oben § 5, unter B.
1109 Siehe hierzu oben § 5, unter C.
1110 Siehe hierzu oben § 5, unter D.
1111 Siehe hierzu auch bereits oben unter 2.a).
1112 Siehe hierzu oben unter 2.a).
1113 Siehe hierzu oben unter 2.c).

b) Haftung von Geschäftsleitern und/oder Aufsichtsräten, der Gesellschaft und Arbeitnehmern

Für die Ermittlung der internen Verantwortlichkeiten der aus den Organmitgliedern und der Gesellschaft bestehenden (rechtlichen) Haftungseinheit einerseits und dem im Außenverhältnis haftenden Arbeitnehmer andererseits gelten zunächst die Ausführungen zur Haftung gegenüber der Gesellschaft[1114] entsprechend: Nach dem *Maß der Verursachung* wird intern jeweils *zu gleichen Teilen* gehaftet, was je nach *Verschuldensgrad* unter Umständen noch zu modifizieren ist. Für die Bestimmung der einzelnen Haftungsquoten je nach Verschuldensgrad wird daher auf die entsprechenden Ausführungen zur Haftung gegenüber der Gesellschaft[1115] verwiesen.

Die Grundsätze der Beschränkung der Haftung der Arbeitnehmer bei betrieblich veranlasster Tätigkeit gelten im Außenverhältnis gegenüber Dritten jedoch nicht. Allerdings hat der Arbeitnehmer hier dann, sofern und soweit diese Haftungsbeschränkung im Verhältnis gegenüber der Gesellschaft griffe, gegen diese einen Anspruch auf entsprechende Haftungsfreistellung bzw. entsprechenden Ausgleich[1116]. Dies muss dann auch für den Gesamtschuldnerausgleich innerhalb der aus den Organmitgliedern und der Gesellschaft bestehenden (rechtlichen) Haftungseinheit berücksichtigt werden. Sofern und soweit der Arbeitnehmer nach den Grundsätzen des innerbetrieblichen Schadensausgleichs bei betrieblich veranlasster Tätigkeit gegen die Gesellschaft einen Anspruch auf Freistellung bzw. Ausgleich hat, haftet die Gesellschaft insoweit dann auch intern im Verhältnis zu den Organmitgliedern. Dies stellt dann also eine Abweichung von dem Regelfall der alleinigen internen Haftung der Organmitglieder im Verhältnis zur Gesellschaft[1117] dar.

Eine Besonderheit gilt wiederum bei Haftung der Geschäftsleiter und/oder Aufsichtsratsmitglieder, der Gesellschaft und Arbeitnehmern gegenüber von der Gesellschaft abhängigen Gesellschaften, deren Gläubigern und Gesellschaftern. Hier haften gegebenenfalls zudem ebenfalls die Geschäftsleiter und/oder Aufsichtsratsmitglieder der abhängigen Gesellschaft[1118]. In diesem Fall bilden die herrschende Gesellschaft, deren Organmitglieder und Arbeitnehmer auf der einen Seite und die Organmitglieder der abhängigen Gesellschaft (sowie gegebenenfalls die abhängige Gesellschaft) auf der andere Seite dann jeweils Haftungseinheiten. Wie bereits oben[1119] im Zusammenhang mit der Geschäftsleiterhaftung ausgeführt, haften diese Haftungseinheiten intern unter *Verursachungs-*

1114 Siehe hierzu oben unter 2.b).
1115 Siehe hierzu oben unter 2.b).
1116 Siehe hierzu oben § 5, unter B.I.
1117 Siehe hierzu oben unter IV.
1118 Siehe hierzu etwa oben § 1, unter A.I.1.b) und C. sowie § 2, unter A.I.1.b) und C.
1119 Unter I.4.

gesichtspunkten dann je zu gleichen Teilen, was unter *Verschuldensgesichtspunkten* unter Umständen noch zu korrigieren ist. Hierbei kann der interne Haftungsanteil der Organmitglieder der abhängigen Gesellschaft dieser dann aber nicht über § 31 BGB unter dem Aspekt des Mitverschuldens entgegengehalten werden.

c) Haftung von Geschäftsleitern und/oder Aufsichtsräten, der Gesellschaft und sonstigen Dritten

Für die Ermittlung der internen Verantwortlichkeiten der aus den Organmitgliedern und der Gesellschaft bestehenden (rechtlichen) Haftungseinheit einerseits und den ebenfalls gegenüber Dritten, Gesellschaftern oder von der Gesellschaft abhängigen Gesellschaften, deren Gläubigern oder Gesellschaftern haftenden Dritten, also dem Abschlussprüfer, dem sonstigen Berufsträger, dem Finanzdienstleister oder Lieferanten etc. andererseits gelten die Überlegungen zur Haftung gegenüber der Gesellschaft entsprechend: Nach dem *Maß der Verursachung* haftet der Dritte intern *alleine*, was je nach *Verschuldensgrad* dann entsprechend zu modifizieren ist. Für die Bestimmung der einzelnen Haftungsquoten je nach Verschuldensgrad wird daher auf die entsprechenden Ausführungen zur Haftung gegenüber der Gesellschaft[1120] verwiesen. Dem Mitverschuldensanteil der Haftungseinheit bei der Haftung gegenüber der Gesellschaft entspricht hierbei der interne Haftungsanteil der Haftungseinheit.

Eine Besonderheit gilt wiederum bei Haftung der Geschäftsleiter und/oder Aufsichtsratsmitglieder, der Gesellschaft und sonstigen Dritten gegenüber von der Gesellschaft abhängigen Gesellschaften, deren Gläubigern und Gesellschaftern. Hier haften gegebenenfalls zudem wiederum ebenfalls die Geschäftsleiter und/oder Aufsichtsratsmitglieder der abhängigen Gesellschaft[1121]. Auch hier bilden die herrschende Gesellschaft, deren Organmitglieder und ferner, da von der herrschenden Gesellschaft beauftragt, die Dritten einerseits und die Organmitglieder der abhängigen Gesellschaft (sowie gegebenenfalls auch die abhängige Gesellschaft selbst) andererseits jeweils Haftungseinheiten. Da hier auch die abhängige Gesellschaft, deren Gläubiger und Gesellschafter in den Schutzbereich des zwischen der herrschenden Gesellschaft und den haftenden Dritten geschlossenen Vertrags einbezogen sind, gelten für die Bestimmung der internen Verantwortlichkeiten dieser Haftungseinheit sodann wieder die soeben skizzierten Wertungen: Unter *Verursachungsgesichtspunkten* haftet die aus der herrschenden Gesellschaft, deren Organmitgliedern und den Dritten bestehende Haftungseinheit alleine, was je nach *Verschuldensgrad* noch zu modifizieren ist. Und innerhalb der Haftungseinheit bestimmen sich die Verantwortlichkeiten,

---

1120 Siehe hierzu oben unter 2.c).
1121 Siehe hierzu etwa oben § 1, unter A.I.1.b) und C. sowie § 2, unter A.I.1.b) und C.

wie soeben geschildert, d. h. nach dem *Maß der Verursachung* haftet der Dritte alleine, gegebenenfalls sodann modifiziert je nach *Verschuldensgraden*.

VI. Interne Haftungsanteile und Umfang des Ausgleichsanspruchs bei gesamtschuldnerischer Haftung von Geschäftsleitern und/oder Aufsichtsräten und Gesellschaftern

Bei der gesamtschuldnerischen Haftung von Geschäftsleitern und/oder Aufsichtsratsmitgliedern und Gesellschaftern gegenüber der Gesellschaft[1122], Dritten[1123] oder Gesellschaftern[1124] bestimmen sich die internen Haftungsanteile zwischen den Organmitgliedern wiederum anhand der zwischen ihnen bestehenden organschaftlichen Rechtsbeziehungen. Beim Gesamtschuldnerausgleich zwischen den Organmitgliedern und den haftenden Gesellschaftern hingegen kann auf ein solches besonderes Rechtsverhältnis nicht zurückgegriffen werden. Insbesondere sind Organmitglieder und Gesellschafter auch nicht unmittelbar organschaftlich miteinander verbunden. Ein solches Rechtsverhältnis besteht lediglich zwischen Gesellschaft und Gesellschaftern (sowie unter den Gesellschaftern[1125]) einerseits und zwischen Gesellschaft und Geschäftsleitern andererseits, nicht aber auch zwischen Gesellschaftern und Geschäftsführern, dort besteht eine solche Rechtsbeziehung nur mittelbar[1126]. Hier ist somit unmittelbar auf das zwischen den Gesamtschuldnern gemäß § 426 Abs. 1 BGB bestehende gesetzliche Schuldverhältnisses zurückzugreifen. In beiden Fällen ist sodann für die Bestimmung des Anteils auf die Wertungen des § 426 Abs. 1 Satz 1 BGB sowie entsprechend § 254 BGB auf das Maß der jeweiligen Verantwortlichkeiten abzustellen.

1122 Siehe hierzu oben § 6, unter A.

1123 Siehe hierzu oben § 6, unter B.

1124 Siehe hierzu oben § 6, unter C.

1125 BGH, Urteil vom 05.06.1975, BGHZ 65, 15, 18 f (ITT); Urteil vom 01.02.1988, BGHZ 103, 184, 194 f (Linotype); Urteil vom 20.03.1995, BGHZ 129, 136, 142 f (Girmes); siehe ferner etwa Lutter, AcP 180 (1980), 84, 86 ff, 90 f; Ders., ZHR 153, (1989), 446, 454 ff; Ders., ZHR 162 (1998), 164, 177; Lutter/Bayer, in: Lutter/Hommelhoff, § 14 GmbHG Rz. 19; Zöllner, ZGR 1988, 392, 408; anders für die Vereinsmitgliedschaft BGH, Urteil vom 12.03.1990, BGHZ 110, 323, 334.

1126 BGH, Urteil vom 12.03.1990, BGHZ 110, 323, 334; Banerjea, Gesellschafterklage, S. 188; Michalski/Haas, § 43 GmbHG Rz. 272; K. Schmidt, JZ 1991, 157, 161; Zöllner, ZGR 1988, 392, 408; Zöllner/Noack, in: Baumbach/Hueck, § 43 GmbHG Rz. 64; a. A., eine organschaftliche Rechtsbeziehung auch zwischen Geschäftsleitern und Gesellschaftern bejahend etwa Ziemons, in: Oppenländer/Trölitzsch, GmbH-Geschäftsführung, § 23 Rz.

Die Organmitglieder bilden hierbei dann im Regelfall eine (tatsächliche) Haftungseinheit. Sofern mehrere Gesellschafter haften, wird Gleiches zumeist auch auf deren Seite gelten.

1. Interne Haftungsanteile nach dem Maß der Verursachung

Nach dem Maß der Verursachung ist zu differenzieren: In den Fällen der Haftung von Organmitgliedern und Gesellschaftern für Pflichtverletzungen im Rahmen der *Gründung* der Gesellschaft, soweit diese die *Kapitalaufbringung* zum Gegenstand haben, sowie im Zusammenhang mit unzulässigen *Rückzahlungen des Kapitals* der Gesellschaft ist es sachgerecht, hierbei nach dem Maß der Verursachung den Gesellschaftern im Innenverhältnis die *alleinige Verantwortung* zuzuschreiben. Denn diese sind zur ordnungsgemäßen Kapitalaufbringung und -erhaltung primär verpflichtet, die Organmitglieder haben insoweit »lediglich« eine entsprechende, hier untechnisch so bezeichnete »Wächterfunktion«.

In den Fällen der *konzernrechtlichen Haftung* und der *kapitalmarktrechtlichen Haftung* von Organmitgliedern und Gesellschaftern, ferner in Fällen der *Durchgriffshaftung* der Gesellschafter einerseits und Haftung wegen Pflichtverletzung der Organmitglieder andererseits sind hingegen Organmitglieder und Gesellschafter mangels anderweitiger Anhaltspunkte unter Verursachungsgesichtspunkten intern je *zu gleichen Teilen* verantwortlich. Gleiches gilt für jene Fälle der *Gründungshaftung*, die nicht mit Mängeln bei der Kapitalaufbringung in Zusammenhang stehen.

2. Interne Haftungsanteile nach dem Maß des Verschuldens

Die nach dem Maß der Verursachung ermittelten internen Verantwortlichkeiten sind gegebenenfalls je nach Verschuldensgraden zu korrigieren. Hierbei ist dann erneut danach zu unterscheiden, ob Organmitglieder und Gesellschafter die Haftung intern unter Verursachungsgesichtspunkten jeweils in gleichem Maße[1127] oder in unterschiedlichem Maße[1128] zu verantworten haben.

a) Gleiches Maß der Verursachung

Bei gleichem Maß der Verursachung durch die Organmitglieder einerseits und den oder die Gesellschafter andererseits, also in Fällen der konzernrechtlichen oder kapitalmarktrechtlichen Haftung sowie der Durchgriffshaftung, ist dies sodann nach Maßgabe der jeweiligen *Verschuldensgrade* gegebenenfalls wieder

---

1127 Hierzu sogleich unter a).
1128 Hierzu unter b).

§ 10 Interne Haftungsanteile und Umfang des Ausgleichsanspruchs

derart zu korrigieren, wie dies bereits verschiedentlich zuvor in Fällen gleicher Verursachungsbeiträge geschehen ist[1129]. Zur Begründung der entsprechenden Abwägungen kann auf die dortigen Ausführungen verwiesen werden. Im Einzelnen gilt somit Folgendes:

aa) Sofern auch der jeweilige Grad des Verschuldens identisch ist, bleibt es insgesamt bei der Haftung zu gleichen Teilen.

bb) Sofern auf einer der beiden Seiten vorsätzlich und auf der anderen Seite fahrlässig gehandelt wurde, haftet im Innenverhältnis der vorsätzlich Handelnde alleine.

cc) Sofern auf einer der beiden Seiten vorsätzlich und auf der anderen Seite grob fahrlässig gehandelt wurde, wiegt im Innenverhältnis die vorsätzliche Pflichtverletzung doppelt so schwer wie die grob fahrlässige Pflichtverletzung.

dd) Sofern auf einer der beiden Seiten grob fahrlässig und auf der anderen Seite (normal) fahrlässig gehandelt wurde, wiegt im Innenverhältnis ebenso die grob fahrlässige Pflichtverletzung doppelt so schwer wie die (normal) fahrlässige Pflichtverletzung.

ee) Innerhalb der Haftungseinheit der Organmitglieder gelten für die Ermittlung der dort jeweiligen internen Haftungsquoten wiederum die für den Gesamtschuldnerausgleich innerhalb dieser Organe aufgestellten Grundsätze[1130] entsprechend.

ff) Für den Innenausgleich bei gesamtschuldnerischer Haftung von Organmitgliedern einerseits und Gesellschaftern andererseits kann die Haftungsteilung im Innenverhältnis, sofern jeweils gleiche Verursachungsbeiträge bestehen, nach dem Grad des jeweiligen Verschuldens somit wie folgt zusammengefasst werden:

1129 Siehe hierzu oben unter I.3.b), unter II.3.b), unter III.3.c) und unter V.2.b).
1130 Siehe hierzu oben unter I. bis III.

Organmitglieder	Gesellschafter	Haftungsanteile
Vorsatz	Vorsatz	½ : ½
Vorsatz	Grobe Fahrlässigkeit	2/3 : 1/3
Vorsatz	Fahrlässigkeit	1 : 0
Grobe Fahrlässigkeit	Vorsatz	1/3 : 2/3
Grobe Fahrlässigkeit	Grobe Fahrlässigkeit	½ : ½
Grobe Fahrlässigkeit	Fahrlässigkeit	2/3 : 1/3
Fahrlässigkeit	Vorsatz	0 : 1
Fahrlässigkeit	Grobe Fahrlässigkeit	1/3 : 2/3
Fahrlässigkeit	Fahrlässigkeit	½ : ½

Übersicht 11: Haftungsteilung Geschäftsleitungs-/Aufsichtsratsmitglieder und Gesellschafter, gleiche Verursachungsbeiträge

b) Unterschiedliches Maß der Verursachung

Bei der alleinigen Verantwortlichkeit der Gesellschafter unter Verursachungsgesichtspunkten ist diese an sich nach Maßgabe der jeweiligen *Verschuldensgrade* gegebenenfalls zu korrigieren. Dies gilt im vorliegenden Zusammenhang aber nicht uneingeschränkt für jene Fälle, in denen eine unzureichende Kapitalaufbringung oder Verstöße gegen das Kapitalerhaltungsgebot in Rede stehen. Hier bleibt es im Grundsatz ungeachtet der jeweiligen Verschuldensgrade von Organmitgliedern und Gesellschaftern bei der Leistungs- bzw. Rückzahlungspflicht der Gesellschafter, diese kann auch auf der Verschuldensebene nicht korrigiert werden. Dogmatisch begründen lässt sich dies nicht etwa dadurch, dass anderenfalls die Gesellschafter, da zur Kapitalaufbringung bzw. –erhaltung verpflichtet, ungerechtfertigt bereichert wären, was sodann auf der Verursachungsebene zusätzliches, das Verschuldenselement unterdrückendes Gewicht einnimmt[1131]. Ein solches Kriterium ist im Rahmen der Ermittlung der internen Verantwortlichkeiten irrelevant. Abzustellen ist vielmehr darauf, dass die Haftung der Gesellschafter im Rahmen der Kapitalaufbringung und –erhaltung verschuldensunabhängig ist, das Verschuldenskriterium hier somit keine Bedeutung hat. Entsprechend haften dann also die Gesellschafter im Innenverhältnis weiterhin *alleine.*

Nur in jenen Fällen, in denen den Gesellschaftern infolge dieser Haftung ein Schaden entsteht, ist eine andere Bewertung angebracht. Dies gilt etwa, wenn die Gesellschafter – gutgläubig – hinsichtlich der erhaltenen Rückzahlung entsprechend §§ 818 Abs. 3, 819 Abs. 1 BGB entreichert sind. Für die Haftung ge-

---

1131 Siehe hierzu oben unter A.IV.2.

genüber der Gesellschaft hat dies keine Bedeutung, kann nun aber im Innenverhältnis der Gesamtschuldner Berücksichtigung finden. Gleiches kann für den Fall gelten, dass ein Gesellschafter eine Einlage, wenn auch nicht wirksam geleistet, so doch bereits »gezahlt« hat und ihm infolge der erneuten Leistungspflicht ein Schaden entsteht. Hier ist es gerechtfertigt, die unter Verursachungsgesichtspunkten bestehende alleinige interne Verantwortlichkeit der Gesellschafter je nach Maßgabe der jeweiligen Verschuldensgrade gegebenenfalls derart zu korrigieren, wie dies bereits verschiedentlich zuvor in Fällen des alleinigen Verursachungsbeitrages eines Gesamtschuldners geschehen ist[1132]. Zur Begründung der entsprechenden Abwägungen kann auf die dortigen Ausführungen verwiesen werden. Im Einzelnen gilt dann Folgendes:

aa) Sofern sowohl auf Seiten der Geschäftsleitung- und/oder Aufsichtsratsmitglieder als als auch auf Seiten der Gesellschafter der jeweilige Grad des Verschuldens identisch ist, ist eine Korrektur der unter Verursachungsgesichtspunkten gewonnenen internen Haftungsquoten grundsätzlich nicht erforderlich.

bb) Wenn allerdings auf beiden Seiten vorsätzlich gehandelt wurde, muss die vorsätzliche Pflichtverletzung der Organmitglieder angemessen mitberücksichtigt werden. Hier wird dann aber die vorsätzliche Pflichtverletzung der Gesellschafter doppelt so schwer gewichtet wie die der Organmitglieder.

cc) Im Übrigen haften bei vorsätzlicher Pflichtverletzungen der Gesellschafter diese alleine. Dies gilt sowohl bei grob fahrlässigen als auch bei fahrlässigen Pflichtverletzungen der Organmitglieder.

dd) Bei einer grob fahrlässigen Pflichtverletzung der Gesellschafter und einer vorsätzlichen Pflichtverletzung der Organmitglieder haften die Gesellschafter und die Organmitglieder je zu gleichen Teilen.

ee) Im Übrigen haften bei grob fahrlässiger Pflichtverletzung der Gesellschafter diese im Innenverhältnis alleine, es kommt somit zu keiner Korrektur des unter Verursachungsgesichtspunkten gefundenen Ergebnisses.

ff) Bei einer fahrlässigen Pflichtverletzung der Gesellschafter und einer vorsätzlichen Pflichtverletzung der Organmitglieder wird die vorsätzliche Pflichtverletzung der Organmitglieder doppelt so schwer gewichtet wie die fahrlässige Pflichtverletzung der Gesellschafter.

gg) Bei einer fahrlässigen Pflichtverletzung der Gesellschafter und einer grob fahrlässigen Pflichtverletzung der Organmitglieder haften beide Seiten zu gleichen Teilen.

hh) Innerhalb der Haftungseinheit der Organmitglieder gelten für die Ermittlung der dort jeweiligen internen Haftungsquoten die für den Gesamtschuldnerausgleich zwischen diesen Organen und innerhalb dieser Organe aufgestellten Grundsätze entsprechend.

1132 Siehe hierzu oben unter I.3.c), unter II.3.c), unter II.3.b) und unter V.2.c).

3. Teil: Gesamtschuldnerische Haftung und Innenverhältnis

ii) Für den Innenausgleich bei gesamtschuldnerischer Haftung der Organmitglieder und Gesellschafter bei alleiniger Verantwortlichkeit der Gesellschafter unter Verursachungsgesichtspunkten kann die Haftungsteilung im Innenverhältnis, sofern der Grad des Verschuldens in Ausnahmefällen seine Berücksichtigung findet, somit wie folgt zusammengefasst werden:

Organmitglieder	Gesellschafter	Haftungsanteile
Vorsatz	Vorsatz	1/3 : 2/3
Vorsatz	Grobe Fahrlässigkeit	½ : ½
Vorsatz	Fahrlässigkeit	2/3 : 1/3
Grobe Fahrlässigkeit	Vorsatz	0 : 1
Grobe Fahrlässigkeit	Grobe Fahrlässigkeit	0 : 1
Grobe Fahrlässigkeit	Fahrlässigkeit	½ : ½
Fahrlässigkeit	Vorsatz	0 : 1
Fahrlässigkeit	Grobe Fahrlässigkeit	0 : 1
Fahrlässigkeit	Fahrlässigkeit	0 : 1

Übersicht 12: Haftungsteilung Geschäftsleitungs-/Aufsichtsratsmitglieder und Gesellschafter, unterschiedlicher Verursachungsbeitrag (in Ausnahmefällen)

4. Teil: Sonstiges

§ 11 Gesamtschuldnerische Organhaftung und Haftpflicht-/D & O-Versicherung

Sofern und soweit in den im vorliegenden Zusammenhang einschlägigen Fällen der Haftung von Organmitgliedern Versicherungsschutz durch eine Vermögensschaden-Haftpflichtversicherung (so genannte Directors and Officers Liability Insurance/D & O-Versicherung) besteht, sind bei gesamtschuldnerischer Haftung dieser Organmitglieder gegenüber den vorstehenden Ausführungen einige Besonderheiten zu beachten.

A. Wesen der Organhaftungs-/D & O-Versicherung

Die Ausprägungen der aus dem angloamerikanischen Rechtskreis stammenden D & O-Versicherungen in Deutschland sind vielfältig[1133]. Im Grundmodell gewährt eine D & O-Versicherung gemäß Ziff. 1.1 der Allgemeinen Versicherungsbedingungen für die Vermögensschaden-Haftpflichtversicherung von Aufsichtsräten, Vorständen und Geschäftsführern (AVB-AVG)[1134] »Versicherungsschutz für den Fall, dass ein gegenwärtiges oder ehemaliges Mitglied des Aufsichtsrates, des Vorstandes oder der Geschäftsführung der Versicherungsnehmerin (versicherte Personen) wegen einer bei Ausübung dieser Tätigkeit begangenen Pflichtverletzung aufgrund gesetzlicher Haftungsbestimmungen privatrechtlichen Inhalts für einen Vermögensschaden von Dritten oder von der Versicherungsnehmerin auf Schadensersatz in Anspruch genommen wird.« Vertragspartnerin, Versicherungsnehmerin und Prämienschuldnerin ist alleine die Gesellschaft, die versicherten Organpersonen erhalten jedoch eigene Rechte ge-

---

[1133] Überblick bei Thümmel, Persönliche Haftung von Managern und Aufsichtsräten, Rz. 408 ff.
[1134] Abgedruckt bei Thümmel, Persönliche Haftung von Managern und Aufsichtsräten, Rz. 419 ff.

gen das Versicherungsunternehmen. Es handelt sich mithin um eine Versicherung für fremde Rechnung im Sinne von §§ 43 ff VVG[1135].

Dies wirft Folgeprobleme auf wie das der gesellschaftsrechtlichen Zulässigkeit vor dem Hintergrund der nur eingeschränkten Verzichtbarkeit der Schadensersatzansprüche (in der Aktiengesellschaft)[1136], umgekehrt die Frage, ob nicht gar eine Pflicht zum Abschluss einer D & O-Versicherung besteht[1137], ferner die Fragen der gesellschaftsinternen Zuständigkeit für den Abschluss einer solchen Versicherung[1138] und der steuerlichen Behandlung der Versicherungsprämien[1139]. Dem soll im Zusammenhang mit dieser Arbeit jedoch nicht weiter nachgegangen werden.

Abgedeckt ist somit jedenfalls im Grundsatz die Haftung von Geschäftsleitern und Aufsichtsratsmitgliedern gegenüber Dritten sowie gegenüber der Gesellschaft. Letzteres hat v. a. auch dann Bedeutung, wenn die Gesellschaft zuvor für von Organmitgliedern begangene Pflichtverletzungen durch Dritte in Anspruch genommen wurde und nunmehr bei den Organmitgliedern Regress nimmt[1140]. Dieser je nach Vertragsgestaltung gewährte mittelbare Haftpflichtschutz der Gesellschaft wird zudem unter Umständen durch Regelungen ergänzt, die auch bereits eine unmittelbare Deckung von der Gesellschaft selbst entstandenen Schäden umfassen (so genannte entity coverage)[1141].

Nicht abgedeckt ist hingegen die Haftung von Gesellschaftern[1142]. Sind diese zugleich Mitglieder des Geschäftsleitungs- oder Aufsichtsorgans, hängt der Versicherungsschutz dann davon ab, ob sie im konkreten Fall in ihrer Eigenschaft als Geschäftsleiter bzw. Aufsichtsratsmitglied oder aber, etwa im Wege der Durchgriffshaftung, als Gesellschafter haften[1143]. Zudem werden in den Versicherungsverträgen mehr oder weniger umfangreiche Ausschlüsse des Versicherungsschutzes vereinbart, etwa bei vorsätzlicher Schadensherbeiführung

---

1135 Beckmann, in: Beckmann/Matusche-Beckmann, Versicherungsrechts-Handbuch, § 28 Rz. 1; Fleischer, in: Fleischer, Vorstandsrecht, § 12 Rz. 6.
1136 Überblick bei Fleischer, in: Fleischer, Vorstandsrecht, § 12 Rz. 8 f.
1137 Überblick bei Fleischer, in: Fleischer, Vorstandsrecht, § 12 Rz. 13 ff.
1138 Überblick bei Fleischer, in: Fleischer, Vorstandsrecht, § 12 Rz. 10 ff.
1139 Siehe hierzu Fleischer, in: Fleischer, Vorstandsrecht, § 12 Rz. 23 f; Thümmel, Persönliche Haftung von Managern und Aufsichtsräten, Rz. 415.
1140 Siehe hierzu Fleischer, in: Fleischer, Vorstandsrecht, § 12 Rz. 32; Pant, in: Hauschka, Corporate Compliance, § 12 Rz. 3.
1141 Laut Dreher, ZHR 165 (2001), 293, 298 f bildet diese um eine entity coverage erweiterte Form der D & O-Versicherung in Deutschland heute sogar den Regelfall. Anders noch 1997, als derlei gerade erst in den USA verstärkt aufkam, siehe Ihlas, Organhaftung und Haftpflichtversicherung, S. 193, Fn. 37.
1142 Beckmann, in: Beckmann/Matusche-Beckmann, Versicherungsrechts-Handbuch, § 28 Rz. 61.
1143 Beckmann, in: Beckmann/Matusche-Beckmann, Versicherungsrechts-Handbuch, § 28 Rz. 61; Ihlas, Organhaftung und Haftpflichtversicherung, S. 202 f.

oder wissentlicher Pflichtverletzung, vgl. Ziff. 5.1 AVB-AVG, für Fälle der Produkthaftung, vgl. Ziff. 5.3 AVB-AVG, der Umwelthaftung, vgl. Ziff. 5.4 AVB-AVG, oder für Ansprüche, die vor ausländischen Gerichten verfolgt oder nach ausländischem Recht geltend gemacht werden, vgl. Ziff. 5.5 AVB-AVG[1144].

B. Auswirkungen der Haftpflicht-/D & O-Versicherung auf die gesamtschuldnerische Haftung im Außenverhältnis

Auch sofern und soweit Versicherungsschutz durch eine D & O-Versicherung besteht, hat dies keine Auswirkungen auf die Haftung der Organmitglieder im Außenverhältnis. Insbesondere hat der Geschädigte, anders als dies gemäß § 115 VVG bei der Kfz-Haftpflichtversicherung der Fall ist, ohne gesonderte Abtretung keinen unmittelbaren Anspruch gegen die Versicherung.

C. Auswirkungen der Haftpflicht-/D & O-Versicherung auf den Gesamtschuldnerausgleich im Innenverhältnis

Etwas anderes kann hingegen, je nach Ausgestaltung des Versicherungsvertrages, für den Gesamtschuldnerausgleich gelten. Das bloße Bestehen von Versicherungsschutz ist zwar kein Kriterium, das im Rahmen des Gesamtschuldnerausgleichs bei der Ermittlung der internen Haftungsanteile entsprechend den jeweiligen Verantwortlichkeiten der Gesamtschuldner Berücksichtigung findet[1145]. Jedoch werden manche der vorstehend angestellten Überlegungen obsolet, wenn ein einheitlicher Versicherungsschutz für mehrere der Gesamtschuldner besteht.

1144 Siehe den Überblick über die verschiedenen Gestaltungsmöglichkeiten bei Beckmann, in: Beckmann/Matusche-Beckmann, Versicherungsrechts-Handbuch, § 28 Rz. 117 ff sowie insbesondere bei Ihlas, Organhaftung und Haftpflichtversicherung, S. 281 ff.
1145 Siehe hierzu oben § 10, unter A.IV.2.

I. Haftpflicht-/D & O-Versicherung und Gesamtschuldnerausgleich zwischen Organmitgliedern

Sofern und soweit eine einheitliche Versicherung im betreffenden Fall die Haftung sämtlicher Mitglieder der Geschäftsleitungs- und Aufsichtsorgane abdeckt, erübrigen sich sodann Überlegungen zum Innenausgleich der Gesamtschuldner.

Weiterhin Bedeutung hat der Gesamtschuldnerausgleich aber zum einen in den Fällen, in denen der Versicherungsschutz die Haftung einzelner oder sämtlicher Organmitglieder nicht oder nicht in voller Höhe abdeckt. So kann hinsichtlich einzelner, aber auch sämtlicher haftender Organmitglieder ein Haftungsausschluss der Versicherung einschlägig sein, etwa bei vorsätzlicher Pflichtverletzung[1146]. Auch kann für einzelne oder alle Organmitglieder ein Selbstbehalt vereinbart worden sein – Ziff. 3.8 des Deutschen Corporate Governance Kodex[1147] empfiehlt für börsennotierte Gesellschaften einen »angemessenen« Selbstbehalt. Und schließlich kann der Schaden die Deckungssumme überschreiten. Hier stellt sich jeweils die Frage des Gesamtschuldnerausgleichs hinsichtlich der verbleibenden Haftung der Organmitglieder dann weiterhin.

Zum anderen kommt dem Innenausgleich der Gesamtschuldner untereinander auch bei bestehendem Haftpflichtschutz nach wie vor Bedeutung zu, wenn die Organmitglieder bei verschiedenen Versicherungsunternehmen versichert sind. Gemäß § 86 VVG gehen Forderungen des Versicherten gegen Dritte qua Gesetz auf die Versicherung über[1148]. Der Gesamtschuldnerausgleich vollzieht sich in diesem Fall anteilmäßig zwischen der Versicherung des bereits in Anspruch genommenen Schuldners und den übrigen Schuldnern, für Letztere treten wiederum deren jeweilige Versicherungen ein. Sonderlich häufig vorkommen dürfte dies allerdings nicht, wird doch im Regelfall eine einheitliche Versicherung für sämtliche Organmitglieder abgeschlossen. Dies gebieten nicht zuletzt auch die Anforderungen der Finanzverwaltung für die Anerkennung des eigenbetrieblichen Interesses der Gesellschaft am Versicherungsschutz und somit des fehlenden Einkünftecharakters der Versicherungsprämien auf Seiten der versicherten Organmitglieder. Hier wird u. a. verlangt, dass (jedenfalls) das Management als Ganzes versichert ist und Versicherungsschutz (nur) für einzelne Personen nicht in Betracht kommt[1149].

1146 Siehe hierzu oben unter A.
1147 Deutscher Corporate Governance Kodex in der Fassung vom 06.06.2008, *http:// www.corporate-governance-code.de/ger/download/D_Kodex%202008_final.pdf.*
1148 Siehe hierzu Beckmann, in: Beckmann/Matusche-Beckmann, Versicherungsrechts-Handbuch, § 28 Rz. 159.
1149 Siehe hierzu FinMin Niedersachsen, Erlass vom 25.01.2002, DB 2002, 399, 400; Fleischer, in: Fleischer, Vorstandsrecht, § 12 Rz. 24; Schmidt/Drenseck, § 19 EStG Rz. 50, Stichwort »Directors' & Officers' (D & O)-Versicherungen«.

II. Haftpflicht-/D & O-Versicherung und Gesamtschuldnerausgleich zwischen Organmitgliedern und Gesellschaft

Auf den Gesamtschuldnerausgleich zwischen Organmitgliedern und Gesellschaft hat eine D & O-Versicherung hingegen keine Auswirkungen. Das gilt zunächst einmal, wenn die Versicherung die entity coverage umfasst, d. h. die Haftung der Gesellschaft ohnehin mitversichert ist[1150]. Aber auch ohne eine solche entity coverage ergeben sich dann keine Besonderheiten, da die Organmitglieder im Verhältnis zur Gesellschaft intern ohnehin alleine haften[1151].

III. Haftpflicht-/D & O-Versicherung und Gesamtschuldnerausgleich zwischen Organmitgliedern und Dritten

Hier stehen die Organmitglieder den Dritten intern als (tatsächliche) Haftungseinheit gegenüber[1152]. Für den internen Ausgleichsanspruch der haftenden Dritten (oder deren Haftpflichtversicherungen, vgl. etwa. § 51 BRAO, auf die der Ausgleichsanspruch gemäß § 86 VVG übergegangen ist) ergeben sich keine Besonderheiten. Dieser besteht gegenüber den Organmitgliedern, für diese tritt dann deren Versicherung ein. Und für den umgekehrten Fall des Ausgleichsanspruchs eines der Schuldner der Haftungseinheit der Organmitglieder nimmt die hier eingetretene Versicherung gemäß § 86 VVG den mithaftenden Dritten sodann aus übergegangenem Recht auf Ausgleich in Anspruch.

IV. Haftpflicht-/D & O-Versicherung und Gesamtschuldnerausgleich zwischen Organmitgliedern und Gesellschaftern

Auch hier ergeben sich keine Besonderheiten. Der haftende Gesellschafter ist von der D & O-Versicherung nicht umfasst. Sein Ausgleichsanspruch richtet sich gegen die Organmitglieder (als Haftungseinheit)[1153], für diese tritt dann die Versicherung ein. Und umgekehrt nimmt die Versicherung, wenn sie für eines der Organmitglieder die Haftung übernommen hat, den Gesellschafter gemäß § 86 VVG aus übergegangenem Recht auf anteilmäßigen Ausgleich in Anspruch.

1150 Siehe hierzu oben unter A.
1151 Siehe hierzu oben § 10, unter B.IV.
1152 Siehe hierzu oben § 10, unter B.V.2.a), 3.a).
1153 Siehe hierzu oben § 10, unter B.VI.

§ 12 Prozessuale Überlegungen

Abschließend sollen einige Überlegungen zur praktischen Rechtsdurchsetzung bei gesamtschuldnerischer Haftung angestellt werden, zunächst auf Seiten des Gläubigers[1154] und sodann auf Seiten der Schuldner[1155].

A. Prozessuale Überlegungen auf Seiten des Gläubigers

Der Gläubiger kann zunächst einmal einzelne der Gesamtschuldner auf die volle Haftungssumme in Anspruch nehmen. Einen Titel auch gegen die übrigen Gesamtschuldner erlangt er hierdurch jedoch nicht, die Rechtskraft des gegen einen Gesamtschuldner erlangten Titels erstreckt sich nicht auch auf die anderen Gesamtschuldner, § 425 Abs. 1 BGB[1156].

Weiterhin kann der Gläubiger jedoch auch gegen mehrere, gar sämtliche der Gesamtschuldner vorgehen. Dies kann jeweils separat geschehen, die Gesamtschuldner können aber auch als (nicht notwendige[1157]) Streitgenossen verklagt werden. Aus dem Titel kann der Gläubiger dann gegen jeden der Gesamtschuldner vollstrecken. Hat der Gläubiger gegen mehrere der Gesamtschuldner jeweils gesondert einen Titel erlangt, ist er vollstreckungsrechtlich auch nicht gehindert, aus diesen Titeln jeweils in voller Höhe vorzugehen. Das Verbot der Überpfändung gemäß § 803 Abs. 1 Satz 2 ZPO ist letztlich nur eine Sollvorschrift und steht der Wirksamkeit der Vollstreckungsmaßnahme nicht entgegen[1158]. Dem einzelnen Gesamtschuldner steht dann nur der Weg der Vollstreckungsabwehrklage gemäß § 767 ZPO offen, sofern und soweit der Gläubiger bereits durch einen anderen Gesamtschuldner Befriedigung erlangt hat[1159].

1154 Hierzu sogleich unter A.
1155 Hierzu unter B.
1156 Zöller/Vollkommer, § 325 ZPO Rz. 9.
1157 Vgl. Zöller/Vollkommer, § 62 ZPO Rz. 10.
1158 Hartmann, in: Baumbach/Lauterbach/Albers/Hartmann, § 803 ZPO Rz. 9.
1159 Hartmann, in: Baumbach/Lauterbach/Albers/Hartmann, § 803 ZPO Rz. 9.

B. Prozessuale Überlegungen auf Seiten der Schuldner

Wird ein Gesamtschuldner vom Gläubiger in Anspruch genommen, kann er diesem zunächst einmal seine ihm persönlich gegenüber dem Gläubiger zustehenden Einwendungen und Einreden entgegenhalten. Weiterhin kann er aber auch jene Einwendungen aus der Rechtsbeziehung des Gläubigers zu anderen Gesamtschuldnern entgegenhalten, die Gesamtwirkung auch gegenüber den anderen Gesamtschuldnern entfalten. Dies sind zum einen die Erfüllung und erfüllungsähnliche Rechtsgeschäfte, § 422 BGB, sowie der Annahmeverzug, § 424 BGB[1160]. Zum anderen sind dies aber auch Rechtsgeschäfte und sonstige Umstände mit (beschränkter) Gesamtwirkung, etwa bei im Vorhinein getroffenen Haftungsbegrenzungsvereinbarungen[1161] oder im Nachhinein getroffenen Erlassvereinbarungen[1162]. Ebenso kann der Schuldner im Zwangsvollstreckungsverfahren die betreffenden Einwendungen, sofern und soweit diese erst nach Schluss der mündlichen Verhandlung entstanden sind, im Wege der Vollstreckungsabwehrklage geltend machen[1163]. Hinsichtlich der Voraussetzungen dieser Gesamtwirkung, d. h. insbesondere auch des Bestehens der gesamtschuldnerischen Haftung mit den betreffenden Mitschuldnern, sowie hinsichtlich der übrigen die Einwendungen begründenden Umstände ist dann aber der Schuldner beweisbelastet, der sich hierauf beruft.

Wird ein Gesamtschuldner vom Gläubiger in Anspruch genommen, kann er – außergerichtlich und prinzipiell auch auf gerichtlichem Weg – von den übrigen Schuldnern anteilmäßige Freistellung verlangen[1164]. Bei gerichtlicher Inanspruchnahme durch den Gläubiger empfiehlt es sich aber insbesondere, dass der betreffende Schuldner den Mitschuldnern gemäß § 72 ZPO den Streit verkündet, jedenfalls mit der Folge der Interventionswirkung gemäß § 74 i.V.m. § 68 ZPO. Rein rechtlich bewirkt dies zum einen die Hemmung der Verjährung des Regressanspruchs, § 204 Abs. 1 Ziff. 6 BGB. Das hat angesichts des Beginns der Verjährungsfrist des Anspruchs aus § 426 Abs. 1 BGB erst mit Zahlung durch den Ausgleichsberechtigten[1165] allerdings nur Bedeutung für die Verjährung des gemäß § 426 Abs. 2 BGB übergegangenen Anspruchs des Gläubigers. Und zum anderen kann der streitverkündende Gesamtschuldner im Regressverfahren dann aber Grund und Umfang der Haftung des Streitverkündeten gegenüber dem Gläubiger nicht mehr streitig stellen. Rein praktisch bewirkt dies zu-

---

1160 Siehe hierzu oben § 7, unter A.
1161 Siehe hierzu oben § 8, unter A.
1162 Siehe hierzu im Einzelnen oben § 7, unter B.
1163 Vgl. Hartmann, in: Baumbach/Lauterbach/Albers/Hartmann, § 803 ZPO Rz. 9 sowie soeben unter A.
1164 Siehe hierzu oben § 9, unter B.
1165 Siehe hierzu oben § 9, unter C.

dem, dass der Streitverkündete, insbesondere wenn er dem Verfahren beitritt, § 74 Abs. 1 ZPO, dem Streitverkündenden unter Umständen den Vortrag von Tatsachen erleichtern oder gar erst ermöglichen kann, aus denen sich Einwendungen gesamtwirkender Umstände ergeben.

Nach Zahlung an den Gläubiger kann der betreffende Gesamtschuldner die Mitschuldner auf Ausgleich in Anspruch nehmen. Standen dem Gläubiger ihm gegenüber Beweiserleichterungen zu, etwa hinsichtlich des Vorliegens der Pflichtverletzung gemäß § 93 Abs. 2 Satz 2 AktG oder hinsichtlich des Verschuldens gemäß § 280 Abs. 1 Satz 2 BGB, kann er sich auf diese nunmehr seinerseits gegenüber den Mitschuldnern berufen[1166]. Das gilt ohne weiteres für den gemäß § 426 Abs. 2 BGB qua cessio legis auf ihn übergegangenen Anspruch des Gläubigers, er tritt auch insoweit in die Stellung des Gläubigers ein[1167]. Aber auch hinsichtlich des Regressanspruchs gemäß § 426 Abs. 1 BGB ist nicht ersichtlich, warum die Mitschuldner im Verhältnis zum Ausgleichsberechtigten besser gestellt werden sollten als für den Fall, dass sie selbst durch den Gläubiger in Anspruch genommen werden[1168].

Der auf Ausgleich in Anspruch genommene Mitschuldner kann dann grundsätzlich nicht seinerseits Ausgleich von anderen Mitschuldnern verlangen, da er seinerseits nur in Höhe seines internen Haftungsanteils dem Ausgleichsberechtigten gegenüber zum Ausgleich verpflichtet war[1169]. Etwas anderes gilt jedoch, wenn und soweit er als Mitglied einer Haftungseinheit über seinen eigenen Haftungsanteil hinaus für den gesamten Haftungsanteil der Haftungseinheit in Anspruch genommen wurde[1170]. Zudem kann der auf Ausgleich in Anspruch genommene Mitschuldner im Wege des Ringregresses Rückgriff beim Gläubiger nehmen, wenn und soweit dieser die haftenden Gesamtschuldner auch insoweit in Anspruch genommen hat, als dies durch eine lediglich einem Schuldner gegenüber (einzel)wirkende Tatsache diesem gegenüber ausgeschlossen war[1171].

1166 Hachenburg/Mertens, § 43 GmbHG Rz. 65; Mertens, Kölner Komm., § 93 AktG Rz. 21; Paefgen, in: Großkomm., § 43 GmbHG Rz. 104; a. A. Hopt, in: Großkomm., § 93 AktG Rz. 303.
1167 A. A., ohne überzeugende Begründung, Hopt, in: Großkomm., § 93 AktG Rz. 303.
1168 Hachenburg/Mertens, § 43 GmbHG Rz. 65; Mertens, Kölner Komm., § 93 AktG Rz. 21; Paefgen, in: Großkomm., § 43 GmbHG Rz. 104; a. A. Hopt, in: Großkomm., § 93 AktG Rz. 303.
1169 Siehe hierzu oben § 10, unter A.V.
1170 Siehe hierzu oben § 10, unter A.VI.
1171 Siehe hierzu oben § 8, unter A.

Zusammenfassung der wesentlichen Ergebnisse

1. Gesamtschuldnerische Organhaftung in dem Sinne, dass mehrere Geschäftsleiter und/oder Aufsichtsratsmitglieder als Gesamtschuldner für einen Schaden haften, ist gegenüber der Gesellschaft, aber auch gegenüber Dritten, Gesellschaftern sowie von der Gesellschaft abhängigen Gesellschaften, deren Gläubigern und Gesellschaftern denkbar. Gesamtschuldnerisch passivlegitimiert sein können hierbei mehrere Geschäftsleiter, mehrere Aufsichtsratsmitglieder, Mitglieder sowohl des Geschäftsleitungs- als auch des Aufsichtsorgans, gegebenenfalls auch zusammen mit der Gesellschaft, sonstigen Dritten oder Gesellschaftern. Der Gesamtschuldcharakter dieser Haftung Mehrerer ergibt sich dann zum Teil bereits unmittelbar oder zumindest mittelbar aus dem Gesetz und im Übrigen bei gemeinsamer Haftung für den entstandenen Schaden anhand der allgemeinen Kriterien des § 421 BGB.

2. Bei gesamtschuldnerischer Haftung kann der Gläubiger gemäß § 421 BGB von jedem der Schuldner die gesamte Leistung fordern, insgesamt aber nur einmal. Einzelne Umstände, die mit der Erfüllung der Forderung in Zusammenhang stehen, haben infolge dessen Gesamtwirkung auch gegenüber den anderen Schuldnern. Mit einzelnen Schuldnern im vorhinein getroffene Haftungsausschluss- oder -begrenzungsvereinbarungen und im nachhinein getroffene Erlassvereinbarungen entfalten hingegen nur beschränkte Gesamtwirkung dergestalt, dass sie unmittelbar nur im Verhältnis zwischen den Vertragsparteien gelten, die übrigen Gesamtschuldner sodann aber nur noch um den internen Haftungsanteil des begünstigten Schuldners gekürzt in Anspruch genommen werden können. Dies gilt jedoch dann nicht, wenn, wie im vorliegenden Zusammenhang der gesamtschuldnerischen Haftung von Organmitgliedern verschiedentlich einschlägig, Verbote oder zumindest Beschränkungen hinsichtlich der vorherigen Vereinbarung von Haftungsausschlüssen oder -begrenzungen oder hinsichtlich der nachherigen Vereinbarung des Haftungserlasses bestehen. Sofern diese Vereinbarungen mit den hiervon betroffenen Schuldnern geschlossen werden, sind diese unwirksam. Und sofern sie mit anderen Gesamtschuldnern getroffen werden, entfalten sie, um die Umgehung der Beschränkungen und Verbote zu verhindern, nur Einzelwirkung zugunsten des begünstigten Schuldners.

3. Mehrere Gesamtschuldner sind untereinander entsprechend den internen Haftungsquoten zum Ausgleich und zuvor bereits zur Haftungsfreistellung verpflichtet. Grundlage hierfür ist im vorliegenden Zusammenhang teils die zwischen den Gesamtschuldnern bestehende organschaftliche Rechtsbeziehung, teils das – zwischen der Gesellschaft und Dritten – bestehende Vertragsverhält-

nis und im Übrigen das durch § 426 Abs. 1 BGB begründete gesetzliche Schuldverhältnis der Gesamtschuldner untereinander. Parallel hierzu vollzieht sich der Ausgleich, neben etwaigen sonstigen vertraglichen oder gesetzlichen Ausgleichsansprüchen, jedenfalls auf Grundlage des gemäß § 426 Abs. 2 BGB qua cessio legis auf den Ausgleichsberechtigten übergegangenen Gläubigeranspruchs.

4. Die Bestimmung der internen Haftungsquoten und hierauf aufbauend des Umfangs des Ausgleichsanspruchs erfolgt anhand des in § 254 BGB sowie § 17 Abs. 1 und 2 StVG zum Ausdruck kommenden allgemeinen Rechtsgrundsatzes der internen Haftungsteilung entsprechend den jeweiligen Verantwortlichkeiten. Für diese wiederum ist primär auf das jeweilige *Maß der Verursachung* der Haftung abzustellen; dies ist nicht in einem naturwissenschaftlichen Sinne zu verstehen, sondern anhand des Grades der Wahrscheinlichkeit zu ermitteln, mit der das jeweilige Verhalten zum Schadenseintritt geführt hat. Das hierbei gefundene Ergebnis ist sodann gegebenenfalls noch in einem zweiten Schritt unter Berücksichtigung des jeweiligen *Maßes des Verschuldens* zu korrigieren.

5. Bei gesamtschuldnerischer Haftung mehrerer Geschäftsleiter gegenüber der Gesellschaft, Dritten, Gesellschaftern oder von der Gesellschaft abhängigen Gesellschaften, deren Gläubigern oder Gesellschaftern ist hinsichtlich der Ermittlung des *Maßes der Verursachung* danach zu differenzieren, ob die Geschäftsleiter ihnen obliegende primäre Handlungspflichten oder (lediglich) sekundäre Überwachungspflichten verletzt haben.

Primärpflichten sind dabei sämtliche Geschäftsleitungspflichten, sofern und soweit im Organ keine diese aufteilende Arbeitsteilung vereinbart wurde; dem steht die unwirksam vereinbarte, weil nicht eindeutige Arbeitsteilung gleich. Bei wirksam vereinbarter Arbeitsteilung hingegen treffen Primärpflichten, d. h. trifft die Handlungsverantwortung nur den oder die für ein Ressort und/oder einen Geschäftsbereich zuständigen Geschäftsleiter. Primärpflicht kann dabei, etwa im Rahmen des Controlling-Ressorts oder für den Vorsitzenden der Geschäftsleitung, auch die Überwachung anderer Ressorts und/oder Geschäftsbereiche sein. Primärpflichtverletzungen können zudem aber auch die an sich für das betreffende Ressort und/oder den betreffenden Geschäftsbereich nicht zuständigen Geschäftsleitungsmitglieder begehen, sei es im Rahmen der eigentlichen Beschlussfassung über im Kern nicht delegierbare Leitungsmaßnahmen oder bei sonstigen dem Plenum vorbehaltenen Entscheidungen, sei es, weil der der Gesellschaft entstandene Schaden (mit)verursacht wurde durch ein unzureichendes Berichtssystem des Gesamtorgans oder dadurch, dass ein Ressort und/oder ein Geschäftsbereich durch das Kollegium einem hierfür erkennbar ungeeigneten Kollegen überantwortet wurde. Schließlich liegt eine Primärpflichtverletzung auch dann vor, wenn das bei Beschlussfassung überstimmte oder abwesende Organmitglied in der Folge eines rechtswidrigen Beschlusses dessen

Umsetzung nicht mit allen geeigneten, zulässigen und ihm zumutbaren Mitteln zu verhindern versucht hat.

Sekundärpflichten hingegen sind die aus dem Grundsatz der Gesamtverantwortung der Geschäftsleiter abgeleiteten, mit der Überwachung der für ein Ressort und/oder einen Geschäftsbereich zuständigen Geschäftsleitungsmitglieder im Zusammenhang stehenden Pflichten der übrigen Geschäftsleiter; Gleiches gilt dann auch hinsichtlich der mit Wirkung für das Außenverhältnis unwirksam, weil nicht unter Wahrung des Schriftformgebotes übertragenen Ressorts und/oder Geschäftsbereiche. Dies umfasst die Überwachungssorgfalt hinsichtlich zum einen der Vorbereitung und Ausführung von durch das Plenum zu fassenden Leitungsentscheidungen sowie zum anderen sonstiger vom zuständigen Geschäftsleiter wahrgenommener Aufgaben, einschließlich der Pflicht, bei erkannten Missständen hiergegen vorzugehen.

Mehrere Primärpflichtverletzer bilden im Innenverhältnis in der Regel eine Haftungseinheit, ebenso mehrere ihre Überwachungspflicht verletzende Sekundärpflichtige. Bei gleichem Maß der Verursachung, also der Verletzung jeweils von Primärpflichten oder jeweils von Sekundärpflichten, sind die Verletzer *unter Verursachungsgesichtspunkten* intern jeweils zu gleichen Teilen verantwortlich. Im Verhältnis zwischen Primärpflichtverletzern und Sekundärpflichtverletzern hingegen sind die Primärpflichtverletzer unter Verursachungsgesichtspunkten intern alleine verantwortlich. Beide Ergebnisse sind dann jedoch unter Umständen noch nach dem *Maß des jeweiligen Verschuldens* zu korrigieren.

6. Auch bei der gesamtschuldnerischen Haftung mehrerer Aufsichtsratsmitglieder gegenüber der Gesellschaft, Dritten, Gesellschaftern oder von der Gesellschaft abhängigen Gesellschaften, deren Gläubigern oder Gesellschaftern ist hinsichtlich der Ermittlung des *Maßes der Verursachung* danach zu differenzieren, ob die Aufsichtsratsmitglieder ihnen obliegende primäre Handlungspflichten oder sekundäre Überwachungspflichten verletzt haben.

Primärpflichten der Aufsichtsratsmitglieder sind sämtliche Pflichten der Aufsichtsratsmitglieder, sofern und soweit im Organ keine Arbeitsteilung im Sinne einer Aufgabenverteilung auf verschiedene Aufsichtsratsausschüsse vereinbart wurde, sei es, weil die betreffenden Aufgaben dem Delegationsverbot unterliegen, sei es, weil eine solche Delegation an einzelne Ausschüsse unterblieben ist; dem steht die unwirksame, weil nicht eindeutige Delegation gleich. Bei wirksamer Delegation hingegen treffen Primärpflichten, d. h. die Handlungsverantwortung die jeweils zuständigen Ausschussmitglieder. Diese Handlungsverantwortung kann bei besonderer Sachnähe, z. B. des Aufsichtsratsvorsitzenden, seines Stellvertreters und der Mitglieder des Aufsichtsratspräsidiums, auch Aufsichtsratsmitgliedern obliegen, die keine Mitglieder des unmittelbar zuständigen Ausschusses sind. Primärpflichtverletzungen können weiterhin die für eine bestimmte Aufgabe nicht, jedenfalls nicht federführend zuständigen Aufsichtsratsmitglieder begehen, sei es im Rahmen von Beschlüssen über nicht an Ausschüsse delegierbare oder nicht delegierte Angelegenheiten, sei es, weil der der Gesellschaft entstandene Schaden (mit)verursacht wurde durch organisatorische Mängel, insbesondere ein unzureichendes Informations- und Berichtssystem, oder dadurch, dass für den Ausschuss erkennbar fachlich oder persönlich nicht geeignete Personen berufen wurden. Zudem liegt eine Primärpflichtverletzung auch dann vor, wenn ein bei Beschlussfassung überstimmtes oder abwesendes Plenumsmitglied die Umsetzung eines rechtswidrigen Beschlusses nicht anschließend mit allen geeigneten, zulässigen und zumutbaren Mitteln zu verhindern versucht.

Sekundärpflichten hingegen sind zum einen die aus dem Grundsatz der Gesamtverantwortung der Aufsichtsratsmitglieder sich ergebenden Pflichten zur Überwachung der übrigen Plenumsmitglieder hinsichtlich der an Ausschüsse zur Entscheidung oder auch nur zur Entscheidungsvorbereitung delegierten Aufgaben. Und zum anderen umfasst dies die Pflicht, bei hierbei erkannten Missständen gegen diese dann auch vorzugehen.

Auch mehrere ihre Primärpflicht verletzende Aufsichtsratsmitglieder bilden im Innenverhältnis wiederum in der Regel eine Haftungseinheit, ebenso mehrere ihre Überwachungspflicht verletzende Sekundärpflichtige. Bei gleichem Maß der Verursachung, also der Verletzung jeweils von Primärpflichten oder jeweils von Sekundärpflichten, sind die Verletzer *unter Verursachungsgesichtspunkten* intern auch hier jeweils zu gleichen Teilen verantwortlich. Im Verhältnis zwischen Primärpflichtverletzern und Sekundärpflichtverletzern hingegen sind die Primärpflichtverletzer unter Verursachungsgesichtspunkten wiederum intern alleine verantwortlich. Beide Ergebnisse sind dann jedoch unter Umständen noch nach *Maß des jeweiligen Verschuldens* zu korrigieren.

7. Bei gesamtschuldnerischer Haftung von Mitgliedern sowohl des Geschäftsleitungs- als auch des Aufsichtsorgans ist hinsichtlich des *Maßes der Verursachung* danach zu differenzieren, ob die Aufsichtsratsmitglieder Pflichten im Zusammenhang mit der allgemeinen Überwachung und Beratung, eigenen unternehmerischen Entscheidungen oder der Mitwirkung an unternehmerischen Entscheidungen der Geschäftsleitung verletzt haben. Auf die Differenzierung zwischen Primär- und Sekundärpflichtverletzungen kommt es hingegen weder bei den Geschäftsleitern noch den Aufsichtsräten an: Diese bilden jeweils eine Haftungseinheit, die als Ganzes sodann – im Regelfall – jeweils ihr obliegende Primärpflichten verletzt hat.

Bei der gesamtschuldnerischen Haftung von Geschäftsleitern einerseits und Aufsichtsratsmitgliedern, die (lediglich) ihre *allgemeine Überwachungs- und Beratungspflicht* verletzt haben, andererseits haften *unter Verursachungsgesichtspunkten* die Geschäftsleiter im Innenverhältnis alleine. Haben die Aufsichtsratsmitglieder hingegen Pflichtverletzungen im Zusammenhang mit *eigenen unternehmerischen Entscheidungen* begangen, haften Geschäftsleiter und Aufsichtsratsmitglieder *unter Verursachungsgesichtspunkten* intern je zu gleichen Teilen. Und wenn schließlich die Aufsichtsratsmitglieder im Rahmen der *Mitwirkung an unternehmerischen Entscheidungen der Geschäftsleitung* pflichtwidrig gehandelt haben, haften *unter Verursachungsgesichtspunkten* die Geschäftsleiter intern zu zwei Dritteln und die Aufsichtsratsmitglieder zu einem Drittel.

Diese Ergebnisse sind sodann unter Umständen nach dem *Maß des Verschuldens* der jeweiligen Haftungseinheiten zu korrigieren. Innerhalb der Haftungseinheiten vollzieht sich der Gesamtschuldnerausgleich sodann wiederum entsprechend den für diese jeweils geltenden Regeln.

8. Bei gesamtschuldnerischer Haftung von Geschäftsleitern und/oder Aufsichtsratsmitgliedern und der Gesellschaft für Pflichtverletzungen der Organmitglieder haften die Organmitglieder im Innenverhältnis der Gesamtschuldner alleine. Zwischen den Organmitgliedern vollzieht sich der Gesamtschuldnerausgleich sodann ebenfalls wiederum nach den für diese jeweils geltenden Regeln.

9. Bei gesamtschuldnerischer Haftung von Geschäftsleitern und/oder Aufsichtsratsmitgliedern und Dritten ist zunächst zwischen der Haftung gegenüber der Gesellschaft und der Haftung gegenüber Dritten zu differenzieren, innerhalb dieser Fallgruppen dann zudem zwischen der Haftung mit Arbeitnehmern der Gesellschaft und der Haftung mit sonstigen Dritten, d. h. dem Abschlussprüfer, sonstigen Berufsträgern, Finanzdienstleistern sowie Lieferanten etc.

a) Bei der Haftung gegenüber der Gesellschaft haften Organmitglieder (als Haftungseinheit) und Arbeitnehmer *unter Verursachungsgesichtspunkten* intern je zu gleichen Teilen, was sodann gegebenenfalls *unter Verschuldensgesichtspunkten* noch zu korrigieren ist. Hinsichtlich des so ermittelten internen Haftungsanteils der Arbeitnehmer vermindert sich der Umfang der Gesamtschuld und somit auch der Haftung der Organmitglieder, sofern und soweit die Haftung der Arbeitnehmer nach Maßgabe der Grundsätze der Haftungserleichterung bei betrieblich veranlasster Tätigkeit entfällt.

Haften die Organmitglieder (als Haftungseinheit) hingegen mit sonstigen Dritten, haften Letztere *unter Verursachungsgesichtspunkten* intern alleine. Sofern dies sodann *unter Verschuldensgesichtspunkten* noch zu korrigieren ist, ist der Haftungsanteil der Organmitglieder der Gesellschaft zuzurechnen; diese bilden mit den Organmitgliedern eine Haftungseinheit. Dies führt zu einer von vornherein um den Haftungsanteil der Organmitglieder unter dem Aspekt des Mitverschuldens gekürzten Inanspruchnahme dieser Schuldner durch die Gesellschaft.

b) Bei der Haftung gegenüber Dritten haften Organmitglieder und Arbeitnehmer *unter Verursachungsgesichtspunkten* intern wiederum zu gleichen Teilen, was sodann *unter Verschuldensgesichtspunkten* gegebenenfalls noch zu korrigieren ist. Sofern und soweit die Arbeitnehmer aufgrund der Grundsätze der Haftung bei betrieblich veranlasster Tätigkeit einen Anspruch auf Haftungsfreistellung gegen die Gesellschaft haben, haftet im Innenverhältnis der hier gleichfalls haftenden Gesellschaft und der Organmitglieder sodann die Gesellschaft in Höhe dieses Haftungsanteils der Arbeitnehmer.

Sonstige Dritte haften im Innenverhältnis mit den Organmitgliedern *unter Verursachungsgesichtspunkten* hingegen alleine, was *unter Verschuldensgesichtspunkten* gegebenenfalls wiederum noch zu korrigieren ist.

10. Bei gesamtschuldnerischer Haftung von Geschäftsleitern und/oder Aufsichtsratsmitgliedern und Gesellschaftern gegenüber der Gesellschaft, Dritten oder Gesellschaftern ist zwischen Pflichtverletzungen im Rahmen der Kapitalaufbringung und -erhaltung einerseits und Fällen der konzernrechtlichen und kapitalmarktrechtlichen sowie der (sonstigen) Durchgriffshaftung andererseits zu unterscheiden.

a) Bei Pflichtverletzungen im Rahmen der Kapitalaufbringung und im Zusammenhang mit unzulässigen Rückzahlungen des Kapitals haften *unter Verursachungsgesichtspunkten* die Gesellschafter alleine. Dies ist *unter Verschuldensgesichtspunkten* nur dann zu korrigieren, wenn den Gesellschaftern durch die Haftung ein Schaden entsteht.

b) Im Rahmen der konzernrechtlichen und kapitalmarktrechtlichen Haftung von Organmitgliedern und Gesellschaftern sowie in Fällen, in denen auf Seiten der Gesellschafter die Voraussetzungen für die Durchgriffshaftung vorliegen, haften hingegen Organmitglieder (als Haftungseinheit) und Gesellschafter *unter Verursachungsgesichtspunkten* intern zu gleichen Teilen. Dies ist sodann gegebenenfalls noch *unter Verschuldensgesichtspunkten* zu korrigieren.

11. Ist die Haftung der Organmitglieder durch eine D & O-Versicherung abgedeckt, ergeben sich hieraus Besonderheiten nur im Rahmen des Innenausgleichs zwischen Organmitgliedern und dies auch nur, sofern und soweit der Versicherungsschutz durch eine einheitliche Versicherung gewährleistet wird. Denn in diesem Fall erübrigen sich dann Überlegungen zum Innenausgleich der Gesamtschuldner. Im Übrigen haftet die Versicherung im Innenverhältnis der Gesamtschuldner für die versicherten Organmitglieder, umgekehrt nimmt sie nach Übernahme der Haftung gemäß § 86 VVG deren Ausgleichsansprüche aus übergegangenem Recht wahr.

12. In prozessualer Hinsicht empfiehlt sich für den Gläubiger die Inanspruchnahme möglichst vieler Gesamtschuldner (als Streitgenossen oder jeweils gesondert), da anderenfalls die Rechtskraft des gegen einzelne Gesamtschuldner erstrittenen Urteils und schon zuvor die Folgen der Rechtshängigkeit der entsprechenden Klage(n) keine Wirkungen auch gegenüber den anderen Gesamtschuldnern entfalten.

Auf Seiten des in Anspruch genommenen Schuldners ist hier auf die Möglichkeit hinzuweisen, dem Gläubiger Umstände entgegenzuhalten, die aus dessen Verhältnis mit anderen Gesamtschuldnern mit Gesamtwirkung oder auch nur beschränkter Gesamtwirkung für sämtliche Gesamtschuldner entstanden sind. Um hiervon Kenntnis zu erlangen, ferner auch im Vorgriff auf etwaige Freistellungs- und Ausgleichsansprüche empfiehlt es sich, bei Inanspruchnahme durch den Gläubiger den übrigen Gesamtschuldnern zwecks Herbeiführung der Interventionswirkung den Streit zu verkünden.

Sofern hinsichtlich der Haftungsvoraussetzungen einzelner Gesamtschuldner Beweiserleichterungen bestehen, gelten diese sowohl für den Ausgleichsanspruch gemäß § 426 Abs. 1 BGB als auch für den gemäß § 426 Abs. 2 BGB übergegangenen Anspruch ebenfalls bei Inanspruchnahme durch einen Mitschuldner im Rahmen des Gesamtschuldnerausgleichs.

Literatur

Altmeppen, Holger: Der Prüfungsausschuss – Arbeitsteilung im Aufsichtsrat, in: ZGR 2004, S. 390

Assmann, Heinz-Dieter/Pötzsch, Thorsten/Schneider, Uwe H. (Hrsg.): Wertpapiererwerbs- und Übernahmegesetz, Kommentar, Köln 2005

Assmann, Heinz-Dieter/Schneider, Uwe H. (Hrsg.): Wertpapierhandelsgesetz, Kommentar, 4. Auflage, Köln 2006

Banerjea, Nirmal Robert: Haftungsfragen in Fällen materieller Unterkapitalisierung und im qualifiziert faktischen Konzern – Zugleich Besprechung des Urteils des Bundesarbeitsgerichts vom 03.09.1998, ZIP 1999, 24 –, in: ZIP 1999, S. 1153

Ders.: Die Gesellschafterklage im GmbH- und Aktienrecht, Köln Berlin Bonn München 2000

Bauer, Jobst-Hubertus/Krets, Jérôme: Gesellschaftsrechtliche Sonderregeln bei der Beendigung von Vorstands- und Geschäftsführerverträgen, in: DB 2003, S. 811

Baumbach, Adolf/Hopt, Klaus J.: Handelsgesetzbuch mit GmbH & Co., Handelsklauseln, Bank- und Börsenrecht, Transportrecht (ohne Seerecht), 32. Auflage, München 2006

Baumbach, Adolf/Hueck, Alfred: GmbH-Gesetz, Kommentar, 18. Auflage, München 2006

Baumbach, Adolf/Lauterbach, Wolfgang/Albers, Jan/Hartmann, Peter (Hrsg.): Zivilprozessordnung mit Gerichtsverfassungsgesetz und anderen Nebengesetzen, 66. Auflage, München 2008

Baums, Theodor/Thoma, Georg F. (Hrsg.): WpÜG – Kommentar zum Wertpapier- und Übernahmegesetz, Loseblatt, Stand: Mai 2004

Bastuck, Burkhard: Enthaftung des Managements – Corporate Indemnification im amerikanischen und deutschen Recht –, Köln Berlin Bonn München 1986

Beckmann, Roland Michael/Matusche-Beckmann, Annemarie (Hrsg.): Versicherungsrechts-Handbuch, München 2004

Beck'scher Bilanz-Kommentar, Handels- und Steuerbilanz – §§ 238 bis 339, 342 bis 342e HGB mit EGHGB und IAS/IFRS-Abweichungen –, hrsg. von Helmut Ellrott, Gerhart Förschle, Martin Hoyos und Norbert Winkeljohann, 6. Auflage, München 2006

Beining, Dietmar: Die Rechtswirkungen des Vergleichs eines Kreditinstituts mit einem gesamtschuldnerisch haftenden Kreditnehmer – Zugleich eine Besprechung zu OLG Bremen, Urt. v. 4.4.2002 – 2 U 130/01, ZBB 2002, 395 –, in: ZBB 2002, S. 397

Berg, Stefan/Stöcker, Mathias: Anwendungs -und Haftungsfragen zum Deutschen Corporate Governance Kodex, in: WM 2002, S. 1569

Bezzenberger, Tilman: Der Vorstandsvorsitzende der Aktiengesellschaft, in: ZGR 1996, S. 661

Blomeyer, Arwed: Anmerkung zu BGH, Urteil vom 21.02.1957, in: JZ 1957, S. 443

Boesebeck, Ernst: Unklarheiten in der Geschäftsführung und Verantwortung bei der Aktiengesellschaft, in: JW 1938, S. 2525

Böhmer, Emil: Zum Begriff der »Umstände« i. S. des § 254 BGB, in: MDR 1962, S. 442

Buchheim, Regine/Gröner, Susanne: Anwendungsbereich der IAS-Verordnung an der Schnittstelle zu deutschem und EU-Bilanzrecht, in: BB 2003, S. 953

Bürgers, Tobias/Körber, Torsten (Hrsg.): Heidelberger Kommentar zum Aktiengesetz, Heidelberg 2008

Claussen, Carsten Peter: Bank- und Börsenrecht für Studium und Praxis, 4. Auflage, München 2008

Derleder, Peter/Fauser, Florian N.: Der Regress bei gesamtschuldnerischer Haftung juristischer Personen und ihrer Organe und seine Auswirkungen auf die Organtätigkeit – Praxisfolgen des Kirch-Urteils, in: BB 2006, S. 949

Dollmann, Michael: Haftung gemäß § 43 GmbHG: Verjährung von Regressansprüchen im Innenverhältnis, in: GmbHR 2004, S. 1330

Dose, Stefan: Zivilrechtliche Haftung und Aufgabendelegation auf Ausschüsse im Aufsichtsrat der AG, in: ZGR 1973, S. 300

Ders.: Die Rechtsstellung der Vorstandsmitglieder einer Aktiengesellschaft, 3. Auflage, Köln 1975

Dreher, Meinrad: Die persönliche Verantwortlichkeit von Geschäftsleitern nach außen und die innergesellschaftliche Aufgabenteilung, in: ZGR 1992, S. 22

Ders.: Die Qualifikation der Aufsichtsratsmitglieder – Rechtliche Anforderungen und Folgerungen unter besonderer Berücksichtigung der Aufsichtsratsausschüsse bei der Aktiengesellschaft –, in: Festschrift für Karlheinz Boujong zum 65. Geburtstag, hrsg. von Carsten Thomas Ebenroth, Dieter Hesselberger und Manfred Eberhard Rinne, München 1996

Ders.: Der Abschluss von D & O-Versicherungen und die aktienrechtliche Zuständigkeitsordnung, in: ZHR 165 (2001), S. 293

Drygala, Tim/Drygala, Anja: Wer braucht ein Frühwarnsystem?, in: ZIP 2000, S. 297

Dubischar, Roland: Richtiges und Mißverständliches am Begriff der »Haftungseinheit« – Zugleich ein Beitrag zum Problem der Mitverschuldensabwägung gegenüber mehreren –, in: NJW 1967, S. 608

Dunz, Walter: Berücksichtigung des eigenen Mitverschuldens gegenüber mehreren Haftpflichtigen, in: JZ 1955, S. 727

Ders.: Zum Mitverschuldensausgleich gegenüber Mehreren, in: JZ 1959, S. 592

Ders.: Abwägungskriterien bei der Schadensausgleichung, in: NJW 1964, S. 2133

Ders.: Der Sinn der Haftungseinheit in der Schadensaufteilung, in: NJW 1968, S. 679

Ebenroth, Carsten Thomas/Lange, Knut Werner: Sorgfaltspflichten und Haftung des Geschäftsführers einer GmbH nach § 43 GmbHG, in: GmbHR 1992, S. 69

Ebke, Werner: Wirtschaftsprüfer und Dritthaftung, Bielefeld 1983

Ehricke, Ulrich/Ekkenga, Jens/Oechsler, Jürgen: Wertpapiererwerbs- und Übernahmegesetz – Kommentar –, München 2003

Emmerich, Volker: Das Konzernrecht der Personengesellschaften – Rückblick und Ausblick –, in: Festschrift für Walter Stimpel zum 68. Geburtstag am 29.11.1985, hrsg. von Marcus Lutter, Hans-Joachim Mertens und Peter Ulmer, Berlin New York 1985, S. 743

Emmerich, Volker/Habersack, Mathias: Aktien- und GmbH-Konzernrecht, 5. Auflage, München 2008

Endres, Michael: Organisation der Unternehmensleitung aus der Sicht der Praxis, in: ZHR 163 (1999), S. 441

Enneccerus, Ludwig/Lehmann, Heinrich: Recht der Schuldverhältnisse - Ein Lehrbuch –, 13. Bearbeitung, Tübingen 1950

Erman: Bürgerliches Gesetzbuch, Handkommentar mit EGBGB, ErbbauVO, Hausrats-VO, LPartG, ProdHaftG, UKlaG, VAHRG und WEG, hrsg. von Harm Peter Westermann, 11. Auflage, Köln 2004

Fleck, Hans-Joachim: Zur Haftung des GmbH-Geschäftsführers, in: GmbHR 1974, S. 224

Fleischer, Holger: Konzernrechtliche Vertrauenshaftung, in: ZHR 163 (1999), S. 461

Ders.: Vorstandsverantwortlichkeit und Fehlverhalten von Unternehmensangehörigen – Von der Einzelüberwachung zur Errichtung einer Compliance-Organisation –, in: AG 2003, S. 291

Ders.: Die persönliche Haftung der Organmitglieder für kapitalmarktbezogene Falschinformationen, in: BKR 2003, S. 608

Ders.: Zum Grundsatz der Gesamtverantwortung im Aktienrecht, in: NZG 2003, S. 449

Ders.: Zur Leitungsaufgabe des Vorstands im Aktienrecht, in: ZIP 2003, S. 1

Ders.: Zur Verantwortlichkeit einzelner Vorstandsmitglieder bei Kollegialentscheidungen im Aktienrecht, in: BB 2004, S. 2645

Ders. (Hrsg.): Handbuch des Vorstandsrechts, München 2006

Forster, Karl-Heinz: Abschlußprüfung nach dem Regierungsentwurf des KonTraG, in: Wpg 1998, S. 41

Friedewald, Rolf: Die personalistische Aktiengesellschaft, Köln Berlin Bonn München 1991

Füllbier, Andreas: Haftungseinheit bei mehreren gesamtschuldnerisch haftenden Ehepaaren, in: NJW 1989, S. 2801

Gehringer, Axel: Abschlussprüfung, Gewissenhaftigkeit und Prüfungsstandards, Baden-Baden 2002

Gernhuber, Joachim: Die Erfüllung und ihre Surrogate sowie das Erlöschen der Schuldverhältnisse aus anderen Gründen, Tübingen 1983

Geßler, Ernst/Hefermehl, Wolfgang/Eckardt, Ulrich/Kropff, Bruno (Hrsg.): Aktiengesetz, Band 6: §§ 291-410, München 1976

Goette, Wulf: Gesamtschuldbegriff und Regreßproblem, Bonn 1974

Götz, Heinrich: Die Überwachung der Aktiengesellschaft im Lichte jüngerer Unternehmenskrisen, in: AG 1995, S. 337

Ders.: Leitungssorgfalt und Leitungskontrolle der Aktiengesellschaft hinsichtlich abhängiger Unternehmen, in: ZGR 1998, S. 524

Großfeld, Bernhard/Brondics, Klaus: Die Stellung des fakultativen Aufsichtsrates (Beirat) in der Gesellschaft mit beschränkter Haftung und in der GmbH & Co. KG, in: AG 1987, S. 293

Großkommentar zum Aktiengesetz
Band 1, 2. Halbband: §§ 76-147, 3. Auflage, Berlin New York 1973

Großkommentar zum Aktiengesetz, hrsg. von Klaus J. Hopt und Herbert Wiedemann
§§ 1-53, 4. Auflage, Berlin 2004
§§ 76-83, 4. Auflage, Berlin 2003
§§ 84-91; Nachtrag zu § 93, 4. Auflage, Berlin 2006
§§ 92-94, 4. Auflage, Berlin New York 1999
§§ 95-117, 4. Auflage, Berlin 2005
§§ 399-410, 4. Auflage, Berlin New York 1997
Großkommentar zum GmbH-Gesetz, hrsg. von Peter Ulmer in Gemeinschaft mit Mathias Habersack und Martin Winter
Band I: Einleitung, §§ 1 bis 28, Tübingen 2005
Band II: §§ 29 bis 52, Tübingen 2006

Haarmann, Wilhelm/Schüppen, Matthias (Hrsg.): Frankfurter Kommentar zum Wertpapiererwerbs- und Übernahmegesetz – Öffentliche Übernahmeangebote (WpÜG) und Ausschluss von Minderheitsaktionären (§§ 327a-f AktG) –, 2. Auflage, Frankfurt am Main 2005

Haas, Ulrich: Geschäftsführerhaftung und Gläubigerschutz – Unternehmerische Verhaltenspflichten des GmbH-Geschäftsführers zum Schutz Dritter –, München 1997

Habersack, Mathias: Gesteigerte Überwachungspflichten des Leiters eines »sachnahen« Vorstandsressorts? – Kritische Bemerkungen zum Urteil des VG Frankfurt a.M. vom 8.7.2004 = WM 2004, 2157 –, in: WM 2005, S. 2360

Hachenburg, Max: Gesetz betreffend die Gesellschaften mit beschränkter Haftung (GmbHG), Kommentar, hrsg. von Peter Ulmer
Band 1: Allgemeine Einleitung; §§ 1-34, Berlin New York 1992
Band 2: §§ 35-52, 8. Auflage, Berlin New York 1997
Band 3: §§ 53-85, 8. Auflage, Berlin New York 1997

Hadding, Walther: Zur Rechtsfähigkeit und Parteifähigkeit der (Außen-)Gesellschaft bürgerlichen Rechts sowie zur Haftung ihrer Gesellschafter für Gesellschaftsverbindlichkeiten – Zugleich Besprechung des Urteils BGH WM 2001, 408 –, in: ZGR 2001, S. 712

Häsemeyer, Ludwig: Obstruktion gegen Sanierungen und gesellschaftsrechtliche Treupflichten, in: ZHR 160 (1996), S. 109

Hauschka, Christoph H. (Hrsg.): Corporate Compliance – Handbuch der Haftungsvermeidung in Unternehmen –, München 2007

Heidel, Thomas (Hrsg.): Aktienrecht und Kapitalmarktrecht, 2. Auflage, Baden-Baden 2007

von Hein, Jan: Vom Vorstandsvorsitzenden zum CEO?, in: ZHR 166 (2002), S. 464

Heller, Arne: Unternehmensführung und Unternehmenskontrolle unter besonderer Berücksichtigung der Gesamtverantwortung des Vorstands, Heidelberg 1998

Hirte, Heribert: Berufshaftung – Ein Beitrag zur Entwicklung eines einheitlichen Haftungsmodells für Dienstleistungen –, München 1996

Hoffmann, Dietrich/Preu, Peter: Der Aufsichtsrat – Ein Leitfaden für Aufsichtsräte –, 5. Auflage, München 2003

Hoffmann-Becking, Michael: Der Aufsichtsrat im Konzern, in: ZHR 159 (1995), S. 325

Ders.: Zur rechtlichen Organisation der Zusammenarbeit im Vorstand der AG, in: ZGR 1998, S. 497

Holzborn, Timo/Foelsch, Martin Eberhard: Schadensersatzpflichten von Aktiengesellschaften und deren Management bei Anlegerverlusten – Ein Überblick, in: NJW 2003, S. 932
Hommelhoff, Peter: Die Konzernleitungspflicht – Zentrale Aspekte eines Konzerverfassungsrechts –, 1982
Ders.: Die Autarkie des Aufsichtsrats – Besprechung der Entscheidung BGHZ 85, 293 »Hertie« –, in: ZGR 1983, S. 551
Ders.: Vernetzte Aufsichtsratsüberwachung im Konzern? – eine Problemskizze –, in: ZGR 1996, S. 144
Ders.: Die neue Position des Abschlußprüfers im Kraftfeld der aktienrechtlichen Organisationsverfassung (Teil 1), in: BB 1998, S. 2567
Hommelhoff, Peter/Mattheus, Daniela: Corporate Governance nach dem KonTraG, in: AG 1998, S. 249
Hopt, Klaus J.: Die Haftung des Wirtschaftsprüfers – Rechtsprobleme zu § 323 HGB (§ 168 AktG a. F.) und zur Prospekt- und Auskunftshaftung – (Teil 1), in: WPg 1986, S. 461
Hüffer, Uwe: Das Leitungsermessen des Vorstands in der Aktiengesellschaft, in: Festschrift für Thomas Raiser zum 70. Geburtstag am 20.02.2005, hrsg. von Reinhard Damm, Peter W. Heermann und Rüdiger Veil, Berlin 2005, S. 163
Ders.: Aktiengesetz, Kommentar, 8. Auflage, München 2008

Ihlas, Horst: Organhaftung und Haftpflichtversicherung, Berlin 1997
Immenga, Ulrich: Die Problematik der Anfechtungsklage im GmbH-Recht – Ein Beitrag zum Minderheitenschutz in der Gesellschafterversammlung –, in: GmbHR 1973, S. 5

Jauernig, Othmar (Hrsg.): Bürgerliches Gesetzbuch, Kommentar, 12. Auflage, München 2007

Kau, Wolfgang M./Kukat, Klaus: Haftung von Vorstands- und Aufsichtsratsmitgliedern bei Pflichtverletzungen nach dem Aktiengesetz, in: BB 2000, S. 1045
Kersting, Christian: Die Dritthaftung für Informationen im Bürgerlichen Recht, München 2007
Keuk, Brigitte: Die Solidarhaftung der Nebentäter, in: AcP 168 (1968), S. 175
Kiethe, Kurt: Falsche Erklärung nach § 161 AktG – Haftungsverschärfung für Vorstand und Aufsichtsrat?, in: NZG 2003, S. 559
Kirchhoff, Guido: Der Verkehrsunfall im Zivilprozeß – Haftungseinheit und Gesamtschau –, in: MDR 1998, S. 377
Klauser, Karl-August: Kriterien zur Bestimmung der Haftungsquote, in: NJW 1965, S. 1894
Klein, Franz: Abgabenordnung – einschließlich Steuerstrafrecht –, 9. Auflage, München 2006
Koch, Jens: Das Gesetz zur Unternehmensintegrität und Modernisierung des Anfechtungsrechts (UMAG), in: ZGR 2006, S. 769
Koller, Ingo/Roth, Wulf-Henning/Morck, Winfried: Handelsgesetzbuch, Kommentar, 6. Auflage, München 2007

Literatur

Kölner Kommentar zum Aktienrecht, hrsg. von Wolfgang Zöllner
    Band 2: §§ 76-117 AktG und Mitbestimmung im Aufsichtsrat, 2. Auflage, Köln Berlin Bonn München 1996
    Band 3: §§ 291-410 AktG, EG AktG, Gesetzesanhang, 1. Auflage, Köln Berlin Bonn München 1985
    Band: 4: Rechnungslegung der Aktiengesellschaft, 2. Auflage, Köln Berlin Bonn München 1991
    Band 6: §§ 15-22, §§ 291-328 AktG, 3. Auflage, Köln Berlin München 2004
Konzen, Horst: Geschäftsführung, Weisungsrecht und Verantwortlichkeit in der GmbH und GmbH & Co. KG, in: NJW 1989, S. 2977
Kort, Michael: Die Außenhaftung des Vorstands bei der Abgabe von Erklärungen nach § 161 AktG, in: Festschrift für Thomas Raiser zum 70. Geburtstag am 20.02.2005, hrsg. von Reinhard Damm, Peter W. Heermann und Rüdiger Veil, Berlin 2005, S. 203
Krieger, Gerd: Personalentscheidungen des Aufsichtsrats, Köln Berlin Bonn München 1981
Ders.: Zum Aufsichtsratspräsidium, in: ZGR 1985, S. 338
Ders.: Zur (Innen-)Haftung von Vorstand und Geschäftsführung, in: Gesellschaftsrecht 1995, hrsg. von Hartwig Henze, Wolfram Timm und Harm Peter Westermann, Köln 1996, S. 149
Krieger, Gerd/Schneider, Uwe H. (Hrsg.): Handbuch Managerhaftung – Risikobereich und Haftungsfolgen für Vorstand, Geschäftsführer, Aufsichtsrat –, Köln 2007
Kropff, Bruno: Aktiengesetz, Düsseldorf 1965
Ders.: Zur Konzernleitungspflicht, in: ZGR 1984, S. 112
Ders.: Konzerneingangskontrolle bei der qualifiziert konzerngebundenen Aktiengesellschaft, in: Bilanz- und Konzernrecht, Festschrift zum 65. Geburtstag von Dr. Dr. h.c. Reinhard Goerdeler, hrsg. von Hans Havermann, Düsseldorf 1987, S. 259
Kust, Egon: Zur Sorgfaltspflicht und Verantwortlichkeit eines ordentlichen und gewissenhaften Geschäftsleiters, in: WM 1980, S. 758

Lang, Arno: Zur Dritthaftung der Wirtschaftsprüfer, in: WPg 1989, S. 57
Lange, Heinrich: Anmerkung zu BGH, Urteil vom 22.10.1957, in: NJW 1958, S. 497
Larenz, Karl: Anmerkung zu RG, Urteil vom 16.06.1933, in: JW 1933, S. 2829 f
Ders.: Lehrbuch des Schuldrechts, Erster Band – Allgemeiner Teil, 14. Auflage, München 1987
Lettl, Tobias: Einbeziehung Dritter in den Schutzbereich des Vertrags über eine Pflichtprüfung nach §§ 316 ff. HGB, in: NJW 2006, S. 2817
Lohr, Martin: Die Beschränkung der Innenhaftung des GmbH-GF, in: NZG 2000, S. 1204
Looschelders, Dirk: Die Mitverantwortlichkeit des Geschädigten im Privatrecht, Tübingen 1999
Lutter, Marcus: Zur Wirkung von Zustimmungsvorbehalten nach § 111 Abs. 4 Satz 2 AktG auf nahestehende Gesellschaften, in: Festschrift für Robert Fischer, hrsg. von Marcus Lutter, Walter Stimpel und Herbert Wiedemann, Berlin New York 1979, S. 419
Ders.: Theorie der Mitgliedschaft – Prolegomena zu einem Allgemeinen Teil des Korporationsrechts –, in: AcP 1980 (1980), S. 84

Ders.: Die zivilrechtliche Haftung in der Unternehmensgruppe, in: ZGR 1982, S. 244
Ders.: Die Treupflicht des Aktionärs – Bemerkungen zur Linotype-Entscheidung des BGH –, in: ZHR 153 (1989), S. 446
Ders.: Haftung aus Konzernvertrauen?, in: Gedächtnisschrift für Brigitte Knobbe-Keuk, hrsg. von Wolfgang Schön, 1997, S. 229
Ders.: Treupflichten und ihre Anwendungsprobleme, in: ZHR 162 (1998), S. 164
Ders. (Hrsg.): Der Wirtschaftsprüfer als Element der Corporate Governance – Vorträge des 12. Bonner Europa-Symposions –, Düsseldorf 2001
Ders.: Kodex guter Unternehmensführung und Vertrauenshaftung, in: Festschrift für Jean Nicolas Druey zum 65. Geburtstag, hrsg. von Rainer J. Schweizer, Herbert Burker und Urs Gasser, Zürich 2002, S. 463
Ders. (Hrsg.): Holding-Handbuch – Recht – Management – Steuern –, 4. Auflage, Köln 2004
Ders. (Hrsg.): Umwandlungsgesetz, Kommentar, Bd. 1: §§ 1-137, 3. Auflage, Köln 2004
Lutter, Marcus/Banerjea, Nirmal Robert: Die Haftung wegen Existenzgefährdung, in: ZGR 2003, S. 402
Dies.: Die Haftung des Geschäftsführers für existenzvernichtende Eingriffe, in: ZIP 2003, S. 2177
Lutter, Marcus/Hommelhoff, Peter (Hrsg.): GmbH-Gesetz, Kommentar, 16. Auflage, Köln 2004
Lutter, Marcus/Krieger, Gerd: Hilfspersonen von Aufsichtsratsmitgliedern, in: DB 1996, S. 257
Dies.: Rechte und Pflichten des Aufsichtsrats, 4. Auflage, Köln 2002

Macharzina, Klaus: Unternehmensführung – Das internationale Managementwissen. Konzepte – Methoden – Praxis –, 2. Auflage, Wiesbaden 1995
Martens, Klaus-Peter: Der Grundsatz gemeinsamer Vorstandsverantwortung, in: Festschrift für Hans-Joachim Fleck zum 70. Geburtstag am 30.01.1988, hrsg. von Reinhard Goerdeler, Peter Hommelhoff, Marcus Lutter und Herbert Wiedemann, Berlin New York 1988, S. 191
Ders.: Die Organisation des Konzernvorstands, in: Festschrift für Theodor Heinsius zum 65. Geburtstag am 25.09.1991, hrsg. von Friedrich Kübler, Hans-Joachim Mertens und Winfried Werner, Berlin New York 1991
Mattheus, Daniela: Die gewandelte Rolle des Wirtschaftsprüfers als Partner des Aufsichtsrats nach dem KonTraG, in: ZGR 1999, S. 682
Medicus, Dieter: Schuldrecht I, Allgemeiner Teil – Ein Studienbuch –, 15. Auflage, München 2004
Mertens, Hans-Joachim: Die Haftung wegen Mißbrauchs der Leitungsmacht nach § 309 AktG aus schadensersatzrechtlicher Sicht, in: AcP 168 (1968), S. 225
Ders.: Die gesetzlichen Einschränkungen der Disposition über Ersatzansprüche der Gesellschaft durch Verzicht und Vergleich in der aktien- und konzernrechtlichen Organhaftung, in: Festschrift für Hans-Joachim Fleck zum 70. Geburtstag am 30.01.1988, hrsg. von Reinhard Goerdeler, Peter Hommelhoff, Marcus Lutter, Herbert Wiedemann, Berlin New York 1988
Michaelski, Lutz (Hrsg.): Kommentar zum Gesetz betreffend die Gesellschaften mit beschränkter Haftung (GmbH-Gesetz), Band 2: §§ 35-86 GmbHG, München 2002

Mickel, Corinna: Die Rechtsnatur der Haftung gespaltener Rechtsträger nach § 133 Abs. 1 und 3 UmwG, Köln Berlin München 2004

Münchener Handbuch des Gesellschaftsrechts
    Band 3: Gesellschaft mit beschränkter Haftung, hrsg. von Hans-Joachim Priester und Dieter Mayer, 2. Auflage, München 2003
    Band 4: Aktiengesellschaft, hrsg. von Michael Hoffmann-Becking, 3. Auflage, München 2007

Münchener Kommentar zum Aktiengesetz
    Band 1: §§ 1-75, hrsg. von Wulf Goette und Mathias Habersack, 3. Auflage, München 2008
    Band 3: §§ 76-117 AktG, MitbestG, § 76 BetrVG 1952, hrsg. von Bruno Kropff und Johannes Semler, 2. Auflage, München 2004
    Band 8: §§ 278-328 AktG, hrsg. von Bruno Kropff und Johannes Semler, 2. Auflage, München 2000
    Band 9/2: §§ 329-410 AktG, SE-VO, Europäische Niederlassungsfreiheit, Die Richtlinien zum Gesellschaftsrecht, hrsg. von Bruno Kropff, Johannes Semler, Wulf Goette und Mathias Habersack, 2. Auflage, München 2006

Münchener Kommentar zum Bürgerlichen Gesetzbuch, hrsg. von Kurt Rebmann, Franz Jürgen Säcker und Roland Rixecker
    Band 1: Allgemeiner Teil. §§ 1-240, ProstG, 5. Auflage, München 2006
    Band 2: Schuldrecht, Allgemeiner Teil. §§ 241-432, 5. Auflage, München 2007
    Band 4: Schuldrecht, Besonderer Teil II. §§ 611-704, EFZG, TzBfG, KSchG, 4. Auflage, München 2005

Münchener Kommentar zum Handelsgesetzbuch, hrsg. von Karsten Schmidt
    Band 4: Drittes Buch. Handelsbücher §§ 238-342a HGB, München 2001

Münchener Kommentar zur Insolvenzordnung, hrsg. von Hans-Peter Kirchof, Hans-Jürgen Lwowski und Rolf Stürner
    Band 1: §§ 1-102 InsO, Insolvenzrechtliche Vergütungsverordnung (InsVV), 2. Auflage, München 2007

Oppenländer, Frank/Trölitzsch, Thomas (Hrsg.): Praxishandbuch der GmbH-Geschäftsführung, München 2004

Paefgen, Walter: Struktur und Aufsichtsratsverfassung der mitbestimmten AG – Zur Gestaltungsmacht der Satzung und der Geschäftsordnung des Aufsichtsrats –, Köln Berlin Bonn München 1982

Palandt: Bürgerliches Gesetzbuch, Kommentar, 67. Auflage, München 2008

Poll, Jens: Die Verantwortlichkeit des Abschlußprüfers nach § 323 HGB, in: DZWir 1995, S. 95

Potthoff, Erich/Trescher, Karl: Das Aufsichtsratsmitglied – Ein Handbuch der Aufgaben, Rechte und Pflichten –, bearbeitet von Manuel R. Theisen, 6. Auflage, Stuttgart 2003

Quick, Reiner: Die Haftung des handelsrechtlichen Abschlußprüfers, in: BB 1992, S. 1675

Raiser, Thomas/Veil, Rüdiger: Recht der Kapitalgesellschaften – Ein Handbuch für Praxis und Wissenschaft –, 4. Auflage, München 2006

Rellermeyer, Klaus: Aufsichtsratsausschüsse, Köln Berlin Bonn München 1986

Rieger, Harald: Gesetzeswortlaut und Rechtswirklichkeit im Aktiengesetz, in: Festschrift für Martin Peltzer zum 70. Geburtstag, hrsg. von Marcus Lutter, Manfred Scholz und Walter Sigle, Köln 2001, S. 339

Roth, Günter H./Altmeppen, Holger: Gesetz betreffend die Gesellschaften mit beschränkter Haftung (GmbHG), Kommentar, 5. Auflage, München 2005

Rowedder, Heinz/Schmidt-Leithoff, Christian (Hrsg.): Gesetz betreffend die Gesellschaften mit beschränkter Haftung (GmbHG), Kommentar, 4. Auflage, München 2002

Säcker, Franz Jürgen: Zur Problematik von Mehrfachfunktionen im Konzern, in: ZHR 151 (1987), S. 59

Schäfer, Albrecht: Der Prüfungsausschuss – Arbeitsteilung im Aufsichtsrat, in: ZGR 2004, S. 416

Schäfer, Frank A./Hamann, Uwe (Hrsg.): Kapitalmarktgesetze – Wertpapierhandelsgesetz, Börsengesetz mit BörsZulV, Wertpapierprospektgesetz, Verkaufsprospektgesetz, Wertpapiererwerbs- und Übernahmegesetz –, Kommentar, Loseblatt, Stuttgart Berlin Köln 2006

Scheffler, Eberhard: Zur Problematik der Konzernleitung, in: Bilanz- und Konzernrecht – Festschrift zum 65. Geburtstag von Dr. Dr. h.c. Reinhard Goerdeler, hrsg. von Hans Havermann, Düsseldorf 1987, S. 469

Schiessl, Maximilian: Gesellschafts- und mitbestimmungsrechtliche Probleme der Spartenorganisation (Divisionalisierung), in: ZGR 1992, S. 64

Schimansky, Herbert/Bunte, Hermann-Josef/Lwowski, Hans-Jürgen (Hrsg.): Bankrechts-Handbuch, 3. Auflage, München 2007

Schindler, Joachim/Rabenhorst, Dirk: Auswirkungen des KonTraG auf die Abschlußprüfung, in: BB 1998, S. 1886

Schlegelberger, Franz/Quassowski, Leo/Herbig, Gustav/Geßler, Ernst/Hefermehl, Wolfgang: Aktiengesetz zum 30.01.1937, Kommentar, Berlin 1937

Schlierf, Herbert: Abwägungskriterien bei der Schadensausgleichung nach § 254 BGB, in: NJW 1965, S. 676

Schlitt, Christian: Der aktive Aufsichtsratsvorsitzende – Zum Handlungsspielraum des Aufsichtsratsvorsitzenden im aktienrechtlichen Normengefüge –, in: DB 2005, S. 2007

Schmidt, Karsten: Gesetzliche Gestaltung und dogmatisches Konzept eines neuen Umwandlungsgesetzes – Überlegungen zur legislatorischen Praxis und Theorie –, in: ZGR 1990, S. 580

Ders.: Die Vereinsmitgliedschaft als Grundlage von Schadensersatzansprüchen - Positive »Vertragsverletzung« und »sonstiges Recht« im Innenrecht des Vereins -, in: JZ 1991, S. 157

Ders.: Gesellschaftsrecht, 4. Auflage, Köln Berlin Bonn München 2002

Schmidt, Ludwig (Hrsg.): Einkommensteuergesetz – Kommentar –, 26. Auflage, München 2007

Schneider, Uwe H.: Die Wahrnehmung öffentlich-rechtlicher Pflichten durch den Geschäftsführer – Zum Grundsatz der Gesamtverantwortung bei mehrköpfiger Geschäftsführung in der konzernfreien GmbH und im Konzern –, in: Festschrift

100 Jahre GmbH-Gesetz, hrsg. von Marcus Lutter, Peter Ulmer und Wolfgang Zöllner, Köln 1992, S. 473
Ders.: Compliance als Aufgabe der Unternehmensleitung, in: ZIP 2003, S. 645
Schneider, Uwe. H./Brouwer, Tobias: Die straf- und zivilrechtliche Verantwortlichkeit des Geschäftsführers für die Abführung der Arbeitnehmeranteile zur Sozialversicherung – Eine Herausforderung für die höchstrichterliche Rechtsprechung –, in: ZIP 2007, S. 1033
Schnorbus, York: Grundlagen der persönlichen Haftung von Organmitgliedern nach § 25 Abs. 1 UmwG, in: ZHR 167 (2003), S. 666
Scholz, Kommentar zum GmbH-Gesetz mit Anhang Konzernrecht
  Band 1: §§ 1-44, Anh. Konzernrecht, 9. Auflage, Köln 2000
  Band 1: §§ 1-34, Anh. § 13 Konzernrecht, Anh. § 34 Austritt und Ausschließung eines Gesellschafters, 10. Auflage, Köln 2006
  Band 2: §§ 45-87, 9. Auflage, Köln 2002
Schulze-Osterloh, Joachim: Mitwirkendes Verschulden bei der Ersatzpflicht des Abschlußprüfers nach § 323 HGB, in: Festschrift für Claus-Wilhelm Canaris zum 70. Geburtstag, Band 2, hrsg. von Andreas Heldrich, Jürgen Prölss und Ingo Koller, München 2007, S. 379
Schwark, Eberhard: Spartenorganisation in Großunternehmen und Unternehmensrecht, in: ZHR 142 (1978), S. 203
Ders. (Hrsg): Kapitalmarktrechts-Kommentar – Börsengesetz mit Börsenzulassungsverordnung, Verkaufsprospektgesetz mit Verkaufsprospektverordnung, Wertpapierhandelsgesetz, Wertpapiererwerbs- und Übernahmengesetz –, 3. Auflage, München 2004
Selb, Walter: Mehrheiten von Gläubigern und Schuldnern, Tübingen 1984
Semler, Johannes: Leitung und Überwachung der Aktiengesellschaft – Die Leitungsaufgabe des Vorstands und die Überwachungsaufgabe des Aufsichtsrats –, 2. Auflage, Köln Berlin Bonn München 1996
Semler, Johannes/v. Schenck, Kersten (Hrsg.): Arbeitshandbuch für Aufsichtsratsmitglieder, 2. Auflage, München 2004
Soergel, Bürgerliches Gesetzbuch mit Einführungsgesetz und Nebengesetzen
  Band 1: Allgemeiner Teil 1 (§§ 1-103), 13. Auflage, Stuttgart Berlin Köln 2000
  Band 2: Schuldrecht I (§§ 241-432), 12. Auflage, Stuttgart Berlin Köln 1990
Spieker, Wolfgang: Die haftungsrechtliche Verantwortlichkeit der Mitglieder eines mehrköpfigen Vorstands in der nicht konzerngebundenen Aktiengesellschaft, in: DB 1962, S. 927
Spindler, Gerald/Stilz, Eberhard: Kommentar zum Aktiengesetz, Band 1: §§ 1-178, München 2007
Staub, Hermann: Handelsgesetzbuch, Großkommentar, hrsg. von Claus-Wilhelm Canaris, Wolfgang Schilling und Peter Ulmer, Band 3, 2. Teilband: §§ 290-342a, 4. Auflage, Berlin New York 2002
Staudinger, J. von: Kommentar zum Bürgerlichen Gesetzbuch mit Einführungsgesetz und Nebengesetzen,
  Buch 2: Recht der Schuldverhältnisse, §§ 249-254 (Schadensersatzrecht), Neubearbeitung 2005, Berlin 2005

Buch 2: Recht der Schuldverhältnisse, §§ 397-432 (Erlass, Abtretung, Schuld-
übernahme, Mehrheit von Schuldnern und Gläubigern), Neubearbeitung 2005,
Berlin 2005
Buch 2: Recht der Schuldverhältnisse, §§ 611-615 (Dienstvertragsrecht 1), Neu-
bearbeitung 2005, Berlin 2005
Stein, Ursula: Das faktische Organ, Köln Berlin Bonn München 1984
Dies.: Konzernherrschaft durch EDV? – Gesellschaftsrechtliche und konzernrechtliche
Probleme der EDV-Auslagerung auf ein konzernverbundenes Unternehmen –, in:
ZGR 1988, S. 163
Steinbach, Dietwin Johannes/Lang, Klaus: Zum Gesamtschuldnerregreß im Verhältnis
zwischen Personal- und Realsicherungsgeber, in: WM 1987, S. 1237
Theisen, Manuel René: Vergabe und Konkretisierung des WP-Prüfungsauftrags durch
den Aufsichtsrat – Bedeutung, Funktion und Umsetzung des § 111 Abs. 2
Satz 3 AktG i.d.F. 1998 –, in: BB 1999, S. 341
Thümmel, Roderich C.: Persönliche Haftung von Managern und Aufsichtsräten, 3. Auf-
lage, Stuttgart München Hannover Berlin Weimar Dresden 2003
Turiaux, André/Knigge, Dagmar: Vorstandshaftung ohne Grenzen? – Rechtssichere Vor-
stands- und Unternehmensorganisation als Instrument der Risikominimierung, in:
DB 2004, S. 2199

Ulmer, Peter: Zur Haftung der abordnenden Körperschaft nach § 31 BGB für Sorgfalts-
verstöße des von ihr benannten Aufsichtsratsmitglieds, in: Festschrift für Walter
Stimpel zum 68. Geburtstag am 29.11.1985, hrsg. von Marcus Lutter, Hans-
Joachim Mertens und Peter Ulmer, Berlin New York 1985, S. 705
Ders.: Der Deutsche Corporate Governance Kodex – ein neues Regulierungsinstrument
für börsennotierte Aktiengesellschaften, in: ZHR 166 (2002), S. 150

Wacke, Andreas: Der Erlaß oder Vergleich mit einem Gesamtschulnder – Zur Befreiung
Mithaftender beim Regreßverlust durch Gläubigerhanden – (Mit einem Vorschlag
anläßlich des Referentenentwurfs zur Änderung und Ergänzung schadensersatz-
rechtlicher Vorschriften vom Januar 1967), in: AcP 170 (1970), S. 42
Weber, Martin: Die Haftung des Abschlussprüfers gegenüber Dritten, in: NZG 1999, S. 1
Wettich, Carsten: Vorstandsorganisation in der Aktiengesellschaft – Zugleich ein Beitrag
zum Kollegialprinzip und dem Grundsatz der Gesamtverantwortung –, Köln
München 2008
Wirtz, Markus M.: Die Aufsichtspflicht des Vorstandes nach OWiG und KonTraG, in:
WuW 2001, S. 342
Wolf, Martin: Wider eine Misstrauenspflicht im Kollegialorgan »Vorstand« – Durch das
Urteil des VG Frankfurt/M. VersR 2005, 57 veranlasste Anmerkungen zur
Grenzlinie zwischen Kollegial- und Ressortprinzip und zu deren Auswirkungen
auf die fachliche Eignung eines Vorstands von Versicherungsunternehmen –, in:
VersR 2005, S. 1042

Ziemons, Hildegard: Erteilung des Prüfungsauftrags an den Abschlussprüfer einer Aktiengesellschaft durch einen Aufsichtsratsausschuss?, in: DB 2000, S. 77

Zöller, Richard: Zivilprozessordnung mit Gerichtsverfassungsgesetz und den Einführungsgesetzen, mit Internationalem Zivilprozessrecht, EG-Verordnungen, Kostenanmerkungen – Kommentar –, 28. Auflage, Köln 2007

Zöllner, Wolfgang: Die sogenannten Gesellschafterklagen im Kapitalgesellschaftsrecht - Referat -, in: ZGR 1988, S. 392

Zugehör, Horst: Berufliche »Dritthaftung« – insbesondere der Rechtsanwälte, Steuerberater, Wirtschaftsprüfer und Notare – in der deutschen Rechtsprechung, in: NJW 2000, S. 1601

Sachregister

Abschlussprüfer
- gesamtschuldnerische Haftung mit Geschäftsleitern/Aufsichtsräten 90 ff, 102 ff
- Haftung gegenüber der Gesellschaft 86 f, 87 f

Arbeitnehmer
- gesamtschuldnerische Haftung mit Geschäftsleitern/Aufsichtsräten 84 f, 97 ff
- Haftung gegenüber der Gesellschaft 83 f

Aufsichtsrat
- Arbeitsteilung, siehe Aufsichtsrat, Arbeitsteilung
- und eigene unternehmerische Entscheidungen, siehe Aufsichtsrat, eigene unternehmerische Entscheidungen
- Haftung, siehe Aufsichtsrat, Haftung
- Legalitätspflicht 44
- und Mitwirkung an unternehmerischen Entscheidungen, siehe Aufsichtsrat, Mitwirkung an unternehmerischen Entscheidungen
- Qualifikationen 44 f
- Sorgfaltspflichten 43 ff
- Treue- und Loyalitätspflicht 49
- und Überwachung der Geschäftsleitung, siehe Aufsichtsrat, Überwachung der Geschäftsleitung

Aufsichtsrat, Arbeitsteilung
- Ausschüsse 52 ff
- Delegation an Dritte 62
- Delegationsverbote 53 ff
- Gesamtverantwortung im Aufsichtsrat, siehe Gesamtverantwortung im Aufsichtsrat
- horizontale Arbeitsteilung 52 ff
- Überwachungspflichten, siehe Überwachungspflichten bei Arbeitsteilung im Aufsichtsrat
- vertikale Delegation 61 f

Aufsichtsrat, eigene unternehmerische Entscheidungen
- Überblick 48 f

Aufsichtsrat, Haftung
- Anspruchsdurchsetzung 64 f
- gegenüber Dritten 67 f
- gegenüber der Gesellschaft 43 ff, 50 f, 51
- gegenüber Gesellschaftern 68 f
- gegenüber verbundenen Unternehmen 69 ff
- gesamtschuldnerische Haftung 65 ff, 72 ff, 75 ff, 77 ff, 79 ff, 84 f, 90 ff, 95 f, 96 f, 97 ff, 103 ff, 104 f, 105 ff, 107, 108 f, 109 ff, 115 f, 116 f, 118 ff
- Haftungsausschluss/-beschränkung 62 f
- Verjährung 63 f
- Verschulden 61
- Verzicht/Vergleich 63

Aufsichtsrat, Mitwirkung an unternehmerischen Entscheidungen
- Überblick 47 f

Aufsichtsrat, Überwachung der Geschäftsleitung
- Überblick 46 f

D & O-Versicherung
- und gesamtschuldnerische Haftung im Außenverhältnis 219
- und gesamtschuldnerische Haftung im Innenverhältnis 220, 221
- Überblick 217 ff

Erlassvereinbarungen
- mit einzelnen Gesamtschuldnern 124 ff, 131 f

Sachregister

- und Erlassbeschränkungen 127 ff, 130 f, 131 f
- mit sämtlichen Gesamtschuldnern 123, 130 f
- und Zwangserlass 132 f

Finanzdienstleister
- gesamtschuldnerische Haftung mit Geschäftsleitern/Aufsichtsräten 95 f, 105 ff
- Haftung gegenüber der Gesellschaft 94 f

Gesamtschuld
- Ausgleichsanspruch, siehe Gesamtschuld, Ausgleichsanspruch
- gesamtschuldnerische Haftung, siehe gesamtschuldnerische Haftung
- interne Haftungsanteile, siehe Gesamtschuld, interne Haftungsanteile

Gesamtschuld, Ausgleichsanspruch
- und Freistellungsanspruch 141
- Konkurrenzen 141 ff
- Überblick 139 ff
- Umfang 140 f, 152 f

Gesamtschuld, interne Haftungsanteile
- und D & O-Versicherung 220, 221
- und gesamtschuldnerische Haftung von Aufsichtsräten 173 f, 174, 175 f, 176 f, 177, 178 f, 179 ff, 181 f
- und gesamtschuldnerische Haftung von Geschäftsleitern 157, 158 ff, 161 ff, 163, 164 f, 166 f, 167 f, 168 ff, 171 ff
- und gesamtschuldnerische Haftung von Geschäftsleitern und Aufsichtsräten 182 f, 183 ff, 185 ff, 188 f, 190, 191 f, 192 ff, 194 f, 195 f, 197
- und gesamtschuldnerische Haftung von Geschäftsleitern/Aufsichtsräten und Dritten 200 f, 201 f, 202 ff, 204 ff, 208, 209 f, 210 f
- und gesamtschuldnerische Haftung von Geschäftsleitern/Aufsichtsräten und der Gesellschaft 198 ff
- und gesamtschuldnerische Haftung von Geschäftsleitern/Aufsichtsräten und Gesellschaftern 211 f, 212 ff, 214 ff
- und gesetzliche Anordnung 147 ff
- und gestörte Gesamtschuld 156 f
- Haftungseinheit, siehe Haftungseinheit
- und Mitverschulden des Geschädigten 155 f
- und Natur der Sache 146 f
- prozessuale Überlegungen des Gläubigers 222
- prozessuale Überlegungen der Schuldner 223 f
- und Rechtsbeziehung der Gesamtschuldner 145 f
- und Verantwortlichkeiten 148 ff
- Verschuldensanteile 150 f
- Verursachungsanteile 151 f

gesamtschuldnerische Haftung
- von Aufsichtsräten 65 ff
- Ausgleichsanspruch, siehe Gesamtschuld, Ausgleichsanspruch
- und Gesamtwirkung 121, 122 f, 123 ff
- von Geschäftsleitern 34 ff
- von Geschäftsleitern und Aufsichtsräten 72 ff
- von Geschäftsleitern/Aufsichtsräten und Abschlussprüfern 90 ff
- von Geschäftsleitern/Aufsichtsräten und Arbeitnehmern 84 f, 97 ff
- von Geschäftsleitern/Aufsichtsräten und Finanzdienstleistern 95 f, 105 ff
- von Geschäftsleitern/Aufsichtsräten und der Gesellschaft 75 ff, 77 ff, 79 ff
- von Geschäftsleitern/Aufsichtsräten und Gesellschaftern 115 f, 116 f, 118 ff
- und Haftungsausschluss/-beschränkung 133 ff
- interne Haftungsanteile, siehe Gesamtschuld, interne Haftungsanteile
- und Verjährung 137 f

Sachregister

Gesamtverantwortung im Aufsichtsrat
– Überblick 55, 58
Gesamtverantwortung der Geschäftsleiter
– im Konzernverbund 29 f, 30 f
– Überblick 13 ff
Geschäftsführung, siehe Geschäftsleitung
Geschäftsleitung
– Arbeitsteilung, siehe Geschäftsleitung, Arbeitsteilung
– Haftung, siehe Geschäftsleitung, Haftung
– kollegiale Zusammenarbeit 6
– Legalitätspflicht 5
– Sorgfaltspflichten 4 ff
– Treue- und Loyalitätspflichten 7
Geschäftsleitung, Arbeitsteilung
– Delegation an Dritte 29 f
– Gesamtverantwortung der Geschäftsleiter, siehe Gesamtverantwortung der Geschäftsleiter
– horizontale Arbeitsteilung 15 ff
– Leitungsverantwortung 13 ff
– Pflichten der Geschäftsleiter 17 ff, 20 f, 21 ff
– Überwachungspflichten bei Arbeitsteilung, sie Überwachungspflichten bei Arbeitsteilung der Geschäftsleiter
– vertikale Arbeitsteilung 27 f
Geschäftsleitung, Haftung
– Anspruchsdurchsetzung 34 f
– gegenüber Dritten 37 ff
– gegenüber der Gesellschaft 4 ff, 8 ff, 11 ff
– gegenüber Gesellschaftern 41 f
– gesamtschuldnerische Haftung 35 ff, 72 ff, 75 ff, 77 ff, 79 ff, 84 f, 90 ff, 93, 95 f, 96 f, 97 ff, 103 ff, 104 f, 105 ff, 107, 108 f, 109 ff, 115 f, 116 f, 118 ff
– Haftungsausschluss/-beschränkung 31 f
– gegenüber verbundenen Unternehmen 42 f
– Verjährung 33 f
– Verschulden 27 f
– Verzicht/Vergleich 32

Gesellschafter
– gesamtschuldnerische Haftung mit Geschäftsleitern/Aufsichtsräten 115 f, 116 f, 118 ff
– Haftung gegenüber der Gesellschaft 112 ff

Haftungsausschluss/-beschränkung
– und Aufsichtsratshaftung gegenüber der Gesellschaft 62 f
– und Gesamtschuld 133 ff
– und Geschäftsleiterhaftung gegenüber der Gesellschaft 31 f
– und Haftung des Abschlussprüfers gegenüber der Gesellschaft 88 f
– und Haftung der Gesellschafter gegenüber der Gesellschaft 114
Haftungseinheit
– rechtliche Haftungseinheit 153 f
– tatsächliche Haftungseinheit 154
– Wesen 153, 154 f

Überwachungspflichten bei Arbeitsteilung im Aufsichtsrat
– und Sachnähe einzelner Ausschüsse 60
– Überblick 55 ff, 58 ff
– und Vorsitzender des Aufsichtsrats 60
Überwachungspflichten bei Arbeitsteilung der Geschäftsleiter
– Gegenstand 21
– und Sachnähe einzelner Geschäftsleiter 24 ff
– Überblick 21 ff
– Umfang 22 ff
– und Vorsitzender der Geschäftsleitung 25 ff

Verzicht/Vergleich
– und Aufsichtsratshaftung gegenüber der Gesellschaft 63
– und Geschäftsleiterhaftung gegenüber der Gesellschaft 34
– und Haftung des Abschlussprüfers gegenüber der Gesellschaft 89

247

Sachregister

- und Haftung der Gesellschafter gegenüber der Gesellschaft 114

Vorsitzender des Aufsichtsrats
- und Überwachungspflichten bei Arbeitsteilung 60

Vorsitzender der Geschäftsleitung
- und Überwachungspflichten bei Arbeitsteilung 25 ff

Vorstand, siehe Geschäftsleitung

Abhandlungen zum deutschen und europäischen Handels- und Wirtschaftsrecht

Herausgegeben von Prof. Dr. Dr. h. c. Götz Hueck,
Prof. Dr. Dres. h. c. Marcus Lutter, Prof. Dr. Dr. h. c. Wolfgang Zöllner

Band 1
Der Abhängigkeitsbericht im faktischen Konzern
Von Dr. Wilfried Haesen
1970. 8°. XXXI, 147 Seiten. Kartoniert.   ISBN 3-452-17122-2

Band 2
Das Miturheberrecht
Von Dr. Peter Sontag
1972. 8°. XVIII, 85 Seiten. Kartoniert.   ISBN 3-452-17455-7

Band 3
Die Aktie und ihre Übertragung im französischen Recht
Von Dr. Volkmar Herms
1972. 8°. XXII, 112 Seiten. Kartoniert.   ISBN 3-452-17452-2

Band 4
Abfindung und Ausgleich im aktienrechtlichen Beherrschungsvertrag
Von Dr. Hans-Jochen Hüchting
1972. 8°. XXXVI, 156 Seiten. Kartoniert.   ISBN 3-452-17461-1

Band 5
Geheimnisschutz und Verschwiegenheitspflicht im Aktienrecht
Von Dr. Dietrich von Stebut
1972. 8°. XXIII, 162 Seiten. Kartoniert.   ISBN 3-452-17476-X

Band 6
Die Haftung der Mitglieder einer BGB-Gesellschaft für Gesellschaftsschulden
Von Dr. Paul Nicknig
1973. 8°. XXII, 160 Seiten. Kartoniert.   ISBN 3-452-17518-9

Band 7
Die Stimmrechtsbindung
Von Dr. Hans-Peter Overrath
1974. 8°. XXVII, 145 Seiten. Kartoniert.   ISBN 3-452-17724-6

Band 8
Das Scheckkartenverfahren der deutschen Kreditinstitute
Von Dr. Klaus Wentzel
1974. 8°. XXXVII, 281 Seiten. Kartoniert.   ISBN 3-452-17862-5

Band 9
Die Traditionsfunktion des Orderkonnossements
Wechselwirkung zwischen Sachenrecht und Wertpapierrecht
Von Dr. Eberhard Stengel
1975. 8°. XXVI, 219 Seiten. Kartoniert.   ISBN 3-452-17906-1

Band 10
Das Effektenkommissionsgeschäft
Von Dr. Reinhard Frhr. von Dalwigk zu Lichtenfels
1975. 8°. XXIII, 160 Seiten. Kartoniert.   ISBN 3-452-17941-9

Band 11
Der unbeschränkt haftende Kommanditist
Ein Beitrag zur Rechtsposition des nicht eingetragenen Kommanditisten
Von Dr. Konrad Beyerle
1976. 8°. XXVII, 173 Seiten. Kartoniert.   ISBN 3-452-17999-5

Band 12
Mitbestimmung im Konzern
Von Prof. Dr. Marcus Lutter
1975. 8°. XII, 82 Seiten. Kartoniert.   ISBN 3-452-17998-7

Band 13
Die Sachmängelhaftung beim Unternehmenskauf
Von Dr. Peter Hommelhoff
1975. 8°. XXV, 132 Seiten. Kartoniert.   ISBN 3-452-18036-0

Band 14
Die Beendigung des Beherrschungs- und Gewinnabführungsvertrags
Von Dr. Hermann Wilhelm
1976. 8°. XXIX, 146 Seiten. Kartoniert.   ISBN 3-452-18140-5

Band 15
Die Europäische Aktiengesellschaft
Eine Stellungnahme zur Vorlage der Kommission an den Ministerrat der Europäischen Gemeinschaften über das Statut für Europäische Aktiengesellschaften vom 30. April 1975
Herausgegeben von Prof. Dr. Marcus Lutter
2., unveränderte Auflage
1978. 8°. XXI, 459 Seiten. Kartoniert. ISBN 3-452-18399-9

Band 16
Unternehmensverträge und Zusammenschlußkontrolle
Aktienrechtliche Probleme der Auflösung eines Beherrschungs- und Gewinnabführungsvertrages im Rahmen der wettbewerbsrechtlichen Zusammenschlußkontrolle
Von Dr. Christine Windbichler
1977. 8°. XXIV, 109 Seiten. Kartoniert. ISBN 3-452-18291-6

Band 17
Das Lastschriftverfahren
Entwicklung und Rechtsprobleme
Von Dr. Andreas Fallscheer-Schlegel
1977. 8°. XVI, 78 Seiten. Kartoniert. ISBN 3-452-18335-1

Band 18
Die Verfassung der Aktiengesellschaft im faktischen Konzern
Zur Harmonisierung der §§ 31 ff. AktG mit den allgemeinen Bestimmungen des Aktienrechts
Von Dr. Lutz Strohn
1977. 8°. XLII, 200 Seiten. Kartoniert. ISBN 3-452-18345-9

Band 19
Rechnungslegung bei sinkendem Geldwert
Die Rechtspflicht des Vorstands zur Ermittlung und Offenlegung von Scheingewinnen nach dem geltenden Aktienrecht
Von Dr. Eberhard Hübener
1978. 8°. XXXII, 135 Seiten. Kartoniert. ISBN 3-452-18374-2

Band 20
Maßregelungsverbote und sonstige tarifliche Nebenfolgenklauseln nach Arbeitskämpfen
Zugleich ein Beitrag zu den Grenzen der Tarifautonomie
Von Prof. Dr. Wolfgang Zöllner
1977. 8°. IX, 60 Seiten. Kartoniert. ISBN 3-452-18359-9

Band 21
Die Arbeiterselbstverwaltung im Spannungsverhältnis von Gesellschafts- und Arbeitsrecht
Von Prof. Dr. Alfons Kraft und Prof. Dr. Horst Konzen
1978. 8°. IX, 95 Seiten. Kartoniert. ISBN 3-452-18395-5

Band 22
Herrschaft und Abhängigkeit einer Aktiengesellschaft auf schuldvertraglicher und tatsächlicher Grundlage
Von Dr. Josef Dierdorf
1978. 8°. XXXIV, 275 Seiten. Kartoniert. ISBN 3-452-18403-X

Band 23
Reform der Unternehmensverfassung
Methodische und ökonomische Grundüberlegungen
Von Prof. Dr. Horst Steinmann und Dipl.-Kfm. Elmar Gerum
1978. 8°. XXIV, 96 Seiten. Kartoniert. ISBN 3-452-18475-7

Band 24
Die existentielle Wirtschaftsabhängigkeit
Eine Untersuchung im Spannungsfeld von Konzern- und Wettbewerbsrecht
Von Prof. Dr. Klaus-Peter Martens
1978. 8°. IX, 164 Seiten. Kartoniert. ISBN 3-452-18615-6

Band 25
Information und Vertraulichkeit im Aufsichtsrat
3., völlig überarbeitete Auflage
Von Prof. Dr. Dres. h. c. Marcus Lutter
2006. 8°. XX, 342 Seiten. Gebunden. ISBN 978-3-452-24657-8

Band 26
Lockvogel- und Sonderangebote
Rechtliche Grenzen selektiver Niedrigpreisstellung
Von Prof. Dr. Walter F. Lindacher
1979. 8°. VIII, 60 Seiten. Kartoniert.   ISBN 3-452-18616-4

Band 27
Die Gleichordnungskonzerne im Konzern- und Wettbewerbsrecht
Von Dr. Hans-Georg Gromann
1979. 8°. XI, 138 Seiten. Kartoniert.   ISBN 3-452-18636-9

Band 28
Die Betriebsüberlassung zwischen Vertragskonzern und faktischem Konzern
Zum sog. Umgehungsproblem bei den Unternehmensverträgen
der §§ 291, 292 I Ziff. 3 AktG
Von Dr. Jörg Oesterreich
1979. 8°. XII, 180 Seiten. Kartoniert.   ISBN 3-452-18686-5

Band 29
Unternehmensziele im Aktienrecht
Eine Untersuchung über Handlungsmaßstäbe für Vorstand und Aufsichtsrat
Von Dr. Adolf Großmann
1981. 8°. XVI, 282 Seiten. Kartoniert.   ISBN 3-452-18790-X

Band 30
Die Aktiengesellschaft als Konzernspitze
Die Zuständigkeitsordnung bei der Konzernbildung und Konzernumbildung
Von Dr. Wolfram Timm
1980. 8°. XV, 266 Seiten. Kartoniert.   ISBN 3-452-18806-X

Band 31
Leitung und Überwachung der Aktiengesellschaft
Die Leitungsaufgabe des Vorstands und die Überwachungsaufgabe des Aufsichtsrats
2., völlig überarbeitete und erweiterte Auflage
Von Prof. Dr. Johannes Semler
1996. 8°. XXI, 334 Seiten. Kartoniert.   ISBN 3-452-23444-4
                     Gebunden.   ISBN 3-452-23445-2

Band 32
Der Beirat im Gesellschaftsrecht
2., überarbeitete und ergänzte Auflage
Von Dr. Volker Voormann
1990. 8°. XV, 241 Seiten. Kartoniert. ISBN 3-452-21575-X

Band 33
Personalentscheidungen des Aufsichtsrats
Von Dr. Gerd-Werner Krieger
1981. 8°. XIV, 325 Seiten. Kartoniert. ISBN 3-452-18950-3

Band 34
Struktur und Aufsichtsratsverfassung der mitbestimmten AG
Zur Gestaltungsmacht der Satzung und der Geschäftsordnung des Aufsichtsrats
Von Dr. Walter Paefgen
1982. 8°. XIX, 432 Seiten. Kartoniert. ISBN 3-452-19142-7

Band 35
Die »positive Vertragsverletzung« des Arbeitnehmers
Zugleich ein Beitrag zur Bestimmung von Inhalt und Rechtsnatur der Arbeitnehmerpflichten
Von Dr. Stefan Motzer
1982. 8°. XI, 285 Seiten. Kartoniert. ISBN 3-452-19258-X

Band 36
Daten- und Informationsschutz im Arbeitsverhältnis
2., unveränderte Auflage
Von Prof. Dr. Wolfgang Zöllner
1983. 8°. XIII, 105 Seiten. Kartoniert. ISBN 3-452-19456-6

Band 37
Der Arbeitnehmer als Gesellschafter
Von Dr. Axel Fohrmann
1982. 8°. XIII, 165 Seiten. Kartoniert. ISBN 3-452-19307-1

Band 38
Der Nießbrauch an Aktien im Zivil- und Steuerrecht
Von Dr. Christian R. Scharff
1982. 8°. XII, 183 Seiten. Kartoniert. ISBN 3-452-19320-9

Band 39
Der Aufsichtsratsvorsitzende
Seine Rechtsstellung nach dem Aktiengesetz und dem
Mitbestimmungsgesetz
Von Dr. Egon A. Peus
1983. 8°. XVI, 455 Seiten. Kartoniert. ISBN 3-452-19392-6

Band 40
Konditionenempfehlungen, kartellrechtliche Kontrolle und AGB-Gesetz
Von Dr. Bernhard Schirmers
1983. 8°. X, 109 Seiten. Kartoniert. ISBN 3-452-19378-0

Band 41
Das faktische Organ
Von Dr. Ursula Stein
1984. 8°. XIII, 233 Seiten. Kartoniert. ISBN 3-452-19862-6

Band 42
Die Spaltung von Personengesellschaften
Von Dr. Peter Duvinage
1984. 8°. XVIII, 242 Seiten. Kartoniert. ISBN 3-452-19864-2

Band 43
Vor-GmbH und Gründerhaftung
Von Dr. Wolfgang Theobald
1984. 8°. XI, 164 Seiten. Kartoniert. ISBN 3-452-19877-4

Band 44
Divisionalisierung, Mitbestimmung und Tarifvertrag
Von Dr. Ulrike Wendeling-Schröder
1984. 8°. XIV, 213 Seiten. Kartoniert. ISBN 3-452-20145-7

Band 45
Bezugsrechtsausschluß und Konzernbildung
Von Dr. Heribert Hirte
1986. 8°. XIII, 294 Seiten. Kartoniert. ISBN 3-452-20466-9

Band 46
Organklagen zwischen Vorstand und Aufsichtsrat der Aktiengesellschaft
Von Dr. Ulrich Bauer
1986. 8°. XIV, 147 Seiten. Kartoniert.   ISBN 3-452-20501-0

Band 47
Die konzernbeherrschte Personengesellschaft
Von Dr. Michael Baumgartl
1986. 8°. XI, 173 Seiten. Kartoniert.   ISBN 3-452-20528-2

Band 48
Das Kreditkartenverfahren
Konstruktion und Sicherung
Von Dr. Michael Weller
1986. 8°. XVI, 257 Seiten. Kartoniert.   ISBN 3-452-20543-6

Band 49
Der Abschluß von Beherrschungs- und Gewinnabführungsverträgen im GmbH-Recht
Von Dr. Michael Kort
1986. 8°. XII, 189 Seiten. Kartoniert.   ISBN 3-452-20544-4

Band 50
Aufsichtsratsausschüsse
Von Dr. Klaus Rellermeyer
1986. 8°. XVI, 301 Seiten. Kartoniert.   ISBN 3-452-20648-3

Band 51
Enthaftung des Managements
Corporate Indemnification im amerikanischen und deutschen Recht
Von Dr. Burkhard Bastuck
1986. 8°. XIV, 226 Seiten. Kartoniert.   ISBN 3-452-20700-5

Band 52
Fehlende Mitbestimmung bei § 87 BetrVG
Von Dr. Günther Hurlebaus
1987. 8°. XII, 163 Seiten. Kartoniert.   ISBN 3-452-20762-5

Band 53
Arbeitnehmerschutz für den GmbH-Geschäftsführer
Von Dr. Ralf Gissel
1987. 8°. XIII, 178 Seiten. Kartoniert.   ISBN 3-452-20817-6

Band 54
Die Gesellschafterklage im GmbH-Recht
Zur Durchsetzung von Ansprüchen der GmbH durch ihre Gesellschafter
Von Dr. Andreas Eickhoff
1988. 8°. XIII, 320 Seiten. Kartoniert.   ISBN 3-452-20985-7

Band 55
Die Haftung des Liquidators der GmbH
Von Dr. Martina Vomhof
1988. 8°. XV, 216 Seiten. Kartoniert.   ISBN 3-452-21143-6

Band 56
Die Beteiligung der BGB-Gesellschaft an den Personenhandelsgesellschaften
Von Dr. Kilian Brodersen
1988. 8°. XIII, 135 Seiten. Kartoniert.   ISBN 3-452-21159-2

Band 57
Wettbewerbsrechtliche Haftung geschäftsführender Organe
Von Dr. Adolf Maier
1988. 8°. IX, 154 Seiten. Kartoniert.   ISBN 3-452-21199-1

Band 58
Gesellschaftsinteresse und Gleichbehandlung beim Bezugsrechtsausschluß
Von Dr. Martin Schockenhoff
1988. 8°. XIV, 135 Seiten. Kartoniert.   ISBN 3-452-21217-3

Band 59
Personengesellschaft und Liquidation
Die Auswirkung der Liquidation auf die vermögensrechtliche Stellung
der Gesellschafter
Von Dr. Klaus Hillers
1989. 8°. XXVII, 471 Seiten. Kartoniert.   ISBN 3-452-21287-4

Band 60
Verdeckte Vermögensverlagerungen im Aktienrecht
Von Dr. Rainer Bommert
1989. 8°. XVII, 248 Seiten. Kartoniert.   ISBN 3-452-21342-0

Band 61
Wertrechte im Effektengiroverkehr
Zum redlichen Erwerb stückeloser Effekten
Von Dr. Claudius Dechamps
1989. 8°. XII, 184 Seiten. Kartoniert.   ISBN 3-452-21337-4

Band 62
Fehlerhafte Beschlüsse in Gesellschaften und Vereinen
Von Dr. Ulrich Noack
1989. 8°. XIX, 225 Seiten. Kartoniert.   ISBN 3-452-21346-3

Band 63
Stimmrecht und Interessenkollision im Aufsichtsrat
Von Dr. Volker Matthießen
1989. 8°. XX, 554 Seiten. Kartoniert.   ISBN 3-452-21460-5

Band 64
Eigenkapitalersetzende Aktionärsdarlehen
Von Dr. Axel Ketzer
1989. 8°. XIV, 221 Seiten. Kartoniert.   ISBN 3-452-21382-X

Band 65
Informationsrechte des Gesellschafters
Von Dr. Hermann Peter Wohlleben
1989. 8°. XIV, 251 Seiten. Kartoniert.   ISBN 3-452-21368-4

Band 66
Institutionelle Mitbestimmung und Arbeitnehmereinfluß
Von Dr. Jürgen Ensch
1989. 8°. XV, 271 Seiten. Kartoniert.   ISBN 3-452-21391-9

Band 67
Ausschließungs- und Nachfolgeregelung in der GmbH-Satzung
Von Dr. Barbara Kesselmeier
1989. 8°. XVIII, 331 Seiten. Kartoniert.   ISBN 3-452-21550-4

Band 68
Die vermögenslose GmbH
Von Dr. Christoph Heller
1989. 8°. XIII, 229 Seiten. Kartoniert.   ISBN 3-452-21574-1

Band 69
Die Haftung der Muttergesellschaft für Schulden der Tochtergesellschaft
Eine Untersuchung nach deutschem und amerikanischem Recht
Von Dr. Heiner Drüke
1990. 8°. XIII, 213 Seiten. Kartoniert.   ISBN 3-452-21821-X

Band 70
Optionsanleihen
Rechtliche Grundlagen und aktuelle Probleme
Von Dr. Günter Schumann
1990. 8°. XV, 378 Seiten. Kartoniert.   ISBN 3-452-21896-1

Band 71
Einlagen in Kapitalgesellschaften
Gläubigerschutz und Gestaltungsfreiheit
Von Dr. Kaspar Frey
1990. 8°. XV, 242 Seiten. Kartoniert.   ISBN 3-452-21714-0

Band 72
Gewinnverwendung im Konzern
Von Dr. Axel Gollnick
1991. 8°. XVI, 232 Seiten. Kartoniert.   ISBN 3-452-21951-8

Band 73
Die personalistische Aktiengesellschaft
Von Dr. Rolf Friedewald
1991. 8°. XVIII, 191 Seiten. Kartoniert.   ISBN 3-452-21952-6

Band 74
Vorzugsaktien ohne Stimmrecht
Von Dr. Tilman Bezzenberger
1991. 8°. XVI, 215 Seiten. Kartoniert.   ISBN 3-452-22083-4

Band 75
Pflichten und Haftung von Sparkassenorganen
Von Prof. Dr. Marcus Lutter
1991. 8°. XVI, 189 Seiten. Kartoniert. ISBN 3-452-22152-0

Band 76
Der Verwaltungsrat öffentlich-rechtlicher Kreditinstitute
Befugnisse und Verantwortlichkeit des Verwaltungsrates öffentlich-rechtlicher Kreditinstitute des Bundes und der Länder
Von Dr. Daniel Wulf
1992. 8°. XII, 161 Seiten. Kartoniert. ISBN 3-452-22219-5

Band 77
Corporate Opportunities
Zum Schutz der Geschäftschancen des Unternehmens im deutschen und im US-amerikanischen Recht
Von Dr. Johannes Weisser
1991. 8°. XVII, 293 Seiten. Kartoniert. ISBN 3-452-21953-4

Band 78
Fungibilisierung von GmbH-Anteilen
Grundlagen und rechtliche Umsetzung
Von Dr. Jan-Peter Kecker
1991. 8°. XVI, 249 Seiten. Kartoniert. ISBN 3-452-22153-9

Band 79
Strukturvielfalt im Personengesellschafts-Konzern
Rechtsformspezifische und rechtsformübergreifende Aspekte des Konzernrechts
Von Dr. Detlef Kleindiek
1991. 8°. XVIII, 373 Seiten. Kartoniert. ISBN 3-452-22084-2

Band 80
Die Eintragung der angefochtenen Verschmelzung
Aktienrechtliche und registerrechtliche Auswirkungen von Verschmelzungsblockaden
Von Dr. Roger Kiem
1991. 8°. XVI, 340 Seiten. Kartoniert. ISBN 3-452-22084-2

Band 81
Die Kaduzierung in der GmbH
Von Dr. Oliver Melber
1993. 8°. XIX, 343 Seiten. Kartoniert.   ISBN 3-452-22362-0

Band 82
Unverzichtbare Mitverwaltungsrechte des Personengesellschafters
Von Dr. Marc Hermanns
1993. 8°. XIV, 192 Seiten. Kartoniert.   ISBN 3-452-22482-1

Band 83
Konzernverantwortlichkeit und Haftungsprivileg
Von Dr. Peter Versteegen
1993. 8°. XX, 318 Seiten. Kartoniert.   ISBN 3-452-22484-8

Band 84
Genußscheine
Zugleich eine Analyse der Genußscheinbedingungen deutscher Unternehmen
Von Dr. Christopher Frantzen
1993. 8°. XVI, 542 Seiten. Kartoniert.   ISBN 3-452-22483-X

Band 85
Die Teilnahme an der Aufsichtsratssitzung
Von Dr. Johann Kindl
1993. 8°. XVIII, 236 Seiten. Kartoniert.   ISBN 3-452-22636-0

Band 86
Individualautonomie und Mitbestimmung in sozialen Angelegenheiten
Von Dr. Hans Hanau
1993. 8°. XXIII, 259 Seiten. Kartoniert.   ISBN 3-452-22637-9

Band 87
Haftung des Erben für neue Geschäftsverbindlichkeiten
Zugleich eine Untersuchung zur Nachlaßeigenschuld und zur
Nachlaßzugehörigkeit ererbter Handelsgeschäfte und
Personengesellschaftsanteile
Von Dr. Astrid Ernst
1994. 8°. XIV, 161 Seiten. Kartoniert. ISBN 3-452-22771-5

Band 88
**Gesellschafterklagen gegen Maßnahmen der Geschäftsführer
in der GmbH**
Von Dr. Christoph Binge
1994. 8°. XIII, 217 Seiten. Kartoniert. ISBN 3-452-22774-X

Band 89
**Verdeckte Vermögensverlagerungen in den Aktien- und
GmbH-Rechten Frankreichs, Belgiens und Deutschlands**
Von Dr. Christine Ullrich
1994. 8°. XVIII, 231 Seiten. Kartoniert. ISBN 3-452-22772-3

Band 90
Finanzplankredite und Eigenkapitalersatz im Gesellschaftsrecht
Von Dr. Holger Fleischer
1995. 8°. XVII, 379 Seiten. Kartoniert. ISBN 3-452-23046-5

Band 91
Konzernbildungskontrolle durch die Hauptversammlung der Obergesellschaft
Von Dr. Henning W. Wahlers
1995. 8°. XVII, 255 Seiten. Kartoniert. ISBN 3-452-23034-1

Band 92
Finanzielle Unterstützung des Aktienerwerbs
Der § 71 a Abs. 1 AktG und sein Vorbild im englischen Gesellschaftsrecht
Von Dr. Ulrich Schroeder
1995. 8°. XIX, 335 Seiten. Kartoniert. ISBN 3-452-23124-0

Band 93
Die Partenreederei als Handelsgesellschaft
Integration einer Sonderrechtsform in das Unternehmensrecht
Von Prof. Dr. Karsten Schmidt
1995. 8°. XII, 142 Seiten. Kartoniert. ISBN 3-452-23190-9

Band 94
Konzernhaftung in Frankreich und England
Von Dr. Martin Wolf
1995. 8°. XIV, 204 Seiten. Kartoniert.   ISBN 3-452-23294-8

Band 95
Die Konzerneingangskontrolle in der abhängigen Gesellschaft
Von Dr. Burkhard Binnewies
1996. 8°. XXIII, 459 Seiten. Kartoniert.   ISBN 3-452-23328-6

Band 96
Auskunftsrechte im Aktienkonzern
Von Dr. Herbert Vossel
1996. 8°. XV, 150 Seiten. Kartoniert.   ISBN 3-452-23334-0

Band 97
Der Prüfungsbericht als Informationsträger im Konzern
Zum System konzerninterner Informationsrechte
Von Dr. Andreas Witte
1996. 8°. XXII, 272 Seiten. Kartoniert.   ISBN 3-452-23364-2

Band 98
Vergleichsverbote im Gesellschaftsrecht
Von Dr. Andreas Cahn
1996. 8°. XIV, 170 Seiten. Kartoniert.   ISBN 3-452-23371-5

Band 99
Das abstrakte Verpflichtungsgeschäft
Abstraktheit und Einwendungen des ersten Nehmers
aus dem Grundgeschäft – insbesondere bei Wechsel und Scheck
Von Dr. Jan Wittig
1996. 8°. XIII, 200 Seiten. Kartoniert.   ISBN 3-452-23465-7

Band 100
Sitzverlegung von Kapitalgesellschaften innerhalb der EG
Vereinbarkeit der einschlägigen Regelungen des deutschen Sach- und
Kollisionsrechts mit dem EG-Vertrag
Von Dr. Viola Kruse
1997. 8°. XVII, 286 Seiten. Kartoniert.   ISBN 3-452-23761-3

Band 101
Das Verbot der Anteilsfinanzierung in Belgien, Frankreich, Italien und den Niederlanden
Von Dr. Roland Pühler
1996. 8°. XVII, 330 Seiten. Kartoniert. ISBN 3-452-23466-5

Band 102
Das Wertpapier-Verkaufsprospektgesetz
Prospektpflicht und Anlegerschutz
Von Dr. Jens Hüffer
1996. 8°. XVII, 239 Seiten. Kartoniert. ISBN 3-452-23528-9

Band 103
Das Austrittsrecht des GmbH-Gesellschafters
Von Dr. Hans-Friedrich Müller
1996. 8°. XIV, 192 Seiten. Kartoniert. ISBN 3-452-23548-3

Band 104
Die Haftung der Gesellschafter für Einflußnahmen auf die Geschäftsführung der GmbH
Von Dr. Hildegard Ziemons
1996. 8°. XIX, 275 Seiten. Kartoniert. ISBN 3-452-23565-3

Band 105
Die Haftung des Erben eines Personenhandelsgesellschafters
Von Dr. Sabine Kick
1997. 8°. XV, 239 Seiten. Kartoniert. ISBN 3-452-23748-6

Band 106
Die Wahl des Aufsichtsrats in der Hauptversammlung der Aktiengesellschaft
Von Dr. Hans-Georg Bollweg
1997. 8°. XV, 558 Seiten. Kartoniert. ISBN 3-452-23782-6

Band 107
Deutsche GmbH und englische private company
Monismus oder Dualismus im System des Kapitalgesellschaftsrechts
Von Dr. Jasper Neuling
1997. 8°. XVIII, 266 Seiten. Kartoniert. ISBN 3-452-23583-1

Band 108
Die Behebung einzelner Mängel von Organisationsakten in Kapitalgesellschaften
Eine Darstellung für die Aktiengesellschaft und die Gesellschaft mit beschränkter Haftung
Von Dr. Oliver Schultz
1997. 8°. XVII, 347 Seiten. Kartoniert. ISBN 3-452-23936-5

Band 109
Übernahmen von Aktiengesellschaften und Transparenz der Beteiligungsverhältnisse
Von Dr. Carl-Heinz Witt
1998. 8°. XXII, 334 Seiten. Kartoniert. ISBN 3-452-23956-X

Band 110
Zum Begriff »für Rechnung« im AktG und im WpHG
Eine Untersuchung der anteilsbezogenen Regelungen
Von Dr. Caroline Vedder
1999. 8°. XVII, 237 Seiten. Kartoniert. ISBN 3-452-24100-9

Band 111
Stimmbindungsvereinbarungen in den Aktien- und GmbH-Rechten Deutschlands, Englands, Frankreichs und Belgiens
Eine rechtsvergleichende Untersuchung
Von Dr. Carsten Rodemann
1998. 8°. XXVIII, 463 Seiten. Kartoniert. ISBN 3-452-24101-7

Band 112
Schiedsgerichtliche Konfliktbeilegung bei aktienrechtlichen Beschlußmängelklagen
Von Dr. Matthias Schröder
1999. 8°. XXV, 384 Seiten. Kartoniert. ISBN 3-452-24157-2

Band 113
Gesellschafterschutz bei Ausgliederungen durch Einzelrechtsnachfolge
Von Dr. Arend von Riegen
1999. 8°. XVI, 172 Seiten. Kartoniert. ISBN 3-452-24252-8

Band 114
Publizitätsverweigerung und Haftung in der GmbH
Von Dr. Esther Jansen
1999. 8°. XVII, 344 Seiten. Kartoniert.	ISBN 3-452-24338-9

Band 115
Der Ausschluß des Bezugsrechts in Europa
Von Dr. Friderike Bagel
1999. 8°. XIV, 407 Seiten. Kartoniert.	ISBN 3-452-24423-7

Band 116
Anlageberatung der Kreditinstitute im Wandel
Aufklärungs-, Beratungs- und Informationspflichten am Beispiel
von Optionsgeschäften mit Privatkunden
Von Dr. Marcus Michael Bechtel, LL.M.
1999. 8°. XIX, 368 Seiten. Kartoniert.	ISBN 3-452-24327-3

Band 117
Treupflicht im Konzernrecht
Von Dr. Tobias Tröger
2000. 8°. XV, 378 Seiten. Kartoniert.	ISBN 3-452-24348-6

Band 118
Konzernrechtliche Durchgriffshaftung bei Personengesellschaften
Von Dr. Georg Bitter
2000. 8°. XXVIII, 612 Seiten. Kartoniert.	ISBN 3-452-24609-4

Band 119
Aktienoptionen für das Management
Deutsches und Europäisches Recht
Von Dr. Jakob Wulff
2000. 8°. XIV, 325 Seiten. Kartoniert.	ISBN 3-452-24608-6

Band 120
Aktienoptionsprogramme für Führungskräfte
Gesellschaftsrecht – Kapitalmarktrecht – Steuerrecht – Bilanzrecht
Von Dr. Sönke Friedrichsen
2000. 8°. XXVI, 435 Seiten. Kartoniert.	ISBN 3-452-24621-3

Band 121
Die Ausstrahlungswirkungen des Umwandlungsgesetzes
Von Dr. Rolf Leinekugel
2000. 8°. XV, 282 Seiten. Kartoniert.   ISBN 3-452-24625-6

Band 122
Die Gesellschafterklage im GmbH- und Aktienrecht
Überlegungen zum deutschen und europäischen Recht
vor dem Hintergrund der schweizerischen Verantwortlichkeits-
klage und der US-amerikanischen Derivative Suit
Von Dr. Nirmal Robert Banerjea
2000. 8°. XXIII, 319 Seiten. Kartoniert.   ISBN 3-452-24683-3

Band 123
Die Vorgesellschaft im europäischen Gesellschaftsrecht
Gemeinschaftsrechtliche Vorgaben und
nationale Rechtsordnungen
Von Dr. Christian Kersting
2000. 8°. XXII, 412 Seiten. Kartoniert.   ISBN 3-452-24697-3

Band 124
Bookbuilding
Die marktorientierte Emission von Aktien nach deutschem und
U.S.-amerikanischem Recht
Von Dr. Marcus Willamowski
2000. 8°. XXVI, 263 Seiten. Kartoniert.   ISBN 3-452-24698-1

Band 125
Die Sachdividende im deutschen und europäischen Aktienrecht
Von Dr. Magdalena Leinekugel
2001. 8°. XIV, 209 Seiten. Kartoniert.   ISBN 3-452-24870-4

Band 126
Spartenaktien für deutsche Aktiengesellschaften
Übernahme des US-amerikanischen Tracking Stock-Modells in europäische
Rechtsordnungen
Von Dr. Sandra Thiel, LL.M.
2001. 8°. XVII, 384 Seiten. Kartoniert.   ISBN 3-452-24932-8

Band 127
Die Konzernleitungsmacht im Insolvenzverfahren konzernverbundener Kapitalgesellschaften
Von Dr. Ulrich Bous
2001. 8°. XVIII, 393 Seiten. Kartoniert. ISBN 3-452-24938-7

Band 128
Fortwirkende organschaftliche Pflichten des Geschäftsführers der GmbH
Von Dr. Carmen Palzer
2001. 8°. XVIII, 275 Seiten. Kartoniert. ISBN 3-452-24997-2

Band 129
Die vinkulierte Mitgliedschaft
Der Schutz mitgliedschaftlicher Vinkulierungsinteressen und das Problem der Gesetzesumgehung
Von Dr. Thomas Asmus
2001. 8°. XVI, 271 Seiten. Kartoniert. ISBN 3-452-25112-8

Band 130
Der Regelungsauftrag als Gesetzgebungsinstrument im Gesellschaftsrecht
Von Dr. Constantin H. Beier
2002. 8°. XX, 316 Seiten. Kartoniert. ISBN 3-452-25160-8

Band 131
Tracking Stocks
Zulässigkeit und Gestaltungsmöglichkeiten von Geschäftsbereichsaktien nach deutschem Recht
Von Dr. Martin Tonner
2002. 8°. XXI, 436 Seiten. Kartoniert. ISBN 3-452-25161-6

Band 132
Ringbeteiligungen von Aktiengesellschaften
Gesellschafts- und kartellrechtliche Aspekte
Von Dr. Rainer Korch
2002. 8°. XXI, 372 Seiten. Kartoniert. ISBN 3-452-25175-6

Band 133
Interessenkonflikte bei Aufsichtsratsmandaten in der Aktiengesellschaft
Von Dr. Karsten Krebs
2002. 8°. XVI, 379 Seiten. Kartoniert. ISBN 3-452-25194-2

Band 134
Kapitalschutz in der Aktiengesellschaft mit atypischer Zwecksetzung
Eine rechtsvergleichende/europarechtliche Untersuchung für Deutschland,
Frankreich, Belgien, Großbritannien und Irland
Von Dr. Julia Nienhaus
2002. 8°. XXI, 296 Seiten. Kartoniert.   ISBN 3-452-25250-7

Band 135
Der Nießbrauch an GmbH-Geschäftsanteilen und an Aktien
Von Dr. Christian Meyer
2002. 8°. XIV, 326 Seiten. Kartoniert.   ISBN 3-452-25278-7

Band 136
Materielle Unterkapitalisierung
Zur Gesellschafterverantwortlichkeit in der Gesellschaft
mit beschränkter Haftung
Von Dr. Thomas Eckhold
2002. 8°. XVII, 821 Seiten. Kartoniert.   ISBN 3-452-25321-X

Band 137
Aktionärsbeteiligung und Internet
Eine rechtsvergleichende Bestandsaufnahme
korporativer Willensbildung im Zeitalter neuer Medien
Von Dr. Mario Hüther
2002. 8°. XVII, 481 Seiten. Kartoniert.   ISBN 3-452-25341-4

Band 138
Reform der Kapitalrichtlinie
Von Dr. Ernst-August Baldamus
2002. 8°. XIII, 314 Seiten. Kartoniert.   ISBN 3-452-25381-3

Band 139
Die Amtsniederlegung durch Gesellschaftsorgane
Eine rechtsformübergreifende Untersuchung des Spannungsfeldes
zwischen Rücktrittsfreiheit, Bestandsschutz und Rechtssicherheit
Von Dr. Jan Link
2003. 8°. XVIII, 312 Seiten. Kartoniert.   ISBN 3-452-25460-7

Band 140
Synergieefekte bei der Abfindung außenstehender Gesellschafter
Von Dr. Nils G. Weiland
2003. 8°. XIX, 340 Seiten. Kartoniert.   ISBN 3-452-25511-5

Band 141
Das Auskunftsrecht der Aktionäre in der Europäischen Union
Von Dr. Karen Christina Pelzer
2003. 8°. XXII, 256 Seiten. Kartoniert.   ISBN 3-452-25673-1

Band 142
Strukturmaßnahmen als Unternehmensleitung
Die Vorstandspflichten bei unternehmerischen Entscheidungen
der Hauptversammlung
Von Dr. Wolfgang Servatius
2004. 8°. XXIII, 443 Seiten. Kartoniert.   ISBN 3-452-25675-8

Band 143
Die Beschwerde gegen aufsichtsrechtliche Verfügungen nach dem WpÜG
Eine verfahrensvergleichende Untersuchung des Rechtsschutzes gegen verwaltungsbehördliche Entscheidungen vor Zivilgerichten unter Berücksichtigung des Kartell-, Vergabe- und Patentrechts
Von Dr. Armin Barthel
2004. 8°. XXVIII, 385 Seiten. Kartoniert.   ISBN 3-452-25670-7

Band 144
Organwalterhaftung für Eigenschäden von Kapitalgesellschaftern
Von Dr. Klaus Schmolke
2004. 8°. XXI, 424 Seiten. Kartoniert.   ISBN 3-452-25674-X

Band 145
Beratungsverträge mit Aufsichtsratsmitgliedern im Aktienkonzern
Eine Untersuchung zur Anwendung von § 114 AktG im Konzern
Von Dr. Heinrich von Bünau
2004. 8°. XVI, 298 Seiten. Kartoniert.   ISBN 3-452-25672-3

Band 146
Die Anwendungsgrenzen des Erfordernisses sachlicher Rechtfertigung bei HV-Beschlüssen
Von Dr. Norbert Boese
2004. 8°. XXI, 473 Seiten. Kartoniert. ISBN 3-452-25671-5

Band 147
Agio und verdecktes Agio im Recht der Kapitalgesellschaften
Von Dr. Hilke Herchen
2004. 8°. XVII, 430 Seiten. Kartoniert. ISBN 3-452-25709-6

Band 148
Europäische Rechtsformwahlfreiheit und Gesellschafterhaftung
Zur Anwendung der Existenzvernichtungshaftung auf Scheinauslandsgesellschaften nach »Überseering« und »Inspire Art«
Von Dr. Marc-Philippe Weller
2004. 8°. XXV, 383 Seiten. Kartoniert. ISBN 3-452-25898-X

Band 149
Die Rechtsnatur der Haftung gespaltener Rechtsträger nach § 133 Abs. 1 und 3 UmwG
Von Dr. Corinna Mickel
2004. 8°. XX, 282 Seiten. Kartoniert. ISBN 3-452-25960-9

Band 150
Der mehrstufige Konzern
Von Dr. Yves Lakner
2005. 8°. XVI, 373 Seiten. Kartoniert. ISBN 3-452-25977-3

Band 151
Gläubigerschutz bei GmbH und close corporation
Eine rechtsvergleichende Untersuchung nach deutschem und US-amerikanischem Recht unter besonderer Berücksichtigung des Rechts von Delaware, Kalifornien und New York
Von Dr. Tobias Böckmann
2005. 8°. XVII, 405 Seiten. Kartoniert. ISBN 3-452-25994-3

Band 152
Konzernumbildung und Börsengang der Tochter
Die Teilhaberechte der Aktionäre einer Publikums-AG bei der Börseneinführung von Tochtergesellschaften
Von Dr. Alexander Kiefner
2005. 8°. XXIII, 507 Seiten. Kartoniert. ISBN 3-452-26133-6

Band 153
Aktionärsinformation in der börsennotierten Aktiengesellschaft
Von Dr. Dirk Zetzsche
2006. 8°. XIX, 525 Seiten. Kartoniert. ISBN 3-452-26325-8

Band 154
Die Haftungsverwirklichung in der masselosen Insolvenz der Kapitalgesellschaft
Von Dr. Matthias Budde
2006. 8°. XI, 239 Seiten. Kartoniert. ISBN 3-452-26350-9

Band 155
Entsprechenserklärungen zum englischen Combined Code und zum Deutschen Corporate Governance Kodex
Von Dr. Tom Kirschbaum
2006. 8°. XVIII, 419 Seiten. Kartoniert. ISBN 978-3-452-26436-7

Band 156
Der Grundsatz der unbeschränkten Verbandsmitgliederhaftung
Von Dr. André Meyer
2006. 8°. XVI, 456 Seiten. Hardcover. ISBN 978-3-452-26523-4

Band 157
Nachgründung, Sachgründung und Kapitalschutz
Von Dr. Norbert Bröcker
2006. 8°. XVI, 288 Seiten. Hardcover. ISBN 978-3-452-26483-1

Band 158
Haftungsbeschränkung versus Gläubigerschutz in der GmbH
Rechtsvergleichende Studie zum deutschen und brasilianischen Recht
Von Dr. Christian Gloger
2007. 8°. XXIV, 450 Seiten. Hardcover.   ISBN 978-3-452-26522-7

Band 159
**Betriebspacht-, Betriebsüberlassungs- und
Betriebsführungsverträge in der Konzernpraxis**
Von Dr. Alexander Fenzl
2007. 8°. XV, 189 Seiten. Hardcover.   ISBN 978-3-452-26590-6

Band 160
Der »stille Verband«
Von Dr. Tim Florstedt
2007. 8°. XX, 296 Seiten. Hardcover.   ISBN 978-3-452-26600-2

Band 161
Acting in Concert und Kontrolle im Übernahmerecht
Von Dr. Andreas Löhdefink
2007. XX, 472 Seiten. Hardcover.   ISBN 978-3-452-26435-0

Band 162
**Die institutionelle Haftungsbeschränkung bei atypischen
Erscheinungsformen der Außen-GbR**
Von Dr. Jörn Jacobs
2007. XVI, 294 Seiten. Hardcover.   ISBN 978-3-452-26637-8

Band 163
Gesellschaftsrechtliche Probleme der D&O-Versicherung
Von Dr. Frauke Möhrle
2007. XVI, 260 Seiten. Hardcover.   ISBN 978-3-452-26690-3

Band 164
Die Haftung für wrongful trading im englischen Recht
Eine vergleichende Betrachtung der deutschen und der englischen
Geschäftsleiterhaftung für Insolvenzverschleppung
Von Dr. Rouven Redeker
2007. XVIII, 280 Seiten. Hardcover.   ISBN 978-3-452-26727-6

Band 165
Prospekthaftung einer Aktiengesellschaft unter deutschem und europäischem Kapitalschutz
Von Dr. Eva-Maria Wild
2007. XIV, 289 Seiten. Hardcover.   ISBN 978-3-452-26766-5

Band 166
Garantiekapital und konzernspezifischer Gläubigerschutz
Von Dr. Andreas Stoll
2007. XXII, 392 Seiten. Hardcover.   ISBN 978-3-452-26775-7

Band 167
Finanzverfassung der Kapitalgesellschaften und internationale Rechnungslegung
Von Dr. Sebastian Mock
2007. XXII, 386 Seiten. Hardcover.   ISBN 978-3-452-26802-0

Band 168
Kontinuität beim Formwechsel nach dem UmwG und der grenzüberschreitenden Verlegung des Sitzes einer SE
Von Andreas Hoger
2008. XVIII, 396 Seiten. Hardcover.   ISBN 978-3-452-26831-0

Band 169
Rückerwerbbare Aktien
Von Felix Brammer
2008. XX, 422 Seiten. Hardcover.   ISBN 978-3-452-26839-6

Band 170
Vorstandsorganisation in der Aktiengesellschaft
Zugleich ein Beitrag zum Kollegialprinzip
und dem Grundsatz der Gesamtverantwortung
Von Dr. Carsten Wettich
2008. XVIII, 334 Seiten. Hardcover. ISBN 978-3-452-26864-8

Band 171
Haftung für enttäuschtes Aktionärsvertrauen
Von Dr. Michael Beurskens
2008. XX, 533 Seiten. Hardcover. ISBN 978-3-452-26929-4

Band 172
Repricing von Stock Options
Wirtschaftliche Grundlagen - Gesellschaftsrecht - Insiderrecht - Bilanzrecht
Von Dr. Moritz von Schlabrendorff
2008. XVI, 252 Seiten. Kartoniert ISBN 978-3-452-26933-1

Band 173
Zulässigkeit und Zweckmäßigkeit aktienkursorientierter Vergütung von Mitgliedern des Aufsichtsrats
unter besonderer Berücksichtigung des MobilCom-Urteils des BGH
vom 16. Februar 2004 zu Aufsichtsrats Stock Option Programmen
Von Dr. Jens-Walter Lüpkes
2008. XVIII, 482 Seiten. Kartoniert ISBN 978-3-452-27001-6

Band 174
Gesamtschuldnerische Organhaftung
Die gesamtschuldnerische Haftung von Geschäftsleitern und
Aufsichtsratsmitgliedern für Pflichtverletzungen und deren interne
Haftungsanteile
Von Dr. Michael Voß
2008. XVI, 248 Seiten. Kartoniert ISBN 978-3-452-27029-0

Carl Heymanns Verlag GmbH · Köln · München